Wilhelm Heinrich Riehl

Die Naturgeschichte des Volkes

als Grundlage einer deutschen Sozial-Politik - 2. Band

Wilhelm Heinrich Riehl

Die Naturgeschichte des Volkes
als Grundlage einer deutschen Sozial-Politik - 2. Band

ISBN/EAN: 9783743471399

Hergestellt in Europa, USA, Kanada, Australien, Japan

Cover: Foto ©Suzi / pixelio.de

Weitere Bücher finden Sie auf **www.hansebooks.com**

Die Naturgeschichte des Volkes

als Grundlage

einer deutschen Social-Politik.

Von

W. H. Riehl.

Zweiter Band.

Die bürgerliche Gesellschaft.

Sechste Auflage.
(Siebenter Abdruck.)

Stuttgart.

Verlag der J. G. Cotta'schen Buchhandlung.
1866.

Die bürgerliche Gesellschaft.

Von

W. H. Riehl.

Sechste Auflage.
(Siebenter Abdruck.)

Stuttgart:
Verlag der J. G. Cotta'schen Buchhandlung.
1866.

Buchdruckerei der J. G. Cotta'schen Buchhandlung in Stuttgart.

Vorwort zur sechsten Auflage.

Dieses Buch wurde in den Jahren 1847 bis 1851 geschrieben, und die vor- und rückwärtsdrängenden Bewegungen jener Zeit spiegeln sich in seinem Inhalte. Gar manche Frage, welche hier besprochen, gar manche Geschichte, welche erzählt wird, griff damals unmittelbar in die Debatte des Tages, während sie jetzt nur mehr ein historisches Interesse bietet. Es gibt Bücher, die lehrreicher werden, wenn sie älter geworden sind, nicht weil sie sich durch's Liegen besserten, wie die Winterbirnen, sondern weil ihr Inhalt, welcher ursprünglich bekannte Thatsachen des damals gegenwärtigen Lebens aussprach, einer späteren Generation Fremdartiges ja Neues bietet, als Urkunde für den Geist einer vergangenen Zeit und solchergestalt zum Vergleichen und Nachdenken reizt. Dies gilt namentlich von Büchern, worin irgendwann Zustände eines Volkes geschildert wurden, und wenn sie durch's Veralten sich wieder verjüngen, so ist das nicht ein Verdienst des Autors, sondern es liegt im Stoffe.

Mancher Satz meiner „bürgerlichen Gesellschaft" fiel vor vierzehn Jahren auf, weil die Leute damals sagten: ja, so ist es! und jetzt fällt er auf, weil man ausrufen wird: so ist es nicht mehr! Vieles ist auch inzwischen ganz anders gekommen, als ich es in diesem Buche angedeutet oder gar prophezeit hatte: das widerfährt den größten Staatsmännern, warum sollte sich ein kleiner Schriftsteller grämen, wenn ihm das Nämliche widerfährt?

Es gehet durch dieses Buch ein Zug jener Aufregung und Unruhe des Jahres 1848, wie nicht minder ein Zug des darauf folgenden tiefen Bedürfnisses nach Ordnung, Ruhe und Rückkehr zu altgewohnten festen Formen, und ebenso oft hat mir der Zorn über die vormärzliche bureaukratische Schulmeisterei, wie über den wüsten Taumel des Revolutionsjahres die Feder geschärft. Erschienen aber ist das Buch im Reactionsjahre 1851 und hat in der sogenannten Reactionszeit der fünfziger Jahre ganz besonders Anklang und Verbreitung gefunden. Man könnte daraus schließen, daß es ein sehr conservatives Buch sey; denn wer nicht in dem Geiste seiner Zeit stehet, der gewinnt nicht augenblicklichen Erfolg; — andererseits aber auch, daß es ein freisinniges Buch sey; denn wer dem herrschenden Geiste nicht widerspricht, dessen Erfolg währt keine zehn Jahre.

Schon im Vorwort zur ersten Auflage schrieb ich: „Ueber die Folgerungen und Beweisführungen des Verfassers wird sich das Urtheil je nach den Parteien sehr verschieden gestalten. Aber in zwei Punkten wenigstens wünscht er auch bei den prinzipiellen Gegnern Anklang zu finden: in der treuen und liebevollen Hingabe, mit welcher er in die Erkenntniß des deutschen Volkslebens einzudringen gestrebt, und in der Unabhängigkeit seiner Ueberzeugung, kraft deren er das von ihm für wahr Erkannte überall offen ausgesprochen hat, obgleich er recht gut weiß, daß seine Ansichten nirgends ganz in die bestimmten Formen der herrschenden Parteigruppen passen, und daß in diesem Buche einer jeden Partei gar vieles wider den Strich gehen wird."

Mit Unrecht hat man dieses Buch hier und dort zu

einem Parteibuche stempeln wollen; eben so unrecht that man aber auch, ein System, ein Lehrgebäude darin zu suchen. Meine wissenschaftliche Erkenntniß von der Idee der Gesellschaft, vom organischen Aufbau derselben, von dem modernen Begriff der Stände, vom Verhältniß der Gesellschaftslehre zur Staatslehre und zur Nationalökonomie und ähnliche rein theoretische Dinge habe ich nicht in diesem Buche niedergelegt. Freunde, welche dergleichen suchten und zwischen den Zeilen herauslasen, erwiesen mir damit einen sehr übeln Dienst. Ich wollte und konnte eine solche Systematik vor vierzehn Jahren gar nicht geben, und wenn ich's versucht hätte, so würde ich jetzt das Buch rein umschreiben müssen; denn seit jener Zeit haben sich die wahrhaft wissenschaftlichen Grundlagen einer systematischen Gesellschaftslehre erst ganz allmählich herausgebildet. Angedeutet habe ich meinen theoretischen Standpunkt in der „deutschen Arbeit" (Stuttgart 1862) und in einem akademischen Vortrage „über den Begriff der bürgerlichen Gesellschaft," welcher unter den Publikationen der Münchener Akademie der Wissenschaften 1864 als eigene Broschüre erschienen ist. Ausgeführt hingegen habe ich bisher mein System nur in den Vorlesungen über „die Lehre von der Gesellschaft und die Geschichte der socialen Theorien," welche ich seit Jahren regelmäßig an hiesiger Universität halte im Zusammenhange mit meinen übrigen staatswissenschaftlichen und culturgeschichtlichen Collegien.

Das vorliegende Buch ist ein politisches, d. h. ein praktisches, kein schulgelehrtes, und es hat auch von Anbeginn ganz besonders bei praktischen Leuten Anklang gefunden. Ich schildere das gegenwärtige sociale Volksleben und verknüpfe mit meinen Bildern die Erörterung politischer Probleme. Das Gesammtbild ist weder vollständig, noch durchweg strenge geordnet, es wurde nicht in einem Zuge entworfen, sondern erwuchs allmählich. Was dadurch an Planmäßigkeit verloren ging, das wurde vielleicht an Frische des Colorites gewonnen. In einer jugendlich stürmischen Zeit unsers politischen Lebens ging ich an die Arbeit und stand selbst noch in sehr jugendlichem Alter. Ich könnte jetzt eine viel planvollere, reifere, gelehrtere Schrift über die bürgerliche Gesellschaft liefern, aber so harmlos, so keck und so unbefangen wie vor vierzehn Jahren könnte ich nicht mehr in's Zeug gehen. Und wer kann das überhaupt noch, wo unser ganzes politisches Dichten und Denken so reif, so gründlich und aber auch so altklug und so verbissen geworden ist?

Das beste Theil der Jugend ist die Poesie und das Herz. Neben den berechtigten Materialismus der wirthschaftlichen Interessen stellte ich darum die gleichberechtigte Poesie des Volkslebens, neben die Schulbildung den romantischen Zauber der naiven Volkssitte, neben das klar bewußte Recht die empfundene Moral, neben das kritische Wissen den kindlich gläubigen Sinn des Volkes. Die Gesellschaft ist das Volk unter dem Gesichtspunkte seiner Arbeit, seines Besitzes und der aus beiden erwachsenden mannichfachen Gesittung. Und wenn tausend Federn geschäftig waren und sind, um mit der ganzen spitzigen Scholastik der modernen Nationalökonomie das Gesellschaftsleben nach der einen Seite, als Arbeitsleben, zu begreifen und zu ordnen, so durfte doch wohl auch eine Stimme sich erheben für die gleiche Berücksichtigung des idealen Momentes, der Sitte und der Gesittung. In ähnlicher Absicht verfaßte ich später mein Buch von der „deutschen Arbeit;" dieses aber ist mehr mit dem

Kopfe geschrieben, die bürgerliche Gesellschaft mehr mit dem Herzen. Und hierin sehe ich jetzt den wahren Grund, warum das Buch bei allen seinen Mängeln, bei allen späteren Fortschritten der socialen Wissenschaft sich frisch und lebendig erhalten hat.

Subjective sittliche Beweggründe standen mir voran in der „bürgerlichen Gesellschaft," nicht objective politische Parteidogmen. Wenn ich z. B. der Ständegliederung das Wort rede, wenn ich für den Fortbestand eines — freilich zu reformirenden — Erbadels spreche, so geschah dies nicht im Widerspruche gegen die moderne Staatsidee, oder aus Reactionslust oder romantischer Schwärmerei, oder gar um den vornehmen Leuten zu schmeicheln. Ich war sittlich empört zu sehen, wie in unserer Zeit überall der Arme den Reichen, der Geringe den Vornehmen beneidet und ihm gleich werden will, gleich, nicht in der Last der Pflichten und der Arbeit, sondern in Genüssen, in Prunk und Glanz und Würden. Jener ächte Bürgerstolz regte sich in mir, der da sagt: ich fühle mich so wohl in meiner Haut, daß ich gar nicht begehre, was die vom Glücke Begünstigteren auszeichnet, ich gönne einem Jeden seine lange oder kurze Ahnenreihe, weil ich sie gar nicht brauchen kann, da ich vielmehr trachte, mir selbst mein eigener Ahnherr zu werden und aus eigener Kraft Rühmliches zu leisten, wenn auch nur Bescheidenes zu genießen. Man kann aus aristokratischer Hoffart die ganze Gesellschaft gleichmachen wollen, und kann andererseits in ächt demokratischem Selbstbewußtseyn den Unterschied mannichfach gegliederten und geehrten Standes und Berufes als eine von Gott in der Menschennatur gesetzte Nothwendigkeit anerkennen. Dies und Aehnliches wollte ich aus dem Herzen predigen in meinem Buche.

An den verschiedenen Auflagen dieses Buches habe ich im Einzelnen fleißig gefeilt und gebessert, das Wesentliche aber unverändert gelassen. So liegt auch dieser sechsten Auflage (oder richtiger diesem siebenten Abdrucke) eine durchgreifende Revision des Textes zu Grunde, wie ich sie vor fünf Jahren für den Abdruck in der „deutschen Volksbibliothek" ausarbeitete, welcher in der Reihe dieser Oktav=Ausgaben nicht mitgezählt ist. Von solchen Nachbesserungen nimmt die schreibende Welt in der Regel keine Notiz, und wo ich meine Bücher citirt finde, da geschieht es gewöhnlich nach der ersten, in den späteren Drucken doch vielfach berichtigten und ergänzten Ausgabe. Denn die ersten Auflagen stehen in den Bibliotheken; die weiteren verbreiten sich naturgemäß unter ein immer weniger fachmännisches Publikum. Nun muthe ich keinem Menschen zu, meine Bücher zu citiren, wenn aber Jemand dieselben citirt, so sollte er doch so billig gegen den Autor seyn, nicht einen alten längst verbesserten Text, sondern die letzte neu durchgesehene Auflage seinem Citat zu Grunde zu legen.

München, am 12. Februar 1866.

W. H. R.

Inhalt.

Einleitung.

	Seite
Erstes Kapitel. Zeichen der Zeit	3
Zweites Kapitel. Sondergeist und Einigungstrieb im deutschen Volksleben	17
Drittes Kapitel. Die Wissenschaft vom Volke als das Urkundenbuch der socialen Politik	20

Erstes Buch.
Die Mächte des Beharrens.

I. Die Bauern.

Erstes Kapitel. Der Bauer von guter Art	41
Zweites Kapitel. Der entartete Bauer	66
Drittes Kapitel. Der Bauer und die Revolution	87
Viertes Kapitel. Resultate	110

II. Die Aristokratie.

Erstes Kapitel. Der sociale Beruf der Aristokratie	123
Zweites Kapitel. Die mittelalterige Aristokratie als der Mikrokosmus der Gesellschaft	138
Drittes Kapitel. Der Verfall der mittelalterigen Aristokratie	160
Viertes Kapitel. Resultate für die Gegenwart	178

Zweites Buch.
Die Mächte der Bewegung.
I. Das Bürgerthum.

                                                              Seite

Erstes Kapitel. Der Bürger von guter Art 199
Zweites Kapitel. Der sociale Philister 223
Drittes Kapitel. Die unächten Stände 237
Viertes Kapitel. Das Bürgerthum im politischen Leben . . 251
Fünftes Kapitel. Resultate 262

II. Der vierte Stand.

Erstes Kapitel. Wesen und Entwickelung 278
Zweites Kapitel. Das aristokratische Proletariat 298
Drittes Kapitel. Die Proletarier der Geistesarbeit . . . 312
Viertes Kapitel. Die Proletarier der materiellen Arbeit . . 350
Fünftes Kapitel. Das Standesbewußtseyn der Armuth . . 379

Einleitung.

Erstes Kapitel.

Zeichen der Zeit.

(Geschrieben im Jahre 1851 und 1853.)

Als Kaiser Maximilian I. im Wendepunkt der alten und neuen Zeit einen Reichstag auf den andern berief, um viele wichtige Reformen der deutschen Reichsverfassung zu entwerfen, einige auch zu vollführen, da däuchte wohl den Meisten zweifellos, es sey der Schwerpunkt der Kämpfe einer bereits ahndungsvoll bewegten Gegenwart auch für eine unabsehbare Zukunft in diesen Ring des neu sich aufraffenden Verfassungslebens festgebannt. Und doch bedurfte es nur eines kleinen Anstoßes nach kleiner Frist, und der welterschütternde Geistersturm brach auf einer ganz andern Seite los: die entscheidende That Luthers durchzuckte die Welt, und mit diesem Einen Schlage war alle Voraussicht der Staatsweisheit betrogen; — die gefürchtete politische Umwälzung ward zu einer kirchlich=religiösen, verbunden mit einer bürgerlich=socialen. Neue, kaum geahnte Lebensmächte rückten in den Vordergrund, neue Menschen, neue Götter. Die neue Welt war über die Träumer gekommen wie der Dieb in der Nacht.

Auch wir stehen im Wendepunkt einer alten und neuen Zeit; wir sind gleich unsern Vorvätern am Ausgange des Mittelalters seit einer Reihe von Jahren gewohnt, die großen und kleinen Verfassungskämpfe als den Schwerpunkt unsers öffentlichen Lebens anzusehen. An das neue Gebilde einer Gesammtverfassung Deutschlands knüpften sich seit 1848 die kühnsten Hoffnungen, wie später die bitterste Enttäuschung, lauter Jubel und stilles Zähneknirschen, die volle Gunst, der volle Haß der Parteien. Wie war es möglich, daß auf so viel glutheiße Leidenschaft so rasch kaltes Entsagen gefolgt ist? Das gemahnt an jenen Vorabend der Reformation. Die Wogen werden auch diesmal nicht auf dem Punkte durchbrechen, auf welchen aller Augen gerichtet waren. Seitab dem politischen Leben im engeren Sinne liegt jetzt das sociale Leben, wie vor vierthalbhundert Jahren seitab das kirchliche Leben lag. Die politischen Parteien werden matt: die socialen halten den glimmenden Brand unter der Asche lebendig. Die sociale Reformation wartet auf ihren Luther, über dessen Thesen man die kühnsten Entwürfe eines deutschen Verfassungswerkes, auch Großdeutschland und Kleindeutschland mitsammen, vergessen wird, wie man damals ewigen Landfrieden und Reichskammergericht, ja Kaiser und Reich selber über den Wittenberger Augustinermönch vergaß. In unsern politischen Kämpfen ist heute oder morgen ein Waffenstillstand möglich; in den socialen wird kein Waffenstillstand, geschweige denn ein Frieden eintreten können, bis längst über unserm und unserer Enkel Grabe Gras gewachsen ist.

Jedes Zeitalter findet ein paar große Wahrheiten, ein paar allgemeine Sätze, mit denen es sich seine eigene Welt erobert. Ein solcher Satz, neben anderen, ist für unsere Epoche darin gefunden, daß die „bürgerliche Gesellschaft" durchaus nicht gleichbedeutend sey mit der „politischen Gesellschaft," daß der Begriff der „Gesellschaft" im engeren Sinne, so oft er thatsächlich hinüberleiten mag zum Begriffe des Staates, doch theoretisch von demselben zu trennen sey. Nicht blos vom Staatsrecht, als der obersten Blüthe des öffentlichen Lebens, will man fürder reden, sondern auch vom Stamm und der Wurzel, von des Volkes Art und Sitte und Arbeit. Die politische Volkskunde ist das eigenste Besitzthum der Gegenwart, die Quelle von tausenderlei Kampf und Qual, aber auch die Bürgschaft unserer politischen Zukunft.

Alle Parteien von den Männern des mittelalterlichen Ständestaates bis zu den rothen Communisten haben — bewußt oder unbewußt — den Satz feststellen helfen, daß die bürgerliche Gesellschaft zu unterscheiden sey von der politischen. Nur allein die polizeistaatliche Büreaukratie nicht. Würde sie aufhören jenen Unterschied und sein Resultat, die selbständige Volkskunde, zu übersehen, so würde sie sich selbst in ihrem innersten Wesen vernichten. Darum die auffallende Thatsache, daß unsere socialpolitischen Parteien, die in sonst nichts einig sind, einzig und allein sich Bruderschaft geschworen haben in ihrem Haß gegen die Büreaukratie.

Auf dem Grundgedanken, daß zu unterscheiden sey zwischen der bürgerlichen Gesellschaft und der politischen, erbaut sich die „sociale Politik." Der moderne Geist hat sie zu seinem Eigenthum gestempelt. Die beiden widerstreitendsten Ansichten vom öffentlichen Leben, nämlich die social-demokratische und die ständisch-aristokratische, begegnen sich in dem Punkt, daß beide den Gedanken einer socialen Politik am entschiedensten ausgebildet haben. Die Extreme, nicht deren Vermittelungen und Abschwächungen, deuten aber die Zukunft vor.

Man schaue auf die Zeichen der Zeit.

Will man heutzutage eine Partei, weil trockene Beweisgründe wirkungslos abprallen, am Gewissen packen, so geht man ihr mit Schlagwörtern der socialen Politik zu Leibe. Noch vor kurzem war dem nicht also. Zum Exempel: Die Freihändler schoben den Schutzzöllnern vor der Märzrevolution ins Gewissen, bald daß sie politische Demagogen, bald daß sie politische Reactionäre seyen. Will die freihändlerische Partei heute einen gleich hohen Trumpf gegen ihre Widersacher ausspielen, so rückt sie ihnen vor, entweder sie seyen Communisten oder umgekehrt Männer eines ständisch-privilegirenden Zunftwesens.

Die alten Gegensätze der Radicalen und Conservativen verblassen von Tag zu Tage mehr, die Gegensätze der Proletarier, Bürger, Junker ꝛc. gewinnen dagegen immer frischere Farbe.

Die kleinen Dinge bilden das Maß für die großen. Ich will solch ein kleines Ding erwähnen. Jüngst erschienen die „Neuen Gespräche" eines berühmten Staatsmannes, deren vornehmster Inhalt auf eine Ueberschau der politischen Parteien in den zuletzt durchgefochtenen Verfassungskämpfen Deutschlands zielt. Die Tagespresse jeglicher Farbe griff sofort einen und denselben Satz des Buches als den merkwürdigsten, als den Kernpunkt heraus, hier mit dem Eifer der Genugthuung, dort mit dem Eifer des Aergers, den Satz: daß die ständische Monarchie gegenwärtig nur noch zu den edeln Wünschen, nicht mehr zu den Möglichkeiten gehöre. Bei dem dämonischen Scharfblick, welchen dem Verfasser die Gegner, bei dem genialen, welchen ihm die Freunde zuschreiben, hatte man im Voraus förmlich gelauert auf seinen Ausspruch in dieser Sache, und die Hast, mit der man überall gerade über den einen Satz herfiel, zeigt, daß derselbe den empfindlichen Punkt trifft, in welchem alle Nervenfäden unseres Parteilebens zusammenlaufen. Weit weniger berühren die Staatsrechtsfragen diesen Punkt, als was hinter ihnen steckt — die sociale Frage.

Die kirchlich Conservativen schlossen in neuester Zeit ein Bündniß mit den social Conservativen. Beide Richtungen erstarkten dadurch wunderbar. Die strenggläubigen Protestanten und Katholiken wetteifern, die Kirche als die erste, ja als die einzige Retterin aus unsern gesellschaftlichen Nothständen erscheinen zu lassen. Dies ist ein Ereigniß von unabsehbarer Tragweite. Der Satz, daß das organische Naturgebilde der Gesellschaft eine göttliche Ordnung sey, hat rasch tausende von Bekennern gewonnen. Viele derselben würden vor zehn Jahren nur ein mitleidiges Lächeln dafür gehabt haben, wenn man ihnen die Gesellschaft als von Gott geordnet hätte aufbauen wollen.

In unsern Tagen wächst der Industrialismus zu einer socialen Macht, die in dieselbe Rolle eintreten könnte, welche vordem bald die Büreaukratie, bald die Demokratie gespielt hat. Der einseitige Industriemann kennt nur eine Wirthschaftspolitik, keine sociale. Die Gesellschaft ist für ihn ein Phantasiestück. Er weiß von keinen andern natürlichen Ständen als von denen der Erzeuger und Verzehrer, der Reichen und Armen. Grundsätzlich will er von den großen Naturgruppen des Volkes nichts wissen, thatsächlich fürchtet er sich aber doch vor jeder socialen Gleichmacherei. Der wirklich politische Industrielle dagegen wird eine solche Philisterphilosophie verschmähen. Er wird jeder Volksgruppe ein eigenartiges fröhliches Gedeihen gönnen, ohne daß ihn darum gleich Furcht befällt vor der Rückkehr mittelalterlichen Ständezwanges; er wird sich durch die analytische Gesellschaftskunde willig belehren lassen, daß die sociale Macht der Industrie noch nicht allein die Welt beherrscht.

Der Kampf der Parteien über die Stellung Oesterreichs und Preußens im deutschen Staatenverbande würde 1850 nicht so maßlos erbittert geführt worden seyn, wenn den Streitern dabei nicht weit mehr die sociale als die politische Zukunft des Vaterlandes vorgeschwebt hätte.

Die große Masse derer, welche nicht mehr von Bauern und Bürgern und Edelleuten reden wollen, sondern nur noch von Staatsbürgern, höchstens von armen und reichen, gebildeten und ungebildeten Klassen, hielt zu Preußen. Preußens größter König hatte dem heiligen römischen Reich deutscher Nation den letzten zertrümmernden Stoß gegeben, Preußen hatte den modernen Gedanken der Staatsgewalt am entschiedensten ausgebildet, es hatte die Herrschaft des Staates, oft mit despotischem Nachdruck, über die innere Selbstherrlichkeit der Stände gesetzt. Solch gründliches Aufräumen mit den verwitternden Resten des alten Reiches war ein Gebot der Zeit gewesen, und Preußen erfüllte in ihm seinen nationalen Beruf. Die folgerecht durchgeführte Idee eines allgemeinen Staatsbürgerthums haben wir vorab Preußen zu danken. Aber die Einseitigkeit, in welcher thatkräftige preußische Fürsten das Recht des Staates über die gesellschaftlichen Mächte durchsetzten, zog zugleich den modernen nivellirenden Polizei- und Beamtenstaat groß. Preußen unterschätzte in verschiedenen Zeit=

läuften das Recht der natürlichen Volksgruppen, wie es sehr wohl bei straffer Staatseinheit bestehen kann. Die politischen Mächte: Fürstenthum, Diplomatie, Heer, Beamtenthum gewannen ihr eigenthümlichstes Gepräge in Preußen. Unsere Constitutionellen verfielen oft genug in die Einseitigkeit, die natürlichen Mächte des Volkslebens zu vergessen über einer abstrakten Staatsrechts-schablone und glaubten dann ihre Stütze bei Preußen suchen zu müssen.

Aber die geradeaus gegenüberstehende Partei, die streng ständisch-monarchische, hoffte merkwürdiger Weise gleichfalls auf Preußen. Und mit nicht minderem, ja wohl gar mit noch viel größerem Recht. Preußen kann bei dem vorwiegend verneinenden und aufräumenden socialen Beruf, welchen es seit länger als einem Jahrhundert erfüllt, nicht mehr stehen bleiben. Es ist auf dem Scheidepunkte angekommen, wo es entweder das Aufgehen der vielgliedrigen Gesellschaft in ein nivellirtes Bürgerthum zur positiven That erheben, oder nicht minder positiv auf Grund der historisch erwachsenen Gesellschaftsgruppen sich politisch verjüngen muß. Die sogenannte neupreußische Partei suchte ihre Stütze in der persönlichen Politik des Königs, wie die constitutionelle in der Ueberlieferung des letzten Jahrhunderts preußischer Geschichte. Beide Parteien konnten die Sympathien eines Theiles der Bevölkerung für sich aufweisen, und jede behauptete des entscheidenden Theiles. So geschah es, daß die feindseligsten Richtungen gleicherweise an Preußens Beruf, an die Geschichte und an das Volk appellirten und doch zum ganz entgegengesetzten Ergebniß kamen. Beide schrieben sogar seltsam genug den Namen eines und desselben Mannes, Friedrichs des Großen, als des rechten Vorfechters und historisch verklärten Urbildes ihres Parteistrebens gleichzeitig auf ihr Banner!

Bei all diesen Kämpfen wurde nur Eines vergessen: daß man politisch sehr constitutionell und doch zugleich social sehr ständisch gesinnt seyn kann. Es läßt sich eine ächt constitutionelle Volkskammer denken, gegründet auf Ständewahlen. Das Volk nach seinen natürlichen Gruppen — Ständen — wählt; der Abgeordnete aber vertritt, von dem Augenblicke an, wo er die Schwelle der Kammer überschreitet, nicht seinen Stand, sondern das Volk. Vollends aber ist eine freisinnige und volksthümliche Verwaltungspolitik gar nicht denkbar ohne liebevolle Rücksicht auf alle natürlichen Besonderungen im Volksleben, und das sind ja eben die „Stände." Man scheue nur nicht gar zu blind vor diesem ehrlichen deutschen Wort! Ein Polizeibeamter, der Sitte und Art der einzelnen Volksgruppen — der Stände — nicht kennt und beachtet, wird ein Polizeityrann. Die Polizeiwissenschaft findet ihre einzige gediegene Grundlage in der wissenschaftlichen Volkskunde; diese aber geht aus und führt zurück auf die Erkenntniß der historisch erwachsenen Unterschiede im Volksleben. Allein das Alles übersieht man, wähnend, mit dem bloßen Wort „Stände" sey auch schon das ganze Mittelalter wieder heraufbeschworen! Die mittelaltrigen Stände sind ja aber doch längst todt und begraben. Neue Stände wachsen heran an ihrer Statt und der modern constitutionelle Staat erstand als ein Sohn des feudalen Ständestaates. Glaubt man denn nur dadurch den Sohn ehren zu können, daß man den verstorbenen Vater schmäht? Und will man läugnen, daß dem Sohne doch gar viele Züge des Vaters aus dem Gesichte schauen? Man glaubt sociale Politik sey schlechthin eine Politik des Rückschrittes. Ich möchte gegentheils in diesen Büchern zeigen, daß sociale Politik, d. h. eine Staatskunst, welche auf das naturgeschichtliche Studium des Volkes in allen seinen Gruppen und Ständen gegründet ist, vielmehr eine vorschreitende, ächt volksfreundliche Politik sey.

Oesterreich hat keine so scharf bezeichnete Vergangenheit einer socialen Politik hinter sich liegen wie Preußen. Es ist darum auch nicht gleich diesem hier auf den äußersten Punkt der Entscheidung gedrängt. Weder in dem persönlichen Bekenntniß der Regierenden noch in der Volksstimmung fanden die beiden socialpolitischen Hauptpartien so bestimmte Stützpunkte wie bei Preußen.

Nichtsdestoweniger spielte bei dem Widerspruch der streng constitutionellen Partei Norddeutschlands gegen den Gesammteintritt Oesterreichs in den deutschen Bund das social-politische Bedenken wenigstens negativ seine Rolle. Denn das Eine wußte man doch bestimmt, daß Oesterreich durch Natur, Bildung und Geschichte seiner Völker gezwungen ist, ein so straffes sociales Zusammenfassen des allgemeinen Staatsbürgerthums nicht eintreten zu lassen, wie dasselbe in Preußen durch das lange ausgleichende Wirken des büreaukratischen Regiments allerdings möglich geworden ist. Andererseits begrüßten die Freunde einer aus Arbeit und Beruf des Volkes sich heraufarbeitenden socialen Reform um so lauter die Fortschritte in der Ordnung des Gemeindewesens in Oesterreich, in der Umformung der Justiz, in der Grundentlastung, und vor allen Dingen die Bestrebungen des österreichischen Handelsministeriums durch eine großartige, dem Handel und der Industrie zugewandte Gunst dem Bürgerstand zu Kraft und Gedeihen zu verhelfen. Sie hielten sich durch diese Thatsachen zu der Hoffnung berechtigt, daß Oesterreichs Staatsmänner begriffen hätten, wo ihres Landes Zukunft liege, daß sie es für Oesterreichs Beruf erkannt, da anzufangen wo Preußen aufgehört, nämlich die Gesellschaft wieder in ihr Recht einzusetzen, nicht mehr über, sondern neben dem Staat und eine neue sociale Politik aus der möglichst eigenthümlichen Durchbildung des Bauernthumes, des Bürgerthumes, der Grundaristokratie heraus zu schaffen, ohne dabei in das für Preußen weit näher gerückte Extrem einer altständischen Restauration zu verfallen.

So wirkte das sociale Motiv bestimmend auf alle politische Parteien, und kreuzte und zerbröckelte dieselben dabei zum wunderlichsten Wirrsal. Die social-demokratische Partei aber, welche weder auf Preußen noch auf Oesterreich hoffte, stand zur Seite und rieb sich bei ihrer Neutralität schadenfroh die Hände. Es hätte den gemäßigten Männern dieser Farbe nichts im Wege gestanden, sich mit den Liberal-Constitutionellen zu verbinden, wenn die grundverschiedene sociale Weltanschauung nicht zur unübersteiglichen Kluft für beide geworden wäre.

Welch ungeheurer Gegensatz zeigte sich zwischen den ersten Eindrücken, die sofort nach der Februar-Revolution aus allen Ländern kund wurden, und der gleichgültigen Aufnahme der politisch ebenso folgenschweren napoleonischen Staatsstreiche! Bei jenem ersten Anlaß war halb Europa im Augenblick wie von einem Wetterstrahl entzündet; nachgehends war es — Frankreich voran — wesentlich nur verblüfft. Ludwig Bonaparte hatte die Parteien verwirrt, namentlich auch in Deutschland. Weder die conservative noch die liberale Presse war augenblicklich einig darüber, wie sie die Staatsstreiche aufnehmen sollte. So ging es auch bei anderen entscheidenden Anlässen. Die Gegensätze von conservativ und liberal sind eben in ihrer Allgemeinheit nur noch eine todte Abstraction. Die Parteien der historisch gewordenen oder der schulmäßig aufgebauten Gesellschaft, die Parteien des positiven Kirchenthums oder der zertrümmerten Kirche dagegen leben. Es ist weit mehr als mangelnde Partei-Disciplin, wenn den alten Parteigruppen im entscheidenden Augenblicke überall das rechte Stichwort fehlt. Hinter der Verwirrung der Begriffe und Standpunkte lauert eine tiefe Ironie: das Bekenntniß, daß eben jene hergebrachten Parteigruppen bloße Schatten, todte Formeln geworden sind, die keine Macht mehr haben angesichts der Ereignisse.

Waren die Eindrücke der Pariser Katastrophe des 2. Decembers 1851 nicht fast merkwürdiger, überraschender als die Katastrophe selbst? Fast die gesammte deutsche Presse bewies sofort die Rechtlosigkeit des Staatsstreiches. Wer zweifelte überhaupt an derselben? Und doch wünschten damals die großen Massen auch des deutschen Publikums, daß dieser unverantwortliche Staatsstreich, da er einmal geschehen, vollends gelingen möchte. In dieser Ansicht, die sich über den Bruch alles öffentlichen Rechtes so rasch hinwegsetzte, mußte doch mehr liegen als der starre Respect vor der vollendeten Thatsache: mehr als die

Kurzsichtigkeit des Philisters, dem die verkehrslähmende Spannung auf den Mai 1852 zu lange gewährt hatte, der aber doch auch jeden gründlichen Entscheid, weil er ihn aufgerüttelt haben würde, verschoben wissen wollte, dem die Frist bereits zu lange gedauert, und der doch wiederum nur Frist begehrte, Frist um jeden Preis, was man auf deutsch Galgenfrist nennt — der sich freute, er könne nunmehr, kraft des 2. Decembers, im nächsten Jahre sichere Geschäfte machen und nur bedauerte, daß den Parisern ihr Weihnachtsmarkt so arg gestört worden war, und daß die armen Pariser Zuckerbäcker ihre Marzipanausstellungen zur Hälfte umsonst gemacht hatten. Es mußte einen tieferen Grund der Gleichgültigkeit geben, mit welcher man zusah, wie das politische Rechtsbewußtseyn ins Herz verwundet wurde.

Conservative wie radicale Stimmen begegneten sich damals in der richtigen Erkenntniß dieses tiefern Grundes. Die Theilnahme für das Staatsleben, das Verfassungsleben, für die eigentlich politische Politik ist lahm geworden gegenüber der gewaltigen Aufregung, mit welcher Europa in Zagen und Hoffen den Entwickelungen des socialen Lebens folgt. Ja es ist dabei eine Gleichgültigkeit gegen das öffentliche Recht an den Tag gekommen, die man auf's tiefste beklagen muß. Hier jagen sich die Extreme. Das französische Verfassungswesen und was ihm in hundertfacher Variation in Deutschland nachgebildet ist, **muß sich festigen durch eine gesellschaftliche Basis**, es muß zurückgreifen auf die Naturgeschichte des Volks, oder es hat sich überlebt, und die deutschen Kammern werden machtlos wie die französische Nationalversammlung und der Sinn für das Verfassungsrecht überhaupt wird im Volke immer bedauerlicher verdunkelt werden.

Jedes Zeitalter hat sein eigenes Gespenst, und unter Zittern und Zähneklappern vor demselben erziehen sich die Völker. Was dem Mittelalter die Furcht vor dem Posaunenschalle des jüngsten Gerichtes war, das ist dem neunzehnten Jahrhundert die Furcht vor den Posaunen der großen socialen Umgestaltung. Auf diese Furcht hat der andere Napoleon seinen Kaiserthron gegründet wie der erste Napoleon den seinigen auf die Schrecken der ersten Revolution. Diese Furcht treibt gegenwärtig die Leute, sich an jeglichen Strohhalm von Friedenshoffnung anzuklammern, wenn auch die Mächte schon seit Monaten die Hand am Schwert haben, denn einem europäischen Krieg könnte die sociale Revolution in Europa auf dem Fuße folgen. Ein ganzer Centner Verfassungsrecht wiegt kein Loth, wenn der gesammten historischen Gesellschaft das Messer an der Kehle sitzt. Mag dieser Ausspruch ein höchst gefährlicher und trügerischer seyn, nur möglich bei wirklich verdunkeltem politischem Rechtsgefühl: — er erscheint der Mehrheit des Volkes jetzt als eine Wahrheit. Die Proclamation des Präsidenten Bonaparte vom 2. December 1851 ist unstreitig ein Meisterstück gewesen, ein Meisterstück um beßwillen, weil jener schlaue Mann das allgemeine Stimmrecht, das wirksamste unter allen Reagentien des socialen Gährungsprocesses, damals hinwarf, um diesen Gährungsproceß selber — vorerst — niederzuschlagen. Und die Welt zerbrach sich den Kopf nicht über der theologischen Streitfrage: ob man denn wirklich den Teufel auch bannen könne durch Beelzebub; sie beruhigte sich in dem Gedanken, daß jene neue Revolution vorerst ja nur eine politische sey! daß sie das jüngste Gericht im Volksglauben des neunzehnten Jahrhunderts, die sociale Revolution, wieder auf Jahre, vielleicht auf Jahrzehnte zurückgedrängt habe.

So sehen wir in den räthselhaften ersten Eindrücken jenes Staatsstreiches ein neues Zeugniß für die Wahrheit: daß das politische Interesse gegenwärtig wesentlich verschlungen ist von dem socialen. Das Zeitalter wird keine Ruhe, keine Fassung mehr gewinnen für die Verfassungspolitik, wenn nicht die Reform der Gesellschaft vorangegangen ist. Den Streich gegen ein historisch bestehendes Staatsrecht konnte Ludwig Bonaparte mit augenblicklichem Erfolg führen, und die großen Schaaren seiner Gegner blieben zugleich seine Zuschauer. Wäre am 2. December ein gleich entscheidender Streich gegen historische Rechte der Gesellschaft geführt worden, wären es die Socialdemokraten gewesen, welche mit gewaltsamer, siegreicher Hand in die bestehende Ord= nung eingegriffen hätten, dann würde halb Europa sofort nicht auf dem Schauplatze, sondern auf dem Kampfplatze gestanden haben.

Napoleon III. gründete sein Regiment auf eine wenigstens scheinbare sociale Macht. Er griff die Soldaten heraus, das Soldatenthum, er formte aus ihnen den gesellschaftlichen Kern, mit welchem er der ermatteten Aristokratie, dem ein= geschüchterten Bürgerthum ihren gesellschaftlichen Beruf vorläufig abnehmen konnte gegenüber dem Anbringen der Socialdemokratie. Er verkündete den Frieden, aber er privilegirte das Soldaten= thum. Die Soldaten stimmten zuerst ab; sie waren eine Weile die allein social und politisch bevorrechtete Aristokratie in Frank= reich. In diesem kecken Versuch, der sich gleichsam eine neue sociale Macht schaffen wollte, weil die alten nicht mehr Stich hielten, lag ebensowohl die Gewähr des augenblicklichen Gelingens als der Keim des früher oder später eintretenden Sturzes der napoleonischen Herrschaft. Denn eine Aristokratie des Soldaten= thums wird sich in unserer Zeit nur so lange halten können, als die Ohnmacht der natürlichen Gruppen der historischen Gesellschaft gegenüber dem demokratischen Proletariat fortdauert.

Wir sehen einen Kaiser, der keinen weiteren Rechtstitel hat, als eine durch die Furcht vor dem Gespenste der socialen Re= volution dictirte Volksabstimmung und — seinen Namen, seinen sehr kurz beisammen gepackten Stammbaum. Und doch war es der Zauber dieses Namens, dieses gesellschaftlichen historischen Anrechtes, welcher ihm, der kein Held und kein Feldherr ist, die Stimmen der Armee gewonnen hat! Das ist wieder einer der großen scheinbaren Widersprüche unserer Zeit. Der Instinct für eine gesellschaftliche Tradition, für die Aristokratie der Geburt, schafft aus einem verspotteten Abenteurer einen Helden des Tages — und doch soll ja diese Tradition der Geburtsaristokratie längst in Luft zerronnen, soll die Ausebnung aller überlieferten gesell= schaftlichen Gegensätze das Ideal der Gegenwart seyn!

Ludwig Napoleon ist der Namenserbe des großen Soldaten,

darum erschien sein Abel als der älteste und beste, der eigentlich fürstliche in einer Republik, in welcher das Soldatenthum sich berufen hielt, von nun an wiederum die hohe Aristokratie zu bilden. Man kann diese Thatsachen gleicherweise sehr lustig und sehr ernst finden. Aber sie bleiben eine inhaltschwere Mahnung, daß man die sociale Politik begreifen und schätzen möge als die eigentlich entscheidende Politik der Gegenwart.

So erscheint auch der gefahrvolle Versuch, daß Ludwig Napoleon die Proletarier in Schaaren von vielen Tausenden nach Paris zieht, um ihnen zu zeigen, daß er den Arbeitern Arbeit und Verdienst nach Belieben aus dem Aermel schütteln kann, als ein Zeugniß für die unwiderstehlich in unser öffentliches Leben einziehende sociale Politik. Mit der entschlossensten, verwegensten, verzweifeltsten Gesellschaftsgruppe, dem vierten Stand, soll die übrige Gesellschaft in Schrecken gehalten werden, damit der Kaiser einstweilen ruhig auf seinem Throne sitzen könne. Indem die Proletarier die Straßen von halb Paris niederreißen, bauen sie die unsichtbare Burg der kaiserlichen Macht. Die sociale Politik ist hier aber ein Hazardspiel, nicht ein Ausfluß besonnener Staatskunst. Vielleicht gelingt es dem Hazardspieler einmal die Bank zu sprengen, aber zuletzt wandert er doch in den Schuldthurm oder schießt sich eine Kugel durch den Kopf.

Weit leichter läßt es sich gegenwärtig annehmen, daß Einer die politische Partei aus reiner, freier Ueberzeugung wechsle, als daß er ein sociales Glaubensbekenntniß umtausche. Denn das letztere ist nicht blos ein Product des verständigen Urtheils, es ist uns zur Hälfte angeboren, mit Abkunft, Erziehung, Weltstellung untrennbar verwachsen. Der Sohn des individualisirten Mitteldeutschlands denkt von Haus aus ganz anders über die socialen Fragen, als der Nord- oder Süddeutsche, weil er von Jugend auf von ganz anderen socialen Thatsachen umgeben ist. Man sollte darum gerade hier nicht so rasch seyn, dem Gegner niedrige Beweggründe unterzuschieben, denn beim Urtheil über sociale Zustände ist ein jeder zugleich Richter in eigener Sache.

Die politischen Maßregeln unserer jüngsten revolutionären Krisis sind nach Ablauf weniger Jahre zu Hunderten wieder in Nichts zerronnen. Es hat sich als viel leichter erwiesen, zwei, drei neue Verfassungen in einem Athem hinter einander einzuführen, als eine einzige Maßregel socialer Natur wieder rückgängig zu machen, wie beispielsweise die auf eine höhere gewerbliche Selbständigkeit des Handwerkerstandes, auf Entlastung des Grundeigenthumes 2c. zielenden Reformen.

Darum ist mir nicht leicht eine ärgere politische Ketzerei vorgekommen, als wenn ich Männer, die für staatsklug gelten wollten, in den Kammern und der Presse solche Maßregeln, die den nächsten — wenn auch scheinbar noch so geringfügigen — Interessen der bürgerlichen Gesellschaft galten, für kleinlich ausschreien hörte, gegenüber den lärmenden Debatten der formellen Politik. Auch die kleinste Maßregel zur Hebung der Selbständigkeit der bürgerlichen Gesellschaft neben der Staatsgesellschaft ist groß, und wer die, wenn auch noch so bescheidene, Pflege der gesellschaftlichen Interessen gering ansiehet, der begehet eine Todsünde wider den Geist der Zeit.

Zweites Kapitel.

Sondergeist und Einigungstrieb im deutschen Volksleben.

Im Wein ist Wahrheit. Auch eines Volkes geheimste Gedanken belauscht man wohl in den kurzen Augenblicken seligen Trunkenseyns, nicht in den langen nüchternen Tagen des ruhigen Gewohnheitslebens.

So ein glücklicher Moment des Rausches war das Jahr 1848. Kommende Geschlechter beneiden gewiß den Culturforscher, dem es damals vergönnt war, mit Mappe und Bleistift zuzuschauen und Skizzen zu Dutzenden für künftige Ausarbeitung auf's Papier zu werfen. Denn ein Rausch des Volkes mag wohl rasch wiederkehren, aber schwerlich ein so gutartiger, der von allen guten und schlechten Geheimnissen des Volkslebens so arglos den Schleier heben wird. Es sind bereits so viele Sittenzeichner aufgetreten, welche aus den Scenen des Jahres 1848 einen Höllenbreughel zusammengesetzt haben: warum nicht lieber einen Ostade, ein Bildchen, wo der Wein so recht als ein Verklärer, das ist ein Klarmacher, auf jedem Lächeln, jedem Blinzeln, jedem Stirnrunzeln der Zechgenossen leuchtet, und auch der unglückselige Mann nicht fehlt, der seitab sich in den Winkel stiehlt, weil es ihm übel wird?

In jenem dem Beobachter so günstigen Jahre des großen Volksrausches konnte man eine zwiefache Thatsache wahrnehmen. Zuerst, daß sich alle Welt, Rang und Stand vergessend, brüderlich in die Arme fiel — und wer nicht aus dem Seelenjubel der

Begeisterung mitmachte, der that es wenigstens beim Zähne=
klappern der Furcht. Zum andern aber, daß gleichzeitig der
Sondergeist, der Drang nach corporativer Selbständigkeit der
einzelnen Berufe und Gesellschaftsgruppen nicht minder gewaltig
hervorsprang.

Da sahen wir, wie schon in den ersten Märztagen das Hand=
werk sich zusammenschaarte, um sich zu erretten von dem Fluch
der schrankenlosen Gewerbfreiheit, der Patentmeisterschaft ꝛc., um
die Ordnung der gewerblichen Angelegenheiten der Büreaukratie
ab und in die eigene Hand zu nehmen. Es wurden hier und
dort förmliche Zunftordnungen extemporirt, nicht von den Re=
gierungen, sondern von den Handwerkern selber. Meister= und
Gesellenvereine wucherten auf. Altersmatt gewordene Gewerb=
vereine gewannen neues Leben. Bei einzelnen Gewerbszweigen
wurde die Selbstherrlichkeit der Körperschaft bis zu einem Grade
ausgedehnt, daß der Staat nicht mehr ruhig zusehen konnte. Ich
erinnere nur an die Buchdruckergehülfen, welche mit ihrem straffen
Zusammenhalten im Sommer 1848 der norddeutschen Polizei
nicht wenig Kummer bereitet haben. Man nannte aber, bei=
läufig bemerkt, diese Fanatiker des Corporationswesens radical,
nicht reactionär.

Die „Arbeiter" schaarten sich zu umfassenden Vereinen mit
klar ausgesprochener socialer Tendenz, um ihre Rechte als „Stand"
kämpfend. Eigene Arbeiterzeitungen wurden gegründet.

Die Schullehrer wie die Geistlichen gruppirten sich zu be=
sonderen Vereinen, hielten Versammlungen ab, stifteten Schul=
und Kirchenblätter. Jeder wollte das Interesse seines Standes
und Berufes wahren und festigen. Die Kirche machte von dem
Vereinsrecht den großartigsten Gebrauch. Der Katholicismus
gewann durch das musterhaft organisirte Vereinswesen eine so=
ciale Macht, wie er sie, wenigstens in den Ländern gemischten
Glaubens, vielleicht seit der Reformation nicht mehr besessen hatte.
Es wurden auch kirchliche Vereinszeitungen geschaffen neben den
eigentlichen Kirchenzeitungen. Ueberall Sonderung, überall eine

ganz von selbst entstehende Gliederung der Gesellschaft. Ja die Lust, alle möglichen Angelegenheiten genossenschaftlich zu behandeln, überstürzte sich bis zum Unsinn, und mancher sonst arbeitsame Bürgersmann ist dazumal vor lauter Corporation, ständischem selfgovernement und Vereinswesen ein Lump geworden.

Die freie Gemeindeverfassung, was ist sie in ihren Grund- und Stammsätzen anders als ein Corporationsstatut, halb socialer, halb politischer Natur? Das Recht, die eigenen Angelegenheiten des Gemeindehaushaltes selber zu ordnen, das Recht der Gemeinde, demjenigen die Niederlassung zu wehren, den sie für ein verderbliches Subject hielt, wie es im Mittelalter die Städte besaßen, beanspruchte jetzt jedes Dorf. Ich habe nicht gehört, daß irgendwo in der Weise Mißbrauch von der freien Gemeindeverfassung gemacht worden wäre, daß eine Gemeinde ihre Thore dem Zuzug jedes Straßenläufers geöffnet hätte, wohl aber gar häufig umgekehrt, daß die freie Gemeinde in engherzigstem Sondergeist auch dem tüchtigsten Einwanderer die Niederlassung versagte.

Die Bürger der Städte, der eigentliche Mittelstand, thaten sich zusammen in Bürgervereinen, constitutionellen Vereinen, Vereinen für Gesetz und Ordnung u. dgl. Es war in der Regel nicht geradezu ausgesprochen, daß diese Vereine das corporative Interesse des Bürgerstandes als solchen vertreten sollten. In der That und Wahrheit thaten sie dies aber doch, und wesentlich nur dies. Absichtslos bekundete sich hier der Sondergeist des Bürgerthums nur um so auffallender.

Der Adel wurde schon durch die Bedrängniß der Zeit zu strafferem Zusammenhalten getrieben.

Die Bauern allein versuchten keine neuen Corporationen zu gründen, weil sie glücklicherweise noch in dem beneidenswerthen Zustande leben, daß sie von allen Gruppen der bürgerlichen Gesellschaft am naturgemäßesten gegliedert sind, ohne es selber recht zu wissen.

In all diesen Thatsachen lag eine Wahrheit, jene naive

Wahrheit, welche aus dem Rausche spricht. Es war den Leuten nicht von oben her befohlen worden, sich nach Standes- und Berufsinteressen in Vereinen zusammenzuthun, sie waren ganz von selber auf den Einfall gekommen, der Instinct des fesselloſen Volkes hatte die Wahrheit entdeckt und ausgebeutet, daß nur aus der geſonderten Pflege des Individuellen die allgemeine Größe hervorsteige.

Gerade in Mitteldeutschland, wo wahrlich wenig mittelalterliche Rückgedanken im Volke mehr leben, wo aber hier und da eine zügelloſe Gewerbefreiheit die Leute allmählich mürbe gemacht hatte, ſah die freiſinnige Partei den letzten Rettungsanker des Handwerkes in einer neuen corporativen Organiſation des Gewerbeſtandes. Im deutſchen Süden beſaß man zum Theil noch zu viel von den alten Reſten des Zunftweſens, man hat aber selbst wirklich veraltete Gebilde derart nicht geradezu über Bord geworfen. Der Norddeutſche begreift dieſe Thatſachen nicht, weil er ſie nicht bei ſich ſelbſt erlebt hat. Es würde ſtaunenswerthe Reſultate zeigen, wenn man das Alles zuſammenſtellen könnte, was der Gewerbeſtand einzelner Gegenden 1848 Alles gethan hat, um sich in wirthschaftlichen und ſocialen Körpern zu Schutz und Trutz abzuſchließen. Wohl hat man in norddeutſchen Städten die Gewerbefreiheit gewahrt; in anderen Gegenden aber ist man gerade da mit dem ſtürmiſchſten Angriff gegen dieſelbe vorgeschritten, wo man ſie am ausgedehnteſten genoſſen hatte. Hier verläugnete der Liberale ſein eigenes liberales Princip, um dem in der Nation webenden Sondergeiſte ein Genüge zu thun, welcher eben da, wo das Volk ſich in ſeiner Natürlichkeit zeigte, wo es am meiſten ſich gehen ließ und nach eigenem Gutdünken wirthſchaftete, am entſchiedenſten hervorbrach. Dieſe wichtige Thatſache wird man nicht antaſten können.

Aber freilich war auch gleichzeitig dem Einigungstrieb keine Schranke geſtellt. Man gab ſich unbefangen den Sonderintereſſen von Stand und Beruf hin, weil man die Sonderungen des Ranges ein für allemal aufgehoben wähnte. Man fühlte sich einig als Nation, und nahm es darum für unverfänglich sich in den socialen Sonderinteressen ganz gründlich zu vereinzeln. Man fühlte sich gleich und einig in der Bildung, denn keiner glaubte an politischer Reife dem andern nachzustehen und jeder Eckensteher war ein Staatsmann; darum wahrte man um so eifriger den Vortheil der einzelnen abgeschlossenen Stufen der bürgerlichen Existenz sammt der damit verknüpften Mannichfaltigkeit der speciellen Bildung. Hätte man freilich den Leuten laut gesagt, daß sie durch ihr Vereinswesen ꝛc. lediglich den unvertilgbaren Trieb zur ständischen Gliederung bekundeten, so würden sie Einem die Fenster eingeworfen haben. Daß sie unbewußt dem Sondergeist im Volksleben ihre Huldigung darbrachten, macht darum diese Huldigung selbst nicht bedeutungsloser.

Die Scheidewand der alten Gesellschaftsgruppen ist durch den Einfluß einer immer mehr sich verallgemeinernden Geistesbildung, durch die Macht des modernen Industriewesens, durch die staatsrechtliche Thatsache eines gleichberechtigten und gleichverpflichteten allgemeinen Staatsbürgerthums so gründlich niedergeworfen worden, daß man für die Kraft des socialen Einigungstriebes in unserer Zeit nicht erst den Beweis anzutreten braucht. In einer Epoche, wo der Adel social herrschte, zweifelte niemand an der ständischen Gliederung der Gesellschaft: so zweifelt jetzt, wo der Bürgerstand den entscheidendsten Einfluß im socialen Leben übt, niemand an dem Gemeinbewußtseyn, an der höheren Einheit aller Gesellschaftsgruppen. Aber gerade darum ist es jetzt um so nothwendiger darauf aufmerksam zu machen, daß auch der sociale Sondergeist durchaus nicht erloschen, daß er nur in die zweite Linie getreten ist, daß er statt der alten Bildungen neue geschaffen hat, und wahrlich als ein vollwichtiger Factor in der socialen Politik die höchste Beachtung verdient.

Ich zeigte vorhin im Spiegel einer Volksbewegung, wie mächtig der unbewußte Sondergeist im Volke noch walte. Als Seitenstück tritt uns die gleiche Erscheinung auch im Spiegel der modernen Literatur gegenüber. An dem Grundsatze festhaltend, daß im Kleinen der Maßstab für Großes gegeben sey, greife ich einen literarisch noch minder bedeutenden, aber um der Ueppigkeit des in ihm wuchernden Triebes für den Culturforscher um so bedeutsameren Zweig unseres Schriftthumes heraus: den sogenannten „socialen Roman." In dem Maße als uns das durch lange Zeit fast ganz abgestorbene Bewußtseyn des Lebens in der bürgerlichen Gesellschaft wieder lebendig wurde, keimte auch die reiche Saat der socialen Romane auf. Das 18. Jahrhundert konnte keine Literatur des socialen Romans haben, denn der moderne Begriff der Gesellschaft fehlte ihm. Wenn aber ein künftiger Historiker die socialen Geburtswehen unserer Tage zu schildern unternimmt, dann wird er ein eigenes Capitel ausarbeiten über dieses Phänomen der socialen Romane: er wird da reden von Sealsfield, von Dickens, selbst schon von Walter Scott, von Eugen Sue und von all den künftigen großen deutschen Romanschreibern, die jetzt noch als Quintaner in den Gymnasien sitzen. Die Zeit ist da, wo Staatsmänner zu ihrer Instruction auch Romane lesen müssen.

Ist dies nicht eine wichtige Thatsache, daß unsere Poeten den Einzelnen gar nicht mehr anders zu malen vermögen als in den Localtönen eines bestimmten Gesellschaftskreises? daß der allgemeine Liebhaber, Held, Intriguant ꝛc., wie man ihn ehedem zeichnete, stereotypen Figuren ganz anderer Art Platz gemacht, gesellschaftlich individualisirten Figuren, als da sind: Bauern in allerlei Natur und Unnatur, Edelleute und Emporkömmlinge, Bürger, Bourgeois und Philister, Handwerker, Arbeiter und Proletarier? Diese festen Charakterrollen, die dem modernen Roman ausschließlich zu eigen gehören, bezeichnen einen Triumph der historischen socialen Weltansicht über die philosophisch ausebnende. Wenn sich der großentheils politisch freigesinnte Kreis der Romandichter den modernen Menschen gar nicht mehr anders poetisch individualisiren kann als im Gewand eines besonderen Standes, dann müssen diese Gruppen der Stände doch wohl mehr seyn als das bloße Trugbild reactionärer Politiker.

Gar viele sociale Romane sind im conservativen Interesse geschrieben, ohne daß sich's der Autor hat träumen lassen. Es war eine wahrhaft verhängnißvolle Verkehrtheit des vormärzlichen Standpunktes, daß nicht die Staatsmänner ein Auge hatten auf den socialen Roman, sondern die Polizeibeamten. Diese Gattung von Poesie bildete das erste Capitel in der polizeilichen Literaturkunde, und noch heute denken von zehn Leuten gewiß neune bei einem „socialen" Roman stracks an einen „socialistischen."

Man halte die dichterischen Sittenbilder des Bauernlebens, welche Jung Stilling und Hebel mit so liebenswürdigem Griffel entworfen, gegen die Art wie Immermann, Auerbach, Jeremias Gotthelf dasselbe Thema behandeln. Jene älteren Dorfnovellisten malten uns den Bauersmann als ein einzelnes Charakterbild in seiner privaten Gemüthlichkeit, als Staffage eines kleinen Genrestückes; diese neueren dagegen fassen ihn vorweg als Glied der Gesellschaft, sie setzen ein Bauernthum voraus, der sociale Grundton bringt durch, auch wo keine Tendenz sich breit macht.

So geht es durch alle Zweige der Romandichtung. Auch das ästhetisch flachste und gleichgültigste Werk gewinnt aus diesem Gesichtspunkte oft Werth für den Culturhistoriker. So z. B. die aristokratischen Frauenromane. Eine spätere Zeit wird in denselben viel lehrreichen Stoff zur Erkenntniß der Schwächen unserer Aristokratie finden, wenn es der Literarhistoriker längst nicht mehr der Mühe werth hält einen Blick in dieselben zu werfen. Die Gräfin Hahn hat ihre Bücher Romane „aus der Gesellschaft" genannt. Sie denkt sich freilich unter der Gesellschaft etwas ganz anderes als wir, aber wir können sie immerhin auch in unserm Sinne beim Wort fassen: es sind in der That sociale Romane, sehr verunglückte freilich. Indem in den meisten dieser aristokratischen Frauenromane der Cultus gerade des Außenwerks der Aristokratie, in seiner Poesielosigkeit, auf die Spitze getrieben ist, werden sie förmlich zu destructiven Schriften, die eine richtige Erkenntniß und Würdigung des Wesens der Aristokratie weit mehr beeinträchtigen als gar manche polizeilich verbotene, von bärtigen Literaten geschriebene Bücher.

Zwei fremde Romanschriftsteller haben in neuerer Zeit in Deutschland einen wahrhaft beispiellosen Erfolg gehabt: Walter Scott in den zwanziger, Eugen Sue in den vierziger Jahren. Sie vertreten die beiden äußersten Pole des socialen Romans. Wer jetzt, nachdem wir die großen Lehrjahre unserer kleinen Revolution durchgemacht, Scotts Romane wieder zur Hand nimmt, der staunt gewiß darüber, wie er dieselben heute mit so ganz anderem Auge liest als vordem. Welchen grundverschiedenen Sinn haben diese Schilderungen der altenglischen Aristokratie und des Bürgerthums wie der patriarchalischen Zustände Hochschottlands jetzt für uns gewonnen, wo wir mitten im socialen Kampfgetümmel stehen! Jetzt merkt man erst, daß nicht das historische Beiwerk, sondern der sociale Kern den eigentlichen Grundcharakter dieser Romane bildet. Jetzt fühlt man erst, wie lächerlich es war, daß man vordem bald diesen bald jenen deutschen Romandichter den deutschen Walter Scott genannt, wo wir doch erst das Bewußtseyn eines fest historisch gegliederten Gesellschaftslebens wie das englische wiedergewinnen müßten, um deutsche sociale Romane von innerer Verwandtschaft mit diesen englischen schaffen zu können. Der sociale Inhalt wurde bei den Romanen Sue's von der großen Masse viel rascher herausgefunden als bei Walter Scott, weil er sich dort als Verneinung der bestehenden Gesellschaft darstellt. Man glaubte jetzt erst den socialen Roman gewonnen zu haben, den man doch längst besaß. Den Deutschen fängt mehrentheils die Politik immer erst da an, wo die Opposition anfängt, darum ist eine erhaltende und aufbauende Politik für so viele geradezu das classische „hölzerne Eisen" der logischen Lehrbücher. In einer Zeit, die von großen sittlichen und socialen Gährungen kaum minder trüb aufbrauste als die unsrige, hat Rubens den wilden Jubel der Sinnenlust, den entfesselten Dämon des irdischen Menschen, den Rausch der geilen Lüsternheit in unverhüllter Nacktheit ungleich kecker gemalt als je einem französischen Neuromantiker gelungen ist; aber wir dürfen nicht vergessen, daß er neben diese nahezu unsittlichen Bilder — das jüngste Gericht und den Sturz der bösen Engel gestellt, und daß ihm die hier zum Abgrund niederstürzenden Teufel, wie sie sich vergeblich zähnefletschend gegen die Lanzen der Erzengel aufbäumen, gerade am trefflichsten gelungen sind. Auch der sociale Roman der Franzosen malt die Sünde möglichst nackt, aber das Gericht, welches der Dichter daneben stellt, ist kein jüngstes Gericht, und die poetische und sittliche Gerechtigkeit wird darin schneidender verletzt als in dem koketten Abbild der Unzucht und Niedertracht selber. Rubens, der im Style seiner Zeit sociale Romane malte, war auch ein Staatsmann. Sollen wir Victor Hugo, Sue, G. Sand 2c., die ja auch auf kurze Frist Staatsmänner neueren Styles gewesen sind, mit dem alten Maler als Staatsmann vergleichen? Nirgends haben die Franzosen Aberwitzigeres zu Tage gefördert als in den praktischen Lösungsversuchen der socialen Frage, und kein Literaturzweig ist bei ihnen entsprechend zu ärgerem ästhetischem Aberwitz ausgewachsen als der sociale Roman.

Man zeige mir einen wirklichen Dichter, der einen modernen Roman geschrieben hat, ohne dessen Charaktere als in den Unterschieden der verschiedenen Stände gewurzelt zu entwickeln, und ich will daran glauben, daß ein Unterschied der Stände auch nicht mehr in der Natur und in dem Bewußtseyn des Volkes wurzele. Ein Mensch, der keiner besonderen Gesellschaftsgruppe angehört, sondern nur dem allgemeinen Staatsbürgerthum, ist für den Romandichter eben so sehr ein Unding als ein allgemeiner Baum, der nicht Eiche, nicht Buche, nicht Tanne für den Maler. Und nicht bloß im Wein ist Wahrheit — auch in der Poesie.

Für das Studium der Volkssitten ist in den letzten Jahrzehnten in Deutschland erstaunlich viel gethan worden. Meint man, der überreiche ungeordnete Stoff, der hier zusammengetragen ist, habe blos den Werth einer Curiositätensammlung, oder blos antiquarischen Werth, sofern er den letzten Widerschein einer versinkenden Welt festhält? Für uns hat die Fülle dieser Studien zu allerst eine großartige sociale Bedeutung. Denn die noch fortlebende Sitte des Volkes, deren stärkste Triebkraft gerade in den unteren Volksschichten sitzt, ist uns Brief und Siegel für das noch keineswegs erstarrte Schaffen und Weben des Sondergeistes im Volke. Diese derben Unterschiede der Volkssitten werden sofort erlöschen, so wie eine organische Gliederung der Gesellschaft aus der Natur des Volkslebens verschwunden ist. Alsdann wird es Zeit seyn an das ewige Reich des Socialismus zu denken. Nur die nivellirte äußere Kruste der Gesellschaft, die den modernen abstracten Bildungsmenschen in sich faßt, hat jetzt schon keine eigenthümliche Sitte mehr.

Das vielfach bis zur äußersten Grenze getriebene Sonderthum des Volkslebens ist der tiefste Jammer und zugleich die höchste Glorie Deutschlands. Unser Bestes und unser Schlechtestes wurzelt in demselben, nicht seit heute oder gestern, sondern seit es eine deutsche Geschichte gibt. Hier die Eigenart und Frische unseres geistigen Schaffens, der Ameisenfleiß unseres industriellen Lebens, jene zähe, elastische, verjüngende Kraft, welche unsere Nationalität nie ganz zerknickt werden ließ, welche wirkte, daß der deutsche Geist, wenn er in einem Punkte gebrochen schien, in zehn andern gleichzeitig um so gewaltiger in die Höhe strebte. Auf der andern Seite Zwietracht, Zersplitterung, der Jammer des ebenfalls niemals auf allen Punkten zugleich niederzubeugenden Particularismus. Schon geographisch ist Sondergeist und Einigungstrieb im deutschen Volksleben dargelegt in dem „individualisirten und centralisirten Land," wie ich es in dem ersten Bande dieses Werkes geschildert habe. Zu jenen örtlichen Gruppen, deren bunte Mannichfaltigkeit ich am gedachten Orte nur andeuten, nicht ausmalen konnte, gesellen sich die ideellen Besonderungen der Gesellschaftskreise. Es kann dem Blick wohl schwindeln, wenn sich ihm dieses Gewimmel des Einzellebens aufthut. Wie den deutschen Volksstämmen der Stempel der gesonderten Volkspersönlichkeiten schärfer eingeprägt ist, als den Gliedern irgend einer andern Nation Europa's, so geht auch die Sonderung der Gesellschaftsschichten bei uns noch am tiefsten. Aber zugleich besitzen wir auch den stärksten Hebel, unberechtigte sociale Schranken niederzuwerfen: die allgemeine Geistesbildung. Eine Nation von Dutzenden von Stämmen, Stätchen, und Gesellschaftsgruppen, und zugleich eine Nation von Gelehrten! Dieser Gegensatz bildet das Tragische im deutschen Nationalcharakter. Der auf die Spitze gestellte Widerstreit eines natürlichen, angestammten Sondergeistes mit einem uns nicht minder angeborenen Einigungstrieb hat unser sociales Leben zu dem interessantesten und lehrreichsten, zugleich aber auch zum kummervollsten gemacht. Es ist deutsche Art, die eigenen Schmerzen darüber zu vergessen, daß man an ihnen physiologische Studien über die Natur des Schmerzes macht. Die socialen Kämpfe werden bei uns am tiefsten ausgekämpft werden. Mag Frankreich den Ausgangspunkt kommender socialer Revolutionen bilden, Deutschland wird doch der Centralherd derselben werden, das Schlachtfeld, wo die Entscheidung geschlagen wird. Wir wollen jeden redlichen Streiter in diesem Kampfe ehren, nur soll man uns nicht wegläugnen, daß das letzte Recht für beide Parteien in der eigensten Art des deutschen Volkes wurzele: der sociale Sondergeist nicht minder als der sociale Einigungstrieb. Der Zug der Zeit wird bald den einen, bald den andern in den Vordergrund schieben, ausrotten wird er weder den einen noch den andern. Der unbefangene Staatsmann aber wird beiden ihr Recht zu wahren wissen. Die Vorrechte einzelner Stände sollen Corporationsrechte aller Stände werden. Ich sage Corporationsrechte; denn nur aus dem Individuellen keimt ein gesundes Leben. Diese vom modernen Staats- und Rechtsbewußtseyn wie von der Humanität gleicherweise geforderte Gleichheit herzustellen, nimmt der ausebnende Liberalismus die corporativen Rechte Allen weg. Ich möchte sie Allen geben, Jedem nach seiner Art, weil ich nicht bloß den Drang nach socialer Ausgleichung, sondern auch den Sondergeist im Volke erkenne und ehre.

Das entartete, übercivilisirte römische Alterthum am Vorabend seines Zerfalles konnte sich eines gründlichen Respectes vor den deutschen Barbaren nicht erwehren, als es wahrnahm, auf welche tief sittliche Grundlage das Familienleben bei diesem Volke gebaut war. Mit der im engen Kreise fest beschlossenen Familie haben wir unsere erste sittliche Ehre auf dem Schauplatze der Weltgeschichte eingelegt. Die Familie ist aber die oberste Voraussetzung der Gesellschaftsgruppe. In dem Idealbilde des mittelalterlichen deutschen Adels krystallisirte sich das Familienbewußtseyn zum Standesbewußtseyn. Die engere Gruppe der bürgerlichen Gesellschaft im Gegensatz zu dem fessellos in's weite schweifenden vereinsamten Individuum trägt bei uns die historische Weihe. Sie warb uns unsere erste Ehre, sie sollte uns billig auch unsere letzte werben.

Das genossenschaftliche Leben ist uralt beim deutschen Volke, aber eine Kaste hat es bei uns nie gegeben, wie bei den Orientalen, nicht einmal eine Priesterkaste. Auch eine politisch bevorzugte, herrschende Aristokratie gehört wenigstens nicht der Urzeit unserer Volksgeschichte an. Sondergeist und Einigungstrieb ergänzte sich in jenen grauen Tagen, wo die Sittentiefe deutschen Familienlebens den Römern Respect einflößte. Wie heute die allgemeine Bildung einigend wirkt, so wirkte dies damals das Gemeingut der Volkspoesie in Sitte und Sage, Lied und Spruch. Merkwürdigerweise brachte just das Zeitalter des Zopfes, wo das sociale Bewußtseyn überhaupt am ärgsten getrübt, am tiefsten erschlafft war, die Fabel von einer altdeutschen „Bardenzunft" auf, welche die Volksdichtung standesmäßig in Pacht gehabt hätte. Höhere Bildung ist gewiß nicht jedermanns Sache; ihre Pflege füllt darum einen Beruf, nicht aber einen gesellschaftlichen Stand. Es mag uns als ein Wahrzeichen gelten, daß die Gelehrten gerade damals einen eigenen Stand, eine besondere Kaste usurpirten, als der gesunde corporative Geist am tiefsten in Deutschland gesunken war. Und am Ausgange des Mittelalters, wo sich das Ständewesen durchaus veräußerlicht hatte,

thaten sich vollends sogar die Poeten zu einer wirklichen Zunft
zusammen.

Ein anderes Wahrzeichen tröstlicherer Art möge dem gegen=
überstehen. Es ist die der Gegenwart eigenthümliche Freude der
höheren Stände an der Poesie und dem Gesang des gemeinen
Mannes, am Volkslied. Sie ist ein sociales Phänomen, ein
Triumph des Einigungstriebes der durch alle Stände geht, und
des edelsten Sondergeistes gleicherweise. Für den Genius gibt
es keine gesellschaftliche Schranke, im Gegentheil, er überbrückt
dieselbe, wo er sie vorfindet, und der große moderne Doppel=
stand der Gebildeten und der Bildungslosen zieht einen dicken
Querstrich unbarmherzig mitten durch alle Standesgruppen. So
beugt sich der vornehme Mann, indem er das arme kleine Lied
des Bauern als ein köstliches Kleinod in den Schatz seiner Bil=
dung aufnimmt, vor dem künstlerischen Genius im Volke. Der
Volksgesang, der jetzt in allen Prunksälen heimisch wird, ist gleich
einem Regenbogen des Friedens, der sich über alle Stände
spannt. Das Reale ist die gesellschaftliche Sonderung, das Ideale
die Einigung. Dem gemeinen Mann, der im Schweiße seines
Angesichtes sein Brod ißt, gab Gott, daß er singe, damit im
Verständniß dieser schlichten Lieder die übersättigte vornehme Welt
auch wieder einmal einfältig sich fühlen könne wie geringe Leute.
Gemahnt dies nicht an das Wort der Schrift: „Und den Armen
wird das Evangelium gepredigt?"

Drittes Kapitel.

Die Wissenschaft vom Volke als das Urkundenbuch der socialen Politik.

Das Studium des Volkes sollte aller Staatsweisheit Anfang seyn und nicht das Studium staatsrechtlicher Systeme. Die Staatsmänner früherer Jahrhunderte reichen gewiß durchschnittlich in gründlicher Schule den unsrigen das Wasser nicht, schauten aber alltäglich frischeren Auges in das leibhafte Volksleben und führten darum ihr Regiment mindestens mit einer praktischen Sicherheit, die jetzt gar selten geworden ist.

Die „Wissenschaft vom Volke" gehört zu den noch nicht existirenden Hülfszweigen der Staatswissenschaften. Ist das nicht seltsam? Das Volk ist der Stoff, an welchem das formbildende Talent des Politikers sich erproben, das Volksleben das natürliche Element, dem er als Künstler Maß und Ordnung setzen soll. Wie läßt sich da eine Wissenschaft der Politik denken, die nicht begönne mit der Naturgeschichte des Volkes? Es wird aber noch eine Zeit kommen, wo man auf den Universitäten Collegien lesen und im Staatsexamen Noten ertheilen wird über die „Wissenschaft vom Volke."

In dem ersten Bande dieses Werkes habe ich Grundzüge und probeweise Ausführungen zu einer socialen Volkskunde von Deutschland zu geben versucht. Auf die sociale Volkskunde, die das Volk darzustellen hat nach seinen gesellschaftlichen Zuständen in der Begränzung eines bestimmten Landes, eines bestimmten Zeitraumes baut sich die wahre Gesellschaftswissenschaft erst auf. Die naturgeschichtliche Beobachtung von Land und Leuten ist der Stein, den die Bauleute der theoretischen Construction so lange verworfen hatten, den aber die Gegenwart wieder zum Eckstein macht.

Mit einer oft wahrhaft komischen Leichtfertigkeit nimmt heutzutage jede Partei die Zustimmung des Volkes für sich in Anspruch. Und doch besitzen von Hunderten, die also Berufung einlegen, gewiß nicht zehn eine weitere gründliche Kenntniß als von dem sie zunächst umgebenden winzigen Bruchtheil des Volkes. Das Studium des Volkes als einer socialen und politischen Persönlichkeit macht sich nicht so im Vorübergehen; es fordert die volle Forscherkraft eines ganzen Menschenlebens.

Wo sind die Organe des Volkes? Die Tagespresse ist nur das Organ eines beschränkten Theiles desselben, wenn wir recht weit greifen wollen, der gebildeten Schicht. Die Kammern sprechen noch viel weniger das in's Individuelle gezeichnete Charakterbild des Volkslebens aus, denn die Abgeordneten gerade der originellsten und interessantesten Volksgruppen, der unteren Schichten, sprechen in der Regel gar nichts. Nur durch förmliche unermüdliche Entdeckungsreisen unter allen Klassen des Volkes, durch ein immer waches Auge für all die kleinen Wahrzeichen, welche im täglichen Leben, in jeder Regung einer öffentlichen Meinung hervorbrechen, wird man allmählig auf den Grund gehende Resultate über die bürgerliche und politische Natur bestimmter Volksgruppen zu gewinnen im Stande seyn.

Clemens Brentano hat ein wunderschönes Wort gesprochen von den Mysterien des Naturlebens, die nur dann den Wanderer „befreundet anschauen," wenn er überall hin ehrfurchtsvolle Hingabe mitbringt. Und der Dichter sagt von sich:

„Weil ich alles Leben ehre,
Scheuen mich die Geister nicht!"

So schauen uns auch die Mysterien des Volkslebens nur dann befreundet an und seine Geister scheuen uns nicht, wenn wir alles Leben ehren. Ein Jeglicher will aber gemeiniglich nur das Leben im Volke ehren, was in die fertige Form seiner vorgefaßten Schulsätze paßt, darum fliehen ihn die Geister, und Famulus Wagner sieht nichts als einen großen Pudel.

Ist es nicht auffallend, daß die demokratische Partei, welche doch das „Volk" am meisten im Munde führt und den allgemeinen Begriff des Volkes mit Wucherzinsen ausbeutet, in ihrer Presse so wenig thut, das Volk- und Gesellschaftsleben in seinen Einzelzügen zu durchforschen? Ueber ihrer Theorie vom Volke sind ihr die Thatsachen des Volkslebens abhanden gekommen. Darum sind unsere Bildungsdilettanten viel besser aufgelegt für die demokratische Lehre, als der ungebildete gemeine Mann. Im Gegensatz zu dieser schulgerechten Demokratie, die so wenig auf wahre Volkssympathien rechnen kann als der schulgelehrte Constitutionelle oder Absolutist, bleibt es ein großer Ruhm der engeren Fraction der sogenannten Social-Demokraten, daß sie auf die Enthüllung der Zustände einer wenigstens vereinzelten Gesellschaftsgruppe mit der begeisterten Liebe des Forschers eingegangen sind. Daher auch ihre praktischen Erfolge. Die Social-Demokraten blieben freilich in der Einseitigkeit stecken, daß sie die verhältnißmäßig kleine Schicht des städtischen und Fabriken-Proletariates als gleichbedeutend mit der Gesammtheit der „arbeitenden Klassen" oder wohl gar des „Volkes" nahmen. Auch sie vermochten es nicht, alles Leben zu ehren. Aber sie gaben doch unzweifelhaft den Anstoß, daß über die sociale Natur dieser einzelnen Proletariergruppe weit umfassendere Aufschlüsse zu Tage gefördert wurden, als über fast irgend ein anderes Glied der Gesellschaft. Durch die umfangreiche Polemik, welche sie hier angeregt, geschah es, daß wir auf diesem einzelnen Punkte fast ausschließlich genügenden Stoff zu einem Capitel der Wissenschaft vom Volke vorbereitet finden.

Um so mehr ist es aber zu verwundern, daß die Social-Demokraten, da sie doch ein bestimmtes Bruchstück der Gesellschaft in seiner Besonderheit studirt haben, als beispielsweise das Pariser Arbeiterproletariat, nun eine Theorie entwickeln, welche stillschweigend für diese kleine Gruppe der Pariser Proletarier die

Gesellschaft von ganz Europa, ja des ganzen Erdballes unterschiebt. So gaben sie die beste Frucht ihrer Erforschung der bestimmten Volkspersönlichkeit der Proletarier, die doch nur im Gegensatz zu anderen individuellen Gebilden der Gesellschaft sich selbständig abhebt, freiwillig wieder verloren. Je tiefer man in die Einzelkenntniß der Gesellschaft eindringt, desto mehr wird man erkennen, daß eine sociale Politik, welche für alle gesitteten Völker gelten soll, ein Widerspruch in sich selber ist. Die deutschen Gesellschaftszustände sind ganz andere als die französischen, die englischen 2c., das Volk ist in allen Stücken individuell.

Aus dem Individuellen heraus, auf der Grundlage der Wissenschaft vom Volke muß die sociale Politik aufgebaut werden. Jede gesellschaftliche Reform hat nur dann für uns einen Werth, wenn sie die natürliche Frische und Eigenart des Volkslebens nicht antastet. Denn diese Eigenart bedingt die Kraft des Volkes. Bei den höheren Ständen zeigte es die neuere Zeit eindringlich genug, wie die sociale und sittliche Erschlaffung mit dem Verblassen der Originalität Hand in Hand geht. Die bäuerlichsten Bauern, die bürgerlichsten Bürger, die wahrhaft adeligen Edelleute sind auch immer die Tüchtigsten gewesen. Ihr klagt, daß die ganzen Männer, die originellen Naturen, deren es zu unserer Väter Zeit noch weit mehr gab, im Aussterben begriffen sind! Aber solche Naturen erhalten sich nur bei gewissen festgeschlossenen, socialen Gruppen. Wer den Ständen ihre Originalität abschleifen will, der muß auch auf die Originalität bei den einzelnen Charakteren Verzicht leisten. Und doch sind diese bereits halbwegs ausgestorbenen Originalfiguren von jeher die wahren Flügelmänner der gediegenen Ehren und guten Sitten gewesen in den breiten Frontreihen der bürgerlichen Gesellschaft.

Ich habe in diesem Buche kein sociales System aufstellen, keine neue oder alte Lehre der socialen Politik. Ich bescheide mich, anspruchslose Beiträge zusammenzureihen zur Wissenschaft vom Volke als dem Quellenbuche aller ächten Staatskunst. Die Zustände der bürgerlichen Gesellschaft in Deutschland sind dabei fast ausschließlich in Betracht gezogen worden, denn auch für das sociale Leben gilt die Schranke der Nationalität. Aus dem Kleinen, Beschränkten und Einzelsten heraus arbeitend, möchte ich in einer möglichst großen Fülle von Lebensbildern und Thatsachen darlegen, welcher Reichthum an mannigfaltiger Gestaltung selbst in der modernen Gesellschaft noch sich aufthut. Ich möchte den praktischen Staatsmännern als ihre heiligste Pflicht vor's Gewissen führen, dieser Vielgestalt der socialen Gebilde in der Politik gerecht zu werden, auf die Individualität des immer noch reich gegliederten Volkslebens ihre Systeme zu gründen, nicht umgekehrt nach vorher entworfenen und wenn auch der Idee nach noch so sehr berechtigten Systemen das Volksleben zu modeln. Wer die moderne Gesellschaft nur von obenher in allgemeinen großen Ueberblicken betrachtet, dem mag sie nivellirt oder zur vollständigen Nivellirung reif erscheinen; wer aber hinabsteigt in die Tiefen des Volkslebens und aus dem Kleinen und Einzelnen heraus sich sein Wissen schöpft, der wird überall noch sehr strenge und im Wesentlichen gesonderte Gruppen wahrnehmen. Ueber die Rolle, welche den ständischen Gruppen im modernen Staatsrecht zugetheilt werden soll, kann man verschiedener Ansicht seyn, aber den Bestand und die innere Nothwendigkeit dieser Gruppen muß man entweder gelten lassen, oder man muß auch den Muth haben, sich zu der letzten Consequenz, zum Socialismus zu bekennen. Ein Drittes ist nicht möglich.

In diesen wenigen Worten ist die ganze Tendenz des vorliegenden Buches ausgesprochen. Der Verfasser bescheidet sich, beobachtet, untersucht und geschildert zu haben; er will kein neues System gründen und ist kein Agitator. Die „Reform der Gesellschaft" ist zu einem so gedankenlosen Stichwort geworden, daß ein Mann von Geschmack dasselbe eigentlich nur noch mit Vorbehalt in den Mund nehmen darf. Man hat in diesem Buch nach Recepten zur Abhülfe unserer gesellschaftlichen Nothstände gesucht und hat keine solchen Recepte gefunden. Indem man aber dergleichen suchte, bewies man gerade, daß man die eigentliche Tendenz des Buches mißverstanden hatte. Es ist ja eben zur Widerlegung derjenigen

Leute geschrieben, die Recepte zur socialen Radicalkur machen. Mit solchen Recepten lockt man keinen Hund vom Ofen. Vorerst müssen wir die Gesellschaft erkennen, wie sie ist; dazu wollte ich mitwirken. Vorschläge zur Abhülfe einzelner örtlicher Mißstände werden sich überall von selbst ergeben. Der Arzt aber, der zur Hauptkur schreitet, bevor er die Diagnose vollendet hat, ist ein Pfuscher, ein Charlatan. Nur insofern in der Erkenntniß der Gesellschaft bereits die Reform der Gesellschaft vorgebildet ist, nur insoweit kann auch jetzt schon von letzterer die Rede seyn.

Ganz geflissentlich habe ich **nicht** allgemeine Kategorien wie der Freiheit, der Wohlfahrt, der Bildung 2c. an die Spitze gestellt, um nach diesen meinen Stoff anzuordnen, um abzuurtheilen was darnach gut und schlecht sey in unsern bestehenden Gesellschaftszuständen. Wer hier Urtheilssprüche auf den Grund solcher allgemeinen Kategorien sucht, der hat abermals die Grundidee des ganzes Buches mißverstanden. Denn gerade darum schildere ich ja die Besonderungen der Gesellschaft, um anschaulich zu machen, daß solche allgemeine Kategorien praktisch ganz bedeutungslos sind, daß die Bildung des Bauern ganz anderartig ist und seyn muß als die des Bürgers, daß die Wohlfahrt beider auf ganz verschiedenen Grundlagen beruht, daß die Freiheit der ganzen Gesellschaft nur durch die in ihrer Eigenart möglichst ungestörte Entwickelungen der einzelnen Gruppen gewahrt ist.

Ein Grundgedanke ganz anderer Art als jene so vielfach mißverstandenen allgemeinen Begriffe war es, der mich begeisterte und der zugleich, wie ich glaube, die **sittliche Tendenz des Buches** in sich schließt, der Gedanke: daß nur durch die Rückkehr des Einzelnen wie der ganzen Stände zu größerer **Selbstbeschränkung** und **Selbstbescheidung** das sociale Leben gebessert werden könne. Der Bürger soll wieder Bürger, der Bauer wieder Bauer seyn wollen, der Aristokrat soll sich nicht bevorrechtet dünken und nicht allein zu herrschen trachten. Den Stolz möchte ich in Jedem wecken, daß er sich mit Freuden als ein Glied desjenigen Gesellschaftskreises bekenne, dem er durch Geburt,

Erziehung, Bildung, Sitte, Beruf angehört und mit Verachtung jenes geckenhafte Wesen von sich weist, mit welchem der Emporkömmling den vornehmen Mann spielt und sich zu bekennen schämt, daß sein Vater am Ende gar ein ehrsamer Schuster oder Schneider gewesen. Diese Rolle des einfältigen Emporkömmlings spielen gegenwärtig fast alle Stände, die ächten Bauern allein ausgenommen; darum habe ich auch die Bauern so ganz besonders in's Herz geschlossen. Reue, Buße und Umkehr des Einzelnen ist hier „Reform der Gesellschaft." Mein Buch ist, wenn man will, in diesem Sinne ein ascetisches und jene oberste sittliche Tendenz der Selbstbescheidung des Individuums wie der Gesellschaftsgruppen ist zugleich eine christliche.

Vorerst kann der Privatmann nur in der Art wirkungsreich social reformiren, daß er persönlich das Beispiel gibt zu einem ernsteren, strengeren, bescheideneren Familien- und Gesellschaftsleben. Wir sehen schon seit längerer Zeit überall in Deutschland hervorragende politische Talente freiwillig von der Bühne des öffentlichen Wirkens abtreten, die Kammern das Staatsamt verlassen, wo eben jenes Wirken aufgehört hat, ein unmittelbar erfolgreiches zu seyn. Die wenigen übrig gebliebenen Eiferer der weiland politischen Parteien machen ihren Freunden einen bitteren Vorwurf aus diesem Rücktritt, den sie eine Fahnenflucht nennen. Wir können es im Gegentheil nur loben, wenn sich unsere besten Männer nicht zwecklos abnutzen. Der Begriff des öffentlichen Lebens und Wirkens wird in der Regel viel zu eng gefaßt, und der Edelmann auf seinen Gütern, der Bürger und Bauer in dem engen Kreise seiner Gemeindemitbürger kann gegenwärtig oft ein viel tiefer gehendes politisches Wirken entfalten als der Staatsmann im Cabinet oder der Abgeordnete in der Kammer. Er kann sociale Politik treiben und wird seine Reform der Gesellschaft vorläufig bei der Reform der Sitte seines eigenen Hauses anzufangen haben. Darin unterscheidet sich die gegenwärtige Epoche von der vormärzlichen, daß sie das politische Element gründlicher erkennt und im Stillen durchbildet in der Familie, in der Gemeinde, in der Gesellschaft, während jene Epoche diese Kreise gerade als die den politischen entgegengesetzten ansah. Es ist der Fortschritt von der reinen zur angewandten Politik. Zur Zeit des jungen Deutschlands schrieb ein Autor dieser Schule: „Der politische Mann müsse jetzt nothgedrungen der Familie sich entfremden, er rufe seiner Frau zu, die ihn für sich und seine Häuslichkeit in Anspruch nehmen wolle: Weib, was habe ich mit dir zu schaffen? Ich gehöre dem Jahrhundert an, ich bin Nationalgardist!" Heutzutage würden wir umgekehrt sagen: gerade weil der politische Mann seinem Jahrhundert angehört (er braucht darum übrigens nicht Nationalgardist zu seyn), gerade darum hat er zu schaffen mit seinem Weibe, mit der Familie, mit Haus und Herd als der ersten Basis seiner politischen Wirksamkeit.

An die Stelle des weiland poetischen Weltschmerzes ist ein politischer getreten. Es ist durchaus Mode geworden, über das Trostlose unserer Lage die Achseln zu zucken und das Elend unserer gegenwärtigen öffentlichen Zustände zu bejammern. Wer das nicht thäte, der würde für bornirt oder als ein frivol gleichgültiger, ganz unpatriotischer Mensch gelten.

Es ist aber ein wirklich großer, die Zukunft verbürgender Zug in unserer Zeit, daß man sich dem Studium der Volkszustände überall so eifrig wieder zuwendet. Was gegenwärtig für die kirchliche und sociale Heilung der gesellschaftlichen Gebrechen geschieht ist nicht geringes. Die schrittweise Abhülfe im Kleinen und Einzelnen ist hier der einzig richtige Weg. Dabei haben wir jetzt Zeit, jene allgemeinen politischen Ideen, welche wir seit zwanzig Jahren rastlos verschlungen haben, ruhig zu verdauen. Die Zeitungsartikel und die Kammerdebatten werden freilich sehr mager bei diesem Verdauungsproceß. Es war ganz in der Ordnung, daß wir, da wir uns im Jahre 1848 wohl als theilweise politisch unterrichtet, nicht aber als politisch erzogen erwiesen haben, wieder eine zeitlang in die Lehre der Selbsterkenntniß geschickt werden.

Dies ist die Politik der Gegenwart. Die vordem so gangbare Phrase von einer Politik der Zukunft ist verstummt. Wir mußten der Reihe nach von der neu entdeckten Bühne, dem Drama, der Theologie, Philosophie, Politik ꝛc. der Zukunft hören, und zwar immer dann, wenn Bühne, Drama, Theologie, Philosophie und Politik der Gegenwart am meisten im Argen lag. Von der Naturwissenschaft der Zukunft hat man z. B. nicht geredet, weil man mit den köstlichen Ernten der Naturwissenschaft der Gegenwart alle Hände voll zu thun hatte. Jetzt sind nun noch ganz zuletzt die Musiker mit einer „Musik der Zukunft" hinterdrein gekommen.

Das Zeichen des politischen Mannes aber ist es, an der realen Gegenwart trotz all ihrer Härten und Bitterkeiten festzuhalten, und an einer nationalen Wirksamkeit um so weniger zu verzweifeln, je mehr dieselbe in einzelne enge Kreise zurückgedrängt ist. Die Musik der Zukunft aber möge der Politiker den Musikern überlassen.

Je mehr der Verfasser sich dem Einzelstudium des Volkslebens widmete, desto fester wurde er auch in der Ueberzeugung, daß nur eine auf die so mannigfaltig gearteten Besonderheiten des Volksthums gegründete, das geschichtlich Gegebene reformatorisch weiter bildende Politik die richtige sey. Und für eine solche Politik möchte er auch den Ehrennamen der „conservativen" beanspruchen. Jene kleinen Maßregeln werden bei ihr als die größten sich erweisen, welche den einzelnen Körperschaften ein so reiches Maß der Selbstverwaltung gestatten, als sich immerhin mit der höhern Staatsidee vereinbaren läßt, welche den schier verloren gegangenen Stolz, am liebsten der eigenen Gesellschaftsgruppe und keiner andern anzugehören, wieder wecken, jenes feste Behagen, daß sich jeder in seinem Kreise recht wie in seiner Haut wohl fühlt.

Es ist ein wahrer Herzenswunsch des Verfassers, man möge in den nachfolgenden Beiträgen zur „Wissenschaft vom Volk" ein Aktenstück erkennen, welches bezeugt, daß eine mit liebevoller Hingabe an Art und Sitte des Volkes unternommene Durchforschung der modernen Gesellschaftszustände in letzter Instanz zur Rechtfertigung einer conservativen Social-Politik führen müsse.

Erstes Buch.

Die Mächte des Beharrens.

I. Die Bauern.

Erstes Kapitel.

Der Bauer von guter Art.

Es ruht eine unüberwindliche conservative Macht in der deutschen Nation, ein fester, trotz allem Wechsel beharrender Kern — und das sind unsere Bauern. Sie sind ein rechtes Originalstück, dazu kein anderes Volk ein Gegenbild aufstellen kann. Der Gebildete mag conservativ gesinnt seyn aus Vernunftgründen, der Bauer ist es kraft seiner Sitte. In den socialen Kämpfen unserer Tage hat der Bauer eine wichtigere Rolle gespielt als die Meisten ahnen, denn er hat den natürlichen Damm gebildet gegen das Uebersluthen der französischen Revolutionslehren in die unteren Volksschichten. Nur der träge Widerstand der Bauern hat im März 1848 die deutschen Throne gerettet. Man sagt, die Revolution sey vor den Thronen stehen geblieben; dies ist nicht ganz richtig: die Bauern sind vor den Thronen stehen geblieben. Es war aber jene Trägheit keine zufällige, sie quoll vielmehr aus dem innersten Wesen des deutschen Bauern. Der Bauer hat in unserm Vaterlande ein politisches Gewicht wie in wenig andern Ländern Europa's; der Bauer ist die Zukunft der deutschen Nation. Unser Volksleben erfrischt und verjüngt sich fort und fort durch die Bauern. Wenn wir das Bauernproletariat nicht überwuchern lassen, dann brauchen wir uns vor dem gewerblichen und litterarischen nicht sehr zu fürchten. Bei dem Bauernstande wird die Wirthschaftspolitik zur Spitze aller

Staatskunst, und wer hier nicht das Volk in seiner Sitte und Arbeit — das ist social-politisch — studirt, der wird mit dem gesammten Staatsrecht doch keinen Hund vom Ofen locken. Die größten Fehlgriffe, welche der bureaukratische Staat seit fünfzig Jahren begangen, wurzeln darin, daß er das Wesen des deutschen Bauern ganz falsch aufgefaßt und den obersten Grundsatz vergessen hat, daß die conservative Macht des Staates in dem Bauernstande ruht. Die Revolution von 1848 zeigte uns thatsächlich, wie falsch jene Auffassung gewesen. Allein auch die revolutionäre Partei erkannte das politische und sociale Gewicht des Bauern nicht, und war weit davon entfernt in seine Eigenart einzugehen. Ein Volksführer, welcher der Bauern sich zu bemeistern verstünde, würde wahrhaft ein recht fürchtenswerther Volksführer seyn, er hätte die wirkliche Mehrheit des Volkes auf seiner Seite, nicht bloß der Kopfzahl nach, sondern auch nach der materiellen und moralischen Macht.

Ich habe mir nun vorgesetzt, im Nachfolgenden den deutschen Bauer als politischen und socialen Charakter zu zeichnen, den Bauer als conservative Potenz im Staate, als den rohen, aber ungefälschten Kern deutschen Wesens; dann zu entwickeln, wo und wie sich die sociale und politische Verderbniß auch bei dem Bauern bereits eingefressen hat. Als thatsächlicher Beleg, als erläuterndes Beispiel wird sich hieran eine Skizze jener Rolle knüpfen, welche der Bauernstand in den Gährungen und Kämpfen der Gegenwart durchgeführt, und den Beschluß möge die Nutzanwendung bilden, die Moral der Fabel, welche ich als Fingerzeig zu einer praktischen Bauernpolitik unseren Staatsmännern recht in's Gewissen schieben möchte.

In dem Bauernstande allein noch ragt die Geschichte alten deutschen Volksthums leibhaftig in die moderne Welt herüber. Der Bauer hat keine Geschichte gelernt, aber er ist historisch. Alle andern Stände sind aus ihren ursprünglichen Kreisen herausgetreten, haben ihre uralten Besonderheiten gegen die ausebnende allgemeine Civilisation dahingegeben, die Bauernschaft dagegen besteht, wenn auch nicht unberührt von allem Schliff, doch noch in gar knorriger Eigenart als ein trutzig selbständiges sociales Gebilde. Die bäuerlichen Zustände studiren, heißt Geschichte studiren, die Sitte des Bauern ist ein lebendiges Archiv, ein historisches Quellenbuch von unschätzbarem Werth.

Nach der mittelalterlichen Ständelehre waren die Bauern der vierte und letzte Stand. Sie sind aber der naivste, ursprünglichste, in den derbsten Linien angelegte, darum beginne ich hier meine socialen Sittenbilder mit den Bauern.

Schon dem Auge des Naturforschers stellt sich der ächte deutsche Bauer als der historische Typus des deutschen Menschenschlages dar. Bei den Städtern hat sich das Originalgepräge des Körpers wie des Geistes und der Sitte zu einem Typus der Einzelpersönlichkeit, höchstens der Familie durchgebildet oder auch verflüchtigt. Die körperliche Eigenart des Bauern scheidet sich noch gruppenweise ab nach Ständen und Gauen. Hier finden wir noch in dem einen Gau einen mehr langbeinig hochaufgeschossenen, in dem andern einen mehr breitschultrig gedrungenen Menschenschlag, wie sich das durch lange Jahrhunderte in unverfälschter Race fortgepflanzt hat. So trifft man z. B. in einzelnen Strichen des Hessenlandes heute noch ausschließlich jene länglichen Gesichtsprofile, mit hoher, nach oben etwas breit ausrundender Stirn, langer gerader Nase und kleinen Augen mit stark gewölbten Augenbrauen und großen Lidern, wie sie durch den Genremaler Jakob Becker und seine zahlreichen Schüler als stehende Figur in die beliebten gemalten Dorfgeschichten dieser Künstler übergegangen sind. Beim Vergleich dieser Bauerngesichter mit den Sculpturen der Marburger Elisabethenkirche (aus dem 13. Jahrhundert) wird man entdecken, daß sich durch fast sechshundert Jahre derselbe althessische Gesichtstypus unverändert erhalten hat, nur mit dem Unterschiede, daß an jenen Bildwerken die Köpfe von Fürsten, Herren und edlen Frauen gemeißelt sind, deren Züge uns das unverfälschte Stammesgepräge zeigen, während dasselbe jetzt nur noch bei den Bauern des Landes zu finden ist. Wer mittelalterliche Gestalten historisch ächt zeichnen will, der muß sich überhaupt seine Modelle bei den Bauern suchen. Es erklärt sich dadurch aber ganz naturgemäß, warum die altdeutschen Bildner in einer Zeit, wo man doch sonst viel weniger nach der Schablone zu denken und zu bilden pflegte als in unsern Tagen, ihre Köpfe durchschnittlich so typisch einförmig behandelt haben: der ganze Menschenschlag hatte sich noch nicht zu individuelleren Gesichtszügen ausgelebt. Der Umstand aber, daß das Gleiche auch heute noch bei den unverfälschten Bauern stattfindet, führt uns zu einer weiteren Thatsache. In der sogenannten gebildeten Welt existirt, wirkt der Mensch viel mehr als Einzelner; der Bauer dagegen existirt und wirkt als Gruppe, als Gesammtheit des Standes. Hans führt den Pflug, lebt und denkt wie Kunz, aber daß von so vielen Tausenden einer wie der andere den Pflug führt, einer wie der andere lebt und denkt, dies nur ist ihrer aller weltgeschichtliche That und wirft ein so schweres Gewicht in die Wagschale unsers ganzen politischen und socialen Lebens.

In der gebildeten Welt hat der Einzelne seinen Styl, und der Styl soll den Mann zeichnen. Bei dem Bauersmann hat der Stamm, der Gau, das Land seinen Styl, nämlich seine Mundart, seine Redewendungen, seine Sprüche, seine Lieder, und dieser Styl zeichnet die großen Volksgruppen. Dieser landschaftliche Styl des Bauern ist aber wiederum ein Stück Geschichte, an welchem derselbe zäh genug festhält. In einzelnen Gegenden Ungarns, z. B. in der Neutraer Gespannschaft, ziehen die bäuerlichen Nachkommen deutscher Colonisten des 12. und 13. Jahrhunderts heute noch, ihre altsächsischen Lieder und Weisen singend, als Schnitter im weiten Lande umher, während die gebildeten deutschen Einwanderer in kürzester Frist ihre heimische Sprache vergessen und die ungarische annehmen. Auch in Amerika zeigt sich's, wie lange das historische Besitzthum des Provinzialdialekts bei dem eingewanderten Bauersmann widerhält, während der Städter meist gar bald nach der traurigen Ehre hascht,

seine Muttersprache zu vergessen oder zu verwälschen. Und wenn
fast alles Andenken an die frühere Heimath bei deutschen Bauern=
colonien erloschen ist, dann halten in der Regel noch deutsche
Bibeln und Gesangbücher auch für weitere Geschlechter auf ge=
raume Zeit die überlieferte Muttersprache aufrecht. Wer aber
einigermaßen die Mundarten der Bauern beobachtet hat, der wird
wissen, daß neben dem Herkommen uralter Ausdrucksweisen die
Volkssprache an diesen Büchern immer noch zumeist sich erfrischt
und anhält, und also auch hier wieder in sehr festen historischen
Boden ihre Wurzeln treibt. Den holländischen Bauern auf der
dänischen Insel Amager, die viele Menschenalter hindurch auf's
beharrlichste ihre heimathliche Mundart heilig hielten, konnte man
nur dadurch die dänische Sprache beibringen, daß man ihnen mit
dänischen Predigern allmählig dänische Bibeln und Gesangbücher
aufzwang.

Dagegen mögen andererseits ein paar Züge anschaulich
machen, daß auch ein nichtdeutscher Bauernschlag, der mitten
unter Deutschen sitzt, sein Volksthum zäh bewahrt. Die Wenden
in der Lausitz leben ungefähr 200,000 Seelen stark zerstreut unter
deutschem Volke oder zu eigenen Kirchspielen abgeschlossen. Sie
haben ihre Schulen und Pfarrkirchen; es wird in slavischer
Sprache gelehrt und gepredigt. Als Katholiken halten sie sehr
streng am Papste, als Protestanten nicht minder fest an Luther.
Der gemeine Mann ärgert sich, wenn jemand dem Reformator
den Doctortitel nicht beilegt; er spricht stets respectvoll nur vom
Doctor Luther. Vor hundert Jahren war das Gleiche wohl
im ganzen protestantischen Deutschland der Fall. Mit größter
Strenge hält der Wende an den Bräuchen seiner Kirche fest, und
dies mag nicht am wenigsten dazu beitragen, daß er überhaupt
so rein sich bewahren kann in seinem Volksgepräge. Deutscher
Schulunterricht, deutsche Justiz und Verwaltung, der Dienst im
stehenden Heere, und so vieles andere greift zerstörend in die
nationale Abgeschlossenheit ein; allein, wie wir es bei Völkern,
deren Stamm und Wesen bedrängt ist, häufig finden: die Frauen

und Mütter bringen den Männern wieder aus dem Sinn, was von fremdem Einfluß sich festgesetzt hat. Daheim am Heerde mag die Frau leicht das ererbte Volksthum bewahren, während der Mann gezwungen ist, im Verkehr und Wandel die schroffe Eigenart abzustreifen.

Die Wenden haben eigene, sehr kriegstüchtige Regimenter im sächsischen Heere gebildet; als fleißige Arbeiter und redliche Dienstboten sind sie auf weit und breit gesucht, und manches schwächliche Leipziger oder Dresdener Kind kommt durch eine wendische Amme zu Kraft und Gedeihen. In ihren Dörfern bewähren sie sich als tüchtige Bauern; man merkt es all ihren Bräuchen an, daß sie von Anbeginn ein Ackerbautreibendes Volk gewesen sind. So ist z. B. den Wirthschaftsthieren große Ehre in Sitte und Herkommen erwiesen. Jede Kuh hat ihren eigenen alten Namen, der meist nach den Eigenschaften des Thieres sorglich ausgewählt wird, und den Bienen werden die wichtigsten Familienereignisse jederzeit „angesagt." (Letzteres findet sich auch in Westphalen.) Dafür ist aber auch der Ackerbau der Wenden immer gesegnet gewesen. Die benachbarten Böhmen blicken sehnsüchtig auf die glücklicheren Wenden, welche an jedem Sonn- und Feiertage Kuchen die Fülle essen können. Wenn dem armen böhmischen Bauern ein Sohn geboren wird, dann bindet er ihn an die Spitze einer langen Stange und dreht ihn mit dem Gesichte nach der Lausitz hinüber, damit es ihm auch einmal so gut gehen möge wie den Wenden, die dort wohnen.

Des Eigenste der Bauernsprache besteht fast nur darin, daß sie an markiger alter Weise festgehalten hat, die man in den Kreisen der Gebildeten abschliff. So bezeichnet der Bauer z. B. den Tag vielfach noch lieber altmodisch nach dem Kalenderheiligen als durch die todte Ziffer des Datums. In den Taufnamen, die er seinen Kindern gibt, hält er den alten Brauch der Gegend fest, während der Gebildete dabei gewöhnlich nach Grille und Laune verfährt. Viele vor Alters bräuchliche Taufnamen würden ganz ausgestorben seyn, wenn sie sich nicht bei den Bauern, namentlich in Norddeutschland, erhalten hätten. Man könnte sogar eine Art örtlicher Statistik der bäuerlichen Taufnamen für einzelne Gegenden aufstellen, so fest hat das Landvolk auch hier nach Landschaftsgrenzen am alten Herkommen gehalten. Das stete Fortvererben gewisser Lieblings-Vornamen in einer Familie, welches früher bei dem deutschen Adel so häufig vorkam, jetzt immer seltener geworden ist und nur noch bei Fürstenfamilien sich folgerecht erhalten hat, wird in manchen Gegenden bei den Bauern noch mit Strenge durchgeführt. Sind dann die Glieder mehrerer Zeitstufen gleichzeitig noch am Leben, so muß zum Unterschied, ganz wie bei fürstlichen Häusern, mit Ziffern ausgeholfen werden. Es wird also von einem Hans I. II. III. 2c. geredet oder alterthümlicher dem „älteren, mittleren und jüngeren."

Volkssagen haben sich im Munde der Bauern meist rein bewahrt, während sie, wo sich die Gebildeteren derselben bemächtigten, in der Regel sofort verfälscht und willkürlich verziert, d. h. verunziert wurden. Also auf der einen Seite Ehrfurcht vor dem Ueberlieferten und Selbstbescheidung, auf der andern mindestens die Eitelkeit, alles durch eigene Zuthat verbessern zu wollen. Was uns noch von altheidnischem Aberglauben, von Sprüchen und Bräuchen, die sich darauf beziehen, überkommen ist, dafür hat die historische Forschung fast ausschließlich den Bauern zu danken. In Zeitläufte, zu welchen keine Geschichte mehr hinaufsteigt, ragt nur noch die dunkle Kunde, welche uns die Bauern bewahrt haben. Je älter die Sagen sind, desto mehr wird der Forscher auf die Dörfer getrieben.

Der Bauer hält selbst da noch an dem Historischen fest, wo es klüger wäre, dasselbe aufzugeben. Er trägt auf dem Schwarzwalde und im Hüttenberg in den Hundstagen eine dicke Pelzkappe, weil das eine historische Pelzkappe ist, die sein Urahn auch getragen hat. In der Wetterau in der Gegend von Großenlinden gilt die Bauernbirne für die feinste, welche die meisten Röcke übereinander trägt. Mit sieben übereinandergezogenen Röcken an die Feldarbeit zu gehen, etwa in's nasse Gras oder in's hohe Korn, ist offenbar sehr unvernünftig, aber es ist historisch. Durch alle ärztlichen Bedenken läßt sich's der Bauer in manchen Gegenden immer noch nicht nehmen, seine Beinkleider durch den verderblichen, quer über den Magen geschnallten Ledergürtel zu befestigen; man könnte ihm weit eher ein neues Gemeindegesetz als neue Hosenträger aufzwingen. Die Kartoffel hat der Westerwälder Bauer im achtzehnten Jahrhundert, trotz allen menschenfreundlichen Kartoffelpredigern, Jahre lang den Schweinen und dann den Hunden gefüttert, bevor er sich entschließen konnte, das neumodische Gewächs auch nur versuchsweise auf seinen Tisch zu stellen. Um den Futterkräutern Eingang zu verschaffen, bedurfte es vieljähriger mündlicher und schriftlicher Lehre und Predigt. Zwischen vielen Dörfern findet eine historische Feindschaft statt, deren letzten Grund niemand mehr auszuforschen vermag, die aber jedenfalls auf eine uralte, längst bedeutungslos gewordene Eifersucht zurück deutet. Was dann früher ernstliche Fehde gewesen seyn mag, das ist jetzt auf gelegentliche Prügelscenen und stehende altherkömmliche Schimpfwörter zusammengeschrumpft. Eine solche historische Feindschaft existirt z. B. noch jetzt zwischen vielen Rheindörfern und den etwas weiter landeinwärts gelegenen Nachbarortschaften. Der „Rheinschnacke" gilt als das stehende Schimpfwort für den Bewohner des Rheindorfs, während dieser es dem feldbautreibenden Nachbar mit einem „Karst," dem Walddörfler mit einem „Kukuk" heimbezahlt. Aber der Haß ist gründlich, denn er ist ein ererbter, und wenn etwa der Romeo eines Montague unter den „Karsten," die Julie eines Capulet unter den „Rheinschnacken" heirathen wollte, so könnte das zu nicht minder ernstlichen Wirren führen, wie bei den edlen Geschlechtern von Verona, obgleich keiner der beiden Theile einen eigentlichen Grund für die Feindschaft mehr anzugeben vermag. Viele Dörfer oder auch Dörfergruppen zeichnen sich nicht selten durch seit undenklichen Zeiten feststehende Charakterzüge aus, z. B. der Grobheit, der Prügelsucht, der Proceßkrämerei u. dgl. — In einem Dorfe am Taunus, dessen Insassen seit Menschengedenken wegen der beiden erstgenannten Tugenden berühmt waren, hatten die Schultheißen den gleichfalls historisch gewordenen Brauch, bei Schlägereien die Unbändigsten nicht in das Ortsgefängniß, sondern zur Verschärfung in ihren Schweinstall zu sperren. In neuerer Zeit aber übertrug die Regierung, um der Rohheit der Gemeinde zu steuern, einem „aufgeklärten" Manne das Schultheißenamt, der dann auch jene originelle Strafverschärfung sofort abstellte. Dem ganzen Dorfe gefiel aber diese unerbetene Reform des Gefängnißwesens so schlecht, daß es sich mit dem Ersuchen an die Behörden wandte, man möge ihnen wieder einen „kräftigen" Mann zum Schultheißen geben, der auch nach Recht und Gerechtigkeit, „wie es vordem geschehen," zu strafen den Muth habe. Und der Schultheiß, welcher den Schweinestall abgeschafft, konnte nie zu rechtem Respect gelangen, denn der Schweinestall war im Dorfe ebenso historisch, wie die Grobheit und Prügelsucht der Bewohner. Dies hat sich noch im Anfange des neunzehnten Jahrhunderts zugetragen.

Die Stufenreihe des bäuerlichen Zusammenwohnens und Wirkens, der Uebergang der Mansen und Huben zu Marken, Dörfern, Hundreten und Gauen entwickelte sich außerordentlich langsam, weit langsamer als das Städtewesen. Ja das Bauernvolk ist vielfach noch bis auf diesen Tag auf einer der früheren Entwicklungsstufen stehen geblieben. Es bedurfte langer Jahrhunderte, bis sich die einzelnen Siedelungen zu Marken erweiterten, langer Jahrhunderte, bis sich die Marken wieder zu Dörfern zusammenzogen. Ein so langsames Vorwärtsgehen zeugt von historisch beharrendem Geiste. Allein man hat, wie gesagt, nicht einmal mit diesem langsamen Gang überall Schritt gehalten. Das System der einzelnen Gehöfte statt der Dörfer besteht bekanntlich noch in manchen Gegenden Deutschlands, und eben so bekannt ist's, daß wir in dem Hofbauern den treuesten Bewahrer väterlicher Sitte, den ächtesten historischen Bauer besitzen. Anderwärts ist man sogar bei dem Uebergangszustande stehen geblieben, wo die Marken sich in eine übergroße Anzahl ganz kleiner Dörfer zusammenzogen. So auf dem Westerwalde. Wenn wir dort Dörfer mit 6—9 Häusern und 40—50 Einwohnern finden, aber die Ortschaften so dicht gesäet, daß ihrer wohl ein Dutzend sich mit einer einzigen Pfarrei begnügen können, dann läßt uns dies erst die Berichte alter Schriftsteller begreifen, wie wenn etwa der Fuldaer Annalist erzählt, im Jahre 875 am 3. Juli sey das Dorf Ascabrunno (Eschborn) im Nibbagaue durch ein plötzlich entstandenes Hochgewitter also zerstört und gänzlich vernichtet worden, daß alle Bewohner umgekommen und keine Spur von dem Dorfe mehr übrig geblieben sey. Das Aufgehen so vieler kleiner Dörfer in eine geringere Anzahl größerer Gemeinden wurde aber in der Regel durch die Gewalt äußerer Ereignisse und keineswegs durch planmäßige Veranstaltung der Bewohner bewirkt. Fast überall, wo die alten Weiler zu größeren, weiter auseinander gerückten Ortschaften sich zusammengezogen haben, deutet die Geschichte oder Sage auf eine große Zahl „ausgegangener" Dörfer zurück, von denen es aber fast durchweg nachweislich ist, daß sie in den Fehden des Mittelalters, im Bauernkriege oder im dreißigjährigen Krieg, oder durch eine Pestilenz u. dgl. vernichtet wurden. Die Bewohner hätten gewiß bis auf diesen Tag den Uebergang in größere Gemeinwesen nicht vollbracht, wenn sie nicht durch die Wucht der Ereignisse dazu gezwungen worden wären. Selbst zu durchgreifenden Wirthschaftsreformen konnte der Bauer oft genug nur durch Krieg und Hungersnoth getrieben werden. So herrschte in vielen Gegenden Deutschlands bis ins 17. Jahrhundert ein höchst unnatürliches Uebermaß des Weinbaues auf ganz undankbarem Boden. Erst als im dreißigjährigen Kriege das Land verödet war und der Anbau wieder wie von vorn begonnen werden mußte, beschränkte man die Weincultur auf die günstigeren Lagen. Es gehört dies wohl zu den wenigen Segnungen jenes traurigen Krieges. Aber auch nur einem Kriege hatte es gelingen können, als der große Wirthschaftspolitiker einzugreifen und für ganze Gaue den Fortschritt der „Theilung der Arbeit" einerseits, der „Conföderation der productiven Kräfte" auf der anderen Seite durchzuführen. Der Bauer hat am längsten gezögert, den Schritt vom Familienleben zum Gemeindeleben zu thun, und gar von der Idee der Gemeinde zur Staatsidee hat er sich bis zur Stunde noch nicht vollauf erheben können. So ist der deutsche Bauersmann wohl national mit Leib und Leben, Geist und Herz und Sitte, aber die bewußte Idee der Nationalität ist ihm so gewiß noch nicht aufgegangen, als er sie in seiner Beschränkung in der That auch gar nicht nöthig hat. Sein Standpunkt angesichts des Staates und der Nation ist gleichsam ein Stand der Unschuld, er hat noch nicht vom Baume der Erkenntniß gegessen, seine historische Sitte ist sein politischer Katechismus. Ich stelle diesen Satz hier allgemein hin, obgleich wir weiter unten sehen werden, daß er so allgemein nicht mehr ganz richtig ist, und daß sich gerade an die Ausnahmen wichtige Folgerungen knüpfen.

Wenn man übrigens von der historischen Pietät des deutschen Bauern spricht, dann darf man nicht vergessen, daß diese Pietät ganz einseitiger Natur ist und sich in der Regel nur auf das beschränkt, was den Bauer selbst und unmittelbar angeht. Er hat die größte Pietät gegen das alte baufällige Haus, das sein Großvater erbaut, und mit welchem er keine Verbesserung, keinen Umbau vornehmen mag; aber gegen die denkwürdigen Trümmer der Burg, die sich über seinem Dorfe erhebt, hat er gar keine Pietät und bricht ganz wohlgemuth die Werksteine heraus, um seinen Garten damit zu umfrieden, oder reißt die kunstreiche Steinmetzenarbeit der gothischen Klosterkirche, die ihn „nichts angeht," nieder, um einen Feldweg damit zu stücken. Denn er hat ja keine Geschichte studirt, er ist überhaupt kein Geschichts- oder Alterthumsfreund, seine Sitte nur ist seine Geschichte, und er selber und was an ihm hängt das einzige Alterthum, welches er achtet. Das Gleiche gilt von den historischen Ueberlieferungen im Munde des Bauern. Sie haben sich nur so weit frisch erhalten, als sie ihn selber berühren. In Gegenden, wo sich ein ächter Bauernschlag herübergerettet hat, leben die

Anklänge der Hörigkeitsverhältnisse des Mittelalters noch in unzähligen Sitten und Redeweisen, aber nach einer Kunde etwa aus der deutschen Reichsgeschichte oder auch nur aus der Geschichte seines eigenen Fürstenhauses werdet ihr den Bauer in der Regel vergebens fragen. Er weiß euch noch recht gut anzudeuten, was „ganze und halbe Leute," was ganze und getheilte Huben gewesen sind; in Hessen geht heute noch die Redeweise, daß „vier Pferde zu einem ganzen Bauern gehören," und man spricht, nach der Tradition von den Frohntagen, welche in alter Zeit zu leisten waren, von „dreitägigen, viertägigen Bauern;" aber wer Karl der Große, wer Friedrich Rothbart gewesen, darnach wird man dort wohl vergebens Umfrage halten, falls nicht etwa neuerbings ein Schulmeister davon Kunde gebracht hat.

Die alte Hörigkeit, die in einem großentheils noch zu colonisirenden Lande bei weit verstreuter Bevölkerung eine wahre Wohlthat gewesen, wirkte nicht wenig dazu, den Bauer vom Vagabundenleben abzuhalten und die ihm eigene zähe Beharrlichkeit für kommende Geschlechter, denen das Vagabundiren näher gelegt seyn sollte, zu begründen. Die lange Geschichte der Leibeigenschaft ließ wenigstens das Proletarierbewußtseyn bei dem Bauern nicht aufkommen, denn so lange er Leibeigener, war ihm zum mindesten ein festes Brod von seinem Herrn sicher. Die bäuerlichen Sklaven der deutschen Urzeit sind ja keineswegs ein bewegliches Eigenthum gewesen wie ein moderner Negersklave, der nach Belieben auf den Markt gebracht und an den Meistbietenden versteigert werden kann. Sie wurden als an ein bestimmtes Gut an eine Herrenfamilie gebunden gedacht, höchst selten veräußert und bauten das Grundstück, worauf sie fest saßen, oft in eigener Wirthschaft nur gegen Zins und Dienstleistung an den Herrn. Ein freies und selbständiges deutsches Bauernthum gehört freilich erst der neueren Zeit an, aber von seinem Urahn, der ein Leibeigener, ja in den ältesten Tagen wohl gar ein Sklave gewesen, hat der Bauer dennoch schon die beste Grundlage der Unabhängigkeit, das seßhafte Wesen geerbt.

Die Geschichte unseres Bauernthums zeigt viele gar wunderbare Thatsachen. Die Bauern des Mittelalters waren in den Kämpfen und gewaltsamen Krisen dieser Zeit großentheils aufs ärgste gedrückt. Wo der Ritter verlor, zahlte der Bauer die Zeche. Ohne Schutz stand er da, oft ohne Recht, ohne Waffen, wo der letzte Entscheid doch so häufig in der Waffengewalt gefunden ward. „Leg' dich krumm, und Gott hilft dir" ist ein altes Bauernwort, das die ganze Politik des wehrlosen Bauern ausspricht. Und doch ging er nicht sittlich und social zu Grunde in all der Noth und Trübsal. Im Gegentheil der Druck des Mittelalters ist für den deutschen Bauernstand eine Zuchtschule des Lebens geworden, und eine seiner kostbarsten Tugenden, seine unendliche Zähigkeit, hat er dieser zu danken. Wollte aber Einer aus dieser Thatsache folgern, — und die Folgerung ist noch vor fünfzig Jahren leidlich gangbar gewesen — daß man dann den Bauer nur recht zu drücken und zu zwicken brauche, um ihn gut und tüchtig zu erhalten, so würde er damit doch wieder auf den Holzweg gerathen. Es erscheint freilich sehr bequem für die Regierenden, Unterthanen zu haben, deren politisches Glaubensbekenntniß lautet: „Leg' dich krumm, und Gott hilft dir!" Aber man möge nicht vergessen, daß gerade die tüchtigsten Bauerschaften, die eigentlichen Prachtexemplare deutschen Bauernthumes, wie etwa die classischen westphälischen Hofbauern, im Mittelalter am freiesten gewesen sind. Sie standen damals gleich als reichsstädtische Patricier unter den übrigen Bauern, hatten freie, nach uraltem Brauch geregelte Gemeindeverfassung, eigene Gerichtsbarkeit, zahlten mäßige Steuern. Und diese von Alters her freien Bauern erscheinen jetzt als die conservativsten, als die Urbilder des historischen deutschen Bauern. An ihnen mag man merken, was unser Bauernstand hätte werden können, wenn ihm überall die freie, eigene Entwickelung vergönnt worden wäre. So schuf der deutsche Orden in Preußen durch die Verleihung des sogenannten „Kulmischen Rechtes" einen freien Bauernstand, wie er in andern Gegenden Deutschlands ganz unbekannt war, und die Nachkommen dieser glücklichen Bauern, die bis auf unsere Tage unter dem Namen der „Kölmer" oder der „Preußischen Freien" hervorragten, waren durch Jahrhunderte das Muster eines tüchtigen Bauernschlages vom alten Schrot und Korn. Die Heroen der deutschen Bauerngeschichte, die Stedinger und Dithmarsen sind freie Bauern gewesen, sie legten sich nicht krumm, daß ihnen Gott helfe, sondern gingen in Kampf und Tod für ihre Freiheit und ihr altes Recht; der charakteristische Bauerntrotz steigerte sich bei ihnen zum Heldenthume. In den Ländern, wo sie gesessen, sitzt heute noch ein höchst tüchtiger, ein streng beharrender Bauernschlag. Dagegen in so vielen kleinen südwestdeutschen Territorien, wo seit langen Jahrhunderten der geschundene Bauer recht eigentlich zu Hause war, hat oft bis zu dieser Stunde das verkrüppelte, mißvergnügte Bäuerlein zu Kraft und Selbstbehagen sich noch nicht ermannen können. Dabei wird es aber doch durch den leisesten Anstoß aufgeweckt zu Lärm und Unfug.

Der ächte Bauer kann das weichherzige moderne Erbrecht nicht begreifen, welches allen Kindern alles gibt, damit keines was rechtes besitze. Wo eigentliche Bauernmajorate nicht mehr herrschen, da wird häufig das Gut unter den Kindern wenigstens verloost, damit der väterliche Besitz in einer Hand vereinigt bleibe. Wo man auf dem Wege des Gesetzes gegen diese Verloosungen oder Majorate wirken will, da wird man bald finden, daß dem Bauern die Sitte über das Gesetz geht. Ja er wird im Nothfall so fest an der Sitte halten, daß sie in ihr Gegentheil, in Unsittlichkeit umschlägt. So liegen z. B. im untern Maingrunde, wo die Güterzersplitterung längst in voller Blüthe steht, ein paar vereinzelte Dörfer, welche mit aller Macht ihrerseits gegen die Kleingüterei ankämpfen. Es ist aber auch in diesen Dörfern unerhört, daß einer Ehe mehr als zwei Kinder entsprossen. Um die Sitte aufrecht zu erhalten, hat man die Moral geopfert; die Gemeinden sind reich und blühend; und die Pfarrer predigen — gegen die Abtreibung der Leibesfrucht.

In Gegenden, wo noch alte Bauernsitte herrscht, sind die aus persönlicher oder Standespolitik geschlossenen Ehen unter den Bauern gewiß im Verhältniß eben so häufig als die politischen Ehen bei Fürsten und Herren. Erst kommt der Güterverband und dann der Herzensverband. Wenn eine „Erbtochter" in Westphalen sich verheirathet, dann stellt schon der Sprachgebrauch den Gesichtspunkt der Gutsvererbung obenan. Denn der Mann führt wohl gar fortan den Namen der Frau, die ihm das Erbe zugebracht (wie das bei den Erbtöchtern der alten Dynasten=geschlechter auch nicht selten gewesen ist) und fügt seinen ur=sprünglichen Namen, wie sonst die Frauen pflegen, nur noch bescheiden hinten an mit dem Zusatz „geborener." Also etwa: Jost Müller geborener Schmidt.

Wenn der Bauer nicht zu Neuerungen geneigt ist, so hat dies schon darin seinen einfachsten Grund, daß es ihm überhaupt nicht obliegt, theoretische Versuche zu machen, die sehr wohlfeil sind, sondern nur praktische, für die er mit seinem Geldbeutel einstehen muß. Diesen Unterschied vergessen unsere landwirth=schaftlichen Theoretiker gar oft, indem sie über die hartköpfigen Bauern klagen. Daß daher der zähe Bauer überhaupt keine großen Stücke auf das theoretische Lernen hält, ist leicht erklär=lich. Ein niederrheinisches Sprüchwort versinnbildlicht den Respect des Bauern vor der diabolischen Gefährlichkeit des Lernens in höchst anschaulicher Weise. Es sagt: „Men es zeleeve net ze alt für ze liere, sabt et o't Wief, du lieret se noch hexe." (Man ist sein Lebtage nicht zu alt zum Lernen, sagt' ein altes Weib, da lernte sie noch hexen.)

Wie ein allzu zäher Charakter in verderblichen Eigensinn umschlägt, das zeigt uns die auf dem Lande herrschende Proceß=krämerei. Dem „Processer" ist sein Rechtsstreit eine Ehrensache, die er oft aus purem Eigensinn durchführt, obgleich er am ersten Tage schon weiß, daß nichts für ihn dabei herauskommen wird. Der ächte Proceßkrämer — und ganze Gegenden sind mit dieser Landplage behaftet — fängt oft einen Rechtsstreit an, bloß um

seinem Gegner zu beweisen, daß er gescheidter und in den Rechten
bewanderter sey als jener. Er würde es für ebenso feig halten,
davor zurückzuschrecken, daß die Proceßkosten voraussichtlich den
Werth des strittigen Gegenstandes weit übersteigen werden, als
der Duellant sich wegen der Nichtigkeit des Anlasses vor Tod und
Wunden scheut. Es ist also nicht zu verkennen, daß, neben dem
Eigensinn und den harten Köpfen der Bauern, dieser Proceßkrämerei oft auch ein merkwürdiger Ehrgeiz nach dem Ruhme
unbesiegbarer Rechtsweisheit zu Grunde liegt. Das Recht erscheint ihm wiederum als Sitte, und es ist ja sein Stolz, jeder
Sitte kundig zu seyn. Hierin liegt ein bedeutungsvoller Fingerzeig für die Gesetzgeber, die sich aber selten um das lebendige
Rechtsgefühl des Bauern bekümmert haben. Wären unsere Proceß-
ordnungen volksthümlicher und praktischer, dann würde die Proceßkrämerei des Bauern sich schwerlich als eine solche Donquixoterie
darstellen, die in einem humoristischen Volksroman zu einer sehr
lustigen Figur benutzt werden könnte, während sie in unserer
Sittengeschichte eine um so traurigere Rolle spielt.

Der Bauer bleibt steif bei den Formen stehen, nach welchen
er sich einmal das Leben zurecht gelegt hat. So fängt er nicht
im Frühjahr seine Processe an, sondern im Winter, verliebt,
verlobt, verheirathet sich im Winter, weil er im Sommer zu alle
dem keine Zeit hat. Vor mehreren Jahren wurde in der nassauischen Garnisonsstadt Weilburg ein Bauernbursche als Rekrut ein-
gekleidet, der aus der ärmsten und abgelegensten Gegend des
hohen Westerwaldes gekommen war, wo sich in der That ein an
uralte Zeiten gemahnender überaus niedriger Culturstandpunkt
noch vorfindet. Der Bursche hatte noch nie in seinem Leben in
einem Bette geschlafen, und als er sich in der Kaserne zum erstenmale in ein solches legen sollte, fing er an zu weinen wie ein
kleines Kind und desertirte zweimal, weil er sich mit dem Gedanken in einem Bett zu schlafen und überhaupt mit dem für ihn
allzu vornehmen und üppigen Leben in der Kaserne durchaus
nicht befreunden und das Heimweh nach dem gewohnten Elend

seiner strohbedeckten Lehmhütte nicht verwinden konnte. Ein solcher
armer Teufel vom Lande sticht freilich stark genug ab gegen das
städtische Proletariat, welches gewiß nicht wegen übergroßer Verbesserung seiner Lebensweise desertiren würde.

Nirgends haben die religiösen Gegensätze tiefere Wurzel geschlagen als beim Bauersmann. Auch die Religion ist bei ihm
nicht Dogma, sondern Sitte. Sie hat alle seine Gewohnheiten
eigenthümlich gefärbt; das Glaubensbekenntniß klingt bis zu seinen
Festen, seinen Liedern und Sprüchen durch, es gibt sich selbst im
Rocke kund, wie ja der ächte Bauer in protestantischen Gegenden
das einfarbig dunkle Kleid, in katholischen das hellere und buntere
vorzieht. Gleich wie die religiöse Gleichgültigkeit bei den Gebildeten, so hat ein überkirchliches Sectenwesen oft genug bei den
Bauern seine festeste Stütze gefunden. Erst der neuesten Zeit
war es vorbehalten, dem Bauersmann hier und da zu der „Aufklärung" zu verhelfen, daß die Religion nicht die ewige Sitte,
sondern eine individuelle Ueberzeugung sey.

Mit dem zähen Beharren des Bauern hängt ein mächtiges
Selbstgefühl zusammen, ein stolzes Bewußtseyn seines gesellschaftlichen Werthes. Der unverfälschte Bauer schämt sich nicht ein
Bauer zu seyn, es liegt ihm im Gegentheil viel näher, jeden
andern, welcher nicht den Kittel trägt, zu unterschätzen. An
einigen Orten (auch in französischen Landstrichen) herrscht der
Brauch, daß das Landvolk an gewissen Festtagen seine Heiligen-
bilder mit Bauernkleidern schmückt. Der Bauernrock ist dem Bauern
das kostbarste Staatskleid, selbst für einen Heiligen.

Der Bauer hält Kopfweh für die leichteste Krankheit, weil
ihm die Arbeit mit dem Kopfe die leichteste und entbehrlichste Art
dünkt. In den Stürmen des Jahres 1848 meinten die Tiroler
Bauern, sie könnten wohl auch ohne die „Herren" fertig werden,
wenn man sie nur gewähren lassen wolle. Der Bauer von ächtem
Schrot und Korn beneidet den vornehmen Mann keineswegs, er
hält ihn vielmehr immer für etwas windig und unsolid. Die
Geschichte weiß von Bauernaufruhr aller Art zu berichten, durch

welchen der vielgeschundene und geplagte Landmann sein Geschick zu bessern gedachte, aber ein Streben der Bauern, **aus ihrem Stand und Beruf herauszutreten**, vornehme Leute werden zu wollen, den Pflug liegen zu lassen, um etwa das ruhigere Geschäft eines Rentiers und Capitalisten oder eines Pariser Staatsfaulenzers zu ergreifen, ein solches Streben ist bei den deutschen Bauern ganz unerhört. Dagegen liegt gerade die bewegende Federkraft der socialen Unruhen in den niederen Schichten der städtischen Gesellschaft darin, daß immer der geringere Stand und Beruf den höheren beneidet und in seine Stelle einrücken möchte, daß der geringere Arbeiter sich seines Berufes schämt. Der Fabrikarbeiter, der Handwerker wünscht nicht etwa bloß seinen Arbeitsverdienst erhöht — das wünscht der Bauer auch — er will aufhören Fabrikarbeiter, Handwerker zu seyn, er schämt sich dessen, er möchte auch ein großer Herr werden. In diesem erbärmlichen Neide, der sich bis in die höchsten Schichten der Gesellschaft fortsetzt, liegt das nichtswürdigste und unsittlichste Moment der socialen Wühlereien. Der Bauer kennt diesen Neid noch nicht, er ist noch von dem edeln Stolze des Standesgeistes beseelt, der früher auch den Handwerker beseelte und ihn so viel ehrenwerther und tüchtiger erscheinen ließ, als es jetzt oft der Fall ist. Will der siebenbürgische Sachse seine Achtung vor einem Manne ausdrücken, so sagt er: „et äß äser ener" — er ist unser einer. Wenn der Mann im Rock den Mann im Kittel über die Achsel ansieht, dann ist dieser gewöhnlich sofort mit dem schlagenden Satze zur Hand: „wenn wir Bauern nicht wären, dann hättet ihr nichts zu essen." Und bei diesem Worte soll der Bauer stehen bleiben, es ist ein stolzes Wort, darauf er sich schon etwas einbilden kann.

Der deutsche Bauer ist in der neuesten Zeit eine Art Modeartikel in der schönen Literatur geworden. Ueber die Bedeutung dieser Thatsache für das naturgeschichtliche Studium des Volkes habe ich mich schon in dem Buche von „Land und Leuten" ausgesprochen. Man könnte aber noch weiter zweierlei aus derselben folgern. Schon oft hat die schöne Literatur die fernaufsteigenden Einflüsse einer politischen Macht vorgeahnt, bevor der Blick der praktischen Staatsmänner sie zu würdigen verstand. So, könnte man sagen, klopfen jetzt die Bauern einstweilen in Dorfgeschichten und Romanen an, weil die Zeit nahe gekommen sey, wo das Vollgewicht ihres politischen Einflusses im Leben sich geltend machen werde. Andererseits mag man aber auch folgern, daß die Kluft, welche den Gebildeten von dem Bauern trennt, doch ungeheuer groß geworden seyn müsse, da die Eigenart des Bauernlebens seltsamer Weise so neu erscheint, daß man sie jetzt gar als die feinste Würze der bereits so stark überwürzten Romanliteratur ausbeutet. Es hat sich aber in die meisten Dorfgeschichten (die Auerbach'schen nicht ausgenommen) neben manchen der Natur abgelauschten Zügen eine grundfalsche Zeichnung des Gemüthslebens der Bauern eingeschlichen. Der Bauer ist himmelweit entfernt von jeder modernen Sentimentalität und Gefühlsromantik; er ist dazu aus viel zu sprödem Stoff geformt, ja er ist in Sachen des Herzens oft geradezu roh. Dieß wußte nur Jeremias Gotthelf haarsträubend wahr darzustellen, wobei freilich die Muse der Dichtkunst zuweilen bis über die Knöchel im Miste watet. Dem Bauersmann ist die Familie heilig, aber die zärtliche Eltern-, Geschwister- und Gattenliebe, wie wir sie bei den Gebildeten voraussetzen, werden wir bei ihm vergebens suchen. Es ist leider allzu begründet, daß beispielsweise Impietät der erwachsenen Kinder gegen die bejahrten Eltern auf dem Lande sehr stark im Schwange geht, namentlich da, wo die Eltern beim Eintritt in das höhere Alter ihr ganzes Besitzthum den Kindern abgeben gegen die Pflicht des sogenannten „Aushaltes," d. h. der Ernährung und Pflege bis zum Tode. Wie es mit diesem Aushalte gar oft gehalten wird, das bezeugt die Bauernregel: „Zieh dich nicht eher aus, als bis du schlafen gehst." Diese Impietät entspringt aber im allgemeinen weit mehr aus Gefühlsrohheit, als aus Sittenverderbniß.

Merkwürdig ist es auch, daß unter den vielen Gleichnissen

und moralischen Erzählungen im Munde der Bauern wohl keine allgemeiner verbreitet und bunter verarbeitet ist, als die Geschichte von den undankbaren Kindern, welche ihren greisen Vater, dem sie bloß den Aushalt schuldeten, an einem hölzernen Trog essen ließen, weil er mit seinen zitternden Händen manchmal das Essen verschüttet hatte. Da bemerkten sie, daß ihr eigener Bube einstmals einen kleinen Trog aus Holz schnitzte; und als sie ihn fragten, zu welchem Zweck, erwiderte er: damit seine Eltern daraus essen könnten, wenn sie später auch einmal den Aushalt bei ihm bekämen.

Ebenso zeigt sich geschwisterliche Liebe während und nach der Verloosung des elterlichen Gutes in der Regel nicht im glänzendsten Licht. Die Ehe faßt der Bauer aus einem sehr nüchternen Standpunkte. Die Mädchen auf dem Lande heirathen meist sehr frühe, die ersten Jahre der Ehe sind für sie eine Kette von Arbeit und Mühsal; sie werden rasch alt und häßlich. Von der Romantik einer Bauernehe, wie sie die Dorfnovellisten ausmalen, wird dabei nicht viel zu verspüren seyn. In kritischen Stunden liest der Mann seiner Frau war gar ein Capitel aus dem Puffendorf oder einige Verse aus dem Klopstock, ohne daß man viel Aufhebens davon macht. Indem unsere Dorfpoeten ihr eigenes Gefühlsleben auf den Bauer übertrugen, verwischten sie gerade einen seiner hervorragendsten Züge, daß nämlich bei ihm die gattungsmäßige Sitte an die Stelle des individuellen Gefühls tritt. Zudem wird man in unserer Dorfgeschichtenliteratur den Bauer fast immer etwas social kränkelnd, halb zum Proletarier verkrüppelt, gezeichnet finden, bereits angesteckt von städtischem verneinendem Geiste gegen Staat, Gesellschaft und Kirche. Es lag allerdings früher den Tendenzen der Literatur näher, auch hier den Boden der Gesellschaft als unterwühlt, die Sitte des Bauern als im Zusammenbruch begriffen, die erhaltende Urkraft des Staates als zum Gegentheil sich verkehrend darzustellen. Allein die Ereignisse der letzten Jahre haben uns bewiesen, daß solchergestalt nicht der deutsche Bauer, sondern der von dem ächten

Bauernthume bereits Abtrünnige geschildert war. Jeremias Gotthelf hat freilich den Bauer von guter und schlechter Art mit einer bis zum Erschrecken getreuen Wahrheit abconterfeit. Als naturgeschichtliche Specialstudien stehen seine Sittenbilder sehr hoch. Aber den Geist des Standes als solchen, das Bauernthum hat doch kein neuerer Schriftsteller so treffend im Zusammenhang des ganzen Volkslebens erfaßt, wie der alte Justus Möser, der in seinem biderben, geraden, auf dem Granitgrund der Sitte aufstrebenden Charakter selbst viel Wahlverwandtes mit den Bauern hatte, der sie auch nicht behufs literarischer Dorfstudien durch den Operngucker betrachtete, sondern, gleich Gotthelf, unter und mit ihnen gelebt und gewirkt hat.

Wenn der Bauer in der Pflege des intellectuellen und gemüthlichen Lebens hinter den sogenannten Gebildeten zurücksteht, so übertrifft er sie jedenfalls an Nervenstärke, und das ist meines Erachtens auch eine geistige Ueberlegenheit.

Beim Urtheil über unsere geistigen Culturzustände übersieht man gewöhnlich die Bedeutung der Nervenkraft. Das ist's ja gerade, was die alten Poeten, Maler und Bildhauer vor den neueren voraus haben, daß ihnen eine ganz andere Frische und Fülle ungebrochener Nervenkraft einwohnte, wogegen unser geläutertes kritisches Bewußtseyn, unser gesteigertes Verstandes- und Gemüthsleben nicht ausreicht. Die Genialität eines Shakespeare, eines Michel Angelo, eines Händel und Sebastian Bach ruht auf dem Vollgehalt unverderbter Nervenkraft; auch bei Goethe noch erfrischt uns immer der Gedanke, wie gesunde Nerven doch dieser Mann gehabt haben müsse, während die moderne „Genialität" gar oft nichts weiter ist, als eine krankhafte Reizbarkeit des Nervensystems. Auch die socialen Phantastereien wurzeln nicht wenig in dem ruinirten Nervensystem unsers Stadtvolkes bis zum Proletarier abwärts. Gegenüber der nervenschwachen, an der eigenen Spannkraft verzweifelnden Gleichmacherei unserer socialistischen Arbeiter sagt ein alter Bauernspruch: Selbst ist der Mann! Darin liegt Nervenstärke. Unsern Vätern und

Großvätern ging es in der Regel weit schlechter als uns selber, sie lebten auch in viel trostloseren Zeitläuften, aber es fiel ihnen gar nicht ein zu verzweifeln — (die Lehre der socialen Demokratie ist die Verzweiflung des Einzelnen an seiner Mannheit, in ein System gebracht) — sie hatten noch gesunde Nerven wie die Bauern und schlugen sich mit Gottes Hülfe durch wie diese. Der Bauer ist in der Regel nicht einmal so muskelstark als man glaubt, er ist mehr grobknochig, mehr schwerfällig, als von sonderlich elastischen Muskeln, aber er hat unverdorbene Nerven und darum zähe Ausdauer. Er kann es aus diesem Grunde gar nicht begreifen, weßhalb der Städter eigentlich spazieren geht, da dieser es doch meist nur zur Erfrischung der erschlafften Nerven thut, und hält das Spazierengehen für aller Narrheiten größte, da ihm freilich die Arbeit selber Nervenstärkung ist. Wie glücklich steht er in diesem Betracht dem ausgemergelten städtischen Arbeiter gegenüber! Es ist darum gut, wenn viele nachgeborne Bauernsöhne zum Gewerbestand übergehen, weil solchergestalt dem Stadtvolk neue Nervenkraft zugeführt, die Landgemeinde selbst aber vor übermäßig zersplitterten Gütern und der damit untrennbar verbundenen, die Nerven abschwächenden Kartoffelexistenz bewahrt wird. Ein noch lebender ausgezeichneter Jurist war als nachgeborener Bauernsohn von seinem Vater dazu bestimmt, das Metzgergewerbe zu erlernen. Da der etwas zart gebackene Junge aber kein Blut sehen konnte, so erklärte der Alte, er müsse den Buben die Rechte studiren lassen, indem derselbe zu „schlecht" sey, um etwas ordentliches zu lernen. In dieser Ansicht lag eine ganz richtige Schätzung. Denn die Nervenkraft ist des unverdorbenen gemeinen Mannes bestes Theil, sie ist der Punkt, durch welchen zumeist er den höheren Ständen geistig überlegen ist, und statt eines trefflichen Rechtsgelehrten wäre aus dem Jungen gewiß ein ganz mittelmäßiger Metzger geworden.

Der deutsche Bauer hat bekanntlich ein gutes Stück Mutterwitz geerbt, gepaart mit so vielen Pfiffen und Kniffen in praktischen Dingen, daß er nicht selten den gewürfeltsten Advokaten in Erstaunen setzt. Aber merkwürdig ist es, wie auch dieser Mutterwitz den Bauer verläßt, sobald er in fremdartige Verhältnisse eintritt. Selbst sein zähes Mißtrauen, sein Vorbedacht im Urtheil und Entschluß will dann oft nicht mehr widerhalten. Derselbe Bauer, welcher sonst keinen Kreuzer annimmt, bevor er ihn sechsmal in der Hand umgedreht hat, der sonst seine Habe gewiß keinem Menschen anvertraut, mit dem er nicht einen Scheffel Salz ausgegessen, derselbe Bauer gibt sich mit fabelhaftem Leichtsinn betrügerischen Seelenverkäufern hin, sobald er einmal gründlich mit seinen alten Zuständen gebrochen und den Entschluß zur Reise nach einer neuen Welt in's Werk gesetzt hat. Als ob ein dunkles Verhängniß ihn zöge, stürzt er sich meist ganz kopflos in den Strom der Auswanderung, wie ein schneeblindes Huhn taumelt er in dem ungewohnten Lichtspiel neuer Verhältnisse umher. Allein sowie er wieder einmal festen Boden unter den Füßen hat, sowie er einmal beginnt, die alten Sitten in der neuen Heimath wieder aufzurichten, kehrt ihm auch der alte praktische Blick, der Mutterwitz, das heilsame Mißtrauen wieder. Der bäuerliche Auswanderer geht am öftesten auf der Reise zu Grunde, der städtische in der Ansiedelung. Seine Ausdauer und Zähigkeit macht den deutschen Bauer zum geborenen Colonisten, sie hat ihn zu dem großartigen weltgeschichtlichen Beruf geweiht, der Bannerträger deutschen Geistes, deutscher Gesittung an allen Weltenden zu werden. Während uns die neueste Zeit wiederum die traurigen Beweise lieferte, daß der deutsche Auswanderer aus den höheren Ständen bei dem praktisch-nüchternen Amerikaner großentheils die Rolle des Gecken spielt, hat sich der Bauer fast überall, wo er auf fremder Erde seinen Pflug einsetzte, den Respekt der Eingeborenen errungen.

Die Colonisirung fremder Welttheile durch deutsche Siedler bietet aber auch noch eine andere beachtenswerthe Seite für unser Sittenbild. Der zurückgekommene, zerfahrene, mit seinem Loose, seiner Heimath zerfallene Mann aus höheren Gesellschaftsschichten rettet sich zuletzt und genest nur noch darin, — daß er Bauer wird. Er besitzt vielleicht noch Mittel genug, um sich in Deutschland ein Ackergut zu erwerben, aber so recht eigentlich Bauer werden könnte er in Deutschland nicht, die Verhältnisse in denen er aufgewachsen und welchen er entfliehen will, würden ihn hier auch hinter dem Pfluge verfolgen, er würde sich hier des neuen Berufes schämen. Aber jenseit des Oceans schämt er sich dessen nicht. So gestaltet sich hier das Colonistenleben — d. h. das Bauernleben — zu einer rechten Luft= und Wassercur, welche kranke Köpfe und Herzen gründlich ausfegt. Wer nirgends seinen Frieden mehr finden konnte, der findet ihn im Urwald — als Bauer, und zwar nicht als faullenzender Oekonom, sondern als ein Bauer im Wortsinne, der Schwielen in den Händen hat und im Schweiße seines Angesichts sein saures Brod ißt. Es liegt für den Staatsmann ein bedeutsamer Fingerzeig in dieser Thatsache, daß die abgestandenen Theile der Gesellschaft zuletzt in Bauernleben und Bauernsitte sich wieder erfrischen.

Ich habe bis hieher vom deutschen Bauer in seiner Allgemeinheit gesprochen. Es könnte dies aber auffallen, wie man ihm eine solche Fülle gemeinsamer Züge beilegen mag, da ja der „deutsche Bauer" ein ganz idealer Gesammtbegriff ist und viel eher noch eine bloß ethnographische Formel, wie „Deutschland" leider eine bloß geographische seyn soll. Zudem hoben wir ja hervor, daß gerade bei den Bauern das zäheste Sonderthum des Gaues, der Landschaft sich eingebürgert hat. Allein dies eben ist das Wunderbare, daß der deutsche Bauer, trotz aller schroffen Unterschiede, doch in den Hauptcharakterzügen, in dem eigentlichen Grundton der Sitte überall derselbe bleibt. Selbst da, wo bereits der moderne Auflösungsproceß bei ihm eingedrungen, kann er doch das Gemeinsame des Bauerncharakters noch lange nicht verleugnen. Auf weit ausgedehnten Gütern sitzen Bauern in Niederbayern, Pommern, Brandenburg; auf großen vereinzelten Gehöften in Westphalen; in Gruppen kleiner Dörfchen und Weiler auf dem Westerwalde und im Sauerlande; bunt zerrissene

Kleingüterei beim Zusammenwohnen in großen Dörfern herrscht am Rhein, und große Verschiedenheiten in Sitte und Charakter werden durch alle dies bedingt, aber dennoch verleugnen sich nirgends die Grundzüge des deutschen Bauernthums, sie verleugnen sich selbst da nicht, wo er sich inmitten einer barbarischen Umgebung wie in Grusien angesiedelt hat, so wenig als in den Hinterwäldern Amerika's. Das freundliche, reinliche Dorf im Hochgebirge mag sich auf den ersten Anblick gewaltig abscheiden von dem trübseligen schmutzigen Fischerdorf am Meeresstrande, und dennoch wohnt in beiden Dörfern derselbe deutsche Bauer mit demselben Hauptzuge des Lebens und Wirkens, mit derselben Sitte, die nur einen andern Rock angezogen, die sich in eine andere Mundart übersetzt hat. Die Culturformen selbst sind wohl in keinem Lande mannichfaltiger als in Deutschland. Die buntesten Schattirungen des Feldbaues, der Viehzucht, des Weinbaues ꝛc., bedingt durch die wunderbar reiche Stufenfolge des Bodens und der Gebirgsgebilde, wechseln mit einander, daß sich das Ganze recht wie eine lehrhafte Musterkarte (vielfach leider allzu lehrhaft) für den Volkswirth ausnimmt. Und doch überall derselbe deutsche Bauer! Es gibt ein unsichtbares Band, welches alle verknüpft, zu einer Einheit, von welcher sich der Bauersmann selber am wenigsten etwas träumen läßt: überall ist es der oben gezeichnete historische Charakter, und überall ist die Sitte sein oberstes Gesetz; wo Religion Nationalgeist, Gesellschafts- und Familienleben noch naiver Instinkt, noch Sitte ist, da hebt der deutsche Bauer an.

Zweites Kapitel.

Der entartete Bauer.

Nachdem ich nun erörtert habe, was des deutschen Bauern bester moralischer Besitz ist, was er sich gerettet aus den Strömungen verheerender Zeitereignisse, muß ich auch untersuchen, was er in diesem Betracht verloren hat. Ich zeichnete den Bauernstand bis hierher in seiner Glorie, es liegt mir nunmehr auch ob, ihn in seiner Erniedrigung und Verderbniß zu zeichnen. Ich schilderte ihn als die erhaltende Macht in der wankenden Gesellschaft; ich muß dagegen setzen, wie und wo sich das auflösende Element auch bei ihm bereits eingefressen hat.

Sein sittlicher Ruin geht vor allen Dingen Hand in Hand mit dem wirthschaftlichen. Der gleichmäßige, sichere Erwerb macht den Bauer gediegen. Nur die unberechenbaren Naturereignisse sollen es seyn, die seinen Erwerb schwankend machen. Sie können jedenfalls seine „Rache gegen die Gesellschaft" nicht herausfordern. Je mehr aber die Ackererzeugnisse Gegenstand der Speculation werden, den großen Verkehrskrisen preisgegeben, um so mehr tritt auch der Bauer, den es trifft, aus seiner ursprünglichen Art heraus. Hagel und Mißwachs kann er hinnehmen, ergebenen Sinnes ausharrend, aber wenn er bei vollen Speichern darben muß um einer Geschäftsstockung willen, deren Ursachen er nicht begreift und an deren Nothwendigkeit er nicht glaubt, dann wird er gar leicht an sich selber irre.

Wir sehen dies an den Weinbauern in jenen Gegenden, die nicht blos nebenbei einen Landwein bauen, sondern deren Weinwachs für den Handel bestimmt, von allen Schwankungen des

Marktes abhängig ist. Der Geschäftsmann versteht das, weil er auf die Handelskrisen zu rechnen weiß, der Bauer denkt selten an eine solche Berechnung, und wenn er auch hundertmal gewitzigt wäre. Nirgends sehen wir ein verkommneres und entsittlichteres Landvolk als in den eigentlichen Weingegenden. Der Grundpfeiler des festen Besitzes und des gesicherten Erwerbes fehlt dem kleinen Weinbauern ganz. Die feineren Weine — und von den eigentlichen Landweinen spreche ich nicht — sind ein Luxusartikel, dessen Vertrieb allen Schwankungen des öffentlichen Credits unterworfen ist. Auch die Ernte selbst hängt an dem Faden des Zufalls. Der große Gutsbesitzer kann den Schwankungen des Credits Trotz bieten, ja er kann auf dieselben wetten und wagen, er erträgt es auch, wenn unter zehn Weinjahren vielleicht nur zwei gute zutreffen sollten. Schon der mittlere Bauer, des kleinen gar nicht zu gedenken, erträgt dies aber um so weniger, als der Weinbau eine viel größere Vorlage von Baarcapital erfordert als der übrige Landbau. Ferner läuft die Verbesserung der Weincultur großentheils darauf hinaus, daß man den Muth und die nachhaltigen Mittel besitzt, um wagen zu können. Der große Gutsbesitzer im Rheingau z. B. veredelt seinen Weinbau nicht wenig durch das Spätherbsten, er muß freilich dabei zusehen können, daß ihm auch einmal eine halbe Ernte verloren geht. Dies kann selbst der mittlere Bauer wiederum nicht. Der Herzog von Nassau und der Fürst Metternich erzielen die besten Weine im Rheingau, weil sie für die Güte des Weines die Massen desselben am leichtesten in die Schanze schlagen können, weil sie überhaupt mit dem größten Capitale wirthschaften. In den eigentlichen Weingegenden ist leider der kleine Weinbauer als solcher eine Null geworden, nur der große Capitalist zählt noch; und der Mann, der die Hacke schwingt und die Bütte auf dem Rücken trägt, ist ein ganz beklagenswerther Proletarier, sofern er nicht über ein ansehnliches Capital verfügen kann. Ein Vorherrschen der Geldwirthschaft zerstört aber ächte Bauernsitte; denn diese steht immer noch mit einem Fuße in der alten Naturalwirthschaft. Daher ist der geringere Weinbauer in solchen Strichen großentheils verkommen und verdorben, mit Gott und der Welt zerfallen. Aus früherer Zeit an ein besseres Leben gewöhnt — denn noch ist es nicht allzu lange her, daß sich die Verhältnisse des Weinbauern so trüb gestaltet haben — hat er noch nicht entsagen gelernt, und da diese armen Leute ihren Wein nicht verkaufen können, dabei aber kein Stück Brod auf dem Tische haben, so ist es begreiflich, daß sie den Wein zuletzt selber trinken. So öffnet die bittere Noth dem Schlemmerleben die Thür, und nicht selten trifft man's in solchen „paradiesischen" Landstrichen, daß einem neben den Männern auch Weiber trunken und mit glührother Nase entgegentaumeln. Nicht daß es dem Weinbauern überhaupt schlecht geht, ist bei ihm bedenklich, sondern daß er sich in seiner eigenen Haut nicht mehr wohl fühlt und schwankend wird in Arbeit und Sitte. Damit tritt er ganz aus dem Rahmen heraus, in welchem ich oben den deutschen Bauer gezeichnet habe. Es wird sich auch in keiner andern Weise gründlich helfen können, als indem er den trügerischen Rest seiner Selbständigkeit vollständig aufgibt. Wer größere Capitalien besitzt, der möge das Wagniß des höheren Weinbaues auf sich nehmen, welcher überhaupt viel mehr in das Capitel von der Industrie als vom Ackerbau gehört. Der jetzige kleinere Weinbauer würde als Wirthschafter und Taglöhner des größeren Producenten eine weit gediegenere Stellung einnehmen als jetzt, wo er nicht leben und nicht sterben kann. In dem Maße als die mittleren Weine aus den weitern Handelskreisen verschwinden und in die Klasse der Landweine zurücktreten, in dem Maße als diesen gegenüber die Concurrenz des Bieres und Apfelweins übermächtig wird und nur der Luxus- und Modeartikel der feineren Weine einen größeren Markt behält, in demselben Maße wird sich der kleinere Bauer genöthigt sehen, den Weinbau für eigene Rechnung aufzugeben. Mit dem steten Wechsel zwischen kurzem Ueberfluß und langem Elend wird dann auch die Entartung der Weinbauern allmählig ihren Rückzug antreten.

Ein rasches Steigen und Fallen der Erwerbverhältnisse thut niemals gut beim Bauern. Gerade das langsame, gemessene Thun und Treiben und die gleichheitliche Arbeit bedingt ächte Bauernart. Vor ungefähr zehn Jahren wurden im Oberlahngau eine ganze Reihe Eisensteingruben aufgeschlossen, und zwar in Gemarkungen, wo vordem kaum je auf Eisenerz gegraben worden war, und ein recht gediegener Bauernschlag nur aus dem ziemlich mittelmäßigen Feldbau sein Brod gezogen hatte. Die Gruben zeigten sich sehr ergiebig und konnten, da die Erzgänge äußerst nahe an der Erdoberfläche herzogen, auch ohne großen Capitalaufwand ausgebeutet werden. Viele Bauersleute waren im Stande sich eigene Gruben anzulegen. Der rasch erzielte Baargewinn verlockte wie ein Zauber, ein förmliches Bergbaufieber ergriff ganze Gemeinden. Jeder wollte schürfen, jeder sich eigene Gruben erwerben. Es kam vor, daß Bauern ihre Häuser mitten im Dorfe niederrissen, um auf ihrer Stätte nach Eisensteinen zu graben! In wenigen Jahren schienen die Bauerndörfer in reine Bergmannsdörfer verwandelt zu seyn. Aber die Schwindelei trug bald ihre bitteren Früchte. Der gute Absatz stockte nach einer Weile, gar viele der neuen Bergleute mußten wieder zum Pfluge greifen, andere anderwärts ihr Brod suchen, und der alte solide Geist der Bauernschaft war gebrochen. Nur drei oder vier Jahre allzu leichten Erwerbs, nur drei oder vier Jahre Wohlleben und Aufgeben der alten einfacheren Sitten hatten hingereicht, um aus zufriedenen armen Leuten mißvergnügte Halbbauern zu machen, die den alten Halt ihrer Sitte niemals wiederfinden werden. Und doch wirkt der Bergbau an sich fast überall nur veredelnd auf die ländliche Bevölkerung, ja der Bergmann ist sonst das rechte Muster eines frommen Arbeiters, der rechte Stammhalter guter alter Bräuche und Sitten. Allein mit dieser historischen Figur des deutschen Bergmannes hatten unsere Schwindler eben darum nichts gemein, weil sie urplötzlich aus den festen Bahnen ihrer bisherigen Existenz herausgesprungen waren, weil sie einem jähen Gewinn ihren historischen

Boden geopfert hatten. Wer den Bauer gediegen und ehrenfest erhalten will, der muß dazu thun, daß er in den Grenzen eines stetigen und festen Erwerbes verharre.

Die Zehntablösung, welche nicht sowohl von dem Ackerbau als von dem Kornhandel eine Fessel nahm, und darum nicht dem kleinen Bauern, sondern dem großen Gutsbesitzer, der zugleich Großhandel mit seinen Produkten treiben kann, materiellen Gewinn brachte, hat wesentlich dazu beigetragen, auch den kleinen Bauer zu einem kleinen Handelsmanne zu machen. Es geht ihm jetzt erst ein Licht auf über das Lottospiel des Fruchtmarktes und er beginnt sich demselben mit dem gleichen Eifer zu ergeben, mit welchem er sich dem Rechtsspiel (den Processen) und dem eigentlichen Geldspiel ergibt. Durch das kaufmännische Speculiren wird aber die Bauernsitte gebrochen, ohne daß der Bauer anderweit gewinnt, da er weder Intelligenz noch Capital genug besitzt, um an dem Wettspiel unserer Getreidebörsen mit dauerndem Erfolg theilnehmen zu können.

Wegen der gestörten Stetigkeit des Erwerbes ist es ein großer Ruin für die Dörfer, daß sich so viele verdorbene kleine Gewerbsleute dort niederlassen, die nicht Capital und Geschick genug haben, um in den Städten fortzukommen. Sie treiben dann ein Stückchen Ackerbau und ein Stückchen Gewerbe, und man weiß nicht recht, ob man sie handwerkende Bauern oder verbauerte Handwerker nennen soll. Jedenfalls pfuschen sie nach beiden Seiten gleichstark, machen den Bauer von seiner Sitte abwendig, da sie es selber doch niemals dahin bringen können, ordentliche Bauern zu werden, und mehren gleichzeitig den Ruin des kleinen Gewerbestandes. Durch sie hat sich gleichsam eine Colonie bäuerlicher Dilettanten im Schooße der Dörfer eingenistet, ein Auswuchs, welcher den ganzen Fluch der Verkommenheit in sich trägt und krebsartig um sich frißt. Sie spielen oft die Rolle der „verdorbenen Genies," und locken dann die verdorbenen Genies und verkannten Größen unter den Bauernburschen zur Nachfolge.

Von diesem Zwitterwesen unterscheiden sich wieder die eigen=

thümlichen Zustände ganzer Landstriche, namentlich Gebirgsgegenden, wo irgend ein Gewerbszweig nothwendig den magern Feldbau ergänzen muß und darum auch längst historisch eingewurzelt ist. Wie leicht aber auch hier der feste sociale Bestand erschüttert wird, das haben uns die Schicksale der Nagelschmiede im Taunus, der Uhrenmacher auf dem Schwarzwalde, der Spitzenköppler in Sachsen, der schlesischen Leineweber genugsam bewiesen. Der deutsche Bauer erhält sich nur da in vollester Kraft und Gesundheit, wo er ganz und ausschließlich Bauer ist.

Die schlimmen wirthschaftlichen Folgen übermäßiger Kleingüterei nachzuweisen ist hier meine Sache nicht. Nur von der daraus erwachsenden socialen Verderbniß will ich reden. Die Güterzersplitterung ist nicht neu, aber viele ihrer Folgen sind neu. An vielen Orten datirt sie auf Jahrhunderte zurück, allein die einfacheren Erwerbverhältnisse der alten Zeit brachen ihr die gefährliche Spitze ab. Auf derselben Morgenzahl, wo ein Bauer noch vor hundert Jahren seine feste Existenz finden konnte, vegetirt jetzt nur noch ein Proletarier. Die gesteigerte Ertragsfähigkeit des Bodens gleicht hierbei nur wenig aus. Der Bauer erscheint uns nämlich jetzt bereits als ein Proletarier, welcher aus seinem Gute nur so viel zieht als er verzehrt. Die idyllische Ansicht, daß ein solcher Mann sehr glücklich seyn müsse, können wir einem Poeten zu gut halten, der praktische Volkswirth wird einen solchen Bauer jedenfalls nur für einen armen Teufel ansehen. Die Erfahrung, daß dasjenige, was er verzehrt, von Jahr zu Jahr magerer seyn wird, bis er ausschließlich bei der unvermeidlichen Kartoffel stehen bleibt, liefert den Beweis dazu. Vor hundert Jahren mag das anders gewesen seyn. Die Lösung des Widerspruches liegt aber darin, daß der Bauer, und auch der kleinste, immer abhängiger vom Besitze baaren Geldes wird. Wo er sich sonst das Bau- und Brennholz umsonst im Gemeindewalde fällen durfte, da muß er es jetzt für theures Geld erkaufen. Sein Haus deckte er unter nachbarlicher Beihülfe selber

mit Stroh, jetzt muß er den Dachdecker bezahlen. Die früheren
Abgaben in Natura konnte er leichter aufbringen, als jetzt die
Steuer in baarer Summe. Seine Unabhängigkeit vom baaren
Gelde war sein Reichthum, sie bedingte seinen selbständigen Sinn.
Weil dieser kleine Bauer so gar abhängig vom baaren Gelde geworden, weil er unter die Oberherrschaft der Juden gerathen ist,
darum ist er so unendlich viel ärmer als früher bei gleichem Besitz-
stande. Man hat wohl zu früh gejubelt über die rasche und
gründliche Abschaffung aller Naturalwirthschaft im modernen
Staate. Es fragt sich, ob die Eigenart des Bauern, des conservativsten Elements im Staate, nicht zertrümmert wird durch
das ausschließliche Herrschen der Geldwirthschaft. Hier hat
die sociale Politik ihre Bedenken gegenüber der bloß ökonomischen
geltend zu machen. Nicht mit Unrecht hat der Bauer einen so
absonderlichen, instinctartigen Respect vor dem baaren Geld.
Zahlt er doch lieber seine Zinsen doppelt in Früchten, die er
unter dem Preis seinem Geldherrn bringt, als daß er in ein-
facher Baarzahlung den Zins abträge!

Die Gesammtheit — die Gemeinde — war vordem reicher
an Gemeingut und zugleich bedürfnißloser, darum konnte der
Einzelne bei weit leererem Beutel dennoch wohlhabender seyn als
heutzutage. Die gleichen Anrechte aller Gemeindeglieder auf
Wald, Weide u. dgl. waren eine Art von historisch-patriarcha-
lischem Communismus. Sie beförderten einen scheinbaren allgemeinen Wohlstand, unter dessen Hülle eine ganze Reihe in sich
unberechtigter kleiner Existenzen ausgebrütet wurde. Als die gesteigerte Civilisation, die höher gespannte Staatswirthschaft und
der politische Sturz des Feudalismus den Sturz auch jener patriarchalischen Gütergemeinschaft forderte, da geriethen auf einmal
unzählige kleine Bauersleute, ohne es selber anfangs recht zu
merken, in die Klasse des Proletariats. Wenn man heutzutage
dem Bauern den Communismus predigt, so vermag er das selten
anders zu fassen, als in dem Gedanken der Rückkehr zu solchen
Zuständen, die er sich freilich in gar rosig idealisirtem Lichte

ausmalt. Wir werden weiter unten sehen, wie sich diese Ansicht in den letzten Revolutionsjahren praktisch bewahrheitete. Wo aber das Bauernproletariat in Folge der Güterzersplitterung und der geschilderten Verhältnisse sich ausgebreitet hat, wo der Einzelne sich in der Lage sieht, weil er nichts mehr besitzt, über den „Diebstahl des Besitzes" zu philosophiren, da wird er dies doch auch in ganz praktischer Weise thun, und also weit eher mit den Criminalgerichten, als mit den politischen Tribunalen in Berührung kommen. Man hat selten gehört, daß man sich in solchen durch die Güterzersplitterung ruinirten Dörfern viel mit socialen Theorien plage, wohl aber, daß Holzdiebstahl, Wilddieberei, Feldfrevel u. dgl. daselbst an der Tagesordnung sind. Aber mit der Sittlichkeit fällt die Sitte, mit der Sitte lösen sich die Gesellschaftsgebilde.

Anders sieht es freilich in den großen Dörfern aus, wie sie meist größeren Städten benachbart liegen. Zu dem sittlichen Verfall gesellt sich hier noch der unmittelbare Einfluß städtischer Nichtsnutzigkeit. Hier „philosophirt" auch der Bauer bereits über die Gesellschaft. Aechte Bauernsitte existirt da ohnedies längst nicht mehr. Nur eine von allen Baueneigenschaften ist meist zurückgeblieben: Grobheit und Rohheit. Das Proletariat solcher Dörfer ist jedenfalls das allergefährlichste; denn an innerer Verderbniß gibt es dem Abschaum des städtischen nichts nach, an Rohheit aber übertrifft es dasselbe. Ländliche Proletarier dieses Schlages waren es, welche Auerswald und Lichnowsky ermordeten.

Man kann nicht leugnen, daß der Verfall des ächten Bauernthums in den letzten fünfzig Jahren ungeheure Fortschritte gemacht hat. Erwägt man aber, daß nicht bloß örtliche ökonomische Zerrüttung, daß nicht bloß die Erbschaft seit Jahrhunderten verschrobener wirthschaftlicher Zustände zu diesem Ergebniß geführt, sondern daß der moderne Staat selber so recht mit Lust und Liebe das Bauernthum zersetzte, dann erscheint es fast wie ein Wunder, daß der deutsche Bauer im Großen und Ganzen sich selbst so treu geblieben, daß er ein so bedeutendes Theil seiner guten Sitte aus dem Schiffbruch gerettet hat.

Betrachten wir vorerst nur die Einflüsse der äußeren politischen Gestaltungen des neunzehnten Jahrhunderts. Drei- bis viermal hat sich derweil die deutsche Landkarte verändert, hier und dort wurde ein alter politischer Verband gelöst, die ganze innere Geographie Deutschlands gründlich durcheinander geworfen; niemand fühlte sich durch diese Herrschaftswechsel tiefer verletzt als der Bauer, und doch erschienen sie keinem Menschen grundloser als gerade ihm. Dem Bauern will daher die alte Geographie durchaus nicht aus dem Kopf, und die neue nicht hinein. Der preußische Westerwälder sagt nicht, er sey aus dem Regierungsbezirk Arnsberg, sondern aus den „Oranischen;" der Bauer in der Gegend von Schwalbach nennt seine Landschaft noch heute „die Niedergraffschaft Katzenellnbogen;" der Bauer des Lahngau's ist im „Solmsischen," oder im „Weilburgischen," oder im „Wied-Runkelischen," oder im „Kurtrierischen" zu Hause; im badischen Oberlande existirt das „Hanauer Ländchen" noch immer im Sprachgebrauche des Landvolkes; dem ächten Pfälzer Bauern fällt es nicht ein, sich einen „Rheinbayern" oder „Rheinhessen," oder einen Bewohner des „badischen Neckarkreises" zu nennen. Man muthet diesen Leuten zu, angestammte „Loyalität" zu zeigen, während sie sich doch selber sagen, daß damit gerade eine Loyalität für das Nichtangestammte gemeint ist. Der Gebildete weiß, daß es so und nicht anders hat kommen müssen, wenn er auch bedauert, daß man bei dieser Staatenbildung auf der einen Seite viel zu viel radical, und auf der andern viel zu wenig radical verfahren ist. Der Bauer weiß das nicht. Woher auch? Ihn bestimmt ein überkommener, dunkler politischer Herzenszug oder Haß, im Kleinen ähnelnd jenem instinctiven Preußenhaß der großen süddeutschen Volksmasse und der dunkeln Abneigung des Nordens gegen Oesterreich. Der Bauer ist ein geborner Particularist, nur ist sein Particularismus kein willkürlicher, sondern historischer Tradition entsproßt. Dieser Bauernparticularismus tritt auch nicht gleich dem dynastischen in offenen Kampf mit der Idee der Nationaleinheit; letztere ist ihm bloß gleichgültig, der

Bauer ist ein natürlicher Particularist, ein Particularist aus Beschränktheit, nicht aus Neid, Eigennutz, Eifersucht und Dünkel, wie die andern Particularisten. Aber insofern man seinen natürlichen Particularismus auf's tiefste und — wie er glaubt — grundloseste gekränkt hat, wird er Oppositionsmann gegen die bestehende Staatsgliederung. Er wird radical aus Conservatismus. Nicht bloß sein Fürst, er selber ist mit ihm mediatisirt worden. Namentlich in ehemals geistlichen Besitzthümern, wo nicht nur politisches, sondern auch ein kirchliches Sonderthum im Bauern historisch geworden ist, finden wir es häufig, daß er sich durchaus noch nicht mit der neuen Landeshoheit befreunden kann. Die Stimmung der Bauern in Rheinpreußen und Münsterland wird noch auf lange Zeit hin den Beweis hiefür liefern.

Als in der Zeit nach dem Lüneviller Frieden eine Wiedische Dorfgemeinde in kurzer Frist dreimal ihren Landesherrn hatte wechseln müssen, vereinigten sich die Bauern zu einem entschiedenen Protest, und sprachen den Wunsch aus, man möge ihnen doch endlich einmal Einen Fürsten fest lassen. Die jüdischen Gemeindemitglieder, welche gleichfalls die Schrift zu unterzeichnen aufgefordert waren, erwiderten ablehnend in einem höchst originellen Sendschreiben, worin es zum Schlusse wörtlich hieß, sie hätten sich bisher an keinen der verschiedenartigen Landesherren „attachirt," drum thue ihnen jetzt auch der Tausch nicht leid. Der Gegensatz des heimathlosen Dorfjuden zum Bauern spiegelt sich hier höchst bezeichnend. Allein man hat in unseren zerrissenen Staatengruppen vielfach den Bauersmann schon dahin gebracht, daß auch er sich an keinen mehr „attachirt." Dadurch ist ein innerer Widerspruch in das Wesen der Bauern eingedrungen, und es dürfte doch wohl nicht zufällig und bedeutungslos erscheinen, daß gerade in dem geographisch zersetzten Mittel- und Südwestdeutschland die historische Tradition des Bauern bis auf Sitte und Tracht hinab in neuester Zeit unglaublich rasch verschwunden ist, daß hier die ärgste Kleingüterei herrscht, ein ausgedehntes Bauernproletariat, daß hier der conservative Geist des

Bauern am öftesten gebrochen ist, und eine auffallende Revolutionslust sich zu regen beginnt, während in größeren, geschlosseneren Gebieten, wie in Tirol, Altbayern, Altpreußen, Westphalen 2c. der historische Bauer sich am reinsten erhalten hat. In Schleswig-Holstein sehen wir, mit welch aufopferungsvoller Zähigkeit ein tüchtiger Bauernstamm auch an einer politischen Idee festzuhalten vermag, wie er sich dadurch gleichsam läutert und veredelt. Allein hier hat der Bauer neben seiner alten Geschichte auch noch eine neuere und neueste; diese fehlt vielen anderen deutschen Bauernstämmen. Die Geschichte der letzten hundert Jahre ist für solche Bauern ein weißes Blatt. Der Bauer hat da wohl Wirkungen — sehr negative übrigens — wahrgenommen, allein die Ursachen blieben ihm dunkel. Wenn vor ein paar hundert Jahren seine Gegend mit Feuer und Schwert erobert, wenn sie durch Kauf und Tausch, durch Erbverträge an eine andere Herrschaft gebracht wurde, so begriff er das, weil sich die Thatsachen unter seinen Augen zugetragen hatten, weil er vielleicht auch mit seiner Haut hatte bezahlen müssen. Das diplomatische Intriguenspiel dagegen, welches fast alle Hebel der modernen Geschichte bewegt, wird der Bauer seine Lebtage nicht unterscheiden lernen, ja es ist wohl gar nach einer Seite hin ein rechtes Glück, daß er sich's nicht träumen läßt, in welcher Weise schon oft seines Vaterlands Geschicke und seine eigenen verschachert worden sind. Der Bauer begreift nicht den Kampf des constitutionellen Staatsgedankens mit dem republikanischen, mit dem absolutistischen; er begreift die moderne Geschichte höchstens in einigen Resultaten, nicht in ihren Entwicklungen — Resultate wie etwa dies, daß er von Jahr zu Jahr schwerere Steuern zahlen muß — d. h. für ihn besteht die moderne Geschichte überhaupt nur negativ. Seit den Befreiungskriegen hat der Bauer keine weltgeschichtliche That mitgewirkt, die er vollauf begriffen hätte. Der Gebildete denkt und redet anders wie der Bauer, er hat demselben dadurch bereits seit Jahrhunderten den Gewinnstantheil an der Nationalliteratur gestohlen. Jetzt stehlen wir demselben gar die Geschichte der Gegenwart, indem die großen und kleinen Herren wie Schulknaben unter der Bank Politik spielen.

Ich wüßte übrigens gar nicht, wofür der Bauer dem modernen Staat eigentlich hold und dankbar seyn sollte. Unsere ganze praktische Politik hat bis jetzt den Bauer als politische Macht ignorirt. Sie hat ihm viel Gutes gethan, aber nicht nach seiner Weise, und nur dieses dankt man von Herzen. Sie hat den festen Bestand seiner Eigenthümlichkeit zu brechen gesucht, sie hat es kaum geahnt, daß er die stärkste erhaltende Macht im Staate sey. Den Beamtenstand und das Militär hielt man für die Grundsäulen der erhaltenden Politik. Was es mit dem Conservatismus des Beamtenstandes auf sich hat, haben wir in den letzten Revolutionsjahren gesehen, wo ein Theil der Beamten sich feige verkroch, ein Theil offen zum Feinde überging, ein Theil in achselträgerischer Neutralität zuwartete, und nur gar wenige im entscheidenden Augenblick sich vor die Bresche stellten. Das Militär aber ist ja in seinem Kerne nichts anderes als der Bauer, der Bauer, den man in Friedensgarnisonen entsittet, der mit dem oberflächlichen Schliff des Städters nach Ablauf der Dienstjahre nicht selten auch die städtische Verderbniß in's Dorf heimträgt, und der dennoch, wo es gilt, zeigt, wie tief gewurzelt der Trieb der Gesetzlichkeit in den deutschen Bauern sey.

Der Polizeistaat trat in offenen Kampf gegen die Heiligthümer des Bauern; er wollte ihm nicht selten seine Sitten und Bräuche wegdecretiren, er hat es auch mitunter fertig gebracht. Der Beamtenstand suchte etwas darin, den Bauer seine Bildung fühlen zu lassen. Der untere Beamte pflanzte die Tyrannei, welche er von seinem Vorgesetzten zu erdulden hatte, auf sein Betragen gegen die Bauern fort, und hielt sich dadurch gleichsam schadlos. Der jüngste Accessist behandelte oft den ehrwürdigen Patriarchen des Dorfes wie einen dummen Jungen. Es galt für eine absonderliche Beamtenweisheit, den Bauer von vornherein mit möglichster Grobheit anzuschnauben. Es ist noch im Jahre 1848 öffentlich zur Sprache gekommen, daß bei vielen Justizbeamten bis dahin die Sitte herrschte, processführende Bauern, falls sie in Red und Antwort allzu lebhaft wurden, durch Ohrfeigen zu besänftigen. Das alles hat einen tiefen Stachel in der Brust des Bauern zurückgelassen, einen gründlichen Haß erzeugt gegen das Schreiberregiment. Durch die vollständigste Verkennung des Bauerncharakters, da man in dem Bauersmann nur den groben Klotz erblickte, darauf ein grober Keil gehöre, während man in die feineren Falten seiner Eigenart nicht einzublicken vermag, hat ihn der Beamtenstand planvoll zur Opposition vorbereitet.

Unsere früheren Regierungen bildeten sich nicht wenig darauf ein, daß sie die Leuchte der Aufklärung unter das dumme Bauernvolk getragen. Da aber diese Aufklärung nur auf das nüchternste Urtheil und eine Summe einseitiger Kenntnisse hinauslief und auf eine Loyalität abzweckte, deren Mutter die Furcht vor dem Polizeidiener ist, so wurde sie von dem unverfälschten Bauern spröde abgewiesen, den halb verderbten aber ruinirte sie vollends. Man vergaß, daß Sitte, Charakterstärke, die unmittelbare Empfindung, daß der Glaube des Bauern Eigenstes ist, nicht aber flache Vielwisserei. Eine Regierung, die den Bauer wirklich aufklären und veredeln will, festige und läutere ihn in jenen Stücken. Ein Bauer, der im Sinne des rationalistischen Polizeistaates aufgeklärt geworden, ist gleich einem philosophirenden Frauenzimmer, ein Blaustrumpf im Kittel.

So hat der Bauer den Staat bis jetzt fast nur von seiner aufdringlich schulmeisterischen Seite kennen gelernt, oder gar von seiner verneinenden und auflösenden. Der Staat war ihm ein steuererhebendes, seine harmlose Sitte befehdendes, sein Standesbewußtseyn störendes und ausebnendes Polizeiinstitut, welches ihn mit neumodisch unverständlichen Formen quälte, und sein ganzes Mißtrauen herausforderte. Er reizte ihn mindestens zu eigensinnigem Trotze, der schlechten Kehrseite seines Beharrens. Wir sahen es in vielen Abgeordnetenkammern, wie sich dieser

Trotz, diese Hartköpfigkeit als verderbliches Parteisystem der Bauern geltend machte, gleich argwöhnisch gegen die Regierung wie gegen ihre Gegner, jede Sicherheit des parlamentarischen Erfolges durch die Quersprünge eines nicht voraus zu berechnenden Eigensinnes vereitelnd. Der Eigensinn der Bauern in politischen Dingen, erzeugt durch die Mißgriffe der Bureaukratie, droht aber zu dem Auswuchs eines verrannten Standesgeistes sich zu erweitern, der in constitutionellen Staaten zu höchst bedenklichen Krisen der parlamentarischen Politik führen könnte. Wir sehen aber auch hier, daß die Opposition bei den Bauern nicht nivellirend auftritt, sondern vielmehr in die beschränktesten Standes- und Körperschaftsinteressen sich verhaust.

Nirgends hat jedoch die Bureaukratie den Bauersmann schwerer verletzt, als durch ihre „Regelung" der Gemeindeverfassung. Das Gemeindeleben ist das eigentliche Familienleben des ächten Bauern; das Behagen, welches er im engeren Familienkreise selten zu finden vermag, findet er sich in der Gemeinde gerettet. In großen Dörfern mehr städtischen Charakters ist das freilich nicht der Fall; das familienhafte Gemeindeleben ist wesentlich die Lichtseite der kleinen Dörfer und Weilergruppen. Oft sogar ist in Gebirgsgegenden die Gemeinde wirklich eine Familie, der Ueberrest von einer Art Clanverfassung. So gibt es Dörfer auf dem hohen Westerwalde, in denen durchweg fast nur ein einziger Familienname vorkommt. Die Dörfer, wo nur drei, vier Familiennamen sich stets wiederholen, was dann allerlei kurzweilige Beiwörter zur Unterscheidung der Einzelnen nothwendig macht, sind überall nicht selten. Die Gemeinde ist das Heiligthum des Bauern gewesen, in welches er eben so wenig einen Unbefugten mag eindringen sehen, als der Städter das Heiligthum des Hauses preisgeben will. Die Ausschließlichkeit, welche im Mittelalter der städtischen Bürgerschaft und dem Adel eignete, und diese Corporationen Jahrhunderte lang vor Ueberschwemmung durch landläufiges Gesindel bewahrt hat, ist allmählig auch auf die Landgemeinden übergegangen. „Dieser Galgen ist für uns und unsere Kinder" — so ließ eine alte Stadtgemeinde an ihren Galgen schreiben, da sie fremden Spitzbuben im Tode eben so wenig als im Leben bei sich Aufenthalt gestatten wollte. Das ist jetzt ein Wort für den ächten Bauersmann. Nun kam aber der bureaukratische Staat und suchte möglichst viele ortsfremde Leute in die Landgemeinden zu setzen. Die Schultheißen, Bürgermeister 2c. wurden von den Staatsbehörden wo möglich aus den untersten Anhängseln des Beamtenstandes, aus der eigentlichen Schreiberwelt, gegriffen, und den Gemeinden aufgedrungen. Fremde Proletarier herbeizulocken und einzubürgern, galt für staatsklug; wo die Gemeinden sich weigerten, derartige Colonisten aufzunehmen, da erschien ein dringender Befehl. Die Bureaukratie behandelte das Bauernthum ganz so, wie die alten Römer ihre eroberten Provinzen. Durch jene Proconsuln, welche unmittelbar dem Stamme der Bureaukratie entsprossen waren, oder doch von ihr nur Brief und Siegel hatten, sollte der Bauer „cultivirt," „aufgeklärt," d. h. in seiner Eigenart beschnitten und dem ausebnenden Staatssysteme bequem gemacht werden. Also auch hier wieder will der Beamtenstand die erhaltende Macht im Staate seyn; er glaubt die Granitpfeiler des Bauernthums wegbrechen zu müssen, damit die Gesellschaft sicherer auf seinen Holzstangen und Brettergewölben ruhe, die er dafür unterschiebt! Nicht die Oberaufsicht, welche sich die Staatsbehörde über die Gemeindeverwaltung vorbehielt, war es, was den Bauer empörte, sondern die Art, wie diese nothwendige Aufsicht geübt wurde. Der Bauer selbst ist viel zu gescheidt, als daß er für das rein theoretische Urbild einer „freien Gemeindeverfassung" hätte schwärmen mögen, wie man es neuerdings zum großen Verderben der Gemeinden zu verwirklichen gesucht hat. Er will sich der Oberaufsicht des Staates nicht entziehen, aber er will auch nicht, daß in den einfachsten Gemeindesachen der Schreiber vor dem Bauern gehe, er begreift die Anmaßlichkeit jenes städtischen Dilettantismus noch nicht, der in allen Sätteln gerecht ist, er meint, daß nur ein Bauer Bauernsachen verstehe. Ungeschickte Vormünder haben den

Bauer nicht nur abermals störrisch und argwöhnisch gemacht, sondern das Heiligthum des familienhaften Gemeindelebens ist wirklich vielfach zerstört worden, und der böse Gedanke ist in dem Bauern aufgestiegen, als ob er ein von den Städtern Unterjochter sey.

Der ausebnende Staat aber begnügte sich hiermit noch lange nicht, denn er wollte ja gerade alles das geflissentlich bei dem Bauern wegmerzen, was wir als dessen bestes Besitzthum preisen. Die Dorfschulmeister gaben ein weiteres Mittel zur Hand. Aus dem Bauernstande hervorgegangen, lebten sie früher in und mit demselben, und ihre Lehre ging eben auch nicht weit über die Bauernweisheit hinaus. Allein der Bauer sollte „über sich selber hinausgehoben" werden. Dazu mußte man freilich zuerst den Lehrer über sich selber hinausheben. Auf einer sogenannten Musteranstalt wurde ihm eine höhere Bildung beigebracht, zu der doch wieder alle Grundlage fehlte; der Bauer ward in ihm ausgetilgt, aber der Gebildete konnte nur halb an dessen Stelle gepfropft werden. In dem neuen „Herrn Lehrer" war nun doch der alte „Dorfschulmeister" in der That über sich hinausgehoben, d. h. er erschien jetzt nicht selten wie ein studirter Bauer, der vor Gelehrsamkeit übergeschnappt ist. Gerade diese ächt moderne Stimmung, daß sich der Mann nicht wohl fühlt in seiner Haut und fort und fort die Schranken seines Standes und Berufes durchbrechen möchte, ward durch die Schulmeister den Bauern eingeimpft. Der Schullehrer suchte natürlich den Zustand der Halbbildung, zu welchem er übergegangen, auch den dummen Bauern mitzutheilen und dieselben von Bräuchen und Herkommen gründlich zu befreien. Dadurch wurde gewöhnlich Zwiespalt im Dorfe hervorgerufen; denn die zähen alten Bauern wollten lange von dem neumodischen Schullehrer nichts wissen und sahen ihn jedenfalls stark über die Achsel an; eine jüngere Genossenschaft von Schülern dagegen schaarte sich desto treuer um denselben. Die Mißachtung seitens der Aristokratie des Dorfes aber machte den ehrgeizigen Schullehrer vollends unzufrieden mit Gott und der Welt. Man hatte ihn verbessern, heben wollen, und er war mit einemmale ein Proletarier geworden, ein Proletarier der Geistesarbeit, der den Bauern zum erstenmale leibhaft zeigte, was eigentlich ein modern zerfahrener und weltverbitterter Mann sey, und, wenn er auch nicht gerade die Socialreform ausdrücklich predigte, doch die Aufforderung zum Umbau der Gesellschaft in Person darstellte. Erst in neuester Zeit wurde es durch unwidersprechliche Thatsachen den Regierungen einleuchtend, daß sie sich bei der verkünstelten Bildung der Schullehrer eine ganze Armee von Staatsproletariern erzogen, daß sie das nämliche Gespenst, welches sie in dem Literatenthum so über die Maßen fürchteten, in den Schulmeistern selber heraufbeschworen hatten. Denn der verschrobene Dorfschulmeister trägt durchaus die Charaktermaske des nichtsnutzigen Literaten (er schreibt darum auch so gerne in Zeitungen, oder läßt ein Buch oder ein Notenheft „im Selbstverlag" erscheinen), — nur daß die Stellung des Lehrers weit einflußreicher und wichtiger ist, denn ihm ist fast ausschließlich die Macht gegeben, wenigstens einen Theil des sonst so spröden Bauernvolkes aus dem gewohnten Kreislauf der Sitte und des Herkommens herauszureißen. Nach den letzten Revolutionsjahren sahen wir Schullehrer vor Standgerichte gestellt, vor den Assisen abgeurtheilt, in Disciplinaruntersuchung, haufenweise ihres Dienstes entlassen. Was der bureaukratische Staat an sich selber zu strafen hatte, das mußten jetzt die Einzelnen ausbaden. Glaubten doch bis zur Revolution die Regierungen den Schulmeister gar fest im Zügel zu haben, entzog man ihn doch selbst mehr und mehr den Einflüssen der Kirche, um ihn desto ausschließlicher von der Kanzlei aus bestimmen zu können! Man wird gar lange wieder schulmeistern müssen, bis die ätzenden, auflösenden Einflüsse, welche durch das Lehrerproletariat unter unser Bauernvolk gebracht wurden, völlig hinweggeschulmeistert sind, oder richtiger, man wird das jetzt niemals mehr fertig bringen.

Auch die Stellung des Pfarrers zum Landvolke hat der bureaukratische Staat verrückt. Der Pfarrer war zu sehr „verbauert," er sollte mehr Beamter werden. Den Güterbesitz, welcher früher einen großen Theil der Pfarrbesoldungen ausmachte, verwandelte man wenigstens bei den protestantischen Pfarrern fast überall in Baargehalt, man nöthigte ihn, das Pfarrgut in Pacht zu geben, und untersagte die Selbstbewirthschaftung; man verwehrte ihm in einigen Ländern, sich Ackergut aus eigenen Mitteln über das bescheidene Maß hinaus zu erwerben, welches sich ohne das Halten eines Gespannes bauen läßt. Der Pfarrer sollte nicht mehr so fest sitzen. Gerade dadurch hatte er sich aber den Respect der Bauern erworben, die von einer Geistesbildung, welche sich nicht auch im Praktischen, und zwar zunächst im Landbau zeigt, in der Regel keinen sonderlichen Begriff haben. Allein der Pfarrer sollte sich wieder mehr wissenschaftlich beschäftigen, statt des Helfers und Rathers der Bauern sollte er wieder mehr Theologe werden. Die Art und Weise, wie dies die Bureaukratie im einzelnen durchgeführt, hier zu erörtern, ist meine Sache nicht. Genug, der Pfarrer, welcher den Männern der Schreibstube ein viel zu exotisches Gewächs gewesen, ist, besonders in protestantischen Landen, wieder weit entschiedener in die Reihen der Beamtenwelt eingerückt. Der frühere unmittelbare Einfluß auf die Bauern ist nun glücklich gebrochen, und gäbe die Wissenschaft dem Geistlichen nicht festeren inneren Halt, so würde er wahrscheinlich schon vollkommen die Rolle eines verschrobenen mißvergnügten Dorfschulmeisters spielen, nur noch in bedeutend erhöhtem Grade. Einzelne Fälle davon sind auch da gewesen. Die Folgen für das ganze Gemeindeleben waren dann aber auch allemal tief einschneidend und wahrlich höchst betrübender Art. Während übrigens die protestantischen Consistorien vielfach sich alle Mühe gaben, um den Pfarrer möglichst zu „entbauern" und der Beamtenwelt wieder wahlverwandter zu machen, verfuhren die katholischen Kirchenbehörden schon aus natürlichem Widerwillen gegen die Bureaukratie meist weit klüger. Die katholische Kirche hat es niemals vergessen, welch ungeheurer Einfluß ihr dadurch in die Hand gegeben ist, daß, wenigstens in Deutschland, fast sämmtliche Glieder ihres Clerus aus dem Bauernstande hervorgehen. Für den politischen Einfluß der Hierarchie ist dieser Umstand so bedeutungsvoll, daß er allein hinreichen könnte jeden Einwand gegen den Cölibat zu entkräften. Denn nur dieser zwingt ja den niedern Clerus, sich fast ausschließlich durch Bauernsöhne zu recrutiren. In dem Maße als der persönliche Einfluß des protestantischen Pastors bei seiner Dorfgemeinde neuerdings im Abnehmen begriffen ist, stieg der des katholischen. Gerade diejenigen Gemeinden, welche am eifersüchtigsten auf ihre Selbständigkeit sind, werden häufig doch wieder von dem katholischen Clerus geleitet, ohne daß sie es selber merken. Man hat sich katholischerseits neuerdings viel Mühe gegeben, die Söhne der gebildeten Stände mehr zum Eintritt in den unteren Clerus zu bewegen. Das ist sehr unklug. Die politische Macht der katholischen Kirche wurzelt in Deutschland zu allermeist in ihrem Einflusse auf die Bauern, und ist bedingt dadurch daß der Dorfgeistliche selber wieder aus dem Bauernstande hervorgegangen ist. In Bayern, Tyrol, dem Münsterlande wird man sich davon überzeugen können. Die Religion des Bauern ist seine Sitte, wie ihm umgekehrt auch seine Sitte Religion ist. Darum wird der Priester mehr bei ihm gelten als der Prediger. Das Altlutherthum, überhaupt die strengen Formen des älteren Protestantismus fesseln ihn, weil hier noch mehr Charakter in der kirchlichen Sitte sitzt, ebenso der Katholicismus mit seinen fertigen Formen. Der Unionszwang hat unglaublich viel zum Verschwinden des kirchlichen Sinnes bei protestantischen Bauern beigetragen, er hat hier bekanntlich auch — in Schlesien und Sachsen — eine bis zum Fanatismus gesteigerte Gegnerschaft hervorgerufen. Wer dem Bauern beweist, daß die lutherische Fassung des Abendmahls, die lutherische Formel des Vaterunsers, die lutherische Kirchenverfassung sich recht gut vertragen und verschmelzen lassen mit der reformirten, der bricht ihm die Autorität der Kirche. Dies eben war ja seine eingewurzelte kirchliche Sitte, daß der Abendmahlsbrauch, die Gebetformel, die Kirchenverfassung so und nicht anders seyn dürfe, und eben in dem Gegensatz des Lutherischen und Reformirten hat diese Sitte erst Kraft und Bestand gewonnen. Mit diesem historischen Gegensatz hatte man ihm die Kirche selber wegdemonstrirt. Auch in religiösen Dingen ist der Bauer Particularist. Die Mennoniten mit ihrem religiösen Stillleben sind überall wahre Muster-Bauern. Selbst in rein landwirthschaftlichem Betracht ist es, als ob der Segen Gottes auf ihren Feldern ruhe. Oft erscheinen mitten unter ganz entarteten Bauerschaften die Mennonitenhöfe wie Oasen in der Wüste. Die höchst bestimmte religiöse Sitte, in welcher sich diese Leute abschließen, ist ihnen dann ein Ersatz gewesen für die in ihrer Umgebung bereits verderbte und zerstörte Volkssitte überhaupt. Gerade die religiöse Sonderbündelei des Sectenthums war das Bollwerk, welches hier der alten ächten Bauernart Schutz und Rettung sicherte. Aber eben darum, weil der Bauer Particularist ist in religiösen Dingen, hat der ausgleichende und verneinende Rationalismus, wie er zu Anfang dieses Jahrhunderts im Schwange ging, so auflösend bei ihm gewirkt. Das Wesen dieses Rationalismus bestand gerade darin, daß er an die Stelle der religiösen Sitte ein neues Leben nach kritisch verständiger Richtschnur aufbauen wollte. Es sollte Alles handgreiflich klug und nützlich werden. Dabei fehlte nur ein Kleines — die Poesie des Gewachsenen und Gewordenen. Das Volksleben ist aber gesättigt von dieser Poesie, und auch der Geringste im Volke ahnt und schätzt dieselbe. Unsere rationalistischen Geistlichen bildeten sich gar viel darauf ein volksthümlich zu seyn, und glaubten namentlich die praktischen Bedürfnisse des Bauersmannes aufs trefflichste zu befriedigen. Sie glaubten so recht im Geiste des Bauern zu wirken, wenn sie von dem Kartoffelbau predigten und etwa beim Evangelium vom Säemann ihre Erfahrungen einwoben, wann und wie am besten Gerste und Hafer zu säen sey. Diese Art von Popularität gemahnt an manche sogenannte Volksschriften, welche dadurch den rechten volksthümlichen Ton zu treffen suchen, daß sie den Leser als möglichst bornirt und

kindisch voraussetzen und demgemäß mit großer Kunst eines Ge=
dankenganges sich befleißen, wie er eigentlich nur einem recht
beschränkten Einfaltspinsel natürlich erscheinen könnte. Wer die
Religion des Bauern als seine altheilige Sitte, seine Poesie,
seinen Glauben erfaßt, nur der wird volksthümlich predigen
können. Wo dem Bauern die Religion nicht mehr Sitte ist, da
ist er in der Regel schon verwildert. Diese Art von Verwilde=
rung hat bereits bedenklich überhand genommen. Aber wenn man
bedenkt, welche theologische Experimente bereits mit dem Bauern
gemacht wurden, dann muß man sich wundern, daß es noch so
glücklich abgelaufen ist.

So sehen wir überall den Bauer bedroht, aus seinen eigenen
Bahnen gerissen, der Verderbniß preisgegeben zu werden. Die
Heilung bleibt dann lediglich seiner eigenen unverwüstlichen Natur
überlassen. Daß diese Natur aber noch kräftig genug ist, um
sich selber zu helfen und im entscheidenden Augenblicke die ganze
Fülle ungefälschter Kraft des deutschen Bauernthums in die
Wagschale zu werfen, davon wollen wir uns in dem nächsten
Capitel durch die Thatsachen der neuesten Geschichte überzeugen.

Drittes Kapitel.

Der Bauer und die Revolution.

Wann man den Bauer fragt, dann hat er immer etwas zu murren und zu klagen; man kann ihm dies Murren so wenig abgewöhnen, als den Wölfen das Heulen. Auch dieser Zug ist historisch. Schon seit dem Mittelalter stimmen alle Zeugnisse fortlaufend darin überein, daß der Bauer vor den andern Ständen zumeist zu brummen und zu knurren liebe. Aber sein Mißvergnügen erstreckt sich, wie wir bereits oben gesehen, immer nur auf nächstliegende Zustände. Es widerstrebt der Natur des Bauern, seine Beschwerden zu verallgemeinern, und er klagt den Staat und die Gesellschaft nicht an, weil er vielleicht guten Grund hätte den Schultheißen anzuklagen. Als die erste französische Revolution ausgebrochen war, fiel ihr zündender Funke auch hier und da in Deutschland nieder und selbst unter die Bauern. Auf einigen standesherrlichen sächsischen Dörfern z. B. rotteten sich die Landleute zusammen und schrieben ihre Bitten und Begehren auf, um sie vor den Standesherrn zu bringen. Es war das aber nicht etwa die damals zeitgemäße Forderung der „allgemeinen Menschenrechte," sondern ganz besondere Anliegen, Acker und Wald und Wiesen betreffend. Als die Bauern mit der „Sturmpetition" vor ihre Herren traten, hatten sich dieselben in Dresden bereits nach Hülfe umgesehen, und als man den Bittstellern bedeutete, falls sie nicht sofort auseinander gingen, würde man sie ins Loch stecken, ging jeder wieder so schnell als möglich nach Hause. Aehnliche Scenen sind damals an vielen Orten Deutschlands vorgekommen. Der Bauer hatte noch den vollen Respect vor der Autorität seiner Herrschaft. An revolutionäre Tendenzen war gar nicht zu denken. Als General Cüstine im Jahre 1792 die Rheingegenden heimsuchte und bald drohend, bald bestechend für die französische Republik warb, gelang ihm dies doch nur in einigen rheinischen Städten, namentlich in Mainz, oder in den städtischen großen Dörfern der Rheinebene. Bei den Bauern in den nassauischen Bergen und in der Wetterau konnten die republikanischen Apostel keinen Anklang finden, man wies sie im Gegentheil mitunter etwas unsanft zurück. Als dem Fürsten von Nassau-Idstein durch Cüstine eine persönliche Kriegssteuer von 300,000 Gulden auferlegt worden war, erboten sich die Bauern freiwillig diese Summe mitzuzahlen.

Zu den Nachwehen der Julirevolution in Deutschland gehörte eine ganze Reihe kleiner Bauernaufstände. Sie zielten aber fast alle nur auf die Abschaffung örtlicher Beschwerden. Man zerstörte Zollhäuser wegen der lästigen Mauth, vernichtete die verhaßten Stempelbogen, verfolgte an einigen Orten die wilden Schweine, an andern die Rathsherren. Ein einheitliches Handeln fand nirgends statt. Jeder wollte nur die Last, die ihn zunächst drückte, von sich abwälzen. Periodische örtliche Unruhen wegen der Steuern, Naturalleistungen und Frohnden sind so alt wie der Bauernstand selber. So wenig als die Aufruhrscenen, von welchen die Chroniken der Städte des Mittelalters häufig genug berichten, Revolutionssymptome im modernen Sinne waren und gegen den gesunden Geist des alten deutschen Bürgerthums zeugen können, so wenig ist dies bei den bezeichneten Bauernaufständen der Fall.

Ganz anders schien sich die Sache im März 1848 zu gestalten. In den kleineren westdeutschen Staaten hatte es vorweg den Anschein, als wolle sich der Bauernstand in Masse erheben. Nicht ohne Grund verloren die Staatsbehörden den Kopf; denn dieses Schauspiel war noch nicht dagewesen. Nicht Karlsruhe, Darmstadt, Wiesbaden ertrotzten die ersten Märzerrungenschaften, das Badener, Hessen- und Nassauer-Land war es, welches in Person nach den Hauptstädten gekommen war, die Bauern allein, deren massenhaftes Erscheinen den Ausschlag gab. Gegen das empörte Stadtvolk hätten die vorhandenen Militärkräfte einschreiten mögen, aber wo sich die Bauern von ihren Sitzen erheben, da ist es, als ob eine Stadt an allen Punkten zugleich brenne. Und doch war der Bauer diesmal nur mitgegangen, er hatte seine Rolle gespielt, ohne selber zu wissen, was er eigentlich spiele. Ein Hungerjahr und ein Jahr des Ueberflusses hatten den kleinen Gutsbesitzer mürbe gemacht, während beide Jahre dem reichen landwirthschaftlichen Spekulanten gleich sehr den Beutel füllten. Der Bauer hatte wie immer Beschwerden genug in der Tasche. Er hatte sich auch wohl ein wenig bearbeiten lassen, er war aufgelegt dazu, und die Zeit war günstig. Als er vernahm, daß diesmal des Landes Wohl in der Hauptstadt fertig gemacht werde, schnürte er seinen Bündel und zog auch dahin. Der ganz naive Gedanke, daß dort etwas absonderliches vorgehe, und daß man auch dabei seyn wolle, hatte meist die großen Bauernmassen in Marsch gesetzt. Ohne irgend einen festen Zweck und Entschluß kamen die Leute auf den Schauplätzen der Märzbewegung an und wurden dort nun von den Parteiführern recht warm in Empfang genommen. Aus den Fenstern der fürstlichen Schlösser und der Ministerhotels erschienen diese unabsehbaren Bauernschwärme freilich in einer ganz andern Perspective. Man argwohnte da ein Gemeinsames des revolutionären Gedankens bei den Bauern, ein planmäßiges Zusammenwirken und verlor den Kopf. Bei diesen Bauern war nicht wie bei den sogenannten „Arbeitern" die vereinzelte Beschwerde zu einer allgemeinen Unzufriedenheit großgewachsen. Das Clubwesen hat nie bei den deutschen Bauern Wurzel gefaßt. Bauernvereine etwa, die im Style der Arbeitervereine aus dem Gesammtbewußtseyn des seine Fesseln zerbrechenden Bauernthumes heraus die Gesellschaft hätten reformiren wollen, haben nirgend oder höchstens nur als ganz unschuldiges Zerrbild bestanden. In jedem Gau, ja in jedem Dorf schloß sich die Bauernbewegung für sich ab. Es war im Traume nicht daran zu denken, daß der deutsche Bauer von der Nord- und Ostsee dem Bauern auf dem Schwarzwalde oder im bayerischen Hochgebirge die Hand geboten hätte zu einem Aufstand des deutschen Bauernstandes als solchen, wie das in der That von Seiten der städtischen Proletarier geschehen ist. Ein Netz der revolutionären Propaganda über den deutschen Bauernstand zu werfen ist um deßwillen unmöglich, weil man vorher den Bauer aus seinem örtlichen Sonderleben herausreißen müßte, und das wäre eine Aufgabe für Jahrhunderte. Auch ist es dem Gebildeten unendlich schwer, dem Bauern irgendwie beizukommen, ihn für eine neue Idee zu begeistern. Die Flugschriften, welche man unter das Volk schleuderte, haben beim Bauersmann fast nie gezündet, ob er sie gleich bereitwillig entgegennahm — nämlich um ihres Papierwerthes, nicht um ihres Inhalts willen. Vergebens mühte sich die Localpresse auf den Dörfern einen dauernden Erfolg zu finden. Der Bauer glaubt noch nicht, daß ihm durch eine Zeitung geholfen werden könne, und wenn er es ja eine kurze Weile glaubte, dann wurde er gar rasch zum Gegentheile bekehrt. Wer den Bauer zum Abschwören seiner Sitte hätte bewegen können, wer es ihm einzureden vermocht hätte, daß er über den Bauer hinaus müsse, um ein glücklicherer Mensch und Staatsbürger zu werden, der wäre der Meister einer wahrhaftigen deutschen Revolution gewesen. Das aber vermochte keiner. Was würde im Jahre 48 aus Berlin geworden seyn, wenn diese Hauptstadt nicht rings umlagert wäre von dem kräftigen Bauernthume der Marken? Wenn statt dessen ein proletarisches Bauernvolk wie in südwestdeutschen Gegenden an den Habelseen gesessen hätte? Die märkischen und pommerschen Bauern bildeten die moralische Operationsbasis in den Kämpfen gegen die Revolution, für die Generale sowohl wie für die Minister.

Die Forderungen der Bauern waren in ihren Grundzügen überall dieselben, nur nach den örtlichen Zuständen verschieden schattirt. Allein der Bauer selber dachte nicht an dieses Gemeinsame seiner Beschwerden, so wenig er sich entsinnt, daß schon seit dreihundert Jahren das Mißvergnügen über dieselben Punkte bei ihm in stehende Lettern gegossen ist. Die Märzerrungenschaften der gebildeten Stände begriff er kaum, ja sie waren ihm von Anfang an fast verdächtig. Das historische Mißtrauen gegen den Städter erwachte auf der Stelle. Die Tiroler Bauern versahen sich nichts Gutes von der Preßfreiheit und Constitution, "weil sich die Herren so sehr darüber freuten." Westerwälder Bauern, welche anfangs dem Begehren eines deutschen Parlaments stürmisch beigefallen waren, erkundigten sich nachher mit bedenklicher Miene, ob denn das zu errichtende deutsche Parlament aus Infanterie oder Cavallerie bestehen solle? Die Erklärung fürstlicher Domänen zu Staatseigenthum leuchtete den Bauern in verschiedenen kleinen Ländern um deßwillen besonders ein, weil sie sich darunter dachten, von den Domänengütern solle nun jeder Einzelne nach Art der Almende und Gemeinbenutzungen sein Theil zugewiesen bekommen. Der Gedanke war an sich so unvernünftig nicht, und jedenfalls mehr werth als die Auffassung der meisten "politisch Gebildeten," welche den Uebergang des fürstlichen Grundbesitzes an den Staat forderten, ohne sich überhaupt irgend etwas dabei zu denken.

Auffallend könnte es erscheinen, daß die Idee der Theilung alles Besitzes so rasch bei den Bauern zündete, ja recht bald zur alleinigen Lockspeise wurde, mit welcher die Apostel der Revolution Jünger aus dem Bauernstande an sich zu ziehen vermochten. Nicht bloß Proletarier, auch wohlhabende Bauern wurden vielfach durch die Hoffnung auf "das Theilen" verblendet. So schien es denn doch, als ob gerade die socialen Ziele der Revolution bei dem Bauern Anklang fänden, als ob das nur eine Täuschung gewesen, wenn man glaubte, der Bauer würde durch seine Liebe zu festem Besitz und ruhigem Erwerb vor dem Schwindel communistischer Lehren bewahrt. Es hatte aber mit diesem Gelüsten des Theilens, welches selbigesmal unzweifelhaft tief bei dem Bauern eingedrungen und fast durch alle Länder gegangen ist, eine eigene

Bewandtniß. Der ächte Bauer dachte dabei in der Regel an nichts weniger als an ein allgemeines Gütertheilen im Sinne communistischer Weltreform, er glaubte überhaupt nicht zu einer Neuerung gedrängt zu werden, das „Theilen" war ihm vielmehr eine geschichtliche Reminiscenz. Die goldene Zeit lag in der Phantasie des Bauern in jenen Zuständen, wo jeder Gemeindebürger noch so viel Holz unentgeltlich aus dem Gemeindewalde bekam, daß er neben freiem Brande auch noch einen Antheil verkaufen konnte, wo die Gemeindebenutzungen so einträglich waren, daß statt der Erhebung von Gemeindesteuern am Ablauf des Jahres vielmehr noch ein Stück baar Geld an jeden Gemeindebürger vertheilt wurde. Diese Zustände haben allerdings ausnahmsweise an sehr begünstigten Orten bestanden, in seltenen Fällen bestehen sie sogar heute noch. Daß sie allgemein bestehen möchten, ist das Ideal der meisten Bauern. Sie verstanden daher das „Theilen" in der Regel dahin, daß das Staatsgut, daß namentlich die Staatswälder zu Gemeindebenutzungen vertheilt werden möchten, daß überhaupt durch irgendwelches staatswirthschaftliche Kunststück freies Holz, freie Weide und ein Stück Geld obendrein dem Einzelnen wieder zu Theil werde. Nicht Neuerungssucht, sondern ein übel verstandener Conservatismus, eine Selbsttäuschung mit geschichtlichen Ueberlieferungen führte sie den Communisten in die Arme. Von dem eigenen Besitz wollte keiner auch nur eine Scholle behufs der allgemeinen Gleichheit aus den Händen lassen, und die Einsicht, daß ohne eine solche Maßregel, das Problem des „Theilens" doch nicht gelöst werden könne, curirte bald die große Mehrzahl der Theilungslustigen.

Daneben läßt sich aber auch nicht läugnen, daß in den bereits verderbten Bauernkreisen, namentlich in den durch Kleingüterei zurückgekommenen Ortschaften in der Nähe größerer Städte, der Communismus in seiner krassesten Gestalt Eingang fand. Hier faßte man das „Theilen" in einem ganz andern Sinne, und da vielleicht kein Einziger im Dorfe so viel besaß, daß ihn dessen Verlust sonderlich geschmerzt haben würde, so gaben sie

sich allesammt der neuen Lehre mit ganzer Seele hin. Der größte
Theil der eigentlichen Rohheiten und muthwilligen Friedensbruchs
auf dem Lande fällt auf solche verkommene proletarische Dörfer
zurück. Sie stellten ihre reichliche Werbeschaar zu den badischen
Putschen, zum Frankfurter Septemberaufstand und ähnlichen
„Kämpfen." Der verlüberlichte, proletarische Bauer ging so weit,
wie unseres Wissens das städtische Proletariat in Deutschland
noch nicht zu gehen gewagt hat: er verbrannte in einigen Orten
die Hypotheken- und Lagerbücher. Eine solche Demonstration ist
ziemlich deutlich, sie zeigt uns besser als Dutzende von Aufsätzen,
wohin der Bauer kommt, wenn der feste Boden des Besitzes
unter seinen „Füßen zu wanken beginnt, wenn er der sicheren
Richtschnur der Sitte untreu wird, wenn der Branntwein seine
Nervenkraft bricht und seine naturwüchsige Derbheit in Bestialität
verkehrt.

Wenden wir uns wieder zu den unverfälschten Bauern.
Es bot ergötzliche Gegensätze, wie sich der Bauer sogleich das
Praktische aus den „Volksforderungen" herausgriff, z. B. die
Zinsen und Abgaben vorsichtig so lange weigerte, bis man sehe,
was aus der Geschichte geworden, und sich überhaupt den
klingenden Nutzen ausrechnete, der ihm aus den Errungenschaften
erwachsen möchte, während sich die Gebildeten mit zahllosen abstracten Staats- und Weltverbesserungsplänen plagten. Indeß
sich die Städter etwa über ein Wahlgesetz „auf breitester Grundlage" den Kopf zerbrachen, fragten die Bauern ganz naiv bei
der Regierung an, ob denn auch die bisherigen Pachtverträge
bei der neuen Ordnung der Dinge noch zu Kraft beständen, oder
ob durch Aufhebung des „Feudalzwanges" der Pächter nunmehr
auch zum Eigenthümer des Gutes geworden sey? Man könnte
das einen rohen Materialismus nennen, wenn wir nicht selber
zu demselben nothgedrungen zurückgekehrt wären, nur mit dem
Unterschied, daß der Bauer die Revolution mit der Berechnung
seines Gewinnes begann, während wir dieselbe mit der Berechnung
unserer Verluste und Schulden schlossen. Der Bauer vertritt eben

die derb realistische Natur in großen Volksganzen, und man muß praktisch oder meinetwegen Philister genug seyn, um zuzugeben, daß wir einer solchen Ergänzung recht sehr bedürfen, ja daß es uns zu Zeiten recht gesund ist, wenn wir uns auf eine Weile mit Leib und Seele in den groben Realismus des Bauern versenken.

Trotzdem übrigens, daß man auf den Dörfern statt des Zachariä und Dahlmann gleich in den Märztagen den Adam Riese zur Hand nahm, ist doch der kleine Bauer mehrentheils wieder zu Gunsten des großen Gutsbesitzers um das beste Stück seiner Errungenschaften gebracht worden. Wir denken hierbei z. B. an die Zehntwühlereien, welche in mehreren Ländern eine so große Rolle gespielt, ja lange der Nerv alles politischen Lebens auf dem Lande waren. So lange man die Zehentfrage eine schwebende nannte, war dem städtischen Wühler ein Punkt gegeben, auf welchem er bei dem sonst so mißtrauischen und unzugänglichen Bauern eindringen konnte. Die Zehentwühlerei war eine kleine Revolution in der Revolution, sie stufte sich so mannichfaltig in alle Richtungen ab, daß man ein Buch schreiben müßte, um jeden ihrer Fäden zu verfolgen. Dieses Buch würde jedenfalls ein höchst anziehender Beitrag zur Culturgeschichte werden. Dem Gelüste zu „theilen" entsprach das Verlangen nach unentgeltlicher Abschaffung des Zehnten. Es beleuchtet die von uns oben gegebene Erklärung des „Theilens" bei dem gediegneren Bauern auf's klarste. Eine Einnahmsquelle des Staates, der Kirche sollte als solche aufhören, dagegen zu einer gemeinsamen Nutzung des Bauernstandes gemacht werden, die sich je nach der Größe des Ackergutes auf den Einzelnen ausschlagen würde. Dies ist der einfache Sinn der unentgeltlichen Zehentabschaffung; es spukt darin nicht sowohl communistische Gleichmacherei, als im Gegentheil der engherzige Eigennutz des Bauernstandes. Daß die Zehntablösungsfrage nicht bloß eine landwirthschaftliche, sondern auch eine staatswirthschaftliche Seite hat, liegt auf der Hand. Der Bauer wollte aber das letztere durchaus nicht einsehen. Da er gewohnt ist, die Dinge nur von seinem persönlichen Standpunkte aus aufzufassen, so vergaß er, daß bei allzu niedrigem Ablösungsmaßstabe die Staatskasse einen bedeutenden Ausfall erleiden würde, für dessen Wiederersatz dann doch wieder der Einzelne, und also auch er selber als Steuerzahler herhalten müsse. Da nun zerrissene Güterstücklein, wie sie der kleine Bauer leider in der Regel besitzt, von der Zehentlast meist wenig oder gar nicht betroffen waren, während die größeren Ackergüter dieselbe vollauf zu tragen hatten, so gewann der kleine Bauer bei der allzu niedrigen Zehntablösung nicht nur nichts, sondern mußte noch obendrein als Steuerpflichtiger den zu Gunsten des größeren Gutsbesitzers in der Staatskasse entstandenen Ausfall decken helfen. In Nassau z. B. soll auf diese Weise der reichste Gutsbesitzer nicht weniger als 36,000 fl. aus Staatsmitteln geschenkt erhalten haben, während die kleinen Bauern eine Steuererhöhung gewannen! Hätte der Bauer diese Lage der Sache von vornherein durchschaut, so würden die Leute, welche von der Zehentaufregung so geschickt Nutzen zu ziehen wußten, übel bei ihm angekommen seyn. So lange aber die Zehentfrage unentschieden war, hielten die reicheren Bauern, welche ihren Vortheil wohl erkannten, klettenfest zusammen, die geringeren Leute aber sahen in diesen ihre natürlichen Anwälte, nicht ahnend, daß hier die Interessen des großen und kleinen Gutsbesitzers schnurgerade auseinander liefen. Wenn die Staatskassen ihren Verlust einmal verschmerzt haben werden, dann wird allerdings auch den kleinen Bauern ein landwirthschaftlicher Nutzen zuwachsen, denn gerade die Nichtbelastung der kleinen Ackerfetzen durch den Zehenten verführte oft zu der heillosen Parcellenwirthschaft, die mit der Gutszersplitterung und mit dem Bauernproletariat Hand in Hand geht. Aber der moralische Einfluß der Zehentwühlerei war ungeheuer, und die socialen Folgen der Zehentablösung lassen sich noch gar nicht berechnen. Die Zehentfrage verschlang jede andere politische Theilnahme bei dem Bauern, und die Wühler versäumten nicht, die Politik bei ihm in eine Sache des gemeinsten Eigennutzes zu verkehren. Die Bauern in den kleinen Ständekammern, wo die Zehentfrage eine Lebensfrage für das Land war, markteten und feilschten nicht selten mit ihren Stimmen bei den Parteien gegen Stimmen für die Zehentangelegenheit. Andererseits konnten die minder unterrichteten Bauern das finanzielle Rechenexempel nicht durchschauen, schwankten von einer Auffassung zur andern, und ließen sich heute eine Petition zu Gunsten der Abschaffung, morgen zu Gunsten der niedrigen, übermorgen zu Gunsten der normalen Zehentablösung dictiren. Wo man allzu niedrig abgelöst hatte, da bemächtigte sich des Gewerbestandes, der nun mit seinen Steuern den großen Gutsbesitzern Geschenke machen mußte, ein tiefer Haß gegen das gesammte Landvolk; der Clerus begann nun auch seinerseits zu wühlen, weil das Kirchenvermögen beeinträchtigt war, die kleinen Bauern fühlten die ganze Bitterkeit getäuschten Hoffens. Bei einer Zehentablösung im vollen Capitalwerthe des Zehentens oder einem um ein Geringes darunter gegriffenen Maßstabe würde der Landbau gewonnen und die Staatskasse nicht verloren haben. Aber wer konnte gegenüber dem Tagesschlagworte vom historischen Unrecht des Zehentens, das — auf Kosten der Gewerbtreibenden und kleinen Bauern! — gesühnt werden müsse, mit einer solchen Ansicht durchdringen! Erst als man einmal in den Verlust gerathen war, begriff man die wahre Sachlage.

Es war ungefähr eines Monats Frist, wo man im ersten Taumel und Wirrsal der Bewegung in den deutschen Weststaaten dem Bauern so ziemlich freie Hand ließ nach Belieben zu schalten. Da muß es wohl äußerst lehrreich seyn, nachzufragen, wozu er diese Flitterwochen der Freiheit benützt. Er machte sich selber kurzweg ein strenges Wildschadengesetz, wo ihm das alte zu gelind gewesen, indem er das Wild nach Kräften fing oder zusammenschoß. Er machte den Wald wieder zu dem, wofür er ihm laut seiner Geschichtssage galt, zur gemeinen Nutzung, indem er Holz fällte, wo es ihm gefiel. Den Abgabendruck minderte er, indem er vorläufig alle Abgaben für sich behielt. Die scheinbaren und wirklichen Lasten, welche ihm hier und da durch die Gerechtsame der Standesherren erwuchsen, schüttelte er ab, indem er nöthigenfalls dem Standesherrn auf's Schloß rückte und seinen „Volksforderungen" dort wohl auch in sehr greifbarer Weise Nachdruck gab. Dem Groll gegen den Polizeistaat machte er Luft, indem er die Förster und Hebammen wegjagte, um sie nach einigen Monaten wieder zu holen. In alle dem sehen wir nichts weiter als eine in der Ausführung theils naive, theils maßlose Selbsthülfe gegen drückende Uebelstände, um ein in der Luft schwebendes Bauernideal von der guten alten Zeit wiederherzustellen. In einem ganz andern Lichte dagegen erscheinen z. B. die schmachvollen Judenverfolgungen, wie sie in den Märztagen von vielen süddeutschen Landgemeinden veranstaltet wurden. Daß darin nicht der ausebnende Geist der modernen Revolution, sondern ein ganz nichtsnutziger Bauernstolz und Bauernhaß spuckte, liegt auf der flachen Hand. Merkwürdig aber ist es, daß gerade solche Gemeinden, welche man mit Vorliebe „aufgeklärte" nannte, in welchen die Schulmeister und die Demagogen nach Kräften die alte Sitte vertilgt, in dieser Richtung frevelten. Gemeinden, in welchen der Religionshaß schwerlich tief wurzeln konnte, da man sich seit Jahren alle Mühe gegeben, den Bauern trockene Pfennigsmoral für gemüthvolle religiöse Volkssitte einzutauschen. Diese badischen Judenverfolgungen wurden aber auch nicht vom Religionshasse dictirt. Es war vielmehr der Haß des in Güterzersplitterung verkommenen und dadurch der Tyrannei der Schacherjuden preisgegebenen Bauern, es war die natürliche Feindschaft des ausschließenden bäuerlichen Standesgeistes gegen den fremden Eindringling, es war der Hochmuth des Grundbesitzers gegenüber dem umherschweifenden heimathlosen Stamm, der sich hier Luft machte. Diese Bauern waren so lange „aufgeklärt" worden, und dennoch brach in dem ersten Augenblicke, wo sie ihre Hände frei fühlten, der alte Adam in so erschreckender Weise wieder hervor!

So werden wir bei dem Revolutionstreiben der Bauern

überall stracks einen Gegenzug wider den Revolutionsgeist der Städter gewahren; der Bauer wollte sich das aufgedrungene Neue vom Halse schaffen, um zum Alten zurückzukehren, der Städter, um es gegen ein schulgerecht ausgeklügeltes Neuestes zu vertauschen.

Die entschiedensten Angriffe der Bauern waren auf das bureaukratische Gemeinderegiment gerichtet. Allein ich wüßte nicht, daß die Bauern in den fessellosen Tagen auf ein neues Gemeinderecht gesonnen hätten; sie verfuhren ganz einfach praktisch, entsetzten die von den Behörden aufgedrungenen Bürgermeister und Schultheißen ihres Amtes und hoben den lästigen bureaukratischen Stufengang der Gemeindeangelegenheiten dadurch thatsächlich auf, daß sie keine Notiz mehr von demselben nahmen und irgend ein Herkommen, irgend eine Sitte oder Unsitte statt der Schreibstubenordnung einschoben. Der Bauer hat aber im Traume nicht daran gedacht, seine Gemeinde ganz ablösen zu wollen von der Oberaufsicht der Staatsbehörde; nur die Art und Weise, wie diese Aufsicht geführt wurde, hatte ihm mißfallen. Wo die radicale Partei eine freie Gemeindeverfassung in der Weise durchsetzte — und es ist ihr in einigen Ländern geglückt — daß das Aufsichtsrecht des Staates nur noch als ein Schein besteht, in der That aber jede einzelne Gemeinde einen für sich unabhängigen Freistaat im Staate bildet, da treten die Nachtheile schon heute höchst bedenklich zu Tage. Indem z. B. die Staatsbehörde des Rechtes sich begab, die von der Gemeinde beschlossenen Holzfällungen und Waldausstockungen zu genehmigen, hatte sie die größere Forstcultur schutzlos ihrem Ruine preisgegeben. Die Gemeinden fällten nunmehr natürlich so viel Holz, als nur immerhin anging, um ihre Schuldenlast augenblicklich zu verringern; aber an die weit größere Last, welche sie dadurch auf ihre Nachkommen häuften, dachten sie nicht. Um den alten Schlendrian möglichst großer gemeiner Nutzungen wieder herzustellen, ward wohl auch ein Stück Wald umgerodet. Vielleicht vertheilte man auch das also gewonnene Ackergut in winzigen Bruchstücken an

sämmtliche Bürger. Namentlich Gemeinden, welche sich über die
getäuschte Hoffnung auf das „Theilen" nicht trösten konnten,
griffen zu solchen Mitteln, um doch wenigstens einen kleinen
Vorschmack von dem Genuß des Theilens mitzunehmen. Allein
es vergällte ihnen der rasch eintretende bittere Nachgeschmack das
weitere Versuchen. Die Gemeinde soll ihre innere Verwaltung
selber ordnen, sie soll ihre Vorsteher aus sich selber wählen. Diese
Forderung mußte man gewähren. Aber gerade in solchen Ländern, wo vorher die Gemeinden auf's ärgste bureaukratisch bevor-
mundet waren, sprang man jetzt mit gleichen Füßen in das ent-
gegenstehende Extrem und baute eine freie Gemeindeverfassung
im Style der modernen Demokratie, basirt auf den
Grundsatz des allgemeinen Stimmrechts, der unbeschränkten Wahl-
fähigkeit. Damit hat man abermals dem Bauern etwas ganz
Fremdartiges, Unhistorisches hingeschoben. Seine Ueberlieferung
deutet auf weit aristokratischere Formen zurück. Wenn irgend-
einer, so betrachtet es der Bauer als selbstverständlich, daß die
Befähigung zu politischen Aemtern an ein gewisses Alter, an
einen gewissen Besitz geknüpft sey. In den Augen des Bauern
wird man wirklich erst mit dem vierzigsten Jahre gescheidt. Es
würde in seinen Augen den Capitalwerth alles Grundvermögens
in der Gemarkung herunterdrücken, wenn ein besitzloser Proletarier zum Feldgerichtsschöffen gewählt würde. Vor dem Schultheißen, der kein „ganzer Bauer" ist, der nicht wenigstens ein
Gespann auf seinem Gute halten kann, wird er nie Respect
haben, und wenn er ihn zehnmal nach dem allgemeinen Stimmrecht hätte mitwählen helfen. Auf diese und andere geschichtliche
Charakterzüge des Bauern hätte man die freie Gemeindeordnung
gründen müssen, nicht auf die Schulsätze moderner Parteien.

Der Erfolg hat dann auch schon gelehrt, daß in den Ländern, wo man die Gemeindeverfassung in abstrakt demokratischer
Weise eingerichtet hat, die Verwirrung und der Unfrieden ärger
geworden ist als vorher. Ein Parteiwesen hat sich da in jedem
Dorfe entwickelt, welches die Gemeinde, die sonst in tiefster

Eintracht gelebt, in todtfeindliche Gruppen zu spalten beginnt; die Achtung des Gesetzes richtet sich nach dem Parteistandpunkte und nach der Person der vollziehenden Beamten — denn vor dem todten Buchstaben hat der Bauer niemals Respect, nur vor der Sitte oder vor der Person. Der Ortsvorstand wird gegen die Parteigänger ein größerer Gewaltsherr, gegen die Parteigenossen ein größerer Sklave als er je vorher gewesen; der kraft des allgemeinen Stimmrechts, kraft der Volkssouveränetät auf den Thron gehobene Schultheiß verliert dabei in seinem Souveränetätsschwindel gemeiniglich vollends den Kopf. Dieses Bild ist nicht übertrieben. Wer sich von seiner Wahrheit überzeugen will, der durchwandere unsere mitteldeutschen Kleinstaaten. Dort war vor dem März 1848 der Zorn über die bureaukratische Bevormundung der Gemeinden eben so tief und durchgreifend als gerecht; und dennoch ward er durch die erlebten Gefahren und Nachtheile einer abstrakt-demokratischen Dorfgemeindeverfassung, wie sie als Frucht der Revolutionsjahre eine Weile zu Recht bestand, so ganz in Vergessenheit gehüllt, daß sich selbst Bauersleute nach dem traurigen bureaukratischen Zopf zurückzusehnen begannen. Wer gute Gesetze für den Bauern machen will, der gehe aus von der Sitte und dem Charakter des Landvolks, nicht aber von staatswissenschaftlicher Schulweisheit und ihren luftigen Lehrsätzen.

Die Art und Weise, wie bäuerliche Abgeordnete meist ihren Beruf in den Kammern auffaßten, zeigt uns, wie weit sie noch entfernt sind, das Wesen der constitutionellen Lehre zu begreifen. Sie betrachteten sich fast durchgehends als eine ständische Körperschaft, berufen, vor allen Dingen die Sache der Bauern zu vertreten, und wo sie das auch nicht klar bewußt beabsichtigten, handelten sie ooch in der Regel demgemäß.

Die Bauern bildeten fast auf allen Landtagen eine fest geschlossene Parteigruppe, die ganz fremdartig in die andern Parteigebilde hineinragte. Sie ließ sich nicht nach der gangbaren Kammer-Topographie zur rechten oder linken Seite abtheilen, denn sie ging gar nicht von allgemeinen Grundsätzen aus, sondern lediglich von praktischen Rücksichten. Soll der Bauer zu einer Volksvertretung wählen, dann denkt er gewiß zuerst an die Bauernvertretung. Die Hoffnung, welche er von der Wirkung eines Landtages hegt, mißt sich bei ihm unwillkürlich nach dem Zahlenverhältniß, in welchem sich die Ziffer der bäuerlichen Abgeordneten zu jener der übrigen darstellt. Von den Volksvertretern aus dem Gewerb- und Beamtenstande fürchtet er übervortheilt zu werden, und traut überhaupt einem Manne, der nicht selber Grundbesitz hat, nicht leicht die rechte Einsicht in seine besondere Lage zu. Es gibt keinen schlagenderen Beweis für den außerordentlichen Einfluß, den der katholische Clerus in Westphalen übt, als die Thatsache, daß er dort bei den Parlamentswahlen in den bäuerlichen Wahlbezirken fast lauter Abgeordnete durchzusetzen wußte, die dem Landvolke bis dahin gewiß persönlich ganz unbekannt gewesen. In Tyrol, wo die Bauerschaft seit dem Mittelalter einen ständischen Einfluß geübt und sich ihrer corporativen Macht noch gar wohl bewußt war, und sicherlich auch ihre Vertreter in der Meinung nach Frankfurt geschickt hatte, daß dieselben dort vor allen Dingen für ihr Sonderinteresse zu wirken hätten: in Tyrol kam der seltsame Fall vor, daß die meist bäuerlichen Wähler ihren Abgeordneten aus dem eigenen Säckel doppelte Taggelder zahlten, weil die aus der öffentlichen Kasse gereichten ihnen doch gar zu schmal dünkten. Anderwärts, wo der Bauer, durch allerlei fremde Wahleinflüsse verwirrt, den beruhigenden Gedanken keineswegs hegt, daß sein ständisches Interesse mit Erfolg durchgefochten werde, betrachtet er die Kammern meist mit Mißtrauen, führt Klage über die großen Taggelder, und wäre weit eher geneigt jeden Antrag auf deren Minderung zu befürworten, als selber noch etwas daraufzulegen. Der ganze Begriff des constitutionellen Staatswesens ist ihm ein verschlossenes Buch mit sieben Siegeln. Er kann in seinen eigenen Zuständen so wenig als in seinen geschichtlichen Ueberlieferungen irgend eine Analogie dafür finden, woran sein

Urtheil einen Anhaltspunkt gewönne. Die ständische Gliederung dagegen stimmt vortrefflich zu seinem Sondergeiste und liegt seinem ganzen politischen Sinnen seit alten Tagen zu Grund. Unter der Republik denkt er sich wenigstens irgend etwas, wenn auch etwas ganz verkehrtes; unter dem Constitutionalismus denkt er sich gar nichts. Es liegt übrigens ein bedeutsames Zeichen darin, daß der Bauersmann nicht aus klarer staatswissenschaftlicher Erkenntniß, sondern nur ahnend die Vertretung des Volkes nach ständischen Gruppen begreift und schätzt, während er für die gerade bei den niederen Klassen des Stadtvolkes so populäre Vertretung nach der Kopfzahl keinen Sinn hat. Das kommt daher, weil dem Bauern das Bewußtseyn seiner ständischen Körperschaft noch wie ein Naturgefühl einwohnt. Das Bauernthum ist in der modernen Welt „der Stand" als solcher, denn die Gemeinsamkeit eigener Sitte, Sprache, Tracht, eigenen Berufes fällt bei ihm noch vollkommen zusammen mit dem Begriffe der socialen Gruppe, der politischen Corporation. In ihm finden wir das einzige noch vollständige Probestück der alten Stände. Dieser Stand wohnt selbst jetzt noch am entschiedensten abgesondert, wie früher auch die anderen Stände, Abel und Bürgerthum je ihre gesonderten Sitze hatten.

Politische Gebilde, welche das Ergebniß des Gedankens, der Schulweisheit, des Systemes sind, lassen sich gar schwer bei den Bauern verwirklichen. Leider beschränkte sich aber der größte Theil der politischen Versuche von 1848 auf dergleichen der Studirstube abgesessene Dinge, daher die Theilnahmlosigkeit der Bauern für dieselben. Obgleich z. B. der Bauersmann sicherlich am schwersten durch die Wehrpflicht gedrückt wird, und am ersten Ursache hätte die stehenden Heere abgeschafft zu wünschen, so sperrte er sich doch hartnäckig gegen das Phantasiebild einer allgemeinen Volksbewaffnung. Durch den praktischen Blick, mit welchem er von vornherein die Unausführbarkeit dieses auf dem Papier so herrlichen Instituts durchschaute, beschämte er unzählige Gebildete. Er nahm die Muskete des Bürgerwehrmannes zuletzt an und legte sie zuerst wieder ab, zerstörte überhaupt durch seinen zähen passiven Widerstand gar schnell den Traum von der Ausführbarkeit einer solchen Volksbewaffnung. Für die Spielerei, wie sie dann noch eine Weile in den Städten fortgesetzt wurde, hatte er vollends gar keinen Sinn. Als Erzherzog Karl im Herbste 1799 eine allgemeine Volksbewaffnung in deutschen Landen einrichten wollte und bereits in der Gegend von Mainz den Anfang eines Landsturmes nicht ohne Erfolg zu Stande gebracht hatte, widerstrebte doch die Mehrzahl des Landvolkes, und der Plan scheiterte neben dem Widerwillen der Fürsten an der Zähigkeit der Bauern, obgleich doch damals die Noth des Vaterlandes ganz anders drängte und ein begeisternder Held an der Spitze stand. Der deutsche Bauer ist ein tüchtiger Soldat, wenn man ihn ganz zum Soldaten macht, aber die Zeit ist längst vorüber, wo er noch Bauer und Soldat in einem Stück seyn, wo (im 13. Jahrhundert) jener Landgraf von Hessen jeden Mann, der ein Schwert, oder auch nur einen Stecken zu tragen vermochte, mit glänzendem Erfolge zum Kampfe auffordern konnte.

Und dennoch bildet der Bauer den Grundstock der deutschen Heere und schlägt sich vortrefflich, wo ihn der Kriegsherr zu den Fahnen ruft. Er ist von dem Augenblick an ein guter Soldat, wo er die gebietende Nothwendigkeit mit Händen greift, daß er ein Soldat sein muß. Und was würde in den Revolutionsjahren aus uns geworden seyn, wenn der Grundstock und die überwiegende Masse der deutschen Heere aus andern Bestandtheilen als gerade aus bäuerlichen gebildet gewesen wäre?

Als man im Jahre 1848 die politischen Neubildungen in Gesetzesformen goß und dabei überall auf das Wahlsystem zurückgriff, erschrak man zuletzt über die Unmasse der Wahlacte, an welchen sich in Parlamentswahlen, Landtagswahlen, Geschwornenwahlen, Bürgermeister-, Gemeinderaths-, Bürgerausschuß-, Kreisbezirksraths- 2c. Wahlen der einzelne Bürger zu betheiligen hatte.

Es schien fast, als ob auf jeden Tag im Kalender ein Wahltag herauskäme. Die Männer des Fortschrittes aber behaupteten, das sey gerade gut, namentlich um des Bauern willen; durch das immerwährende Wählen werde derselbe „munter erhalten." Sie kannten den Bauer schlecht. Er wurde vielmehr zuallererst des vielen Wählens überdrüssig, und seine ganze politische Theilnahme erschlaffte aus Aerger über die unaufhörliche Wahlquälerei. Die Sache war seinem praktischen Geiste viel zu weitschweifig und langweilig. Wenn dann mehrere Odenwälder Dorfgemeinden erklärten, daß sie überhaupt nicht mehr wählen wollten, vielmehr die Sache dem Großherzog von Hessen ganz anheimgeben, der ja vor der Wahlmode viel besser zurechtgekommen sey als jetzt, so lag in diesem offenherzigen Geständniß der beste Beweis, wie weit man mit dem Bauern kommt, wenn man ihn durch unablässiges Antreiben in eine Sache eingewöhnen will, deren inneren Zusammenhang er nicht begreift. Nirgends wurde zuletzt leichtsinniger gewählt, als bei den Bauern, die doch von Natur gar nicht leichtsinnig sind; nirgends war es leichter Wahlumtriebe zu machen, da doch sonst der Bauer so mißtrauisch ist. Aber gerade aus Mißtranen wurde er schlaff und gleichgültig, denn wo man ihn so gewaltig drängte, schöpfte er Verdacht, daß man ihn gewiß ins Bockshorn jagen wolle. Der Bauer läßt sich eine Neuerung durchaus nicht jählings aufladen, er will sich bedächtig in dieselbe einleben, und wenn man ihn für das constitutionelle Staatswesen reif machen will, dann muß man Sorge tragen, daß dessen Formen nach und nach in seine Sitte übergehen und so ihm schließlich selber zur Sitte werden.

Als die Zehnten und andere Lasten beseitigt, die Forst- und Jagdverhältnisse geregelt, das Gemeindewesen neu geordnet war, kurzum, nachdem der Bauer Abrechnung gehalten über den materiellen Gewinn, hörte für ihn die Zeit der Bewegung auf. Dadurch stellte er freilich seiner politischen Reife im höheren Sinn kein glänzendes Zeugniß aus. Die Ruhe, die gänzliche Abspannung und Erschlaffung kehrte auf dem Lande viel früher ein als in den Städten. Es ist sogar vorgekommen, daß Bauern den Städtern drohten, wenn sie nicht bald selber bei sich Ruhe schafften, dann würde die ganze Bauerschaft hineinkommen, ihnen das Geschäft abzunehmen. Es war ein sinniges Wahrzeichen des Zufalls, daß gerade Erzherzog Johann, der Erzherzogliche Bauersmann aus Steyermark es seyn mußte, der den ersten wildesten Act der Revolution abschloß. An den Bauern scheiterten seit der zweiten Hälfte des Jahres 1848 fast alle größer angelegten Aufruhrpläne. Immer blieb, um einen Kunstausdruck jener Tage zu gebrauchen, der „entferntere Zuzug" aus, d. h. die Bauern.

Die Demokratie verfuhr ganz wie der Polizeistaat, sie berechnete die Bauern und deren eigenthümliches Wesen nicht, sie sprach so viel vom Volk und vergaß, daß darunter die Bauern doch beiläufig auch mit einbegriffen sind. Ueber dem Rückschlag in den Palästen übersah sie den viel gefährlicheren Rückschlag in den Hütten. Die Bauern, namentlich des deutschen Nordens und Südostens, blickten zuerst gleichgültig, ja mißtrauisch auf den deutschen Reichstag. Je mehr sich derselbe in die Verfassungsfrage vertiefte, um so weniger vermochte der Bauer zu folgen; so mußte die Theilnahme für jene ganze Körperschaft bei ihm einschlummern. Den deutschen Bauern aber verkannte man von Grund aus, indem man glaubte, derselbe werde sich für die Principienfragen der Reichsverfassung oder auch nur für diese Verfassung als solche begeistern. Für ein geschriebenes Gesetz hat sich der Bauer noch nie begeistert, oft genug aber ein geheimes Grauen vor all dergleichen empfunden; er begeistert sich nur für das lebendige Gesetz, für sein Herkommen, seine Sitte und seinen Glauben. Wäre die „Erhebung zur Durchführung der Reichsverfassung" auch auf gar kein anderes Hinderniß gestoßen, so würde sie doch an den gleichgültigen Bauern gescheitert seyn. Die äußere Autorität, welche sich die Revolutionspartei in Baden und der Pfalz allmählich erworben, war es, was dort die Bauern fortriß in den unglückseligen Kampf — und doch verhältnißmäßig nur einen sehr kleinen Theil des Bauernvolkes. Als Hecker den ersten Putsch vollführte, gaben ihm bekanntlich die oberländischen Bauern, zum Miethziehen aufgefordert, die classische Antwort, sie hätten jetzt keine Zeit, sie müßten ihre Felder bestellen. Hecker hatte noch keine Autorität bei den Bauern, der Bauer aber ist Autoritätsmensch. Zur Zeit des sogenannten Kampfes für die Reichsverfassung stand es gar eigen in Baden. Jetzt hatten die alten Gewalthaber keine Autorität mehr. Nicht um der Reichsverfassung, auch nicht um der Republik willen nahm der Bauer an dem Kampfe theil, sondern weil sich die Revolutionsmänner binnen Jahresfrist so tief bei ihm eingenistet hatten, daß sie angesichts der gänzlich verschollenen Regierung ihm nun wieder als die einzige Autorität im Lande erschienen. Daß die Pfälzer Bauern im Durchschnitt nicht allzuheftig sich zum Gefechte drängten, ist bekannt. Durch ihr träges Zusehen hatten sie den Ausbruch des Aufruhrs befördert, durch ihr träges Zusehen beförderten sie wieder ebensosehr das Niederschlagen desselben.

Suchen wir, gleichsam in runder Summe, einen Ausdruck für die Wirkungen, welche die jüngste politische Krisis auf den Bauer geübt, dann begegnen uns zwei ganz entgegengesetzte Thatsachen. Das gesunde, naturwüchsige Bauernthum vom alten Schrot und Korn hat sich unverkennbar wieder gekräftigt, der verdorbene, verstädtelte und proletarische Bauer ist nur um so tiefer gesunken. Die Bauern berührten sich nun einmal auf gleichem Boden und in gleicher Sache mit den „Herren." Wo sie noch den ächten Standesgeist hatten, wo ihnen noch die ureigene politische Bedeutung einwohnte, da ist dieser Geist erstarkt, da haben sie diese Bedeutung besser als zuvor begriffen, während der verdorbene Bauer weit mehr das Gemeinsame herauskehren lernte, welches ihn mit der großen Heerschaar der verdorbenen Leute aus allen Gesellschaftsschichten verbindet. Das sonst so originelle Bauernproletariat beginnt mehr und mehr in den allgemeinen Begriff des Proletariers aufzugehen, d. h. zu dem Charakter des wirthschaftlichen Verfalls auch noch die sociale Verneinung zu fügen. So drängte die Revolution das Bauerthum auf der einen Seite in seine Schranke zurück und verschmolz es andererseits verwandten Gesellschaftskreisen. In demselben Maße, als die freie Gemeindeverfassung den soliden Bauersmann mehr zu sich selber bringt und ihn in seiner eckigen Eigenart trägt und fördert, führt sie die verderbten Gemeinden ihrer vollständigen Auflösung entgegen. Das ist kein Unglück, denn die Zukunft unseres Bauernproletariats liegt doch nur in Amerika. Es hat sich jetzt wieder einmal erprobt, welch ein ungeheurer Widerhalt in der Sitte des Bauern liegt, aber wo diese bereits zur Unsitte entartet war, da kehrte sie auch ihre schroffe Seite heraus. Der entsittete Bauernschlag zeigte sich jetzt auch erst recht als der entsittlichte; bei ihm mehrte sich in den letzten Jahren (um 1850) die Zahl der Morde und solcher Verbrechen, die eine völlige sittliche Fäulniß voraussetzen, in schreckenerregender Weise. Nie ist wohl Kirchenraub, Leichenraub, Brandstiftung auf dem Lande so gemein gewesen. In den Gegenden, wo ein entarteter, verstädtelter Bauernstand seine Sitze hat, wurden meist die Kirchen leer, dagegen ist das Saufen und Lärmen am Sonntage während des Gottesdienstes zur Sitte geworden. Mißhandlung der obrigkeitlichen Personen, namentlich der Vollziehungsbeamten, heimtückische Verwüstung fremden Eigenthums aus Neid, aus Rachsucht oder Raubsucht waren in den Tagen der Anarchie an der Tagesordnung. Und neben die Criminalstatistik der entarteten Bauern reiht sich meist — im Verhältnisse wie Ursache und Wirkung — die Criminalstatistik der Dorfschullehrer. Der proletarische, verschrobene Schulmeister ist gar oft der böse Dämon, der Mephisto des heruntergekommenen Bauern gewesen. Er hat seiner Bestialität Ziel und Bahnen gewiesen, er hat zumeist die Rolle übernommen, welche der aufhetzende verkommene Literat in den Städten gespielt. Die Wirksamkeit einer großen Zahl badischer Dorfschullehrer beim Einfädeln und Durchführen des badischen Aufruhrs ist bekannt. Lehrreich dürfte es seyn, ein Fragment aus der Criminalstatistik des Herzogthums Nassau daneben zu stellen. In diesem Ländchen saßen im Sommer 1850 acht Schullehrer — d. h. beinahe ein Procent der gesammten Lehrerschaft — gemeiner Verbrechen angeklagt, in den Criminalgefängnissen. Auf fünf derselben lastete die Anklage des Meineids und Betruges, darunter der unerhörte Fall, daß Einer ein förmliches Institut zum Ausschwören falscher Eide errichtet hatte und arme verführte Landleute für diesen Zweck gegen ein Billiges vermiethete; der sechste war des Versuches der Unzucht gegen seine eigenen Schulkinder angeklagt, der siebente des Mordes eines von ihm geschwängerten Bauernmädchens, der achte der Urkundenfälschung. Würde die gesammte erwachsene Bevölkerung Nassau's ein gleiches Procent wie damals der Lehrerstand in die Criminalgefängnisse geliefert haben, so hätten dieselben beiläufig zweitausend Insassen beherbergen müssen; die Zahl der Criminalgefangenen soll aber nie über hundert gestiegen seyn; von sämmtlichen Criminalgefangenen des Landes fielen also acht Procent auf den Lehrerstand. Von der großen Zahl politischer und religiöser Wühler unter den Schulmeistern, die theilweise durch Dienstentsetzung bestraft wurden, will ich hier nicht reden, da mir keine Zahlenangaben zu Gebote stehen. Jedenfalls würde sich hier das Verhältniß noch auffallender herausstellen. Aber nicht der an sich so ehrenwerthe und schlecht gelohnte Lehrerstand als solcher trägt die Schuld an alle dem, sondern fast lediglich die verkehrte Politik, welche den Lehrer, der unter Bauern wirken soll, zu einem in Halbbildung überbildeten Proletarier der Geistesarbeit erzieht und dadurch mit dem Volkslehrer zugleich den jungen Nachwuchs der Bauernschaft aus allen natürlichen Bahnen reißt. Ich glaube aber nicht zu weit zu gehen, wenn ich behaupte, daß die sittlichen Zustände des Lehrerproletariats so ziemlich Hand in Hand gehen mit den Zuständen des modernisirten, verstädtelten, proletarischen Bauern überhaupt. Hierin liegt ein beherzigenswerther Fingerzeig!

Nicht durch eine positive That, sondern lediglich durch sein zähes Beharren, durch seinen passiven Widerstand hat der deutsche Bauer den vollständigen Sieg einer an der Theorie entzündeten und genährten Revolutionsbegeisterung verhindert. Die moderne Demokratie geht nicht sowohl von gegebenen Thatsachen, als von gegebenen Lehrsätzen aus, und eben darum ist der Bauer in seinem derben Realismus, in seinem historischen Eigensinn ihr gefährlichster Gegner gewesen, ohne daß sie es selber recht merkte. Das städtische Proletariat vertritt bei uns nicht, wie in Frankreich, die Masse; die Masse in diesem Sinne ist bei uns der Bauer. Dieser einzige Umstand verbürgt die Zukunft des deutschen Volkes. Aber wehe uns, wenn die Entartung, welche die Masse bereits von außen angefressen, auch den guten inneren Kern derselben erreichte!

Viertes Kapitel.

Resultate.

Eine conservative Politik, die Bestand haben will in Deutschland, muß sich auf die Bauern stützen. Ein Ministerium, welches wahrhaft volksthümlich werden will, muß damit anfangen, bauernthümlich zu seyn. Alle Maßregeln zur Sicherung des gesellschaftlichen Friedens, zur Kräftigung der Staasgewalt halten nur für den Augenblick wider, sofern sie nicht von dem Grundsatz ausgehen, daß der Bauer die conservative Macht im Staate sey, daß darum vor allen Dingen seine Wucht erhöht, seines Charakters Eigenart gefestigt, seine Bedürfnisse beachtet werden müssen. Er stellt das in Ueberfeinerung verschobene Gleichgewicht in der Gesellschaft wieder her; den Socialismus kann man nicht mehr durch die Presse, nicht mehr durch Regierungsmaßregeln erfolgreich bekämpfen, man kann das aber durch die Bauern, durch die Pflege ihrer zähen Sitte. In den Bauern kann der praktische Staatsmann die leibhaftige Geschichte gegen die Geschichtslosigkeit unserer gebildeten Jugend aufmarschiren lassen, den leibhaftigen Realismus gegen die Ideale des Schreibtisches, das letzte Stück einer „Natur" gegen eine gemachte Welt; er kann in den Bauern die Macht der Gruppen und Massen wirken lassen gegen die ins Endlose zerfahrende und persönlich verflachte gebildete Gesellschaft.

Und doch haben unsere neuesten Gesetzgeber und Staatsmänner durchschnittlich fast ebensowenig Notiz von dem Bauern in seiner Eigenthümlichkeit genommen, wie nur immerhin die alte Bureaukratie.

Es gilt vorab, den Bauernstand zu reinigen. Wir haben zwei Hauptarten von verdorbenen Bauern. Die eine bilden jene oben bereits hinreichend gezeichneten Entarteten, bei welchen sich der sittliche Ruin zu dem ökonomischen gesellt. Von ihnen kann die Gesellschaft nur auf chirurgischem Wege befreit werden, nämlich durch eine möglichst umfassende Amputation. Hier bleibt nichts übrig, als die Auswanderung ganzer derart verkommener Gemeinden wie von Einzelnen möglichst rasch und kräftig zu befördern. Eine Prämie, auf die Auswanderung solcher Leute gesetzt, wäre ein gefundenes Capital, das dem Lande hundertfältige Zinsen trüge. Dagegen gibt es noch eine glücklicherweise weit größere Classe höchst ehrenwerther bäuerlicher Proletarier, Leute, welche durch die Ungunst ihrer Gegend, ihres Culturzweiges, durch die überhand genommene Güterzersplitterung u. dergl. ins tiefste Elend gestürzt worden sind, die sich aber mit einer unendlichen Geduld und Langmuth, welche zuletzt in völlige Stumpfheit ausartet, immerfort schinden und plagen. Sie werden nicht entsittlicht durch das Elend, denn dieses ist ja schon ihr väterliches, ihr großväterliches Erbe gewesen, es ist historisch bei ihnen, sie wissen es nicht besser. Die Generation verkümmert selbst körperlich immer mehr von einem Menschenalter zum andern, und dennoch wird sie der väterlichen Sitte nicht untreu. Es ist mir ein solcher Bauernschlag bekannt, in öder Gebirgsgegend seßhaft, wo der ganze Stamm bereits dergestalt kränkelt, daß kaum ein Kind mehr vor dem dritten Jahre die Kraft zum Stehen, geschweige zum Laufen erhält, und doch tragen diese Menschen ihr Kreuz in Geduld; ganze Gemeinden siechen wie an einer langsamen Schwindsucht hin. Diese ausgemergelten deutschen Hungerbauern suchen in der Größe des Entsagens ihres Gleichen. Wie ihnen geholfen werden könne, ist eine nationalökonomische Frage, die schon sehr oft und mitunter trefflich erörtert wurde, gediegener und praktischer wohl kaum, als es Friedrich List in dem Aufsatze: „die Ackerverfassung, die Zwergwirthschaft und die Auswanderung"[1] gethan. Er stellt die Arrondirung der Güter mit Recht als oberstes Heilmittel voran. Allein die Praxis ist hier gar langsam den Wünschen und Begehren der Schriftsteller nachgekommen. Nur eines kleinen Versuches möge statt mehrerer gedacht werden. Eine fürstliche Frau verwandte viele Jahre einen Theil ihres Ueberflusses in wahrhaft fürstlicher Weise dergestalt, daß sie verkommenen Bauersleuten Ackerstücke zur Vergrößerung und Abrundung ihres Gütchens ankaufte, zur Erweiterung ihres Viehstandes beisteuerte und durch das Schenken von Saatfrüchten u. dgl. so lange nachhalf, bis in wenigen Jahren aus dem proletarischen Bauern ein ordentlicher Bauer geworden war. Es war mir gestattet, genauere Einsicht vom Gang dieses Verfahrens und seinen Erfolgen zu nehmen, und ich muß gestehen, daß letztere wahrhaft überraschend waren, namentlich im Verhältniß zu den aufgewandten Mitteln. Eine solche Art der Wohlthätigkeit überragt um deßwillen jede andere, weil nicht bloß einem Einzelnen augenblicklich geholfen wird, sondern ganze Familien gediegen gemacht werden, und Kindern und Enkeln, soweit es menschenmöglich, ein festerer Bestand gesichert wird. Wenn durch den Staat, wie durch Vereine eine Unterstützung der verkommenen Bauern auf diese Weise umfassender ausgebildet würde, dann wäre das nicht nur ein Act der Menschlichkeit, sondern auch einer sehr gesunden Politik.

Dem Bauern seinen festen Besitzstand zu sichern, diesen da, wo er sich bereits zersplittert hat, wieder auszurunden, ist eine der ersten Aufgaben nicht bloß für den Nationalökonomen, sondern geradezu für den conservativen Staatsmann.

Aber der Besitz allein genügt nicht, den Bauer zufrieden zu halten und ihn in seinem angeborenen conservativen Charakter zu festigen. Der Bauer ist in seiner Gemeinde zu Haus, und hier muß er sich behaglich fühlen. Es ist sehr verkehrt zu glauben,

---

[1] Friedr. List's gesammelte Schriften. Bd. II.

die Gemeindeverfassung für Stadt und Dorf müsse nach der gleichen Schnur geregelt werden. In einem größern Lande wird nicht einmal die nämliche Dorfgemeindeverfassung für alle Gegenden gleich praktisch seyn. Da das Gemeindewesen möglichst auf Sitte und Herkommen gegründet seyn soll, so muß man hier schon den Sondergeist des Bauern, soweit er höheren Interessen nicht zuwiderläuft, ein wenig walten lassen. Wo aber der moderne Staat sämmtliche Gemeinden rechtlich bereits in Einen Topf geworfen, da lasse man wenigstens die Sitte, welche so häufig das Recht ersetzt, eigenartig sich gestalten.

Der Bauer ist mißtrauisch gegen die „Herren," selbst wenn er mit ihnen auf der nämlichen Bank im Landtage sitzt. Er wird aber auch oft mißtrauisch gegen den ganzen Landtag, weil er so viele seinem beschränkten Gesichtskreis ganz fremde Interessen überwiegend dort vertreten findet. Die Idee des ganzen und einheitlichen Volkes, wie sie der constitutionelle Staat richtig erfaßt, ist ihm überhaupt noch etwas dunkel. Er sieht Bauern und Nichtbauern, Freunde und Fremde, und wie er über der Gemeinde oft den Staat nicht sieht, so sieht er über den Bauern das Volk nicht. Nun können wir aber doch den Bauern zulieb die alten Ständetage nicht wiederherstellen. Allein wir können den Bauer erziehen für die Idee des Volkes und der einheitlichen, vollen Volksvertretung. Dies geschieht, wenn wir die Bauern und die andern natürlichen Stände als solche wählen lassen zum Landtage, den Landtag selber aber als eine Vertretung des Volkes, nicht der Stände fassen. Es ist hier nicht der Ort, diesen Gedanken weiter auszuführen, es ist auch jetzt nicht an der Zeit, ihn zu verwirklichen. Wenn aber einmal der blinde Haß gegen alles, was nur von ferne wie ein Stand aussieht, einem ruhigen und objectiven Einblick in die natürliche Gliederung des Volkes gewichen seyn wird, dann wird man auch erkennen, daß eine aus ständischer Wahl hervorgegangene allgemeine Volksvertretung nicht bloß das richtigste und vollständigste verjüngte Abbild des ganzen Volkes geben, sondern auch das Mißtrauen des Bauern gegen die Landtage brechen wird, die ihm jetzt noch gar oft als von den Städtern einseitig beherrscht erscheinen.

Man läßt unsere jungen Beamten erstaunlich viel studiren. Daß sie auch die Bauern studiren möchten, daran denkt kein Mensch. Ein so tief eingreifender Verkehr mit den Bauern, wie er dem richterlichen und Verwaltungsbeamten meist zufällt, erfordert aber sein eigenes Studium. Die bureaukratische Zumuthung, daß umgekehrt der Bauer den Beamten studiren müsse, ist ganz verkehrt. Wüßten unsere Beamten durchschnittlich sich besser in das Wesen des Bauern zu finden, so wäre der Haß des letzteren auf die „Schreiber" nicht so gewaltig geworden. Ueber das Wesen des Bauern kann man freilich auf Hochschulen keine Collegien hören. Der Staat mißt und belohnt seine Beamten nach dem Normalmaß der Kenntnisse und der technischen Fertigkeit. Ob der Beamte die rechte Persönlichkeit besitzt, ob er sich einzuleben versteht in Sitte und Charakter des Volksschlages, mit welchem er zu verkehren hat, das ist für den modernen Staat eine unwägbare Größe. Der feindselige Gegensatz des Bauern zum Beamten wird aber so lange fortbestehen, als dem Beamten das Studium des Bauern gleichgültig ist. Es wird damit gar nicht behauptet, daß er gerade artiger gegen den Bauer seyn müsse. Die alten Amtleute zu unserer Großväter Zeit, von denen fast überall die Sage geht, daß sie die Bauern gar erbärmlich geschunden und geplagt, trafen bei aller Grobheit doch Charakter und Art des Bauern, sie zeigten ihm den Mann, wovor er allein Respect hat, sie waren im Verkehr mit dem Landvolke und nicht am Schreibtisch aufgewachsen und kamen daher trotz ihren Gewaltstreichen besser mit dem Bauersmann zurecht, als unsere modernen Beamten, die ihm heute zu grob und morgen zu artig sind.

Will der richterliche Beamte sein Studium des Bauern recht fruchtbar machen, dann lege er sich eifrigst darauf, der Proceßkrämerei unter den Bauern zu steuern. Durch allgemeine

Satzungen läßt sich hier nichts ausrichten. Die Krankheit sitzt den Bauern im Blut. Nur die Persönlichkeit des Beamten, nur seine gründliche Erkenntniß der Eigenart des Landvolkes kann, mit ganz bescheidener Einwirkung auf den Einzelnen beginnend, allmählig eine ganze Gegend in diesem Betracht wieder vernünftig und unbefangen machen. Hohes Verdienst läßt sich dabei durch die Einführung freiwilliger Schiedsgerichte erwerben. Der Bauernstand nimmt nun gleichsam seine eigene Cur selber in die Hand und zwar eine Radicalcur von innen heraus. In verschiedenen Ländern haben die Bauern bereits gute Anfänge mit freiwilligen Schiedsgerichten gemacht. Durch die freie Gemeindeverfassung wird solchen Bauerngerichten am besten vorgearbeitet, und merkwürdig genug begegnen wir den gedachten guten Anfängen gerade an Orten, wo die Selbstverwaltung der Gemeinden altes Herkommen war. Nicht bloß aus Gründen der Sittlichkeit, sondern auch um seiner politischen Grundsätze willen muß der conservative Staatsmann die freiwilligen Schiedsgerichte fördern, denn sie sind wiederum ein mächtiges Hülfsmittel, das Volk in seinem individuellen Leben stark und selbstbewußt zu machen, und wenn irgendwo, so wurzelt gerade bei uns Deutschen in dem kräftigen Sonderthum der Gaue und Stände die Macht der Nation.

Der Staat kann überhaupt viel mehr durch Staatsdiener, welche Persönlichkeiten sind, den Bauernstand veredeln und tragen und in sein Interesse ziehen, als durch allgemeine Gesetze. Es gehört ein eigenthümliches Genie dazu, die Art des Landvolkes zu ergründen und mit ihm in seiner Art zu verkehren, ein Genie, welches himmelweit von dem entfernt ist, was man in neuerer Zeit „volksthümliches Wesen" nannte, wie denn auch gerade unsere sogenannten Volksmänner bei den Bauern am allerwenigsten ausgerichtet haben. Solche Genies muß man hervorziehen und an den rechten Platz zu stellen verstehen. Darin unterscheidet sich gerade unsere Bauernpolitik von der bureaukratischen, daß wir das Landvolk durch die Hingabe an seine

Eigenart zu uns heranziehen wollen, während die Bureaukratie das Bauernwesen durch Zustutzen und Ausrecken, durch Bleiloth und Winkelmaß in die geraden Linien einer nivellirten Gesellschaft einzuzwängen trachtete.

Die Landgemeinde kann von dem conservativen Staatsmanne nicht scharf genug in's Auge gefaßt werden. Im Gemeindeleben gewinnt der Bauer erst ein warmes Interesse für den Staat, der ihm sonst eine kahle, inhaltsleere Formel bleibt. Er begreift den Staat nur durch die Gemeinde. Das Gemeindeleben ist der Punkt, wo selbst der Bauer zum politischen Mann wird. Bei dem centralisirten, von der Schreibstube abhängenden Gemeindewesen des Polizeistaates war der Bauer nur **durch seine Trägheit** eine erhaltende Macht im Staate. Bei erhöhter Selbständigkeit der Gemeinde wird er erst recht auch **handelnd** zur erhaltenden Macht. Wo das deutsche Bauernthum sich je zur höchsten Kraft, zur wirklichen **Thatkraft** entwickelt hat, wie etwa bei den Dithmarsen des Mittelalters, da war auch ein streng gegliedertes, freies genossenschaftliches Leben vorhanden, das sich auch ohne die Stütze kaiserlicher Freibriefe durch seine eigene Tüchtigkeit lange Zeit zu behaupten vermochte. Setzen wir zum Vergleich ein anderes Bauernland dagegen: Polen! Man sagt, das Polen des achtzehnten Jahrhunderts mußte zu Grunde gehen, weil es keine Industrie, weil es kein Meer hatte, weil es ein bloßer Ackerbaustaat war. Es ist aber auch nicht einmal ein ordentlicher Ackerbaustaat gewesen, ja zu den Ursachen seines unvermeidlichen Ruins gehörte mit, daß es kein Ackerbaustaat war, daß ihm die in der modernen Welt durchaus geforderte breite Staatsgrundlage eines selbständigen Bauernthumes abging. Der polnische Bauer ist frei, aber nur persönlich frei, nicht genossenschaftlich selbständig, er ist frei, wie ein Proletarier. Darum ist er elender wie der russische leibeigene Bauer und eine sociale Null, wo dieser eine vollwichtige zukunftsreiche Gesellschafts-Macht ist. Polen besitzt Bauern, aber kein Bauernthum, Dörfer, aber keine Gemeinden. Ein Staat, in

welchem der Bauer nur nach Köpfen zählt, ohne eine selbstän=
dige sociale Gruppe zu bilden, hat heutzutage kein Recht des
selbständigen politischen Bestandes. Auch der polnische Bauer
hängt zäh am Alten, aber durchschnittlich nur am schlechten
Alten, das gute Alte hat er vergessen. Der Gutsherr hält ihn
in Elend und Dummheit zurück, damit der Bauer von „guter
Art" bleibe. Wo er es wagt, sich einen Obstbaum zu ziehen,
da haut der Gutsherr diesen nieder, weil Gott die Obstbäume
nur für die Aecker der Edelleute geschaffen hat. Die Herrschaft
sieht es gerne, wenn sich der Bauersmann im Schnapstrinken
ruinirt, denn je mehr Schnaps getrunken wird, desto bessere Ein=
nahme haben die herrschaftlichen Brennereien. Das alles ist auch
„Bauernpolitik," aber eine verdammt einfältige und nichts weniger
als eine conservative.

Selbst bei den äußerlichen Formen der Verwaltung sollte
man auf die Natur des Landvolkes Rücksicht nehmen, und das=
selbe nicht mit Schnörkeln und Schreibereien verwirren, die es
nicht versteht, ja die seinem Wesen geradezu zuwider laufen. Es
wird dadurch nicht nur ein Mißtrauen gegen den amtlichen Me=
chanismus erzeugt, sondern oft werden den Bauern geradezu die
Köpfe verschroben. Nur allzu häufig findet man jene „studirten"
Bauern, die mit allen Griffen und Geheimnissen des Amtirens
vertraut seyn wollen, die das juristische Kauderwälsch der Rescripte,
Vorladungen, Verträge, Verfügungen ꝛc. genau ausbeuten zu
können vorgeben, und dadurch ganz wie die Goldmacher, wie die
Leute, welche des Zirkels Viereck suchen, einen gehörigen Sparren
in den Kopf bekommen. Diese Verschrobenheit kann bedenklich
um sich greifen, wenn man erwägt, wie oft der Bauer mit dem
Amte zu schaffen hat und wie oft er sich über die juristischen
Hieroglyphen den Kopf zerbrechen muß, an deren Enträthselung
ihm wohl gar Hab und Gut, Ehre und Freiheit hängt.

Wie der Beamte sich in den Charakter des Bauern einleben
müßte, so noch viel mehr der Schullehrer. Unsere Lehrerpflanz=
schulen reißen den Zögling, der doch meist ein Bauerjunge ist,

künstlich aus dem Bauernstande. Statt dessen sollten sie ihn, nur in erhöhtem Grade, erst recht in dessen eigenstes Wesen einführen. Die allgemeine Volksbildung, für welche man den angehenden Dorfschulmeister erzieht, ist eine Phantasterei, ein Erbstück aus dem Nachlaß der alten ausebnenden Rationalisten. Es gibt gar keine allgemeine Volksbildung, je tiefer vielmehr die Bildung in das eigentliche Volk geht, um so schärfer spaltet, gliedert, besondert sie sich. Der Dorfschulmeister ist nicht da, um ein pädagogisches System zu verwirklichen, sondern um den Bauersmann in seiner ächten Art verwirklichen zu helfen. Die meisten Dorflehrer fühlen sich darüber unglücklich, daß sie in ihrer Umgebung auf dem Lande keinen Menschen finden, mit dem sie sich „auf ihrem Bildungsstandpunkte" geistig austauschen könnten. Dies ist die sicherste Probe, daß ihr Bildungsstandpunkt für ihren Beruf der verfehlteste ist, denn wäre er das nicht, so müßten sie gerade in der frischen Natur des Bauern das beste Element zum Austausch ihrer Gedanken finden. Die Dorfschulmeister und die Pfarrer bilden aber das eigentliche verbindende Mittelglied zwischen der verfeinerten Gesellschaftsschicht und dem Naturstamm der Bauern. Sie sind, wo sie überhaupt die rechten sind, das einzige Organ, durch welches der Gebildete, durch welches der Staatsmann durchgreifend und unmittelbar auf den Bauer einwirken kann. Die Volksverführer ahneten das recht wohl, als sie zuerst die Schulmeister zu gewinnen suchten. Desto schwächer scheinen die gesetzlichen Staatsgewalten diese Thatsache zu ahnen, sonst würde man sich's weit eifriger angelegen seyn lassen, die Schullehrer und die Pfarrer in das Interesse einer conservativen Politik zu ziehen. In dem Maße aber, als beide, Lehrer und Geistliche, aus ihrem naturgemäßen Mittleramte zwischen dem Bauern und dem Gebildeten heraustreten, bricht sich ihr Einfluß oder verkehrt sich in einen verderblichen. Das sahen wir in der Blüthezeit der rationalistischen protestantischen Consistorien, wo der Pfarrer zum reinen Beamten verfälscht wurde, dem die Kirchenbuchführung ein wichtigeres Anliegen seyn mußte als der Gottesdienst; das sehen wir jetzt, wo der Lehrer den örtlichen Boden seiner Macht und Ehre vergessend, das höchste Ziel des Ehrgeizes darein setzt, Staatsdiener zu werden.

Man hat die Frage aufgeworfen, wie lange wohl unser Ackerbau noch der Art bleiben werde, daß ein Stand der kleinen, freien Grundbesitzer, der hier geschilderte Bauernstand, möglich sey? Denn das Unvollkommene, Mühselige und wenig Ausgiebige der Wirthschaftsart, wie sie von der ungeheuern Mehrzahl der kleinen Bauern jetzt noch nach rohem altem Herkommen betrieben wird, muß doch bei den riesigen Fortschritten der Agriculturchemie, des rationellen Landbaues, und beim Wachsthume der Bevölkerung, welcher den Boden durchtriebener auszunützen drängt, über kurz oder lang einem gleichsam fabrikmäßigen, ins Große gearbeiteten Landbau weichen, der alsdann den kleinen Bauernstand in derselben Weise trocken legen würde, wie das industrielle Fabrikwesen den kleinen Gewerbestand bereits großentheils trocken gelegt hat. Daß diese Thatsache einmal eintreten mag, bezweifle ich durchaus nicht, überlasse aber die Erörterung der weiteren Folgen getrost unseren Urenkeln, falls dieselben finden sollten, daß die Frage bis dahin bereits eine „brennende" geworden ist.

Einstweilen halten wir an dem gegebenen Zustande, als dem für unsere Social=Politik vorerst noch allein praktischen, fest. Mag die Naturwissenschaft noch so gründlich — und sie hat ein Recht dazu — das alte Bauernthum unterwühlen, so taste wenigstens der Staat die ureigene Sitte des Bauern vorerst nicht geflissentlich an. Je weniger er sich um dergleichen bekümmert, desto besser für beide Theile. Man kann jene naturwüchsige Sitte so wenig künstlich erhalten und weiterbilden, als man sie künstlich ausrotten kann. Das Volk selber sorgt schon dafür, das sie erhalten und weitergebildet werde. Wer sich, wenn auch in bester Absicht, in diesen als des Volkes eigensten Beruf einmischt, der macht sich im günstigsten Falle

nur lächerlich und verhaßt. Ebenso sollte man den Wahn auf=
geben, als ob durch das Aufdrängen fremdartiger Bildungsstoffe
in sogenannten Volksschriften, die gemeiniglich vom Volke weiter
nichts haben, als daß sie die Naivetät seiner Ausdrucksweise
erkünsteln, beim Bauern irgend etwas auszurichten wäre.

Selbst sehr entschiedene Gegner des kirchlichen Lebens geben
doch zu, daß die Kirche für den gemeinen Mann, und nament=
lich für den Bauer, mindestens ein zur Zeit noch unentbehr=
liches „Polizei=Institut" sey. Aber gerade in diesem Beruf,
den Jene nicht ohne besonderes Behagen betonen, finden sie
dann auch die Würde der Kirche auf ihr gebührendes Klein=
maß herabgesetzt. Für den jedoch, der unsern Bauersmann
kennt, ist der Beruf dieser Kirche als einer Zuchtmeisterin des
Geistes und der Gesittung nichts weniger als ein kleiner oder
gar unwürdiger. Die geistige und gemüthliche Anregung des
Bauern beschränkt sich auf einen ganz engen Kreis. Die höheren
läuternden Genüsse der Kunst sind ihm fast ganz verschlossen,
für ihn ist eine deutsche Nationalliteratur noch nicht geschrieben,
sein Geist kann sich nicht erquicken in dem Stahlbad wissen=
schaftlicher Studien. Nicht bloß die religiösen Bedürfnisse muß
ihm die Religion und der Cultus befriedigen, sondern auch für
jene ganze Summe geistiger Anregungen des Gebildeten einen
Ersatz bieten. Die Dorfkirche ist nebenbei auch des Bauern
einziger Kunsttempel. Wenn ihm jenes die Sitten mildernde,
sittigende Element, welches der Gebildete in tausend Gebilden
des künstlerischen und wissenschaftlichen Lebens findet, in reli=
giösen Formen nicht dargeboten wird, wo soll es ihm dann zu
Theil werden? In solchem Sinne könnte man auch Literatur
und Kunst ein unentbehrliches Polizei=Institut nennen, um
den Gebildeten in den Schranken eines edlen Tones und feiner
Sitten zu halten. Für das Landvolk fällt derselbe Beruf gleich=
sam als ein Nebengeschäft auch noch der Kirche zu.

Bei den Bauern wird der große Gedanke der Gegenwart,
daß die Kirche vor allen Mächten das Geschlecht aus der socialen

Verwirrung zu erlösen berufen sey, am leichtesten zu fruchtbarem Wirken gedeihen. Denn der Bauer fühlt sich der Zucht der Kirche noch nicht entwachsen. Bei ihm geht die Kirchenlosigkeit noch am sichtbarsten Hand in Hand mit der Gottlosigkeit und dem sittlichen und materiellen Verderb. Der Bauer, welcher neben die Kirche geht, wird in der Regel auch der social entartete Bauer seyn. Aus dieser einfachen Thatsache können unsere kirchlichen Agitatoren eine Fülle praktischer Winke für ihr Amt der inneren Mission unter den Bauern ableiten.

Man hat neuerdings die volksbildende Kraft der Volksfeste wieder erkannt, und dies ist ein gutes Vorzeichen. Der conservative Staat soll die ächten Volksfeste, namentlich die Bauernfeste, nicht unterbrücken, sondern vielmehr pflegen und fördern, denn in ihnen erfrischt und verjüngt sich die Volkssitte, in ihnen fühlt sich der Bauer so recht in dem vollen Behagen seines Standes, sie mehren und stärken den genossenschaftlichen Geist im Volke. Der ausebnende Polizeistaat legte in manchen Gegenden höchst sinnreich alle Kirmessen des Landstriches auf einen und denselben Tag, damit es ja keinem Bauer möglich wäre, vielleicht zwei oder drei Kirmessen in einem Jahr zu besuchen und solchergestalt gar viel Geld zu verthun! Mit derlei polizeilicher Kinderzucht wird die ächte Bauernsitte, deren Bestand dem conservativen Staate so unschätzbar seyn muß, geradezu vergiftet. Etlichemal im Jahr sich gründlich auszutoben ist dem Bauersmann eben so nöthig zur Pflege seiner körperlichen und geistigen Gesundheit, wie den vornehmen Leuten eine Badereise. Sehr treffend sagt Justus Möser von den durch die zärtliche Besorgniß des Polizeistaates längst unterdrückten periodischen Tollheiten des Bauernvolkes: „Die vormalige Ausgelassenheit zu gewissen Jahreszeiten glich einem Donnerwetter mit Schlossen, das zwar da, wo es hinfällt, Schaden thut, im Ganzen aber die Fruchtbarkeit vermehrt."

Will sich's der Staat angelegen seyn lassen, daß der deutsche Bauer in seinem historischen Charakter auch künftigen

Geschlechtern erhalten bleibe, dann kann er weiter nichts thun, als daß er störende und zersetzende Einflüsse von dem Bauernstande fern hält, seinen Sitten und Bräuchen nicht feindselig in den Weg tritt, seine ökonomische Lage bessert, und ihn mehr und mehr zum festen, wohlabgerundeten Grundbesitz wieder zurückführt, den Dorfbauer wieder zum Hofbauer zu erheben hilft, bei Verfassungs- und Gesetzgebungs-Arbeiten aber niemals über die eigenthümlichen Bedürfnisse des Bauern hinwegsieht, vielmehr diesen gemäß das ganze Staatswesen zu individualisiren sich bestrebt. Dadurch allein kann die Kluft zwischen dem Bauern und dem Gebildeten ausgeglichen werden, ohne daß Jener von seiner Eigenart etwas verloren gibt. Der Bauer wird dann mit der zähesten Liebe an der bestehenden Staatseinrichtung hängen, er wird zwar immer noch murren und brummen, weil er das überhaupt nicht lassen kann, und es gehört ja wohl auch zum Wesen des besten Staates, daß darin immer etwas gemurrt werde: aber zu muthwilligem, bübischem Aufruhr wider die Staatsgewalt, zum Zertrümmern der Grundpfeiler der Gesellschaft wird es der Bauer dann nie und nimmer kommen lassen.

Der Bauer ist die erhaltende Macht im deutschen Volke: so suche man denn auch sich diese Macht zu erhalten!

II. Die Aristokratie.

Erstes Kapitel.

Der sociale Beruf der Aristokratie.

Die Aristokratie ist die einzige unter den vier großen Gruppen der Gesellschaft, welcher das Recht als ein besonderer Stand aufzutreten oft genug von Leuten abgestritten wird, die keineswegs Socialisten sind. Daß es Bürger, Bauern und Proletarier gebe, daß diese Unterscheidung keine zufällige und willkürliche, sondern in Sitte und Beruf gewurzelte, der Gesellschaft durch ihre ganze Geschichte aufs tiefste eingeprägte sey, läugnet Niemand. Wegtilgen möchte der ausebnende Geist freilich diese dreifache Gliederung, aber zugestehen muß er doch daß sie noch sehr augenfällig bestehe. Eine aristokratische Sitte soll allenfalls noch vorhanden seyn — und wäre es auch nur eine Unsitte — vom aristokratischen Beruf dagegen lasse sich in unsern Tagen nichts mehr verspüren. Die Ansicht ist leiblich populär geworden, daß die Aristokratie in gar nichts weiter beruhe, als in der Einbildung, im Vorurtheil. Wenn man etwa das Bauernthum als einen wirklichen Stand gelten läßt, dessen Realität freilich jeder mit Händen greifen muß, der nur einen Kittel von einem Rock unterscheiden kann, dann soll dagegen der Adel nur die Anmaßung eines besonderen Standes seyn.

Man gesteht wohl zu, daß es vor Zeiten einmal einen Adel als einen in sich berechtigten und lebenskräftigen Stand gegeben habe. Aber jetzt sey derselbe ganz gewiß eine bloße historische

Versteinerung geworden, ein antiquarisches Cabinetsstück, ehrwürdig, weil grau vor Alter. Auch der Clerus hat ja im Mittelalter eine selbständige Gesellschaftsgruppe in sich beschlossen; die Priesterschaft als Stand, als Kaste bildet den ältesten Adel in der Weltgeschichte, und dennoch hat der Clerus jetzt seine sociale Selbständigkeit verloren und ist aufgegangen in die übrigen Gruppen der Gesellschaft.

Man fragt, worin denn noch der eigenthümliche, der unterscheidende Beruf des Adels sitze, seitdem ihm das Monopol des großen freien Grundbesitzes, das Monopol des höheren Kriegsdienstes, der Staatsleitung, des obern Richteramtes aus den Händen gewunden ist, und der höhere Hofdienst, dessen Monopol der Adel allenfalls noch inne hält, seinen früheren politischen Charakter verloren hat? Bei dem vierten Stande steht die Frage obenan, wie derselbe social zu organisiren, bei den Bauern, wie ihre im Sturme der Zeiten so wunderbar festgebliebene sociale Organisation politisch zu benutzen sey, bei der Aristokratie dagegen, worin denn eigentlich überhaupt ihr socialer Beruf bestehe und ob sie einen solchen wirklich aufzuweisen habe?

In bewegten Tagen ist von den Fortschrittsmännern mehr denn einmal und in verschiedenen Ländern förmlich die **Abschaffung des Adels** decretirt worden. Merkwürdigerweise ist aber der Adel immer wieder gekommen. Man hielt den Adel schon gar nicht mehr für einen wirklichen Stand, denn die Abschaffung eines Standes durch Decrete wäre an sich ein Unsinn. Das Bürgerthum, das Bauerthum zu Grunde richten, im socialistischen Sinne zur Selbstauflösung führen, das kann man wohl beabsichtigen, aber kein vernünftiger Mensch wird stracks eine „Abschaffung" des Bürger- und Bauernthumes decretiren wollen. Jene Decretirenden bekannten also durch ihr Decret, daß sie den Adel vorweg gar nicht als einen eigentlichen Stand ansahen. Er war ihnen ein Kropf am Körper der Gesellschaft, ein Auswuchs, den man chirurgisch wegschneiden müsse. Die Führung des Adelstitels insbesondere erschien ihnen nicht als eine geschichtlich erwachsene Sitte, die nur auf dem geschichtlichen Wege der inneren Nothwendigkeit wieder erlöschen könnte, wie sie gekommen, sondern als der privilegirte Mißbrauch eines willkürlichen Schnörkels, den man nur durch ein einfaches Verbot auf dem Wege der polizeilichen Sprachreinigung wegzustreichen brauche.

Man fragte sich, worin denn der eigenthümliche und unterscheidende Beruf der Aristokratie als Stand liege, und konnte keine Antwort darauf finden. Aber seltsam stach dagegen freilich wiederum ab, daß man die oft so bestrittene Existenz der Aristokratie nicht nur von außen her niemals hatte vernichten können, sondern daß auch die Aristokratie in eigener Person, als sie im achtzehnten Jahrhundert das Möglichste that sich selber zu Grunde zu richten, dies dennoch nicht fertig gebracht hatte. Ein ganz berufloses, ganz zweckloses Leben kann so zäh nicht seyn.

Selbst die Begriffsbestimmung dessen, was eigentlich Aristokratie sey, ist je mehr und mehr verschwommen und ins Allgemeine zerflossen. Nicht einmal im Mittelalter hatte man einen durchschlagenden Begriff fest in der Hand, geschweige denn in der neuern Zeit. Er erweiterte und verengerte sich nach örtlicher Auffassung selbst damals, als die äußeren Wahrzeichen des adeligen Standes und Berufes noch das bestimmteste Gepräge trugen. Der Adel spaltete sich in alten Tagen in eine Masse vielgliedriger Gebilde: die verwirrend in einander überspringenden Gränzlinien des hohen und niederen Adels lassen sich durchaus nicht allgemein, sondern immer nur in kleinen zeitlichen und örtlichen Kreisen ziehen, sie sind ein rechtes Kreuz der Historiker. Der Adel entwickelte in diesem Sinn ein ähnliches Bild des Sonderthums wie die Bauern. Aber es war doch der einigende Gedanke des allgemeinen socialen Berufes im Mittelalter aufs klarste und bestimmteste vorhanden, und eben dieser soll — so wird behauptet — in neuerer Zeit dem Adel abhanden gekommen seyn.

Und in der That liegt etwas wahres darin und ist es charakteristisch für die gegenwärtigen reformbedürftigen Zustände der Aristokratie, daß sie nach dem genauen Begriffe ihrer selbst sucht, daß sie schwankend geworden, wie weit sie die Grenzen der eigenen Körperschaft erstrecken soll, daß sie sich in entscheidenden Stunden oftmals nicht einig wußte über die nothwendig einzunehmende Stellung in den gesellschaftlichen Kämpfen dieser Tage. Schon in dem einfachen Sprachgebrauch ist eine verdächtige Verwirrung eingerissen. Man hat eine Redefigur aus dem Wort „Aristokratie" gemacht und spricht von Geldaristokratie, Beamtenaristokratie, Gelehrtenaristokratie 2c. Und zwar hat sich dieser Sprachgebrauch in einer Weise eingebürgert, daß es oftmals schwer hält, den Punkt zu finden, wo sich die Redefigur vom Wortsinne scheidet.

Sind überhaupt „Aristokratie" und „Adel" gleichbedeutende Begriffe? Man nimmt gewöhnlich den ersteren Begriff für einen weiteren als den letzteren. Ich glaube dagegen, daß in der Gesellschaftskunde der Begriff der Aristokratie als der engere zu fassen sey. Meine Ausführung über die sociale Bedeutung der Aristokratie wird darthun, daß keineswegs der gesammte Adel zur Aristokratie gehört, wohl aber daß der Geburtsadel eine wesentliche, wenn auch keineswegs die einzige, Eigenschaft des socialen Aristokraten sey. In früherer Zeit hat man den Begriff der Aristokratie zu äußerlich beschränkt, indem man ihn für gleichbedeutend mit dem des Adels nahm; gegenwärtig erweitert man ihn übermäßig in ebenfalls äußerlicher Weise. Es entspricht ganz dem Geiste unserer gebildeten Gesellschaft, der ein hoffärtiger aber nicht ein stolzer Geist ist, daß die Spitzen des Bürgerthumes auch mitzählen wollen zur Aristokratie, während doch der ächte Bürger viel zu stolz seyn muß um irgend etwas anderes seyn zu wollen als ein Bürger. Nur der selbständige, unabhängige, grundbesitzende Adel gehört zur socialen Aristokratie, nicht aber der besitzlose, abhängige Titularadel. Es zählt auch der Fürst zur socialen Aristokratie, während er den politischen Ständen neutral gegenüber steht. In dem Sinn jenes eigentlichen, unabhängigen Adels habe ich wohl auch die Ausdrücke Adel und Aristokratie hier und da abwechselnd für einander gebraucht.

Die Weltanschauung der Voltaire'schen Zeit, welche in den meisten Dingen doch so ziemlich vergessen ist und selbst durch die eifrigsten Bemühungen einer Seitenlinie der absoluten Philosophenschule neuerdings im Volksbewußtseyn nicht wieder aufgefrischt werden konnte, ist in Betreff der Aristokratie merkwürdigerweise am dauernbsten volksthümlich geblieben. Der deutsche Philister kehrt leichter zu dem Glauben an die Vernunftmäßigkeit des leibhaftigen Teufels, als an die Vernunftmäßigkeit des Geburtsadels zurück. Die Sache ist leicht erklärlich. Der religiöse Rationalismus kam am frühesten, er ist auch am frühesten gebrochen worden. Der sociale Rationalismus ist viel neueren Datums, er wird noch eine gute Weile brauchen, um sich abzuleben. Durch jenes Aeußerste, welches der sociale Rationalismus in der Aufstellung der modernen socialistischen Systeme theoretisch gewagt, ist im Kampfe jener gegnerische Standpunkt erst zum wissenschaftlichen Bewußtseyn gekommen, der die gesellschaftlichen Zustände lediglich aus der historischen Entwicklung der Gesellschaft selber beurtheilt. Nach fünfzig Jahren wollen wir wieder nachfragen, ob dieser Standpunkt auch bei dem deutschen Philister zur Geltung durchgedrungen ist.

Kant bezeichnet den Adel als einen Rang, der dem Verdienste vorhergeht, dieses aber keineswegs zur nothwendigen, nicht einmal zur gewöhnlichen Folge hat. Der Begriff des Adels hat aber einen weit reicheren Inhalt als den, einen bloßen Rang zu bezeichnen, der Rang ist vielmehr etwas ganz untergeordnetes bei demselben. Kant würde zu dieser sehr äußerlichen und mageren Bestimmung nicht gekommen seyn, wenn er das gesellschaftliche Phänomen des Adels nicht mit abstract philosophischem Maßstabe gemessen hätte. Hätte die damalige Zeit ein Organ gehabt für die historisch-sociale Auffassung, so würde der große Philosoph von Königsberg in dem Adel eine eigenthümliche Entwickelungsform des socialen Lebens erkannt haben, die nicht fehlen darf, wo die europäische Gesellschaft, wie sie nun einmal historisch geworden ist, in ihrer Gesammtheit dastehen soll. Ob das einzelne Glied eines solchen Standes diejenigen Verdienste entfaltet oder nicht, welche von der Würde des Standes geheischt werden, ist für den allgemeinen Begriff desselben ganz gleichgültig. Die große Masse hält aber heute noch an jener Kantischen Ansicht fest, weil sie gleichfalls noch nicht weiß, sociale Thatsachen aus der Gesammtheit des socialen Lebens zu beurtheilen.

Merkwürdig genug hat der Sprachgebrauch seit geraumer Zeit das Wort „Aristokratie" weit häufiger zur Bezeichnung einer **Partei** als eines **Standes** gestempelt. Beim Bürgerthum hat man viel später erst den Stand als „Bourgeoisie" in die Partei übersetzt. Darin bekundet sich wiederum der Drang, den socialen Bestand der Aristokratie wegzuleugnen und nur den politischen als einen usurpirten stehen zu lassen. Man darf dabei nicht vergessen, daß die Sucht, den Begriff der Aristokratie zu dem einer Partei zu verflüchtigen, wesentlich der ersten französischen Revolution angehört, die entsprechende Travestirung des Bürgernamens aber der Februarrevolution.

Und doch liegt diesem Mißbrauch insofern wieder etwas wahres zu Grunde, als in den socialen Gebilden unzweifelhaft ein dreifach verschiedener politischer Grundton sympathetisch anklingt. Die Aristokratie und die Bauern sind auf den ständisch-conservativen Accord gestimmt, die Stadtbürger auf den constitutionellen, die Proletarier auf den social-demokratischen. Diese annähernde Stimmung — in der schwebenden Temperatur — erfüllt freilich das Wesen der einzelnen Stände nicht. Darum steigen aber doch und fallen mit den Wogen der socialen Kämpfe ebenmäßig die politischen Wogen. Das Proletariat, die Ausgleichung aller ständischen Unterschiede begehrend, sucht den nackten Menschen; die Aristokratie, welche den Gedanken der ständischen Gruppen greifbar verkörpert darstellt, setzt den Gesellschaftsbürger im historischen Costüm dagegen; das Bürgerthum vermittelt, indem es das Zauberwort vom Staatsbürger in den Streit wirft: und diese rastlose politische Fehde der gesellschaftlichen Kräfte bewahrt uns, daß ein äußerstes politisches Princip jemals einseitig auf die Dauer alleinherrschend werde.

Indem so jeder Stand nebenbei von einem eigenen, gleichsam eingebornen politischen Gedanken erfüllt ist, gestaltet er sich zu der materiellen Unterlage, in welche der Staatsmann die Grundpfeiler seines politischen Baues eingräbt. Oder richtiger: das ständische Volksleben selber ist der rohe Stoff für den Politiker, woran er sein Talent als ein formbildendes erprobt. Aber allezeit wird ihm je nach seiner politischen Doctrin, nicht das ganze Volk, sondern je eine bestimmte Gesellschaftsgruppe vorwiegend der weiche bildsame Stoff seyn, woran er formend Hand legt. Ich meine also, der ständisch conservative Staatsmann sieht vor allen Dingen zu, daß er sich eine Adels- und Bauernpolitik schaffe, der constitutionelle, daß er auf eine Bürgerpolitik, der Demokrat, daß er auf eine Politik des vierten Standes gestützt sey.

Aus diesem Gesichtspunkte wird erst der staatsmännisch praktische Werth klar, welchen eine solche naturgeschichtliche Untersuchung der Stände, wie ich sie geben möchte, haben kann. An politischen Formen ist die Gegenwart ja überreich; ich möchte gerne den entsprechenden Stoff für diese Formen aufzeigen. Indem die Demokratie den vierten Stand zu ihrer heiligen Schaar machte, ihn zu organisiren suchte, den vierten Stand für das Volk erklärte, lediglich auf den vierten Stand ihre Politik baute, bewies sie staatsmännischen Instinct. Daß sie auf dieser untersten Stufe stehen blieb, daß die Proletarier ihrerseits sich zwar todtschießen ließen, aber doch nicht sich zu organisiren verstanden, geht uns hier nichts an. Aber der Constitutionalismus stützte sich lieber auf Gelehrte und Journalisten, als auf das Bürgerthum, der Conservatismus auf die Soldaten und nicht auf die Aristokratie und die Bauern. Daher die andauernde Ohnmacht gegenüber der Demokratie! eine Ohnmacht, die erst aufhörte, als die Demokratie sich selber zu Grunde gerichtet hatte. Nur die sociale Politik macht heutzutag unüberwindlich.

Nach diesen abschweifenden Zeilen kehre ich zum Thema zurück: zur Kritik der Verneinung des aristokratischen Berufes.

Der Gedanke, den Adel, wie er geschichtlich erwachsen, als

etwas willkürlich gemachtes hinzustellen, konnte erst dann auf=
treten, als man überhaupt die uralte innere Mannichfaltigkeit
der Gesellschaft für ganz zufällig, von barbarischen Zeiten er=
sonnen, der Menschheit unwürdig fassen zu müssen glaubte. Den
Geburtsadel hielt man so recht für die breite Bresche, durch
welche ein „philosophisches Zeitalter" erobernd in die Zwingburg
des Ständewesens einziehen könne. So wie man überhaupt keine
geschichtliche Nothwendigkeit mehr erkennen wollte, so konnte man
am wenigsten begreifen, wie es von Rechtswegen irgend be=
stimmende Einflüsse auf eines Menschen ganzes Lebensgeschick
haben dürfe, daß Dieser oder Jener sein Vorfahr gewesen.

Bei dem Genius hat man längst die Wucht des „Ange=
bornen" eingesehen. Gerade zu einer Zeit, wo man am meisten
über den Geburtsadel spottete, hat man den Stammbaum Se=
bastian Bach's mühsam aufgeforscht; eine lange, stolze Ahnen=
reihe der kernhaftesten Kunstmeister kam zu Tage, und mit Recht
schrieb man diesem künstlerischen Geburtsadel ein gut Theil der
auszeichnenden Eigenthümlichkeiten des seltenen Mannes zu. Bei
Goethe sind nicht bloß Vater und Mutter, sondern auch in auf=
steigender Linie die entfernteren Vorfahren in den Kreis des
Nachforschens gezogen worden. So wohl begriff man, wie oft
der Genius unter die eherne Nothwendigkeit der Geburt und
Abstammung gestellt ist. Auch die ideelle Aristokratie des Talents
ist eine Geburtsaristokratie. Die Socialisten steuern darum ganz
folgerecht darauf hin, selbst diese Aristokratie des Talents weg=
zutilgen. Aber wenn man gleich die ganze Welt zu einem großen
Findelhaus herrichtete, würde doch wenigstens diese Bevorzugung
der Geburt nicht auszurotten seyn.

Die Geburt bestimmt ja auch in der Regel unwiderruflich,
ob Einer Bürger oder Bauer oder Proletarier werde, warum soll
sie nicht bestimmen, daß Einer Baron sei? Dieser Gedanke, daß
die Geburt — zumeist — die historische Schranke für die ganze
spätere gesellschaftliche Stellung des Menschen bilde, hat sich
in der Theorie des Geburtsadels gleichsam verdichtet, seinen

persönlichen Leib gefunden, mindestens sein Wahrzeichen. Die Aristokratie ist der Stand der socialen Schranke, wie der vierte Stand der socialen Schrankenlosigkeit; beide Extreme haben ihr Recht nebeneinander, weil die Gesellschaft nur in ihrer Vielgestalt ein organisches Leben entfalten kann. Ein Proletariat mit Stammbäumen und Hausgesetzen wäre ebenso widersinnig, als eine Aristokratie ohne Geburtsadel. Die Basis aller socialen Schranken und Gliederungen ist die Familie. Darum ist es ganz naturnothwendig, daß das Bewußtseyn der Familie in der Aristokratie am schärfsten ausgeprägt, am lebendigsten durchgeführt sey. Die Familie im Aufsteigen zu ihren historischen Wurzeln gedacht, entfaltet sich zum Stammbaum. Das Geschlechtswappen ist das äußerliche Wahrzeichen dafür daß das Familienbewußtseyn historisch geworden ist, und die Seitenzweige finden ihre Familiengemeinsamkeit in dieser Wappensymbolik urkundlich wieder. Auch bei dem Bürger und Bauern wurzelt die ganze sociale Persönlichkeit in dem Begriff der Familie. Aber beide führen nicht nothwendig Wappen. Das historische Bewußtseyn der Familie reicht nicht so weit hinauf, die Gemeinsamkeit der Familie verzweigt sich nicht so breit und reich auch in die Seitenäste, daß ein solches Symbol als Erkennungszeichen gefordert wäre. Wir kommen hier wieder um einen Schritt weiter in der Begriffsbestimmung der Aristokratie. **Sie ist der Stand der socialen Schranke, das Fundament aber dieser Schranke, dieses Princips der Gliederung findet sie in dem historischen Familienbewußtseyn.**

In dem Abschnitt vom deutschen Bauern bezeichnete ich den Bauer als ein leibhaftiges Stück Geschichte, das in unsere Zeit hereinrage. Ich wies nach, wie der historische Sinn der Bauern schlummert, wie der Bauer von dem Instinct der historischen Sitte geleitet wird, keineswegs aber die bestimmte, bewußte Absicht hat, das Geschichtliche an sich und seiner Umgebung zu hegen und zu pflegen. Nun ist auch der Adel, gleich dem Bauern, ein Stück leibhaftiger Geschichte, das in die moderne Welt ragt.

Als unterscheidendes Merkmal tritt jedoch hinzu, daß der Adel über den in seiner Körperschaft webenden geschichtlichen Geist sich auch klar und bewußt Nachweis gibt, daß er sich als den Bewahrer des historischen Zuges im socialen Leben wissen und erkennen muß. Er ist im eigenen Standesinteresse auf die Geschichtsforschung hingewiesen, während sich der Bauer um solche Forschung gar nicht kümmert. Der Bauer weiß nicht, wer seine Vorfahren waren, aber ihre Sitten leben in ihm. Der Adel kennt und findet sich in seiner socialen Geschichte — und wenn es auch nur die ganz trockene Familienchronik eines Stammbaumes wäre; — der Bauer steckt in seiner Geschichte und weiß es selbst nicht. Der Adel ist aus diesem Gesichtspunkt ein Bauernthum auf erhöhter Stufe, er ist der große Grundbesitzer, welcher sich seines geschichtlich erwachsenen Familienlebens seit alter Zeit bewußt geblieben ist. Aber der dunkle Trieb des Instinctes, der unbewußt gehegten Sitte ist fast immer gewaltiger, spröder und ausschließender als das bewußte Begreifen. Darum ward der Bauer doch in strengerem und einseitigerem Sinne der „historische Stand," als der Adel, der seine Geschichte kennt und urkundlich aufzeichnet, aber keineswegs mehr mit der Einfalt des Bauern in dem engen Bann der geschichtlichen Sitte lebt. Der Stammbaum hat in der socialen Wissenschaft eine theoretische Bedeutung; den praktischen Werth erhält er erst da, wo sich auch die Ueberlieferung der historischen adeligen Sitte an die Stufenfolge der Ahnenreihe kettet.

Ich nannte den Adel ein potenzirtes Bauernthum, sofern ich das letztere im modernen Sinn des freien kleinen Grundbesitzes fasse. Der weiteren Anhaltspunkte zur fortgeführten Parallele bieten sich hier erstaunlich viele. In beiden Ständen ruht hauptsächlich die erhaltende, hemmende und dämmende Kraft für die Gesellschaft wie für den Staat; in dem Bürgerthum und dem vierten Stand die fortbewegende, vorwärtsbrängende. Dem Adel schwindet gleich dem Bauern der historische Boden unter den Füßen, sowie ihm die Basis des Grundbesitzes abhanden kommt.

Der ächte Adel und der ächte Bauer verstehen sich auch gegen=
seitig am besten, kommen am leichtesten mit einander aus. Es
ist dies eine ganz merkwürdige Thatsache. Die Geschichtssagen
der Bauern über ihre früheren Verhältnisse zu ihrem Gutsherrn
klingen gemeiniglich gar nicht darnach, als ob sie eine sonderliche
Vorliebe für deren Stand und Familie erwecken könnten. Es
wird da von wenig andern Dingen die Rede sein als von Zinsen
und Lasten, Frohnden und Leistungen. Und dennoch blickt der
Bauer weit seltener mit Neid auf den adeligen Grundherrn, als
der Bürger auf den Baron. Das macht, sie fühlen sich wahl=
verwandt, sie wissen, daß ihr Interesse im Großen und Ganzen
auf eines hinausläuft. Auch im geschichtlichen Verlauf läßt sich's,
wie wir weiter unten sehen werden, nachweisen, daß der Edel=
mann dem Bauern weit näher gestanden hat als dem Bürger.
Darin liegt ein bedeutsamer Fingerzeig für die Aristokratie. Wenn
dieselbe ihren eigenen Vortheil wahren will, dann muß sie sich
als die Schirmerin der Interessen des kleinen Grundbesitzes er=
weisen, die selbstständig kräftige Blüthe des Bauernthums fordern.
Dagegen wird der begüterte Adel gewiß seinen Bestand nicht
festigen, wenn er seinen Grundbesitz dadurch vermehrt, daß er
die kleinen Bauern systematisch auskauft und dieselben so aus
freien Grundeigenthümern zu seinen Taglöhnern macht. Was
er dadurch materiell gewinnt, büßt er moralisch ein. Die selb=
ständigen Gutsbesitzer waren seine natürlichen Bundesgenossen;
die Tagelöhner, und wenn sie auch sein Brod essen, sind eben
Proletarier, d. h. die natürlichen Gegner der Aristokratie.

Im früheren Mittelalter durfte gemeiniglich nur der hohe
Adel, der mit seinem Burgsitz ansehnlich Land und Leute ver=
einigt hatte, Graben und Zugbrücken derart an seiner Burg an=
bringen, daß er sich und das umliegende Land damit absperren
konnte. Dieses „Recht der Zugbrücke" war ein politisches,
ein militärisches Recht, aber es liegt auch eine tiefe sociale Be=
deutung darin. Der hohe Adel nur durfte eine kleine Welt für
sich bilden, das Recht der Zugbrücke war das Wahrzeichen seiner

socialen Selbständigkeit, und es ist im Grunde geblieben bis auf
diesen Tag. Der hohe Adel mit dem Klerus bildete damals noch
allein die „Gesellschaft." Später erweiterte sich diese. Merkwürdig
genug erwarb auch der niedere Adel ungefähr zu derselben Zeit
das Recht der Zugbrücke, da er sich zur socialen Selbständigkeit,
zum Eintritt in die Gesellschaft aufzuringen begann. Er erwarb
das Recht, weil er beim Aussterben und Verderben so vieler
Geschlechter des ältesten hohen Adels die Burgen erworben hatte,
an denen es haftete, ganz wie jetzt so mancher reiche Bürger
durch Gütererwerb das Recht der Zugbrücke im modernen Sinne
gewinnt. Dazu kam, daß er nun auch seiner Familiengeschichte
sich bewußt ward. Erst mit dem Rechte der Abschließung bilden
sich überall sociale Gruppen. So hatte das Bürgerthum des
Mittelalters mit dem Corporationswesen auch für sich das sociale
Recht der Zugbrücke erobert; als die Städte zu großen Burgen geworden waren, die man „beschließen" konnte, begann das
Bürgerthum als ein organisches Glied in die Gesellschaft einzutreten. Die Abgeschlossenheit des Bauern in Sitte, Sprache
und Lebensart ist sein sociales Recht der Zugbrücke, durch welches
er sich als Stand gefestet erhält. Das Proletariat hat dieses
Recht der Zugbrücke noch nicht gefunden, und eben darum ist es
auch noch kein fertiges, sondern erst ein in der Bildung begriffenes
Glied der Gesellschaft.

Der Adel unserer Tage hat keine festen Burgsitze mehr, er
braucht auch keinen Graben und keine Zugbrücke. Aber indem
er großen Grundbesitz im Verbande mit einer individuellen Familiengeschichte fordert, stellt er das sociale Recht der Zugbrücke
als die Grundbedingung der gesellschaftlichen Gliederung überhaupt
dar. Es ist des Adels eigenster Lebensberuf, diese Gliederung
auszudrücken und zu bewahren, wie der Lebensberuf des Bürgerthums, vermittelnd und ausgleichend das Verknöchern der historischen Unterschiede zu verhüten. Wenn man in der modernen
Umgangssprache die „Gesellschaft" als gleichbedeutend mit der Aristokratie gebraucht, so ist dies zwar ein verkehrter und anstößiger

Sprachgebrauch, der aber doch ein kleines Körnchen Wahrheit in sich schließt. Denn die Aufgabe der Aristokratie wäre es allerdings, das Urbild der bestimmtesten und abgerundetsten Gesellschaftsgruppe darzustellen. Der politische Beruf der Aristokratie ist nur noch ein abgeleiteter, er quillt aus dem bezeichneten socialen Berufe. Darum ist dies die einzige wahre und tief greifende Bedeutung der ersten Kammern, das historische Princip der gesellschaftlichen Gliederung politisch zu vertreten, zu wachen, daß das Staatsleben seine geschichtliche sociale Grundlage nicht verlasse, nicht aber einseitig das Sonderinteresse des Adels zu fördern.

Wie die Beamtenwelt im kleinen Kreise die Lebensthätigkeit des Staates nach allen Seiten darstellt, während darum doch erst die Gesammtheit aller Staatsbürger den Staat ausmacht, so ist die Aristokratie berufen, die ständische Bildungsform der Gesellschaft in ihren klarsten Grundgedanken zu verwirklichen, während darum doch erst die Gesammtheit aller Stände die Gesellschaft bildet.

Halten wir dieses als das Ideal des Berufes der Aristokratie fest, dann ergibt sich's von selbst, daß dieselbe etwas ganz anderes als einen bloßen Rang ausdrückt. Der höchste Rang macht noch keinen Aristokraten; auch der ausgedehnteste Besitz allein nicht, noch der historische Name allein. Die durch die Fülle des festen Besitzes gewährleistete unabhängige und selbständige Stellung, verbunden mit dem bereits historisch gewordenen Bewußtseyn der Familien- und Standesgemeinschaft, befähigt erst zu dem socialen Berufe der Aristokratie. Darum kann man dieselbe so wenig machen, als mag sie wegdecretiren kann. Und darum ist es auch widersinnig, einen Adeligen, der sich seines Standes unwürdig gezeigt hat, zur Strafe in den Bürgerstand versetzen zu wollen. Der Bürgerstand hat einen gleich hohen, gleich ehrwürdigen, nur von andern Grundlagen ausgehenden, in anderer Art zu verwirklichenden socialen Beruf wie die Aristokratie, und wer sich zur Erfüllung des aristokratischen Berufes unfähig gemacht hat, der ist damit wahrhaftig nicht befähigt zu dem Berufe der andern Stände; er ist und bleibt eben ein verdorbener, nichtsnutziger Aristokrat, wie jeder Stand seine Eiterbeulen und Geschwüre hat. Die Stände stehen überhaupt an sich zu einander in keiner Rangordnung, sie drücken nur verschiedene Seiten des allgemeinen Berufes der Gesellschaft aus. Der Accent, den man seit dem Mittelalter auf die Rangordnung der Stände gelegt, schuf gerade jenen Zopf des Ständewesens, der dasselbe leider um seinen Credit gebracht hat. Von diesem Zopf muß Jeder absehen, dem es Ernst ist mit der socialen Reform. Würde das Wesen der Stände als verschiedenartiger Formen des socialen Berufes, die nothwendig mit den Formen des geschäftlichen Berufes Hand in Hand gehen, allgemein erkannt, dann würde sich Jeder in seinem eigenen Stande stolz und wohl fühlen, und der unselige Drang aus diesem herauszutreten und mit dem äußern Abklatsch der Sitte sich die Pforten eines als höher beneideten Standes erschließen zu wollen, würde aufhören.

Je frischer, selbständiger und kräftiger das Bürgerthum sich entfaltet, um so gediegener wird auch die Aristokratie seyn, um so neidloser werden alle Stände zusammenwirken. Der deutsche Adel ist von demselben Augenblicke an zurückgegangen, wo das Bürgerthum verfiel, und je mehr beide Stände sich verflachten, um so weiter wurde die trennende Kluft zwischen beiden. Wie die ständische Gliederung, deren festester materieller Rückhalt im Bürgerthum sitzt, sich auflöste, schwand die Aristokratie mehr und mehr ihr eigentlicher Beruf, diese Gliederung auch formell selbstbewußt zu erhalten. In der socialistischen Welt, die kein Bürgerthum mehr kennt, schafft sich der Adel von selber ab; denn nur in der historisch gegliederten Gesellschaft hat er überhaupt einen Beruf, einen Sinn. Das Geheimniß der Kraft und Unverwüstlichkeit der englischen Pairie liegt darin, daß in England auch die Bürger sich noch als feste, wohlgegliederte Körperschaft wissen und fühlen, daß die Organisation der Gesellschaft sich noch ihren innern historischen Bestand gerettet hat. Mit diesem gegenseitigen Kraftbewußtsein der verschiedenen Gruppen hängt es auf's innigste zusammen, daß, wie Montesquieu sagt, Mäßigung die Cardinaltugend der englischen Aristokratie ist. In Deutschland hat sich das Bürgerthum seit dem unseligen dreißigjährigen Kriege mehrfach veräußerlicht und verflacht, naturnothwendig also auch der Adel; der Stoff zu einer vollwichtigen deutschen Pairie wird sich erst dann wiederfinden, wenn sich der Stoff zu einem vollwichtigen deutschen Bürgerthum wieder gefunden hat. In Frankreich, wo der ständische Geist im Bürgerthum am meisten erloschen ist, wo das geschichtsfeindliche Proletariat seine entscheidendsten Siege feiert, ist auch der Adel am meisten verblaßt. In Spanien, wo sich umgekehrt der Ehrgeiz der Standesbegeisterung zur Donquixoterie überhoben hat, will jeder Bürger ein Hidalgo seyn.

Zweites Kapitel.

Die mittelalterige Aristokratie als der Mikrokosmus der Gesellschaft.

Zum Verständniß des Bauernthums nahm ich im vorigen Abschnitt zunächst die Zeichnung einer Masse kleiner Einzelzüge aus dem gegenwärtigen Bauernleben zur Hülfe. Zum Verständniß der Aristokratie greife ich dagegen in die Geschichte zurück. In dieser verschiedenartigen Methode ist bereits stillschweigend ein Grundunterschied beider Gruppen ausgesprochen. Der Schwerpunkt der Aristokratie liegt in dem, was sie gewesen, der Schwerpunkt des Bauernthumes in dem, was es eben jetzt erst ist oder wird. Für den culturgeschichtlichen Forscher erscheinen die Adelszustände des Mittelalters als das feinste Miniaturbild einer praktisch durchgeführten „Organisation der Gesellschaft." Nicht nur die ganze sociale Frage, welche die Gegenwart so stürmisch bewegt, zeigt sich hier in tausend kleinen Einzelzügen angedeutet und in verjüngtem Maßstabe vorgebildet, sondern auch die Antwort darauf.

Es ist ein scheinbar gewagtes und dennoch äußerst dankbares Beginnen, diese alte Aristokratie unter den modernen Gesichtspunkt des socialen Lebens zu bringen, die alten Ritter heraufzubeschwören, daß sie uns Rede stehen über ihre Ansicht von der Lösung der Gesellschaftsprobleme. Vielleicht erweist sich's, daß sie gerade in dem Punkte des socialen Lebens, in welchem man sie am meisten verketzert, für ihre Zeit die ächten „Ritter vom Geist" gewesen sind. Man hat seit Jahrhunderten ein unendliches Material zusammengeforscht zur Erkenntniß der mittelalterigen Aristokratie. Man hat dieselbe im Lichte der Staats- und Rechtskunde, der Kriegswissenschaft oder im magischen Halbschimmer der poetischen Romantik abgeschildert — warum sollte man nicht auch einmal ein Streiflicht der modern socialen Kritik auf dieselbe fallen lassen?

Der Grundgedanke des genossenschaftlichen Lebens, der Gesammtverbindlichkeit strebt bei dem mittelalterigen Adel mit einer Triebkraft hervor, daß selbst unsere heutigen Socialisten ihre Freude daran haben müßten. Es ist eine sehr verkehrte Ansicht, wenn man im allgemeinen wähnt, in seiner Burg habe sich der Edelmann vereinzelt, von der Gesellschaft abgelöst und in dem stolzen Gedanken: „eigener Schutz, eigene Wehr," ein selbstherrliches Leben geführt. Die „Burg" drückt, wie schon oben bemerkt, die sociale Beschlossenheit des Adels weit mehr als des einzelnen Edelmannes aus.

In dem Burgwesen steckt eine Ausbildung der freien Genossenschaft, die himmelweit entfernt ist von der Vereinsamung des modernen Individuums und prächtige Ansätze enthält zu einem darauf gegründeten corporativen Gebilde der Gesellschaft im Kleinen. Der einfache Landedelmann saß als Burggraf, Vogt, Erbamtmann, Burgmann, Pfandbesitzer des hohen Adels meist auf fremden Burgen; oft genug trat eine ganze Gesellschaft von Edelleuten zusammen, die eine Burg gemeinsam erkauft, erbaut, ererbt hatte, und setzte sich auf derselben fest unter dem Sammelbegriff der Ganerbschaft. In diesen Ganerbschaften und Burgmannschaften liegt ein wirkliches socialistisches Element, wie es die neuere Zeit in solcher Ausdehnung noch nicht wieder zu verwirklichen vermocht hat. Man könnte dieses Gemeinleben ganzer Adelssippen mit der Phalanstère, mit den Humanitätscasernen der modernen Theoretiker vergleichen, wenn nicht ein gewaltiger Unterschied sofort hervorspränge: die Basis des Familienlebens, auf welcher das ganze mittelalterliche Verhältniß fußte, und — das Recht der Zugbrücke, die ständische Abgeschlossenheit.

Gewiß ist, daß die Analogie des alten Bürgerthums in Zunft- und Gildewesen den modernen Begriff der gesellschaftlichen Gesammtverbindlichkeit bei weitem nicht so entschieden ausspricht und durchführt, wie es so mancherlei Arten von Adelsverbindungen gethan. Nur das Klosterleben mag in der Schärfe des socialen oder, wenn man lieber will, socialistischen Gedankens den Ganerbschaften zur Seite und über dieselben gestellt werden. Und merkwürdig genug finden sich meist da auch viele Klöster, wo viele Burgen waren, in burgarmen Gegenden sind meist auch die Klöster rar. Ja die Adelsgenossenschaft selber stand zu den Klöstern wieder oft genug in einem Verhältniß der socialen Gesammtverbindlichkeit. Die Adelsgeschlechter stifteten Klöster, nicht bloß angetrieben durch die Frömmigkeit, sondern auch aus Gründen einer wohlberechneten socialen Politik. Wenn die Stammburg nicht mehr Raum genug bot, um die sich weiter verästelnden Nebenzweige, wie es vielfach alte Adelssitte war, allesammt zu beherbergen und im großen Familienbunde festzuhalten, dann nahm das Kloster gegen geringe Mitgift oder auch ohne alle Mitgift die Ueberzahl der Sprößlinge vom Geschlechte der Stifter ab. So blieben sie auch in der neuen klösterlichen Körperschaft durch das geistige Band der Stiftung doch mit der ursprünglichen Sippe verknüpft. Die adeligen Töchter schickte man zur Erziehung in's Kloster, nicht bloß daß sie die religiöse Ausbildung daselbst gewönnen, sondern auch die sociale Zucht und Sitte. Gleichzeitig mit dem socialen Verfall der Adelsgenossenschaften ist auch das Gesellschaftsleben der Klöster entartet und zerfallen. Es lag das bei letzteren keineswegs bloß in der religiösen Umstimmung der Zeit. Auch die sociale Umstimmung forderte ihr Recht. Der socialistische Gedanke, der in den Adelsgenossenschaften und dem Klosterwesen sich eingelebt hatte, trat zurück, aber er war bloß eingeschlummert und ist in unsern Tagen, nur in neuem Gewande, wieder aufgewacht.

Wo nun vollends das Mönchwesen mit dem Ritterwesen zusammentraf, in den geistlichen Ritterorden, da entfaltete sich auch der ausgeprägteste Socialismus des Mittelalters. Jenes bekannte ritterliche Ordenssymbol, welches zwei Ritter auf einem Rosse sitzend darstellt, könnte sich wohl gar ein moderner Communist ohne Scrupel als Siegel stechen lassen.

Nicht bloß das Fördernde und Treffliche, auch das Gefährliche des genossenschaftlichen Lebens zeigte sich bei der engen Verbrüderung der Ganerschaften. Meutereien waren in den ganerbschaftlichen Burgen so häufig, wie sie es jetzt immerhin bei den Probstücken von socialistischen Colonien in Nordamerika seyn mögen. Jene Räubereien, welche an dem friedlichen Kaufmanne verübt, so oft den Glanz des mittelalterigen Adels verdunkelten, gingen großentheils von den ganerbschaftlichen Burgen aus, und zwar sollen gerade die Burgen in der Regel die gefürchtetsten gewesen seyn, wo am meisten kleine Theilhaber beisammen saßen.

Das Mittelalter erweist sich überall feinfühlig in socialen Dingen, wenn es ihm auch sehr fern lag in wissenschaftlicher Erkenntniß darüber zu reden. Als die Fürsten die Verfolgung der Tempelherren mit Folter und Scheiterhaufen begannen, da lag neben den andern Motiven gewiß auch die dunkle Ahnung von der socialen Gefährlichkeit einer Adelsgenossenschaft zu Grunde, in welcher die Tendenz der Gesammtverbindlichkeit auf's schärfste ausgesprochen, dabei aber die Verbindung mit dem historischen Familienleben außerhalb des Ordenshauses abgebrochen war. Die „Gesellschaft" geht dem Templer im Orden auf, der Einzelne darf selbst kein Privateigenthum mehr besitzen. So würde im stets weiter greifenden Wachsthum dieser geistlichen Rittergenossenschaft zuletzt die mittelalterige Aristokratie aus ihrer eigenen Mitte her vernichtet worden seyn, ganz wie in dem modernen Socialismus die Gesellschaft durch sich selbst vernichtet werden würde. Unter den Vorwürfen, die man seiner Zeit dem Tempelorden gemacht, findet sich auch der, daß er die Herstellung einer allgemeinen europäischen Adelsrepublik beabsichtige. In diesem Vorwurfe liegt wieder die dämmernde Erkenntniß der ungeheuern socialen Revolutionskraft, die in dem Orden schlummerte. Die Ausrottung dieses Ordens war wahrlich ein furchtbarer Act, aber es war ein Act der socialen Nothwehr seitens der Fürsten. Es lohnte wohl der Mühe, die Acten des Processes, den man den Templern gemacht, einmal unter dem Gesichtspunkte des modernen Socialismus und Communismus durchzusehen. Die gesellschaftlich ausehnende Philanthropie des achtzehnten Jahrhunderts hat das tragische Ende der Tempelherren als einen willkommenen Stoff hervorgezogen und ausgebeutet. Auch ist es bemerkenswerth, daß eine Zweigschule des St. Simonismus in Paris den Tempelorden wieder hat erneuern wollen, wobei sie es freilich nicht weiter brachte, als man's auf jedem Maskenball bringen kann, nämlich bloß bis zu den weißen Mänteln mit rothen Kreuzen.

Für unsern Zweck genügt es, auch hier die Thatsache zu erkennen, daß in der Aristokratie des Mittelalters der ganze Reichthum unseres socialen Lebens vorgebildet war, selbst in jenen Auswüchsen und Krankheitsformen, welche man so leicht als etwas ganz neues, nur der modernen Welt eigenthümliches ansieht.

Familieneigenthum, Corporationsbesitz, Gemeindeeigenthum und Gemeindewirthschaft spielte die größte Rolle bei den Mächten des Beharrens im Mittelalter, bei dem Adel und den Bauern; der Bürger dagegen, der Mann der Bewegung, **ergriff nachgehends die Idee des freien Privatbesitzes** am tiefsten und folgerechtesten und eroberte mit ihr eine neue sociale Welt.

Kehren wir zu dem gesunden, genossenschaftlichen Triebe in der mittelalterigen Aristokratie zurück. Auch die Burggenossenschaften, von denen ich oben geredet, standen nicht als in sich vereinzelt da. In geschlossenen Länderbezirken schaarten sich diese kleineren Gruppen wiederum zu größeren Massen. Da entstehen Reichsvereine, Ritterkreise, Kantone, adelige Gelöbde, Tafelrunden, Gesellschaften und Bündnisse mit allerlei symbolischen

Namen, sogenannte Trinkstuben unter dem Patriciat der großen
Reichsstädte u. s. w. Der eine Verein mochte mit dem andern
nicht „zum Spiele reiten;" diese Gruppen als solche sonderten
sich streng ab, und doch war es dem Einzelnen keineswegs verwehrt, persönlich an den andern „Verstrickungen" theilzu-
nehmen, um so wieder eine Brücke zu schlagen, sofern diese
Theilnahme nur den Grundsätzen der eigenen Genossenschaft nicht
zuwiderlief.

Wir sehen hier überall Ansätze zu einem organischen Grup-
pensystem der Gesellschaft aus dem Boden aufschießen, aber die
Ueberkraft des Triebes läßt oft den einen Keim durch den andern
ersticken. Ueberblickt man die deutschen Adelsgenossenschaften in
ihrer Gesammtheit, so entrollt sich das Bild einer wahrhaft genialen Unordnung; aber einer Unordnung, die merkwürdig genug
hervorgerufen ist durch den übergewaltigen Drang nach Ordnung,
und darum eben recht naturwüchsig. Das schafft ja auch den
wundersamen Charakter so vieler gothischen Architekturen, daß
das gesammte Kunstwerk die leibhaftige Unordnung darstellt, erwachsen aus dem übermächtigen, weil dazu individuellen Trieb
der Ordnung im Einzelnen. Für das Corporationswesen des
mittelalterigen Adels gibt es in der That kein anschaulicheres
Bild als jenes einer solchen gothischen Architektur.

Die Erkenntniß des bezeichneten naturkräftigen Geistes der
freien Association ist für die sociale Würdigung der Aristokratie
im Mittelalter äußerst wichtig. Der Adel war damals der wahre
Mikrokosmus der Gesellschaft, ja er war bis zur vollen Durchbildung des Städtewesens die Gesellschaft als solche, und diese
läßt sich nicht nach einem äußeren Systeme aufbauen und abtheilen, sie wird und wächst frei, oft unstät und scheinbar willkürlich. Aber neben der freien Vereinigung der großen und
kleinen Adelsgenossenschaften lief doch wieder eine sehr bestimmte
Stufenleiter des adeligen Berufes von der Grafschaft abwärts
zur freien Herrlichkeit (Dynastie), zur allodialen Herrlichkeit, zur
Unterherrlichkeit, zur Vogtei u. s. w. Die strengen Turniergesetze

waren zugleich Disciplinar- und Sittengesetze. Der Geist einer strengen Zucht und Ordnung fehlte dem Stande keineswegs, aber es war eine Zucht, die sich frei von innen heraus aus den Institutionen des Adels selber entwickelte, nicht eine von außen festgesetzte Polizei. Zucht und Sitte im Innern zu üben, war Pflicht und Recht des gesellschaftlichen Verbandes, nicht des Staates. Die Rechte des hohen und niederen Adels waren genau gesondert. Es fiel dem niederen Adel nicht ein, das Gleiche zu begehren, was dem hohen Adel zukam. Erst als er, dies begehrend, aus seinem eigensten Kreise heraustrat, begann eine Periode des Verfalls für die gesammte Aristokratie. Der Geist der freiwilligen körperschaftlichen Gliederung war erstorben, das Zwangsmittel äußerlicher Rangordnungen konnte ihn nicht wieder lebendig machen.

In diesem Umstande, daß die Gesellschaft vordem in der alten Aristokratie, als ihrer fast ausschließlichen Vertreterin, reich und breit in wahrhaft großartigem Naturwuchse organisirt war, liegt eben die geschichtliche Berechtigung der modernen Aristokratie zu ihrem Beruf, den Organismus der Gesellschaft, so wie er geschichtlich erwachsen ist, zu hüten und zu wahren.

Man muß aber nicht glauben, daß dieser so streng körperschaftlich organisirte Adel des Mittelalters, dieser Adel, der das sociale Recht der Zugbrücke obenan stellte, darum von den andern, zu jener Zeit noch in viel jüngeren Tagen der Organisation, und also der Machtentwickelung, stehenden Ständen sich überall eigensinnig getrennt, sich hoffärtig des gemeinsamen Wirkens mit denselben überhoben hätte. Gerade darin erprobt sich das Naturgemäße der alten Adelsgenossenschaft, daß sie dem Bürger- und Bauernthume weit näher stand als mehrentheils die moderne Aristokratie. Indem der adelige Beruf gar nicht anders gedacht wurde, als in einem bestimmten Grund und Boden, in einer Heimath im engsten Sinne wurzelnd, ging der Edelmann selbstverständlich mit den in seinem kleinen örtlichen Kreise seßhaften Bürgern und Bauern Hand in Hand. In freien Gemeinden wird von den Edlen und Bürgern gemeinsam berathen und vollzogen. „Wir Edle und Burger," heißt es oft genug im Eingange der Urkunden, oder „Wir Edelleute, Geschworene und Gemeynde gemeynlich" (bekunden u. s. w.) Nach moderner Anschauung mag uns diese Zusammenstellung der Edelleute und Bürger ziemlich bedeutungslos erscheinen, im Lichte der mittelalterlichen Sitte aber ist sie das redende Zeugniß eines sehr innigen Verkehrs der Aristokratie mit dem Bürgerthum, die sich auf dem neutralen Boden des Gemeindelebens begegnen, freundschaftlich, einträchtig und ohne Ueberhebung oder Neid. Die alten Stände waren sammt und sonders unterschiedene Rechtskreise; dennoch griffen sie verbindend in einander über. Die modernen Stände sind bloß noch unterschiedene Kreise der Arbeit und Sitte. Wie viel weniger sollte man also von ihnen ein kastenmäßiges Zerbröckeln des Gemeinlebens befürchten! Freilich war das Zusammenstoßen von Adel oder Bürgerthum, wo sie in feindseliger Rivalität sich trafen, im Mittelalter nichts weniger als freundschaftlich. Der Ritter warf dann wohl den fahrenden Kaufmann nieder, und wenn die Nürnberger, die bekanntlich keinen henken bevor sie ihn haben, einen solchen Ritter erst einmal wirklich hatten, dann henkten sie ihn auch mit kurzem Proceß vor den Stadtthoren auf. Dergleichen sociale Berührungen nehmen sich im Spiegel unserer modernen Politur allerdings etwas unhöflich aus. Aber auch im Innern der Stände selbst, des Bürgerthums so gut wie der Aristokratie, traten sie nicht minder grell hervor. Die Zeit war in allen Stücken roher und gewaltsamer, die Leute konnten noch Blut sehen, ohne Kölnisches Wasser zu Hülfe nehmen zu müssen, die Stände schlugen sich demgemäß, wo Eigensucht und Haß entzündet war, gegenseitig auf die Köpfe, und faßten dennoch die socialen Stellungen im Princip neidloser auf als wir.

Im kurmainzischen Rheingau erhielt der Edelmann, welcher bloß Besitz im Lande erwarb, ohne zugleich persönlich Einwohner daselbst zu werden, der Regel nach dadurch noch keinen Anspruch auf die persönlichen Rechte mit Realfreiheiten, die ihm mit jenem Besitzthum würden zugefallen seyn, sofern er sich zugleich persönlich im Gau niedergelassen hätte. „Frei Mann, frei Gut," hieß es nur, wenn der Edelmann, an den ein bis dahin mit Abgaben belastetes Gut überging, seinen Sitz im Lande hatte oder nahm. Und diese solchergestalt sehr nachdrücklich betonte Seßhaftigkeit des Adels war es, die der allzu schroffen Scheidung der Stände wehrte, die dem Adel die Uebung seines socialen Berufes erst möglich machte. Mit Recht wurde darum so großes Gewicht auf dieselbe gelegt. Als ein starker Theil des Adels im sechzehnten Jahrhundert den örtlichen Boden verlor, und im siebenzehnten vollends auch der Sitte nach weltbürgerlich wurde, da erst bildete sich die trennende Kluft zwischen dem Bürgerthum und der Aristokratie. Vorzugsweise bei dem Landadel, der mitten unter seinen Bauern sitzen geblieben ist, hat sich dagegen, wie schon oben bemerkt, ein höchst wohlthätiger gegenseitiger Verkehr mit dem Bauernstande erhalten, gegründet auf die Gemeinsamkeit der Interessen.

Will man einen recht freundlichen, herzerwärmenden Eindruck gewinnen von der Art und Weise, wie der Adel im Mittelalter seinen socialen Beruf auch in politischen Dingen übte, dann muß man die Mittheilungen über so manche Landesversammlungen, Dingtage und Landgerichte durchstudiren, wie sie wenigstens in einigen der glücklicheren d. h. freien Gaue Deutschlands abgehalten wurden. Es liegen mir insbesondere Nachrichten vor über die mittelalterigen Landversammlungen des Rheingaues auf der Lützelau. Aus ihnen mögen wir heute noch ein rechtes Musterbild nehmen für die Uebung der Landesvertretung durch die Aristokratie, und wir würden uns glücklich preisen können, wenn wir heutiges Tages solche erste Kammern hätten, wie sie bis in's fünfzehnte Jahrhundert auf jener Insel von dem Rheingauer Adel nicht zwar dem Namen, aber der Sache nach gebildet wurden. Natürlich muß man diese Dinge aus dem Geiste des Mittelalters in den Geist unserer Zeit übersetzen, nicht aber sie buchstäblich anwenden wollen auf die grundverschiedenen neuen Zustände.

Die Adeligen des Landes nahmen als geborene Beisitzer an diesen jugendlichen Anfängen einer ständischen Volksvertretung Theil, und es wird ausdrücklich bemerkt, daß ihnen zwar allmählich das Amt einer formellen Obmannschaft zugestanden worden sey, daß sie aber thatsächlich das der Vermittler gewählt hätten. Der Adel erschien nicht um die besonderen Interessen seiner Körperschaft als solcher zu wahren, sondern lediglich als begüterter Rheingauer Landesgenosse und Landesbürger, als das natürliche Mittelglied zwischen den erzstiftlichen Delegirten und den Bürgern, als selbständiger, freier Mann, der weder der parlamentarischen Freiheit der bürgerlichen Landräthe einen Zaum anlegen konnte, noch andererseits irgendwie gehalten oder gesonnen war, der Sache der erzstiftlichen Regierung seine freie Ueberzeugung zu opfern. Das eigene Interesse seines großen Grundbesitzes brachte ihn dazu, in die Streitigkeiten des Erzstiftes und der Bürger schlichtend und ausgleichend einzutreten. Seine Einzelstimme wog gleich schwer mit der Stimme des Bürgers, nur das erbliche Recht des Beisitzers unterschied ihn von den bürgerlichen Landräthen. Aber dieses Recht war wieder nicht bloß durch den Grundbesitz, sondern auch durch den festen Wohnsitz im Gau bedingt. So war dem ächten socialen Beruf der Aristokratie ein volles Genüge gethan, und ihr diejenige politische Rolle zugewiesen, die ihr zu allen Zeiten am besten angestanden hat, die Rolle der Vermittlung und Versöhnung im ständischen Leben. Während in den nächsten Jahrhunderten die immer mehr bevorrechtete Stellung des Adels auf den Landtagen, und endlich im siebenzehnten und achtzehnten Jahrhundert die Abhängigkeit des Standes von den Regierungen, dazu führte, dem Bürger diese politische Wirksamkeit der Aristokratie allmählich verdächtig zu machen, hatten jene alten Landversammlungen in ihrem versöhnenden und einigenden Ziel dem Bürger gerade den rechten Respekt vor der Aristokratie erweckt. Wie der einzelne

Ritter seinen Bauern im gemeinsam tagenden Gemeinderath, so trat hier die ganze Ritterschaft dem gesammten Bürgerthum im Landesrathe erst recht nahe. Und in dieser Eintracht ruhte die Stärke der uralten Landversammlungen, eine Stärke, die sich fast wie Demagogie unserm erschlafften ständischen Bewußtseyn gegenüber ausnimmt. Denn die Landversammlungen, wie sie, von den grünen Wogen des Rheins umrauscht, auf jener Insel gehalten wurden, waren nicht bloß gutachtliche, unmaßgebliche Berathungen, nein, sie faßten Beschlüsse, schlichteten und entschieden, und dem Geiste des frühern Mittelalters gemäß lag es außer aller Berechnung, daß es dem Fürsten hätte beifallen können, sich über solche gemeinsame verfassungsmäßige Beschlüsse des Adels und der bürgerlichen Landräthe hinwegzusetzen. Das war die Macht ständischer Volksvertretungen!

Die Lützelau ist vom Rheine weggespült, man weiß nicht mehr genau, wo sie eigentlich gelegen war; auch die Herrlichkeit der alten Landversammlungen ist im Strom versunken. Die Lützelau mit ihren stolzen Dingtagen in den Fluthen eingesargt als ein Nibelungenhort des deutschen Volks- und Staatslebens — ein Poet könnte einen Vers daraus machen!

Zu dem Bindeglied der Landesvertretung war für Bürgerthum und Aristokratie ein weiteres durch die „Schöppenbarkeit" des Adels gegeben. Nicht bloß bei den allgemeinen Landgerichten, sondern gar häufig auch bei den Dorfgerichten übte der Adel das Amt der Schöppen und Schultheißen. Die Rechtskenntniß galt fast als eine dem adeligen und rittermäßigen Manne angeborene Eigenschaft. Die vaterländische Rechtssitte — nicht das gelehrte Recht — mochte sich mit den andern Sitten in den edlen Geschlechtern forterben. So ließ sich in einer noch so naiven Zeit wohl mit Fug annehmen, daß mit dem historischen Familienbewußtseyn auch das historische Bewußtseyn vom vaterländischen Rechte Hand in Hand gehen müsse. Aus dem socialen Charakter der Aristokratie — so wunderlich uns dies heutzutage klingen mag — quoll naturgemäß das gute Vorurtheil, daß sie Rechts=

kenntniß besitze, daß jeder Baron gleichsam ein geborener doctor juris sey. Die Seßhaftigkeit der Edelleute mochte dazu eben so gut für eine Gewähr ihrer richterlichen Unabhängigkeit gelten, wie in der modernen Bureaukratie die Unabsetzbarkeit der richterlichen Beamten auf dem bloßen Verwaltungsweg. Als bestehend aus „ehrbaren und vesten Leuten," dazu aus „biderben, strengen und weisen Leuten" wird dieser ritterschaftliche Richterstand häufig in alten Urkunden bezeichnet. Der adelige Schöppe aber saß als ein gleicher unter seinen bürgerlichen und bäuerlichen Mitschöppen. Das Gericht war die höchste Ehre des Ritters wie der Gemeinde. Vor dem Rechte waren die Stände leider noch nicht gleich, aber sie rangen doch oft erfolgreich nach Gleichheit in dem höchsten Ehrenamte des Rechtfindens. Wie die Handhabung der Gemeinde- und Landesverfassung, so wurde auch die Handhabung des Rechtes der neutrale Boden, auf welchem die social so scharf geschiedenen Stände wiederum zusammentrafen.

Noch mehr. Die Glieder des niedern Adels betrachteten das Schöppenamt nicht selten als einen öffentlichen Dienst, in welchem sie ihr Brod suchten. Der niedere Adel des Mittelalters war im Durchschnitt nicht sonderlich reich, das Ritterhandwerk war kostspielig, die Gutsrente stand gar oft in höchst bedenklichem Verhältniß zu der Lust an Prunk und Aufwand. Das Schöppenamt konnte unter Umständen erkleckliche Gerichtsgebühren abwerfen. So fand der Richter Broderwerb in einem Beruf, der eben so gut bürgerlich als ritterlich war. Und während ihm das gesellschaftliche Vorurtheil verbot, ein bürgerliches Gewerbe zu treiben, begegneten sich beide Stände auch von dieser Seite in dem ehrenvollen Richteramte. Man kann damit zusammenhalten, wie später die ärmere Aristokratie den höhern und niedern Staatsdienst als Erwerbsquelle aufsuchte. Aber gerade weil diese Staatsdienste kein unabhängiges Amt waren, gleich den alten Schöppenämtern, trug das Rennen und Jagen nach denselben nicht wenig dazu bei, die Selbständigkeit des kleinen Adels zu brechen und im Verein mit dem Buhlen um glänzende Hofstellen den bevorzugten Stand dem Bürgerthum immer mehr zu entfremden. Ja, während das Schöppenamt selber gehoben worden war durch den Adel, wurde der Staatsdienst da heruntergedrückt, wo er vordem zeitweilig das Ansehen einer Versorgungsanstalt für das aristokratische Proletariat erhalten hatte. Die Ministerialen, die adeligen Dienstmannen des Mittelalters widmeten sich auch oft, unbeschadet ihrer Freistandschaft, sogar erblich und „ewig" dem fürstlichen Dienst. Aber gerade indem sie solchergestalt ihr ganzes Haus der großen Familie der fürstlichen Dienstmannen einverleibten, entsprach die Dauer und Festigkeit des Verhältnisses dem socialen Charakter der Aristokratie weit mehr, als die Abhängigkeit von dem Paragraphen einer modernen Staatsdienerpragmatik. — Die unmittelbare Theilnahme des Ritterstandes hatte den Gerichten, auch den kleinsten Dorfgerichten, eine sociale Würde gegeben, die später durch die gelehrte Würde der Rechtsdoctoren nicht ganz weiter bewahrt werden konnte. Namentlich auf dem Lande half der Adel in einer noch so rohen Zeit den Respect vor der Rechtspflege gründen. So ward diese, mitunter wohl sehr bescheidene Berufsthätigkeit zum Segen für beide Theile.

Die Grenzlinien des adeligen Standes waren im Mittelalter gewiß scharf genug gezogen. Und dennoch gingen Seitensprößlinge der adeligen Hauptstämme, um die Untheilbarkeit des Stammgutes zu wahren, viel häufiger vom hohen zum niedern Adel, von diesem zum Bürger- und Bauernstande über, als heutzutage. Dadurch wurde nicht nur die Aristokratie in sich fest und stark erhalten, sondern auch die Wechselbeziehung zum freien Bürgerstand vermittelter und inniger wie in unsern Zeiten. Wenn wir so häufig altadelige Namen zugleich als bürgerliche wiederfinden, so rühren sie gewiß sehr oft von Seitensprößlingen des gleichnamigen Geschlechtes her, die in früheren Jahrhunderten, weil ihnen der aristokratische Besitz, diese Vorbedingung der Selbständigkeit, fehlte, vernünftigerweise auch den aristokratischen Stand aufgegeben haben. Andererseits war ein großer Theil des niederen Adels nachweislich den bürgerlichen und bäuerlichen

Kreisen entsproßt. Er schloß sich nicht durch Ebenbürtigkeitsgesetze vom freien Bürger ab und vermittelte so zwischen diesem und dem hohen Adel.

Auch den Privilegien des mittelalterigen Adels läßt sich eine sociale Seite abgewinnen. Eines seiner kostbarsten Vorrechte bestand in dem uralten Rechtscanon: „Ein Unedler mag nicht weisen über einen Edelmann." — „Kein Schultheiß, der nicht edel ist, mag einen edlen Mann bannen, noch gegen ihn Wahrheit sagen," heißt es erläuternd in einer Urkunde aus der Mitte des dreizehnten Jahrhunderts. Daran reihte sich das nicht minder gewichtige Vorrecht, daß der Edelmann nativi juris war, daß der Adelige in dem Lande, wo er saß, seinen Richter fand und nicht vor ein fremdes Gericht berufen werden konnte.

Betrachten wir diese Privilegien mit modernen Augen, so erscheinen sie uns als eine gehässige Uebervortheilung des ganzen nichtaristokratischen Theiles der Gesellschaft. Denn der Edle, der von den Uneblen nicht gerichtet werden konnte, richtete ja doch gegentheils über den Uneblen. Der Satz, daß nur der Gleiche vom Gleichen gerichtet werden könne, kommt also bloß dem einen Theil zu gute. Im Lichte der alten Zeit angeschaut, nimmt sich aber doch die Sache ganz anders aus. — Die Aristokratie repräsentirte die Gesellschaft. Indem sie die oben bezeichneten Rechtsgrundsätze vorläufig für sich allein — als Privilegium der Gesellschaft — in Anspruch nahm, that sie nichts geringeres, als daß sie im mittelalterlichen Styl gewichtige Bruchstücke der „allgemeinen Menschenrechte" proklamirte. Sowie der Adel politische Vorrechte für sich als sociale Rechte heischte, gab er dem Bürgerthum, dem Bauernthum, ohne es selber zu ahnen, die Anwartschaft auf die gleichen Vorrechte, sobald diese Stände ihren damaligen socialen Bildungsproceß vollendet haben, sobald sie als selbständig geschlossene Glieder eingetreten seyn würden in den immer mehr sich erweiternden Ring der Gesellschaft. Der Adel hatte die uralte Priesterschaft beerbt, Bürger und Bauern beerben den Adel, die Proletarier das Bürgerthum. Die ganze

Summe der Rechte, in welchen nachgehends auch die Macht des freien Bürgers wurzelte, die wir heute noch als die wahren Grundmauern unseres Rechtsstaates ansehen, war vorgebildet und als ein kostbares Kleinod bewahrt in den Vorrechten der alten Aristokratie. Und weit entfernt, daß der mittelalterige Adel durch den Besitz dieser Vorrechte ein Unterdrücker der Civilisation geworden wäre, mußte er gerade durch dieselben die Leuchte der Civilisation in trüber, stürmischer Zeit bewahren. **Aus der Gleichheit uralter Barbarei erwuchs die Ungleichheit der mittelaltrigen Gesittung, aus dieser aber wiederum die sociale Gleichheit im Sonnenscheine der modernen Cultur.**

Zu einer Zeit, wo die Gemeinden, als die geordnete Bürgerfreiheit, dem absoluten fürstlichen Regiment nur noch schwache Schranken entgegenstellen konnten, übernahm die Aristokratie dieses Amt, auf ihre alten Vorrechte trotzend. In den geistlichen Ländern spielte nicht der Adel als solcher, sondern die aus aristokratischen Elementen zusammengesetzten Domcapitel, die Klöster und Stifter als moralische Personen diese Rolle der Aristokratie. Die Macht der geistlichen Adelskörperschaften reicht sogar in eine Zeit herüber, in welcher die politische Macht der einzelnen Edelleute längst gebrochen war. Bernhard in seiner interessanten Monographie des Würzburger Fürstbischofs Franz Ludwig von Erthal zeichnet hierzu denkwürdige Belege auf. So trat z. B. noch im siebenzehnten Jahrhundert das Bamberger Domcapitel mit dem Rechte der Steuerverweigerung den Fürstbischöfen so nachdrücklich gegenüber, wie es kaum je einem modernen Landtage in den Sinn kommen könnte. In der Wahlcapitulation von 1693 war bestimmt, daß, wenn der Fürst dieselbe übertrete, so solle er vom Capitel vermahnt werden, und wenn er nicht abstehe, solle es dem Steuerbeamten so lange verboten seyn ihm seine Renten zu bezahlen, bis der Fürst dem Capitel volle Genüge gethan. Ja es war noch dazu bestimmt, daß der Fürst über solche Steuerverweigerung niemanden „Wider-

willen, Ungnade, Gehässigkeit" verspüren lassen, sondern dieselbe
gutwillig aufnehmen solle, und daß er sich von seinem
Capitulationseid weder vom Papst noch Kaiser dispensiren lassen,
noch einen obersten Schutz suchen dürfe, den Eid vielmehr geheim
halten müsse.

Um die wichtigsten Regierungsrechte wurde damals zwischen
den mächtigeren Klöstern und den Fürstbischöfen ganz derselbe
Streit geführt wie seit der ersten französischen Revolution wiederholt zwischen Volk und Fürst. Solche Klöster machten ihre Selbstherrlichkeit verschiedenemale sogar in der Weise politisch geltend,
daß sie die Einzahlung der von den Fürstbischöfen ausgeschriebenen
Kriegssteuerbeiträge verweigerten. Sie waren noch bis in's achtzehnte Jahrhundert in der That und Wahrheit geistliche Ritter-
burgen. Die Abtswohnung in solchen mächtigen Abteien nannte
man den „Hof," und die Mönche, welche eine besondere Stelle
bekleideten, hießen „Hofherren." Als der gelehrte Abt Söllner
von Ebrach 1738 in einer eigenen Abhandlung die Reichsunmit-
telbarkeit seines Klosters zu beweisen suchte, ließ der Fürstbischof
von Würzburg dieselbe unter Trommelschlag verbieten und öffentlich zerreißen. Sie wurde aber doch noch zweimal aufgelegt, und
zwar erschien eine dieser neuen Ausgaben in Rom. Als in derselben Epoche, in dem centralisirenden Zeitalter Ludwigs XIV.,
der Fürstbischof von Bamberg seine Stände nicht mehr berufen
wollte, ließen die Aebte der Klöster Michelsberg, Banz und
Langheim ihrerseits wenigstens ihre Landstände zusammenkommen.
Der Fürstbischof konnte diesen Trotz gegen seine landesherrliche
Gewalt nicht anders brechen, als indem er die Aebte verhaften
und ihre Klöster so lange besetzen ließ, bis gehörige Bürgschaft
geleistet war, daß diese ständische Berufung nicht mehr versucht
werden würde.

Die aristokratische Körperschaft des Domcapitels griff weit
entschiedener beschränkend in die fürstliche Gewalt der geistlichen
Fürstenthümer ein als heutzutage ein Landtag sammt verant-
wortlichem Ministerium. Das Domcapitel wählte den Regenten,

und dieser durfte nur aus der Mitte des Capitels die Pröbste der Collegialstifte, die Präsidenten der Gerichtshöfe und die Oberpfarrer ernennen. Die innere Organisation dieser Domcapitel ist für die sociale Geschichte der Aristokratie vom höchsten Interesse. In Würzburg bestand dasselbe aus 24 Capitularen und 30 Domicellaren, in Bamberg aus 20 Capitularen und 14 Domicellaren. Um in diese Körperschaft aufgenommen zu werden, mußte der Candidat väterlicher- und mütterlicherseits 8, im Ganzen also 16 Ahnen darthun, und nachweisen, daß seine Familie schon über hundert Jahre in einem unmittelbaren Ritterkanton begütert sey. Es ist übrigens bekannt, daß die Ahnenprobe des deutschen Adels den Nebenzweck hatte, römische Eindringlinge aus den deutschen Stiften und von ihren Fürstenstühlen entfernt zu halten, welche einzuschieben von Rom aus stets versucht wurde.

Diese geistlichen Fürstenthümer waren also weit mehr ein gemeinsames Minorat für den landsäßigen und benachbarten katholischen reichsunmittelbaren Adel als ein Eigenthum der Kirche. Von diesem Adel stammten aber auch weitaus die meisten Stiftungen, obgleich der Grundstock von den alten Kaisern herkam. Nicht eigentlich die Kirche besaß hier ein fürstliches Eigenthum, sondern der Adel hatte einen Theil seines gemeinsamen Standesvermögens als ein riesiges Standes-Fideicommiß **unter den Schutz der Kirche** gestellt. Daher war auch die Aufhebung der geistlichen Fürstenthümer ein viel härterer Schlag für den Adel, ein größeres Unrecht gegen ihn als gegen die Kirche. Der **Einfluß Roms in Deutschland ist nicht gemindert**, sondern gemehrt worden dadurch, daß es Rom mit keinen Bischöfen und Domcapiteln mehr zu thun hat, welche sich in einer vollständig selbständigen politischen Stellung fühlen.

Außer den Zufluchtsstätten, welche die aristokratischen geistlichen Körperschaften den nachgebornen Söhnen des Adels boten, waren noch acht sogenannte Erbämter am würzburgischen Hofe im Besitz reichsgräflicher und ritterschaftlicher Familien; desgleichen waren am Bamberger Hofe vier fränkische Adelsgeschlechter mit

Erbunterämtern belehnt. Durch alles dies wurde der aristokratische Einfluß dem Fürsten gegenüber so bedeutend, daß der Fürstbischof von Würzburg 1722 ein Verbot erließ, um die übermäßige Vergrößerung sowohl des Adels als der Stifte und Klöster zu verhindern, kraft dessen an jene ohne seine besondere Erlaubniß bürgerliche Güter nicht verkauft werden durften. Ja derselbe Bischof sah sich genöthigt, dem mächtigen Adelsbund mit einem Fürstenbund gegenüberzutreten, indem er zur gemeinsamen Behauptung seiner Hoheitsrechte gegen die vom Domcapitel unterstützte Ritterschaft ein Bündniß mit dem Kurfürsten von Sachsen, dem Markgrafen von Brandenburg und Baden, dem Landgrafen von Hessen und dem Herzog von Sachsen-Gotha einging.

Das Verhältniß der Ordensmeister zu ihren Capiteln nimmt sich nicht selten wie die flüchtig entworfene Farbenskizze für das ausgeführte Bild des modernen Ideals von constitutionellen Repräsentationsrechten und Ministerverantwortlichkeit aus. In der Ständevertretung des Mittelalters schlummern die Keime der modernen Volksvertretung. Das Bürgerthum griff später die Keime gar vieler solcher freisinniger Institutionen auf, welche die frühere mittelalterige Aristokratie zuerst ans Licht gelockt hatte. Staatsrechtliche Grundsätze, welche die Aristokratie zuerst eigennützig zum Frommen ihres engen Kreises ausgebildet, wurden zum Segen der ganzen Gesellschaft, indem sie unvermerkt zu allgemeinen Rechtsgrundsätzen sich erweiterten. Der Hochmeister des Deutschen Ordens stand wie ein verantwortlicher Minister dem Capitel gegenüber, überwacht und beschränkt durch dasselbe. Was es nicht bloß mit dem Rathen, sondern auch mit dem Thaten dieser überwachenden ritterlichen Versammlung auf sich habe, das erfuhr gerade ein sehr kräftiger Hochmeister, ein Mann der „rettenden That," Heinrich Reuß von Plauen. Die gegen ihn erhobene „Ministeranklage" ging im Generalcapitel durch, und der Hochmeister ward in ewiges unterirdisches Gefängniß gestürzt. Ein solcher Ministersturz schmeckt wenigstens nicht nach „Scheinconstitutionalismus."

Der altgermanische Gedanke des Schwurgerichtes ist, da er bereits im Volksbewußtsein zu verbleichen begann, durch Jahrhunderte lebendig gehalten worden in den Privilegien der Aristokratie. Wenn dieselbe damals im kleinen Kreise die sociale Selbständigkeit, das Recht der Zugbrücke für die ganze Gesellschaft vorbildete, so ist sie auch die historische Vermittlerin der daran geknüpften Rechte und Freiheiten gewesen.

Als den Bauern im sechzehnten Jahrhundert der Gedanke aufblitzte, daß auch sie zur Gesellschaft gehörten, da wollten sie auch den Mitgenuß an diesen Rechten sich nehmen, die bis dahin nur der Aristokratie und später dem Bürgerthum, als der bevorrechteten mittelalterigen Gesellschaft eigen gewesen waren. Der Gedanke war ganz vernünftig und billig und an sich weder socialistisch noch communistisch, aber die Ausführung war verkehrt. Die aufständischen Bauern wollten die Gesellschaft nicht zerstören, wie die modernen Proletarier, sie wollten nur eintreten in die Gesellschaft. Mit Aufruhr und Gewaltthat die Pforten zu öffnen mißlang ihnen, aber auf dem Wege friedlichen Fortschreitens hat sich ihnen nachgehends die Pforte von selber aufgethan. Diese Erfahrung möge die Revolutionslust unseres heutigen vierten Standes sich zu Herzen nehmen.

Die Wohnung des Edelmanns war ein Heiligthum, eine Freistatt, woraus weder der Besitzer noch seine Angehörigen mittelst Eindringen gewaltsam herausgeschleppt werden durften. Wenn unsere modernen Gesetze nicht dulden, daß der Polizeidiener ohne weiteres den Frieden des Privathauses brechen, wenn er ohne richterlichen Befehl Verhaftungen nicht vornehmen darf, so besagt dies nichts anderes, als daß der Burgfrieden zu dem allgemeinen Frieden des Hauses erweitert werden soll, wie sich die Burg als socialer Begriff erweitert hat zu Stadt und Dorf. **Es gibt wenig freisinnige politische Grundsätze, die nicht altaristokratischen Ursprungs wären.**

Wir finden aber auch noch eine andere Art von Vorrechten der mittelalterigen Aristokratie — freilich nur scheinbare Vor-

rechte. Indem sich eine große Zahl der freien, der unabhängigen
Gutsbesitzer auf eigene Fauft und aus eigenen Mitteln dem
Kriegsdienst gewidmet und auf die einträglicheren und bequemeren
Erwerbsquellen ihrer bürgerlichen Genossen in den Städten ver-
zichtet hatte, bildete sich erst im zwölften Jahrhundert die große
Masse des niederen Adels heraus. Diese Kriegsmänner dienten
der Landesvertheidigung, dem Staat, und stellten so von vornherein einen politischen Beruf des Adels neben den socialen.
Dem Rechte und der Pflicht, das Vaterland zu schirmen, stand
die Abgabenfreiheit zur Seite. Nicht in der Weise, als ob diese
ein Sold für den Kriegsdienst gewesen wäre, sondern der Ritter
leistete seine Abgaben thatsächlich dadurch, daß er Leib und
Leben, und obendrein auf eigene Kosten, an die Vertheidigung
des Vaterlandes setzte. Er genoß also thatsächlich gar keine
Abgabenfreiheit, er zahlte seine Steuern im buchstäblichen Sinne
in natura, nämlich in der Hingabe seiner eigenen Person. Darum
war es gar nicht so schreiend ungerecht, daß ein bis dahin mit
Abgaben belastetes Gut sofort steuerfrei wurde, sowie es in den
Besitz eines solchen Kriegsmannes kam. Derselbe zahlte jetzt die
Abgaben durch sein ritterliches Tagewerk. Erschien der ritterliche
Dienstmann nicht bei dem „Landgeschrei" und „Wappenrufe,"
um sich in die Reihe der Streiter zu stellen, so konnte er dar-
über zu schwerer Strafe gezogen werden. Er war dann eben ein
S t e u e r v e r w e i g e r e r im mittelalterlichen Style gewesen. Diese
Art der Naturalsteuer hörte aber von selber auf, als die besoldeten Milizen eingeführt wurden und das Kriegshandwerk durchaus nicht mehr das nothwendige Amt eines solchen Gutsbesitzers
war. Nun erst trat die eigentliche Steuerfreiheit, das wirkliche
Vorrecht ein, wenn etwa diese Güter fort und fort von dem
Beitrag zu den öffentlichen Lasten ausgenommen blieben. Die
politischen Rechte des Adels haben vielfach länger bestanden als
seine politischen Pflichten, nicht zum Segen für den Stand.

Indem die Aristokratie namentlich des früheren Mittelalters
die glückliche Mitte hielt zwischen allzu festem und allzu lockerem

Abschluß des Standes, war sie mächtig und selbständig. Der seine Tact für diese richtige Mitte ging bei dem Ausgang jener Periode allen Ständen verloren. Die Stände veräußerlichten sich, entarteten, sie brachen zusammen. Die Fluthen der Jahrhunderte sind über jene Trümmer hingegangen, es haben sich neue umfassendere Gruppen der Gesellschaft entwickelt, die nur noch Schattenbilder der alten Stände sind. Aber indem uns die Aufgabe geworden ist, eine moderne Aristokratie, in modernes Bürger- und Bauernthum, einen vierten Stand neu zu organisiren und namentlich diesen socialen Gebilden in der Politik gerecht zu werden, finden wir kein praktischeres Vorbild im Kleinen als eben jene alten Stände des Mittelalters.

Ich habe nur vereinzelte Züge aus dem Leben der alten Aristokratie vorgeführt und, dem hier vorliegenden Zwecke gemäß, mehr ihren idealen Kern als ihre wirkliche Erscheinung gezeichnet, aber schon an diesem lückenhaften Bilde zeigt sich's klar genug, wie der Gedanke, die Gesellschaft als solche in allen ihren Mächten im verjüngten Maßstabe darzustellen, der eigenste Beruf dieser Aristokratie war. Diese Thatsache ist der sociale Adelsbrief für die moderne Aristokratie. Ihr Beruf, das ganze Gesellschaftsleben als ein ständisch frei gegliedertes, nicht als ein kastenmäßig mechanisch abgesperrtes zu erfassen, zu fördern und zu schirmen, findet darin seine historische Weihe. Alle Reform an der modernen Aristokratie wird auf diesen Grundgedanken zurücklaufen müssen.

Es ist höchst bedeutsam und ein rechtes historisches Wahrzeichen, daß Luther, dieser großartigste Vertreter der geistigen Thatkraft des deutschen Bürgerthumes, seine zumeist entscheidende Streitschrift, in welcher zuerst der Gedanke einer nationalen deutschen Kirche offen verkündigt war, „an den christlichen Adel deutscher Nation" überschrieben hat. Dies geschah gerade in dem großen weltgeschichtlichen Wendepunkt, wo die sociale Macht des mittelalterigen Adels zusammenbrach, wo durch die religiösen Kämpfe das Bürgerthum als eine sociale

Macht im Geistesleben der Nation auftrat, wie nie zuvor. Und ein deutscher Edelmann, Ulrich von Hutten, hingerissen durch die gewaltige kirchliche Bewegung im Schooße des Bürgerthums, erkannte sofort das Entscheidende des Augenblicks, schleuderte seine wilden Büchlein in die Welt und zog als ein Prediger von Burg zu Burg, um die Ritterschaft an ihre Standespflichten, oder modern gesprochen an ihren socialen Beruf zu erinnern. Dabei erprobt sich Huttens genialer Scharfblick, daß er sofort erkannte, welch ungeheures Gewicht eben damals die sociale Erstarkung der Aristokratie in die Wagschale geworfen haben würde. Unsere Demokratie feiert diesen Ritter jetzt als einen großen Volksmann. Wohl; er war es. Aber man möge doch nicht vergessen, daß Hutten in seinen Zuschriften an Karl V. und dessen Bruder Ferdinand diese Herren aufs nachdrücklichste aufgefordert hat, **dem Adel wieder zu seiner corporativen Selbständigkeit gegenüber den Landesherren zu verhelfen**, daß er durch die Reform des Ritterthumes den Grund legen wollte zur Reform des gesammten deutschen Volksthumes. Aber die damalige Aristokratie in ihrer Mehrzahl hat Hutten so wenig verstanden als ihn die moderne Demokratie versteht.

Drittes Kapitel.

Der Verfall der mittelalterigen Aristokratie.

Mit dem sechzehnten Jahrhundert geräth das Gebilde des mittelalterigen Adels in eine von innen heraus drängende Bewegung, die zuletzt den ganzen Organismus zu zersprengen droht. Unscheinbar in ihren ersten Anzeichen, gewaltig in ihren Folgen. Wir sehen Verschwörungen und blutige Fehden des niederen Adels gegen den hohen, Bündnisse des hohen Adels gegen Kaiser und Reich. Der Landesadel strebt zum Reichsadel aufzusteigen, „die Ritterschaft will eigenherrisch seyn," der beschränkt privilegirte Edle will ein Reichsfreier werden, das Institut der ritterlichen Dienstmannschaft beginnt abzusterben; aber auch die Fürsten sammeln ihre Macht, mit den neu erfundenen Kanonen wird als mit dem „letzten Wort der Könige" gegen die Burgen einer auf ihre alte oder neue Selbständigkeit sich steifenden Vasallenschaft sehr vernehmlich argumentirt. In einzelnen großen Heldengestalten geht der Freiheitsdrang des mittelalterigen Adels tragisch unter.

Es waren das mehr als bloße politische Fehden; es war eine sociale Revolution, die im Schooße der Aristokratie ausgebrochen. Die Fürsten merkten solches wohl. In der Wahlcapitulation Karls V. werden die Bündnisse der Reichsritterschaft auf gleiche Stufe der Staatsgefährlichkeit gestellt mit den Geheimbünden der unzufriedenen Bauern.

Die Gesellschaft strebte sich auszuebnen, die Vielgestalt des alten Ständelebens zu vereinfachen, und dieses Streben, welches zuletzt in der französischen Revolution sich gipfelte, gährte zuerst auf bei dem Adel. Die tausend kleinen Gruppen der Aristokratie zogen sich in diesem Krampf der socialen Revolution zusammen zu größeren Gebilden. Die Fürsten, deren sociale Stellung bis dahin recht im Herzpunkte des Adels gewesen, stellten sich demselben jetzt als etwas frembes, außenstehendes gegenüber, mindestens als eine höchste Aristokratie über der hohen Aristokratie. Sie hielten das Ziel der Souveränetät fest im Auge, diese aber konnte nur durch ein Beugen des kleineren Adels durchgeführt werden. Aber auch ein großer Theil des hohen Adels rang sich jetzt mit den Landesherren zu einer halbfürstlichen Stellung empor, zu einem, wenn auch noch so kleinen Bruchtheil von Souveränetät. Die reiche, breit entfaltete Adelsgliederung des Mittelalters ballte sich zusammen in zwei große Massen, in eine reichsunmittelbare halbsouveräne Aristokratie, die später in den Hoch- und Domstiftern und den geistlichen Kurfürsten und Reichsfürsten ihre Spitze fand, und in den großen Schwarm des Hofadels, des niederen Landadels, des bloßen Titularadels ꝛc.

Die Unterschiede, welche diese zwei Hauptgruppen durchkreuzten, hatten theils eine bloß politische, theils aber auch eine sociale Wichtigkeit. Der so kunstvoll gefügte, so fein durchgearbeitete corporative Bau der alten Aristokratie war verändert. Das Patriciat der großen Reichsstädte, welches als ein so eigenartiges Gebilde in dem Gesammtverbande der Aristokratie sich entwickelt und Ursache genug hatte, mit Stolz seinen besondern Charakter festzuhalten, suchte allmählich seine Ehre darin, einem farblosen allgemeinen Adelsbegriff jenen historischen Charakter zu opfern. Es schlug meist nicht zum Heile dieser Patricierfamilien aus. Andererseits sahen Viele vom ritterbürtigen Adel, bevor jene Metarmophose des Patriciates eingetreten war, mit sträflichem Hochmuth auf dasselbe herab. Sie erklärten das Patriciat wohl gar der Gemeinschaft mit dem ritterbürtigen Adel nicht mehr für fähig, weil es den Zünften Antheil an der städtischen Regierung gewährt hatte! So schwer begann jetzt bereits ein Theil der

Aristokratie die Bedeutung des Bürgerthums wie der Glieder seiner eigenen Corporation zu verkennen.

Scheinbar und äußerlich gewann die Aristokratie einen weit glänzenderen Rang, in der That aber hatte sie sich selber um das beste Theil ihrer alten Macht betrogen. Der nicht fürstliche Theil des Adels hatte seinen besondern politischen Beruf aufgegeben. Gegenüber dem zur Vertheidigung des Vaterlandes durch die Geburt berechtigten und verpflichteten Ritter stand jetzt der Edelmann, der sich um ein Officierspatent bewerben mußte; gegenüber dem erblich und auf ewig dem Fürsten verpflichteten, darum aber auch zu der großen socialen Familie desselben gehörigen Dienstmann stand der ganz auf die Persönlichkeit seines Souveräns angewiesene Kammerherr, dem nur der Zufall einen politischen Beruf an die Hand gab.

Die Vorrechte des Adels in Sachen der Landesvertretung waren oft scheinbar und dem Wortlaute nach größer geworden, in der That und Wahrheit aber kümmerten sich die meisten Fürsten blutwenig mehr um ein ritterschaftliches Votum. Die Macht der adeligen Vertreter war gebrochen, weil ihre Stütze in der alten Gemeinsamkeit mit den bürgerlichen Landräthen längst morsch geworden war. Mit der socialen Selbständigkeit war auch der stolze politische Unabhängigkeitssinn bei vielen Adeligen erloschen, sie verzichteten von selber auf eine Opposition gegen den fürstlichen Willen. Wo nicht, so wußte die neue Macht der Fürsten schon ein Wort mit ihnen zu reden. Der große Kurfürst von Brandenburg ließ den Führer der Adelsopposition bei den Cleve'schen Ständen, Baron von Wylich, kurzweg nach Spandau führen, dieser gerade für das vorliegende Capitel classischen Veste, in welcher so manche durch die Allmacht des Hofes gestürzte aristokratische Größe Herberge gefunden hat. Den Obristen von Kallstein, der sich's hatte beikommen lassen, „starke Sachen" gegen den Kurfürsten zu äußern, ließ er enthaupten, den Vorsitzer des Schöppenstuhles zu Königsberg in ewiges Gefängniß stecken. Wäre ein Fürst des Mittelalters in solcher Weise verfahren, so würde das ganze Land — und nicht bloß die unmittelbar betroffene Adelsgenossenschaft — wider ihn aufgestanden seyn. Aber die Kluft zwischen dem Bürgerthume, ja zwischen den Bauern und dem Adel, hatte sich in der Mitte des siebenzehnten Jahrhunderts schon so weit geöffnet, daß der Kurfürst vielmehr durch solche Gewaltthat Volksgunst gewann. Die märkischen Bauern schrieben damals auf ihre Fahne:

„Wir sind Bauern von geringem Gut
Und dienen unserm gnädigsten Kurfürsten mit unserm Blut."

Dieser merkwürdige Spruch verkündet eine neue Welt. Die adeligen Grundherren hatten in jener Gegend aufgehört das natürliche Patronat über die Bauern zu üben, sie waren nicht mehr das nothwendige Mittelglied zwischen dem Bauern und dem Fürsten, dem Bauern und dem Staat, und der Bauer richtet sich jetzt unmittelbar an seinen „gnädigsten Kurfürsten," und wenn auch sein Spruchvers darüber in allen Gliedmaßen krumm und bucklig werden sollte.

Preußen ist diejenige deutsche Macht, welche die moderne Thatsache der politischen Centralisation durch zwei Jahrhunderte am entschiedensten vertreten und damit, ohne es zu wollen und zu ahnen, der jetzt in so dämonischer Gestalt aufsteigenden socialen Centralisation die Wege geebnet hat. Schon vor der Reformationszeit brach der erste Kurfürst aus der hohenzollerschen Dynastie die Burgen der Herren von Rochow, von Putlitz, von Quitzow 2c. Mit einem wahren Seherblick erkannten die Hohenzollern, daß durch die Beugung der Adelsherrschaft die neue Fürstenherrschaft begründet werden müsse und gaben solchergestalt in Brandenburg das Musterbild der Gründung der modernen Landeshoheit. Schon in der Mitte des siebenzehnten Jahrhunderts wurde von den Brandenburgern der Adel zu den Staatslasten beigezogen. England, welches trotz seiner innern Umwälzungen lange nicht so gewaltsam social und politisch ausgeebnet hat wie Preußen, wurde groß durch seine Aristokratie im Verein mit seinem Bürgerthum. Seine politische Bedeutung ruht auf socialer Basis. Preußen wurde groß durch die Persönlichkeit seiner Fürsten, durch sein Heer und durch seine Diplomatie. Es brach die gesellschaftlichen Mächte, indem es die Idee des Staates überall dem socialen Leben überordnete. Man nannte das einen „intelligenten Absolutismus," und der modern bureaukratische Staat ist aus demselben hervorgewachsen. Und die Communisten und Socialisten mußten kommen, damit die Bureaukratie sich halbwegs wieder entsinne, daß es beiläufig auch „gesellschaftliche Mächte" in der Welt gebe. Die Geschichte des preußischen Adels seit dem siebenzehnten Jahrhundert fällt zusammen mit der Geschichte des preußischen Hofes. Aber, wie gesagt, nicht bloß die genossenschaftliche Selbständigkeit der Aristokratie, sondern folgerecht der ständische Geist überhaupt ist in Preußen gebrochen worden durch die auf das Heer und die Diplomaten gestützte Autonomie bedeutender fürstlicher Charaktere.

Der Vollzug dieser weltgeschichtlichen Sendung Preußens, welches die Gesellschaft in dem Staate aufgehen ließ, während im Mittelalter der Staat in der Gesellschaft aufgegangen war, hat uns befreit von der Verknöcherung, worin zuletzt das mittelalterliche Ständeleben stecken geblieben ist. Das deutet der „deutsche Theolog," der in seinem prächtigen Buche vom „deutschen Protestantismus" auch so viel gute politische Winke gibt, treffend an, indem er sagt: „Der alte Fritz lebt in ganz Deutschland in begeisterter Volkserinnerung nicht ungeachtet, sondern wegen des in seiner Hand ruhenden Krückenstocks, denn mit diesem Krückenstock schlug er die Philister!" Aber mit dieser bloß verneinenden That ist es doch noch nicht gethan. Die Reste einer ständischen Volksvertretung, welche sich bis auf unsere Zeit in Preußen kümmerlich fortgeschleppt haben, waren in sich mark- und haltlos. Die Stütze einer kräftigen Aristokratie, eines ständisch selbständig entwickelten Volkslebens ist jetzt für das preußische Königthum unentbehrlich geworden. Der Krückenstock des alten Fritz reicht nicht mehr aus. Dem Andringen der socialen

Revolution, die gewaltiger ist als die politische, kann nur gewehrt werden durch die sociale Reformation, durch den Neubau ächt moderner Stände und Gesellschaftsgruppen. Preußen sucht jetzt nach einer Pairie, nachdem eine ganze Reihe staatskluger und vom nächsten Erfolge gerechtfertigter Fürsten nichts klügeres zu thun gewußt, als den Stoff zu dieser Pairie wegzuräumen. So spottet die Geschichte der politischen Weisheit, und der Erfolg in der Nähe ist oft nichts weiter als ein in die Ferne geschobenes Mißlingen.

Der politische Beruf der Aristokratie war früher auf die ganze Genossenschaft vertheilt gewesen: jetzt hatte sich die aus derselben hervorgegangene Unzahl der kleinen Halbsouveränetäten ein Uebermaß politischer Befugnisse zugelegt, und der andere Theil war leer ausgegangen. Das rächte sich. Im südlichen Deutschland konnte die Reichsmittelbarkeit dauernd auf so viele Häupter nicht ausgedehnt bleiben, mit dem Anbruch der neuen Zeit folgten die Mediatisirungen naturnothwendig, und somit war also auch der hohe Adel mit Ausnahme der wenigen übrig bleibenden Landesherren seines unmittelbaren politischen Berufes verlustig geworden. Die Centralisirung der politischen Rechte des Adels hat die Vernichtung dieser Rechte größtentheils herbeigeführt. Gleichwie aus den mittelalterigen Adelszuständen auf fast allen Punkten zu lernen ist, wie die Aristokratie am lebenskräftigsten neu zu organisiren wäre, so tritt uns bei den Zuständen des siebenzehnten und achtzehnten Jahrhunderts das negative Exempel nicht minder beharrlich entgegen, wie der Adel nicht organisirt werden soll.

Folgerechter ist die Vernichtung der mittelalterigen Aristokratie nirgends durchgeführt worden als in Frankreich. Ludwig XI., Richelieu und Ludwig XIV. wußten die Aristokratie so gründlich zu centralisiren, daß ihr ganzer politischer und socialer Beruf zuletzt in einem einzigen Manne gesammelt erschien, in der Person des Königs. Wäre dem letztgenannten Herrscher der moderne Begriff der Gesellschaft geläufig gewesen, er hätte nicht bloß sagen mögen: der Staat bin ich, sondern auch: die Gesellschaft bin ich.

Darum erscheint uns aber die gänzliche Verkennung der eigenen Bedeutung und Macht, in welcher der deutsche Adel während des goldenen Zeitalters der französischen Fürstenallmacht großentheils befangen war, nirgends in grellerem Lichte, als wenn wir sehen, wie er sich damals in allen Stücken den französischen Hofadel zum Muster nahm. Am Hofe jenes Ludwig konnte man höchstens lernen, was und wie die Aristokratie nicht seyn soll. Waren doch selbst unsere Pagerien, welche die alten „höfischen Sittenschulen" verdrängt hatten, leider nach französischem Muster zugeschnitten. Wie zu einer Hochschule aristokratischer Sitte strömte die Jugend des deutschen Adels nach Paris. Diese sogenannte „Cavalierstour" mußte vorweg jeden Gedanken an den höheren Beruf der Aristokratie in dem jugendlichen Gemüth ersticken. Und wenn die schlechte Schule trotzdem nicht überall durchgriff, so bezeugt das eben, wie lebhaft die Gedanken und Träume von dem selbständigen ehemaligen Berufe in dem ganzen Stande noch geraume Zeit nachklangen.

Ein gewiß unparteiisches und eben darum in desto brennenderen Farben leuchtendes Bild jener höfischen Sittenschulen an der Seine entwirft die damalige Herzogin von Orleans, Schwägerin Ludwigs XIV., eine geborene Pfalzgräfin, in Briefen an ihre Schwestern in Deutschland. Es heißt darin unter anderem: „Die Leute von Qualität sind in diesem Lande viel ärger debauchirt als die gemeinen Leute. Die Franzosen halten sich's vor eine rechte Ehre, debauchirt zu seyn, und wer sich piquiren wollte, seine Frau allein zu lieben, würde für einen Sot passiren und würde von jedermann verspottet und verachtet werden, so ist's hier beschaffen. Muß nur noch sagen, daß man sich hier vor eine Ehre hält, keine Verwandte zu lieben. Die es thun, sagt man, seyen bürgerlich." Während das historische Bewußtseyn der Familie gerade den Kerngedanken des Adels bildet, während die hohe sociale Bedeutung des Familienlebens ihr Symbol in dem Institut des Geburtsadels gefunden hat, während die Ehrenfestigkeit und Reinheit des Familienlebens im Mittelalter als der höchste Glanz und Stolz der Aristokratie erschienen war, galt die Zucht des Familienlebens dem französischen Hofadel jetzt für „bürgerlich." Dieser einzige Umstand beweist schon, daß er geradezu sich selbst verloren hatte, daß es eine ächte, social berechtigte Aristokratie in Frankreich nicht mehr gab, oder, wo das Trümmerstück einer solchen sich noch lebendig erhalten, im eigenen Lande wie im Exil lebte. Es liegt nach zwei Seiten für jene Zeit eine tiefe Wahrheit in der Bemerkung, daß für „bürgerlich" gelte seine Verwandten zu lieben. Denn gerade in diesen frivolen Tagen, wo auch die „freier" gebildeten, d. h. von dem alten ehrenfesten Bürgerthum bereits emancipirten Glieder des Bürgerstandes mit der Pariser Aristokratie in einer auf der Familienlosigkeit ruhenden Sittenverderbniß wetteiferten, hielt der gemeine Mann, der geringere, bildungsarme Bürger und der Bauer das alte deutsche Familienleben um so strenger fest, und sorgte solchergestalt dafür, daß die Zucht des Familienlebens und der ernste Sinn für dieselbe spätern Zeiten nicht verloren ging, daß sich späterhin die höhern Stände an derselben wieder kräftigen und ermannen konnten.

Der französische Hofadel bezeichnete sich selber freilich auch jetzt als die „Gesellschaft" an sich, er wollte ebenso gut den Mikrokosmus der Gesellschaft darstellen wie die deutsche Aristokratie im Mittelalter. Aber unter dem gesellschaftlichen Leben verstand er eben nur eine fein abgeglättete Müßiggängerei, die Spiel-, Tanz- und Zechgesellschaft, nicht die Gesellschaft, welche sich's im Schweiße ihres Angesichts sauer werden läßt, ein großes Bruchstück aus dem Gesammtberuf des Menschendaseyns menschenwürdig zu erfüllen.

Der deutsche Landadel, der auf seinen Gütern sitzend der alten Sitte treu blieb, war zu selbiger Zeit ein höchst beliebtes Ziel wohlfeilen Spottes. Niemals sind die „Krautjunker" so allgemein als komische Figuren behandelt worden, wie in den

Tagen, wo sie zumeist die Ehre der deutschen Aristokratie retteten. Der Sinn für das unschätzbare Gut der festen Seßhaftigkeit auf eigenem Grund und Boden war dieser ganzen Periode fast verloren gegangen. Viele adelige Güter sind damals ohne Noth zersplittert und verkauft worden zum großen Nachtheil der Nachkommen. Erst gegen die neuere Zeit hin, als überhaupt dem Adel wieder mehr und mehr ein Licht aufzugehen begann über seinen wahren Beruf und seine wahren Standesinteressen, wurde auch der Werth des großen Grundbesitzes für die Festigung des ganzen Standes und für den Staat wieder einmüthiger erkannt. Man kann wohl sagen, das Gewicht, welches die Aristokratie selber jeweilig auf den Grundbesitz, auf die Bedeutung des Landabels gelegt, sey allezeit ein wahrer Barometer gewesen, daran man ihre Blüthe und Kraftentfaltung messen konnte.

Der Landadel blieb in siebenzehnten und achtzehnten Jahrhundert beschränkt und abgeschlossen, aber in seiner Beschränkung war er national, ganz wie die Bauern; der deutsche Hofadel hingegen war bazumal mehrentheils verwälscht und kosmopolitisch. Während unsere ältere Aristokratie oftmals eine Wächterin des Deutschthums gewesen ist, führte der Hofadel jener in Rede stehenden traurigen Periode fremdländisches Wesen ein. — Die französische Sprache ward die Sprache der höheren Stände. Wer „zur Gesellschaft" zählen wollte, mußte ihrer mächtig seyn. Das pflanzte sich dann im zweiten und dritten Menschenalter auch auf den höheren Bürgerstand fort.

In dem Landadel allein hat sich noch so etwas von einer „Charakterfigur" des deutschen Barons erhalten. Die Aristokratie der Stadt und des Hofes hat die Eigenthümlichkeiten der äußern Standessitte so ziemlich aufgehen lassen in dem allgemeinen Typus der gebildeten feinen Gesellschaft. Gerade der feinste Ton duldet am wenigsten Originale der äußern Sitte. Bei den Bauern ist der ganze Stand ein solches Original; bei dem Adel nur noch ein ganz kleiner Rest. In den unteren Schichten der Gesellschaft, wo noch die meiste ursprüngliche Natur ist, herrscht noch das derb

Charakteristische der äußern Sitte vor; je höher wir hinaufsteigen, desto mehr scheint dieselbe ausgeglichen und abgeschliffen. Dieß beweist, daß der sociale Lebensnerv hier weit stumpfer geworden ist. Die Energie des gesellschaftlichen Lebens hat sich hier viel mehr aufgerieben und verbraucht. Durch die Wechselbeziehung des Adels, als Gutsbesitzer, zum Bauernstande kann und soll er in diesem Betracht neue Kraft in sich aufnehmen. Man sagt, in England blühe der Landbau theilweise auch deßwegen so üppig, weil es die aristokratische Sitte dort mit sich bringt, daß der Grundherr einen großen Theil des Jahres auf seinem Gute sitzt und mit seiner höheren Bildung, mit seinem Unternehmungsgeist die grob materielle Arbeit des Pächters in höhere Bahnen leiten hilft. Allein der Adel selber gewinnt bei dieser unschätzbaren Sitte mindestens ebensoviel als die Landwirthschaft. Darum lebt in England noch weit mehr eine eigentliche Charakterfigur des Aristokraten als in Deutschland und vollends in Frankreich.

Gegenwärtig entschließen sich in Deutschland wieder immer mehr Edelleute zur Selbstbewirthschaftung ihrer Güter. Man nimmt wahr, daß der vor 50 Jahren noch so zahlreiche Stand der Verwalter und Gutspächter auszugehen drohe. Es ist dies ein Zeugniß für die Ermannung des begüterten Adels.

Das Ritterthum des Mittelalters hatte seine strengen Gesetze der äußeren aristokratischen Sitte. Die formelle Ausspitzung des Begriffs der Ehre verklärte einigermaßen die natürliche Rohheit des Fehdelebens. Die alte Rittersitte schwächt sich in den späteren Jahrhunderten zu einem verallgemeinerten äußerlichen Decorum des Standes ab. Immerhin hat dieses Festhalten am äußeren Anstande, die Selbstgewißheit im Besitze des feineren Tones zu seyn, die Aristokratie zu einer Lehrmeisterin des Bürgerstandes gemacht, der im siebenzehnten und achtzehnten Jahrhundert auffallend plump und unbehülflich in der formellen Haltung des Einzelnen, im äußeren Benehmen zu werden drohte. So ist die jetzt so allgemeine Glätte des geselligen Verkehrs unstreitig großentheils den Einflüssen der Aristokratie gut zu schreiben. Aber was hier früher das Monopol des Adels war, ist jetzt das Gemeingut der gesammten gebildeten Welt geworden.

Manche ächt deutsche Unsitte erbte sich auch aus dem Mittelalter zu dem Adel der nachfolgenden Jahrhunderte herauf, die dort in der Umgebung so vieler guten Sitten schon erträglich gewesen war. Allein jene guten Sitten wurden meist nicht mitgeerbt. Im Mittelalter hieß nobiliter bibere, zu deutsch adelig zechen, unverblümt so viel als sich volltrinken. Das hatte bei dem rauhen Waffenhandwerk der alten Degen und der unbeschränkten Gastfreundschaft auf den abgelegenen Burgen allenfalls seinen guten Humor. Wenn aber im siebenzehnten Jahrhundert noch fürstliche Hofcavaliere sich was darauf zu gut thaten, an der herrschaftlichen Tafel die Maß Wein auf einen Zug ohne Athemholen hinunterzugießen, wenn ein kurbrandenburgischer Oberkämmerer sich berühmt, 18 Maß Wein bei einer Mahlzeit zu trinken, so nimmt sich das in der Umgebung ganz veränderter Sitten eher viehisch als ritterlich aus. Und doch gehörte so etwas zu selbiger Zeit auch noch zum aristokratischen Ton. Nicht als ob ich glaubte, die ganze Aristokratie habe eine so glatte Gurgel gehabt. Nicht als ob ich überhaupt der Ansicht wäre, alle diese schlimmen Seiten, welche ich hier in ihrer ganzen Schroffheit neben einander stelle, seyen überall das charakteristische Merkmal eines Aristokraten des siebenzehnten und achtzehnten Jahrhunderts gewesen. Es gilt mir nur, die schlimmen Folgen, welche für die Aristokratie aus dem Zerbrechen ihrer alten Standesformen erwachsen sind, hier zu einem recht kräftigen Schattenbilde zu vereinigen, wie ich die Vorzüge der mittelalterigen Aristokratie zu einem recht derben Lichtbilde ausgemalt habe. Ich schreibe keine Geschichte des Adels. Nur die Wirkungen der verschiedenen Entwicklungsstufen der Aristokratie sollen — hell und dunkel — gegen einander gestellt und daraus für die Gegenwart ein Resultat gezogen werden, wo und wie man für die Reform dieses Standes die Hebel anzusetzen habe.

Die Verflachung und Entartung des socialen Lebens traf in dem Zeitraum, von welchem ich rede, die ganze gebildete Gesellschaft. Nur der von der Cultur ganz unbeleckte gemeine Mann vegetirte in seiner ungebrochenen Natürlichkeit fort. Aber gerade weil die Aristokratie das Bild der Gesellschaft im Kleinen aufzustellen berufen ist, wurde sie um so empfindlicher und tiefer berührt von der krankhaften Erschütterung, die als natürlicher Rückschlag gegen das am Ausgange des Mittelalters versteifte und verknöcherte Corporationswesen alle Stände durchzuckte. Die Aristokratie ist der empfindlichste Theil der Gesellschaft. Alle socialen Bewegungen werden jederzeit am gewaltigsten und feindseligsten auf sie einstürmen, am frühesten an ihr selber wahrnehmbar werden. Darum zeigt sich's nirgends auffälliger als gerade bei der Aristokratie des siebenzehnten und achtzehnten Jahrhunderts, wie tief damals alle sociale Lebenskraft gesunken war.

Der einheitliche Beruf dieses Standes im Mittelalter, obgleich der Adel damals so vielgliedrig gestaltet war, springt überall klar hervor, läßt sich ohne Mühe nachweisen, faßt sich von selber in allgemeine Begriffe. In den nächstfolgenden Jahrhunderten dagegen vergißt die Aristokratie förmlich ihren socialen Beruf, sie geräth ins Unklare über ihre eigene Aufgabe. Der Begriff des S t a n d e s blaßt wirklich auf eine Weile ab zu dem Begriff des R a n g e s. Schon die Veränderung der aristokratischen Titel zeigte dies vielfach an. In den alten Titeln der großen Herren lag ein bestimmter Beruf ausgesprochen. Die Bezeichnungen als Pfalzgrafen, Markgrafen, Herzöge, Kurfürsten 2c. deuteten auf ein bestimmtes Amt im Reiche. Gerade diese am meisten charakteristischen Titel kommen bei den neu entwickelten Landeshoheiten am frühesten ab, oder ihr alter Wortsinn wird wenigstens vergessen. Der Herzog unterschied sich etwa von dem Pfalzgrafen nicht mehr durch den Beruf, sondern nur noch durch den Rang. Ebenso drückten die alten Titel der Ritter, Dienstmannen, Vögte 2c. einen Beruf, ein Amt aus, während sich der neue Freiherrntitel oder die einfache Adelsbezeichnung zu einem bloßen Rangzeichen innerhalb des aristokratischen Kreises zu verflüchtigen begann. Die Stellung der geistlichen Edelleute an den Hoch- und Domstiftern war ursprünglich ein wirkliches Amt gewesen. In der Rococozeit aber galt es mehr den Pfründen als dem Amt. Manchmal reichte der dritte Theil sämmtlicher Einkünfte eines geistlichen Landes nicht mehr hin, um die adelige Versorgungsanstalt der Domcapitel auszustatten. Man combinirte die Domherrnpfründen, nicht aber die Domherrnämter, und der nachgeborene Edelmann ließ sich häufig für die Arbeit von zwei bis drei Domherrn bezahlen, während er nicht die Arbeit eines halben that. Aber mit dem amtlichen Beruf ging auch der sociale Beruf dieser Aristokraten verloren. Es zeigte sich zuletzt bei den Domcapiteln, daß vornehme Abkunft und reicher Besitz allein nicht genügen, um eine ächt aristokratische Stellung in der Gesellschaft zu bedingen. Es fehlte den Domherren die Fesselung an Grund und Boden. Einige wenige peremtorische Tage ausgenommen, war gewöhnlich nur der vierte oder fünfte Theil der Domherren in den Stiftsstädten, wo sie präbendirt waren, gegenwärtig. Wenige unter den residirenden Domherren hielten selbst ein Haus. Vielmehr lebten die meisten als **Gäste und Reisende**, die wieder fortzogen, sobald es die Statuten erlaubten. Das Junggesellenleben verträgt sich überhaupt schwer mit dem socialen aristokratischen Beruf. Hierin liegt ein weiterer Grund für die Nachahmungswürdigkeit des englischen Herkommens, daß eigentlich nur das Familienhaupt mit dem Beruf auch den Glanz des Adels repräsentiren soll.

Entsprechend dem zu bloßen Ranganspüchen verflüchtigten Begriffe des adeligen Berufs, kommt das leere Ceremoniell im siebenzehnten Jahrhundert oben auf. Der bedeutendste Staatsmann, der mächtigste Hofbeamte stürzt sich selber, wenn er das Ceremoniell verachtet. Fürsten und Herren ringen um den Vortritt, nicht etwa figürlich in der Vertretung der höchsten gesellschaftlichen Interessen, sondern buchstäblich und mit der Kraft des Armes um den Vortritt bei irgend einem festlichen Aufzug. Im siebenzehnten Jahrhundert hätte man in einem Lehrbuch der Diplomatie ein eigenes Capitel schreiben können über die Kunst, wie man den Repräsentanten einer fremden Macht von strittigem Range, falls er im feierlichen Aufzuge vor einem hergeht, mit List und Gewalt hinter sich schieben kann. Das Mittelalter hatte auch seine lächerlich spitzfindigen Hof= und Rittersitten, aber es hatte daneben doch auch adelige Politik, höfische Kunst und ritter= liche Waffentüchtigkeit.

Die Fürsten selber, denen die Macht einer selbständigen Aristokratie im sechzehnten Jahrhundert freilig noch lästig genug gewesen ist, unterstützten nach Kräften jenen unheilvollen Ge= danken, der im Adel bloß den Rang erblickt. Ihre Nachfolger abelten demgemäß eine Menge von Personen, denen alle Qualität zum ächten Aristokraten abging. Ein preußischer Tranchirmeister wird beispielsweise in den Grafenstand erhoben, weil er sich, wie es im Diplom heißt, „mit seinem sehr künstlichen Tranchiren aller Orten beliebt gemacht." Kammerdiener werden geadelt. Das ist in diesen Tagen auch in Frankreich wieder geschehen, wo man freilich die Aristokratie in unserem Sinne nicht mehr zur socialen Macht werden lassen will.

Während der Eintritt in den Adel durch leichtsinniges Ver= geben solchen Titularadels zum großen Ruin des Standes unmäßig erleichtert wird, ist kaum ein Motiv mehr vorhanden, andererseits den Titel aufzugeben, auch wenn jede Voraussetzung des aristo= kratischen Berufes längst geschwunden ist. Denn einen Rang, der keinen besondern Beruf heischt, mag jeder geltend machen, so lange es ihm beliebt und Andere ihn daran anerkennen wollen. Im Mittelalter war es umgekehrt. Der Eintritt in die Aristo= kratie war erschwert, der Austritt erleichtert, und in der That kann sich nur bei diesem Verhältniß der ganze Stand blühend erhalten. Die Vorurtheile des Bürgers gegen den Adel batiren fast sämmtlich aus der besprochenen Periode, namentlich das oberste und gefährlichste dieser Vorurtheile, daß der Adel gar keinen besondern gesellschaftlichen Beruf mehr habe, daß er einen bloßen Rang bezeichne. Wenn die Väter saure Trauben essen, werden den Söhnen die Zähne stumpf. Die Urtheile des großen Publikums hinken meist nicht nur hinter den Thatsachen drein, sondern sie halten auch in der Regel Thatsachen noch fest, wenn dieselben bereits hinter uns liegen. So geht es auch mit der noch immer landläufigen Auffassung und Beurtheilung des Adels, die wesentlich auf Zustände des siebenzehnten und achtzehnten Jahrhunderts zurück datirt. Die Kanonen, mit welchen die Fürsten die Burgen des Adels zerstörten, sind keine so furchtbare Waffe der Zerstörung gegen diesen Stand gewesen als der Briefadel und der maßlose Gebrauch, der von demselben gemacht wurde. Es ist charakteristisch, daß es wiederum die Zeit Karls V. war, in welcher der Briefadel recht in Schwung kam. In der unsinnigen Verschleuderung desselben wurde dem Vorurtheil, daß der Adel bloß einen Rang bezeichne, recht eigentlich der Stempel landesherrlicher Autorität aufgedrückt.

Indem ich dem unabhängigeren Adel des Mittelalters den Hofadel der späteren Jahrhunderte in seinen Schattenseiten gegenüber stelle, will ich damit keineswegs ausdrücken, daß es an sich unzulässig, dem aristokratischen Berufe widersprechend sey, daß der Adel Hof- oder Staatsdienste nehme. Auch im Mittelalter gab es einen sehr berechtigten Hofadel. Ja es ist an sich nichts natürlicher, als daß die Aristokratie des Landes durch den Glanz ihrer gesellschaftlichen Stellung den Glanz des Thrones mehren helfe. Nur soll sie sich nicht in ihrer socialen und vollends gar materiellen Existenz von dem Hof- und Staatsdienst abhängig machen. Und letzteres war vielfach und selbst bei den stolzesten Geschlechtern im siebenzehnten und achtzehnten Jahrhundert eingerissen. Ein selbständiger Adel, der dem Throne nahe steht, ist eine Bürgschaft für die Freiheit und Selbständigkeit der gesammten Volksentwicklung. Wo dagegen irgendwann centralisirende und nivellirende Fürstenallmacht durchgebrochen ist, da wurde auch fast immer der Adel zu der abhängigsten und

unselbständigsten Stellung im Hof- und Staatsdienste zurückgetrieben. Die Blüthe des deutschen Bürgerthumes im Mittelalter
lief parallel mit der Selbständigkeit des Adels. Vom Verfall der
Aristokratie nach der Reformation hat das Bürgerthum wenig
Nutzen gehabt, es hat vielmehr selbst mitleiden müssen. In
Rußland erlischt der Erbadel sofort, wenn je bis zur dritten
Generation kein Glied der Familie in den Staatsdienst getreten
ist. Der Begriff des Adels an sich ist hier gefesselt an den Begriff des kaiserlichen Dienstes. Dadurch ist jede auch nur annähernde Selbständigkeit der Aristokratie zum Schaden des Landes
unmöglich gemacht. Viel eher verträgt sich noch eine corporative
Selbständigkeit des Bauernstandes mit der absoluten Regierungs-
form, als das gleiche Zugeständniß an die Aristokratie. Auch
dafür liefert Rußland den Beleg. Wäre die Gegnerschaft des
Liberalismus wider die Aristokratie eine rein politische, so wäre
sie widersinnig; denn eine kräftige Aristokratie ist zu allen Zeiten
eine Stütze der politischen Freiheit gewesen. Um das einzusehen,
braucht man nur England mit seiner großartig entfalteten Pairie
gegen Rußland mit seinem Adel zu halten, dessen ganzer Bestand
in dem Gedanken des fürstlichen Dienstes aufgeht, die deutsche
Aristokratie des Mittelalters gegen die deutsche Aristokratie der
Zopfzeit. Aber jene Gegnerschaft des Liberalismus ist auch keine
rein politische, sie ist vielmehr eine wesentlich sociale.

Kein Stand hat solche gleichsam bis auf Mark und Bein
eindringende sociale Processe durchgemacht, wie die deutsche Aristokratie. Die Uebergänge von der Aristokratie des frühern Mittelalters zu der des spätern, von dieser wieder zu dem Adelswesen
der Rococozeit und von da endlich zu den neuen Ansätzen einer
modernen Aristokratie sind so gewaltsam, so durchgreifend gewesen, der Begriff der Aristokratie ist scheinbar jedesmal so
von Grund aus umgesprungen, und trotz seiner unendlich verschiedenen Erscheinungsformen doch immer wesentlich derselbe geblieben, daß hieraus recht klar die unverwüstliche Zähigkeit des
aristokratischen Princips in die Augen springt. So weit unser

zerfahrenes modernes Bürgerthum auch abstehen mag von dem Bürgerthum des Mittelalters, ist es doch in der zwischen inne liegenden Periode lange nicht so gründlich umgewandelt worden, wie die gleichzeitige Aristokratie. Die Trümmer der alten Pracht in unseren großen Reichsstädten heimeln uns an durch den **wahlverwandten** Geist, der immer noch jene verblichene Handels- und Gewerbsgröße mit unserer modernen Industriegröße verbindet. Die gebrochenen Burgen des Ritterthums, einsam auf pfadlos verwachsenen Berghöhen gelagert, bergen im Gegensatz die Poesie des Räthsels für uns, und gerade das **Fremdartige** an diesen Stein gewordenen „Mährchen aus alten Zeiten" ist es, was als ein so wunderbarer Laut dichterischer Romantik in unserer Seele wiedertönt. Und doch liegt für den geschichtlichen Forscher das Fesselnde unserer vielverschlungenen Adelsgeschichte wieder darin, daß bei allen ihren schroffen Uebergängen durchweg ein historischer Faden bleibt, der diese lange Reihe von Gegensätzen zur geschlossenen Kette in einander fügt.

Wunderbar genug hat die Natur selber dies angedeutet in dem wechselnden Auftreten und Abgehen der großen Adelsgeschlechter. Jeder Ring der Kette schließt sich ab, aber jeder greift auch ein in einen neuen Ring. Die ältesten Urgeschlechter des hohen Adels sind gegen das Ende des Mittelalters fast alle ausgestorben. Die aus den gewaltigen Umwandlungen der Aristokratie im Mittelalter hervorgegangenen Geschlechter treten mehrentheils in ihre Stelle; in der Erbschaft ihres Besitzthumes finden die alten darauf haftenden Pflichten und Rechte, oft auch der alte Name, einen neuen Herrn. Und wiederum ist von diesen aus dem Mittelalter hervorgewachsenen Geschlechtern eine auffallend starke Zahl wenigstens in den Hauptstämmen gegen das Ende des achtzehnten Jahrhunderts erloschen. Aeußerst wenigen Familien war es vergönnt, durch alle diese großen Perioden im Urstamme kräftig fortzutreiben auf ihren Stammgütern, die Einheit auch in diesem Wandel versinnbildend. Wie der einzelne Mensch von hinnen geht, wann er seine Sendung erfüllt hat, so treten auch die Geschlechter und Familien ab, wann das Maß ihres Wirkens voll ist. Das stolzeste Haus, dem zahlreiche Sprößlinge noch eine vielhundertjährige Dauer zu verheißen scheinen, erlischt oft plötzlich. Es ist, als ob ein Verhängniß ihm keinen längern Bestand gönnen wolle als eben für die geschichtliche Periode, für welche es berufen war. Das Alter des Menschen zählt nach Jahren, das Alter der Geschlechter nach Jahrhunderten, der Völker nach Jahrtausenden, der Menschheit vielleicht nach Hunderttausenden. Und sollte es darum, wo ein ehernes Gesetz der Natur und der Weltgeschichte dieses geheimnißvolle Maß, diese Schranken vorgezeichnet hat, so ganz kindisch seyn, das historische Bewußtseyn der Geschlechter in einem besonders berufenen Stande wach zu erhalten und in Familiengeschichte und Stammbäumen von dem geschichtlichen Berufe und dem Lebensalter der Geschlechter sich selber und Andern Kunde zu bewahren?

Viertes Kapitel.

Resultate für die Gegenwart.

Die erste französische Revolution wollte den Adel vernichten. Sie vollführte aber das Gegentheil von dem, was sie gewollt. Sie brachte ihn nach dem Taumel des achtzehnten Jahrhunderts erst wieder recht zum klaren Selbstbewußtsein, und, was viel wichtiger noch, zur Selbsterkenntniß. Angesichts des Kerkers, des Blutgerüstes und der Verbannung mochte es wohl einleuchtend werden, daß die Stände, und die Aristokratie voran, nach einem tieferen Inhalt für sich selber suchen mußten, als nach dem einer bloßen Rangordnung im Staatskalender. Die Revolution hatte den handgreiflichen Beweis geführt, daß die Aristokratie entweder ihren socialen Beruf wiedererkennen, daß sie umbildend und organisirend auf die ganze ausgeebnete Gesellschaft einwirken, daß sie an die Spitze einer neuen Gliederung derselben treten oder — zu Grunde gehen müsse.

Die im Schooße der Aristokratie selbst solchergestalt wachgerufene Erkenntniß der Reformbedürftigkeit des ganzen Standes erscheint mir so wichtig, daß ich in ihr geradezu das charakteristische Unterscheidungsmerkmal der Aristokratie des neunzehnten Jahrhunderts von jener des achtzehnten finde. Es muß dabei zugleich angemerkt werden, daß weder bei den Bürgern, noch bei den Bauern der Gedanke, den Stand als solchen neu zu organisiren, so früh und so lebendig erwacht ist als bei dem Adel. Würde der Adel sich ermannen, eine solche Reform an sich selbst auch praktisch und folgerecht durchzuführen, so wären die andern Stände gezwungen, die ähnliche Reform auch in sich zu vollziehen. In diesem Betracht hat die Frage von der Reinigung und Läuterung der Aristokratie, von der Umwandlung des alten Adelstandes in einen ächt modernen eine unermeßliche sociale Tragweite. Hier stände dann der weltgeschichtliche Beruf vor der Aristokratie, den Neubau der modernen Gesellschaft im engeren Kreise vorzubilden, wie sie es weiland bei dem Bau der mittelalterigen Gesellschaft gethan.

In der Ausführung scheiterten aber die Reformversuche des Adels vielfältig daran, daß sie im Aeußerlichen stecken blieben. Ich erinnere an die Zeit der Befreiungskriege. Die Gelegenheit war günstig. Allein wie viele der besten Kräfte des Adels gingen sofort verloren in dem fruchtlosen Bemühen, mit dem Wiederauffrischen ritterthümlicher Romantik dem Adel ein neues ideales Leben einzuhauchen, ehe noch der reale Boden für dasselbe gegründet war! Es hat freilich etwas blendendes, denn es ist einzig in seiner Art, daß bei der Aristokratie vor Zeiten einmal im Ritterthum die Standessitte als solche zur unmittelbarsten Poesie des Lebens verklärt erschienen ist. Wenn man sich aber bemüht hat, vorerst dieses ideale Colorit dem modernen Adel wiederzugewinnen, noch ehe die dringendsten praktischen Reformen durchgeführt waren, so konnte dies die letzteren selber nur in ein falsches Licht setzen und den ganzen Gedanken einer veredelten Erneuerung des Adels als das Erzeugniß einer krankhaften, überreizten Phantasie erscheinen lassen. Derlei kokette Schwärmereien im Fouqué'schen Style haben der Sache des Adels in den Augen des nüchternen, mit gehörigem Mutterwitz begabten Bürgers außerordentlich geschadet. Es kam wohl vor, daß ein Freiherr, der doch sein Leben lang nur einen friedlichen Tuchrock getragen, sich im stahlblinkenden Helm und Harnisch zu seinen Ahnenbildern malen ließ, um den ritterlichen Geist in der Familie wieder aufzufrischen. Andere glaubten durch die Restauration erloschener Adelsvorrechte dem Stande seinen frühern Glanz wiedergeben zu können. Das aber war keine Frucht der

Selbsterkenntniß, und um diesen Gedanken zu wecken, hätte es nicht die Lehre einer blutgetränkten Revolution bedurft.

Andererseits gestehen selbst die Gegner des Adels zu, daß seit dem Anbruch der neuen Zeit von Jahrzehnt zu Jahrzehnt die Schaar trefflicher Männer im Schooße dieses Standes selber sich vergrößerte, welche das auf sociale Selbsterkenntniß gegründete Begehren der zeitgemäßen Veredelung des Adels obenan stellen, welche namentlich den Grundgedanken und Grundrechten des modernen Staates gegenüber die gepriesene Cardinaltugend der englischen Aristokratie — Mäßigung — auch für Deutschland erringen möchten, und statt der Schattenseiten des mittelalterlichen Adelswesens lieber jene Lichtseite aufzufrischen trachten, welche die Aristokratie als den vermittelnden Stand als den besten Freund und die natürliche Stütze eines freien Bürgerthums erscheinen läßt. Zu diesem Bund frei gesinnter und darum doch ächt aristokratischer Männer zählen viele Namen, die unter den besten der Nation genannt werden und überall im Vaterlande einen guten Klang haben.

Kein Adeliger ragte in diesem Sinne wohl größer über seine Zeitgenossen hervor als der Freiherr vom Stein. Es ist mir immer als ein herrliches Wahrzeichen der angebahnten Versöhnung alten nichtsnutzigen Ständehasses erschienen, daß das tüchtige deutsche Bürgerthum und der edelste Kern der Aristokratie sich gleicherweise um den Ruhm streiten, die Ideen dieses großen Staatsmannes je für sich in Anspruch nehmen zu dürfen. Pertz sagt in seinem „Leben Steins": „Er wollte Verbesserung, nicht Abschaffung des Adels; er hatte ein lebhaftes Gefühl für wirkliches Recht und insbesondere auch für die äußere Unabhängigkeit und sittliche Haltung, welche bedeutendes Grundeigenthum und ein durch edeln Familiengeist verknüpftes verdienstvolles, durch Verbindungen einflußreiches Geschlecht gewähren kann. Nachdem Stein selbst die früheren Vorrechte des Adels auf größeres Grundeigenthum und den höheren Staatsdienst sowie des Adels Ausschluß von den Gewerben abgeschafft, und die

freien nichtadeligen Grundbesitzer in die Ständeversammlungen
aufgenommen hatte, war die bisherige staatsrechtliche Stellung
des Adels als eines hochbevorrechteten Standes verschwunden,
und er mußte auf seine alte Grundlage zurückgeführt werden,
wenn er als Stand eine wahre Bedeutung erhalten sollte. Ein
Verein von Geschlechtern, welche sich durch erblichen großen Land-
besitz und Verdienst um den Staat auszeichnen, wird stets eine
bedeutende und wohlthätige Stellung gegen die anderen Stände
behaupten können. Daß Stein großes Landeigenthum für das
Grunderforderniß des Adels hielt, hat er in Denkschriften und
mündlich bestimmt erklärt. — — Eben so sicher ist es aus son-
stigen Aeußerungen, daß er den Adel als eine Auszeichnung für
Verdienste betrachtete, den Auszeichnungen Pflichten entsprechend
hielt, und daß er nicht kastenmäßige Scheidung, sondern eine
Verbindung der verschiedenen Stände für zweckmäßig erachtete."

Die Acten, welche Stein im Jahre 1807 über die Umbil-
dung des Adels und eine dem preußischen Adel zu gebende neue
Verfassung zusammenstellte, sind verloren gegangen. Steins Bio-
graph gibt uns aber die Hauptzüge seiner Reformgedanken, die
sich freilich von der jener bureaukratischen Zeit so nahe liegenden
Voraussetzung nicht losmachen können, daß das öffentliche Verdienst wesentlich nur im unmittelbaren Staatsdienste errungen
werden könne und darum einigermaßen an das Princip des russi-
schen Adels erinnern. Eben so äußerlich ist die von Stein beabsichtigte Classificirung des Adels nach seinem Einkommen. Um
so bedeutsamer aber erscheinen die Ansichten dieses Staatsmannes
über die Stellung der nachgeborenen Söhne. Seine Reformgedanken waren im Allgemeinen folgende: „Der Adel gründe sich
auf großen, die Unabhängigkeit gewährenden Grundbesitz und
damit verbundenes Verdienst um den Staat. Adeliges Gut kann
nicht unter ein bestimmtes Maß getheilt werden. Das Verdienst
um den Staat kann sowohl das der Vorfahren als eigenes seyn.
Das Verdienst der Vorfahren erhellt, wenn jemand einem Geschlechte des bisherigen Adels angehört. Das eigene Verdienst

wird an einer höheren Stellung im Staatsdienste erkannt, welche dem Inhaber im regelmäßigen Laufe des Dienstes als gerechte Anerkennung seiner Leistungen zu Theil geworden, und deren Verwaltung ein gewisses höheres Ansehen gibt. Der Adel ist nach Verschiedenheit des Einkommens in verschiedene Classen abgestuft. Er vererbt mit dem unverminderten Landeigenthum: die Kinder, welche dessen entbehren, sowie alle zum Eintritt in den neuen Adel nicht geeigneten Mitglieder des bisherigen Adels behalten zwar die Adelsfähigkeit, können jedoch keine bevorzugte Stellung in Anspruch nehmen. Der Adel wird, als erster Stand, persönlich zu den Provinziallandtagen, und theils persönlich, theils durch Abgeordnete aus seiner Mitte zu den Reichsständen berufen."

Hiezu kommt noch, daß Stein auch Standesgerichte zu gründen beabsichtigte, welche unwürdige Genossen auszustoßen berechtigt seyn sollten.

Pertz bemerkt, der Satz, welcher das nicht nothwendige Vererben des Adels auf alle Kinder statuirt, würde die in der Ausführung größten Schwierigkeiten geboten haben. „Aber die Noth der Zeit," fügt er hinzu, „war so groß, daß man noch zu schwerern Opfern entschlossen gewesen wäre." Dem füge ich weiter hinzu: die Noth der Zeit ist für den deutschen Adel als socialen Körper heute noch eben so groß als damals für den preußischen, wo die Schlacht von Jena eben erst geschlagen worden war. Eine Satzung, welche den nachgeborenen Söhnen nicht den Adelstitel sondern nur die ruhende Befähigung für denselben zuspräche, ist seit Steins Zeiten von Unzähligen als oberste Vorbedingung zur Reform des deutschen Adels erkannt worden, aber nirgends noch hat man diesen Gedanken zu verwirklichen gewagt.

In einigen Gegenden erhielt sich das Herkommen, daß nur der Standesherr, das Haupt der begüterten Adelsfamilie, „Baron" genannt wird, nicht aber seine sämmtlichen Söhne und Vettern ꝛc., überhaupt nicht der bloße Titularadel. Im deutschen Süden,

wo man einen Jeden, der einen saubern Rock trägt, als „Herr
von" anredet, wird freilich jeder Adelige selbstverständlich zum
Baron. Bei den reichsgräflichen Familien kommt nur dem Haupte
des Hauses das Prädikat „Erlaucht" zu, und bei den fürstlichen
Häusern gibt es bekanntlich nur einen Fürsten, die Uebrigen
sind Prinzen. In alle dem liegt noch die Ahnung versteckt, daß
der adelige Beruf eigentlich nur in dem Haupte der Familie
vollauf lebendig sey, daß die andern Mitglieder derselben dagegen
nur adelsfähig sind. Dieser Gedanke ist für Reform und Fortbestand des Adels in socialer Beziehung ebenso wichtig, wie das
Majorat in ökonomischer. Die Edelleute sollten den Muth fassen,
in diesem Punkte nicht mehr bloß von der Vortrefflichkeit der englischen Einrichtung zu reden, sondern dieselbe auch thatsächlich auf
deutschen Boden zu verpflanzen. Als der uralt deutsche Unterschied zwischen dem Junker und dem Ritter erlosch, schwand auch
die Macht des Adels.

Freilich hat es die neuere Zeit an vereinzelten Versuchen,
den Adel aus sich selber heraus zu verjüngen, durchaus nicht
fehlen lassen. Aber an durchgreifenden Maßregeln für den
gesammten Adel deutscher Nation fehlt es. So hat z. B.
die schwäbische Ritterschaft im Jahre 1793 durch Kaiser Franz II.
erneuerte und verbesserte Statuten erhalten, welche in wahrhaft
trefflichen Grundzügen entworfen, überall die innere Tüchtigkeit des Standes voranstellen und demselben moralische Pflichten
auferlegen, welche der Bedeutsamkeit seiner Rechte vollkommen
entsprechen. Namentlich finden wir hier eine Analogie zu dem
von Stein beabsichtigten „Standesgericht" bereits vorgezeichnet,
indem für diejenigen, welche den gewichtigen sittlichen und socialen Verpflichtungen des Ordensstatuts entgegenhandeln, Ver-
warnung und eventuell Ausschuß aus dem Orden durch die
Specialcapitel angedroht ist.

Das Auszeichnende des wirklichen Aristokraten von dem durch
die Fülle seines Besitzes gleich unabhängigen Bürger liegt in
dem historischen Bewußtseyn seiner Familie. Die

Familie ist bei der Aristokratie eine so entscheidende Macht wie bei keinem andern Stande. Alle Reform der Aristokratie wird daher vorzugsweise in der Familie beginnen, die ebenso den bewußten historischen Charakter haben soll, wie die des Bauern den instinctiven. Zur Zeit der Entartung des Adels achtete man die Familienüberlieferungen für alten Plunder. Die Urkunden der Familienarchive waren gerade gut genug, um Feuerwerke aus denselben zu bereiten, und alte Ahnherren ließen sich für die jungen Herren bequem als Zielscheibe beim Pistolenschießen benutzen. Die Gegenwart stellt aber ganz andere Anforderungen an den Familiensinn der Edelleute. In der Wahrung des bewußten geschichtlichen Zusammenhalts der Familie soll die Aristokratie den übrigen Ständen als Muster voranleuchten. Sie soll die überlieferte Sitte des Hauses festigen und läutern, während man dem Bürgerstande hier gern freieren Spielraum zugesteht. Der hohe Adel allein hat Hausgesetze, die er nicht leichtsinnig zerreißen, sondern, wenn es Noth thut, verbessern, dann aber auch festhalten soll. Nur als Wahrzeichen des historischen Familienbewußtseyns hat der Stammbaum einen Werth; bei einem abgeschwächten oder frivol zerrütteten Familiengeiste hat der Stolz auf den Stammbaum gar keinen Sinn.

Die Revolution von 1848 wiederholte ganz dasselbe Mahnwort an die Aristokratie, wie die erste von 1789, nur noch vernehmlicher und bestimmter gefaßt. Entweder der Socialismus oder die historische Gesellschaft. Ein drittes gibt es nicht. Die historische Gesellschaft aber ist nicht anders denkbar als in ihren geschichtlich gewordenen Gruppen, nicht denkbar ohne eine Aristokratie. Die vier Stände, wie ich sie auffasse, sind freilich dem neunzehnten Jahrhundert eigenthümlich angehörende Gebilde, aber sie ruhen auf der deutschen Nationalentwicklung eines Jahrtausends. Die moderne Aristokratie bildet nicht mehr die Gesellschaft an sich, wie die des früheren Mittelalters. Aber als dem freiesten, selbständigsten und begütertsten Stand, als dem Stande der geschichtlichen Ueberlieferung, als dem Stande des Erbrechtes liegt es ihr am nächsten, die Errungenschaften einer historischen Civilisation zu wahren gegen die Barbarei der Zerstörung alles Individuellen, alles Geschichtlichen in der Gesellschaft. Die übrigen Stände können, sollen, wollen denselben Beruf üben, die Aristokratie muß. Sie hat für sich selber dabei das meiste zu beschützen — oder alles zu verlieren.

In ihren Standesvorrechten barg die mittelalterige Aristokratie eine Leuchte der Civilisation für kommende Jahrhunderte. In dem einzigen großen Vorrecht des historischen Standes- und Familienbewußtseyns, welches der modernen Aristokratie unbestritten bleiben wird, soll sie auch uns eine Leuchte der Civilisation sicherstellen. Organische Gliederung der Gesellschaft ist Civilisation.

Dagegen haben Privilegien im eigentlichen Sinn, Standesvorrechte auf Kosten Dritter, in neuerer Zeit der Aristokratie niemals etwas gutes gebracht. Der scheinbare Nutzen, den sie etwa eintragen, wiegt federleicht neben dem Haß, der sich seitens der Nichtpriviligirten daran heftet, neben der Schwächung der moralischen Macht des Standes, welche immer eine Begleiterin dieses Hasses seyn wird. Welches Unheil sind nicht die frühern Jagdprivilegien adeliger Grundbesitzer für den ganzen Stand gewesen? Dem Bauern wurden nur zeitweilig die Saatfelder ruinirt, der Gutsbesitzer aber erntete die dauernde, zähe Feindschaft des Bauern. Das kümmerte ihn in früheren Zeitläuften vielleicht wenig. Aber mit jedem Tage wird es für den Staat und die Gesellschaft wichtiger, daß der Bauer und der Baron gute Freunde seyen. Und der Bauer ist so gut ein Mann des Erbrechts wie der Baron, und wo sich solche bittere Stimmungen einmal bei ihm eingelebt haben, da werden sie in Menschenaltern noch nicht wegzutilgen seyn. So ist der Adel bei diesem Privileg sicher am schlimmsten gefahren. Es erschien unstreitig als eine sehr beneidenswerthe Bevorzugung, wenn der deutsche Adel vordem an jeder Zollstätte vorbeiziehen durfte, ohne daß seine Habe vom Visitator durchsucht wurde. Aber dieses Vorrecht machte es dem

Adel zum Ehrenpunkte, daß er keinen Handel treibe, es verhinderte die nachgeborenen Söhne, wo sie kein Vermögen besaßen, zum Gewerbestande überzugehen; es trieb unmittelbar unstreitig viele derselben dem adeligen Proletariat in die Arme; es wirkte mit, daß jene verderbliche Verachtung des Handels und höheren Gewerbebetriebes bei dem deutschen Adel Wurzel faßte. Und doch hatten die Medicäer noch Handel getrieben, da sie schon Fürsten waren! Wer fuhr also am schlimmsten bei dem gedachten, dem Adel scheinbar so günstigen, dem Bürger so gehässigen Vorrecht?

Aus dem Mißverständniß, als ob die zufälligen Privilegien des Adels zum socialen Wesen desselben gehörten, als ob derselbe nicht sowohl einen Stand als einen Rang bezeichne, ging das sogenannte „Junkerthum" hervor. Der Junker macht aus dem berechtigten Corporationsgeist des Standes einen Egoismus des Standes; er veräußerlicht die Standessitten zum Zerrbild. Dadurch ist die ganze Stellung des Adels auf lange Zeit so erschwert worden, daß noch immer Muth dazu gehört, das sociale Recht der Geburtsaristokratie überhaupt anzuerkennen. Gar viele Gegner der ständischen Gliederung sind dies nur um deßwillen, weil sie mit den Ständen auch die Aristokratie anerkennen müßten. Würde man ihnen eine Gruppirung ohne diesen Stand vorschlagen, so würden sie zustimmen. Es ist aber ein Act der Gerechtigkeit, daß man dem ganzen Stande nicht aufbürde, was ein Theil seiner Glieder gesündigt hat, und der selbständige Mann wird sich dabei durch das Geschrei der Masse, die „nicht dem Urtheil folgt, sondern dem Vorurtheil," nicht irre machen lassen.

Der politische Beruf der modernen Aristokratie ist kein unmittelbarer mehr wie vordem, da sie noch das Monopol der Waffenehre, der überlieferten Rechtsweisheit ꝛc. besaß. Aber er wächst mittelbar hervor aus ihrem socialen Beruf. Der moderne Staat, der büreaukratische Staat, wie er aus der Mischehe der aufgeklärten Staatsallmacht des achtzehnten Jahrhunderts mit der Revolution entsproßt ist, hat keinen Sinn für diesen socialen

Beruf gehabt, weil ihm überhaupt die Gesellschaft im Staatsmechanismus aufging. Je mehr die leibhafte, lebenswarme Gestalt des Bauern, des Bürgers, des Edelmannes in der Abstraction des Staatsbürgers zum Schatten wurde, um so weiter glaubte er politisch vorgeschritten zu seyn. Wenn wir aber wollen, daß der Staat dem Bauern Raum lasse, sich in seiner socialen Persönlichkeit als Bauer zu entwickeln, so fordern wir das Gleiche für den Adel, wir fordern es für jeden Stand. Es gilt, jenen mittelalterigen Zustand, wo der Staat in der Gesellschaft aufging, zu vermitteln mit der Idee des achtzehnten Jahrhunderts, welche die Gesellschaft im Staate aufgehen läßt. Beide sollen als gleichberechtigte Lebensmächte ergänzend in einander greifen.

Läßt man die natürlichen Gruppen der Gesellschaft zu selbständigerem Leben sich von Innen heraus entwickeln, dann wird dies keinen Krieg der Stände geben, wie man wohl befürchtet. Der Krieg der Stände besteht vielmehr eben jetzt, und hat bestanden seit dem sechzehnten Jahrhundert, seitdem eine einseitige politische Gewalt das ständische Leben unterdrückt und dadurch gegenseitigen Neid, Haß und Argwohn unter den Ständen gesäet hat. Dem Mittelalter lag ein Krieg der Stände viel ferner, als der späteren Zeit.

Die politische Vertretung der ständischen Lebensmächte steht auch keineswegs in unlösbarem Widerspruch mit der höheren Einheit des Staatsbürgerthumes, worin sich die Genossen aller Stände als auf gemeinsamem Eigenthum wieder begegnen. In England waltet ein recht kräftiges Bewußtseyn der staatsbürgerlichen Einheit, und doch besitzt England zugleich eine sehr selbständige Pairie.

Nur muß man nicht glauben, als ob so manche bisher mißglückte Versuche ständischer Volksvertretung in Deutschland, die den modernen Begriff der Stände durchaus nicht beachteten, sondern an etlichen herausgerissenen Fetzen der längst abgestorbenen mittelalterigen Standesgliederung festhielten, einen Beweis gegen die Durchführbarkeit des Instituts überhaupt geliefert hätten. Es ist dem deutschen Adel nie ein gefährlicheres Geschenk gemacht worden, als indem man in der vormärzlichen Zeit solchen zweiten Kammern, die gar nicht oder nur sehr annäherungsweise als Volksvertretung gelten konnten, Adelskammern zur Seite stellte, welche ihrerseits wesentlich einen Stand vertraten. In solchem Mischwerk waren durch die ersten Kammern gesellschaftliche Rechte vollgültig dargestellt, durch die zweiten Kammern politische in höchst dürftiger Weise. Eine Politik, welche bloß bei Einem Stand die Bedeutung der socialen Mächte für das Staatsleben praktisch anerkennt, bei den andern aber nicht oder nur halbwegs, muß allmählich am subtilen Selbstmord sterben. Bürger und Bauern würden kein gehässiges Privileg der Aristokratie in den Adelskammern erblickt haben, wenn sie sich ihrerseits ebenso entschieden in den Volkskammern vertreten gewußt hätten.

Ständewahlen können zu einer sehr wohl proportionirten und vollständigen Vertretung des Volkes in einem constitutionellen Landtage führen, der dann keineswegs ein Ständetag ist. Aber auch in anderer Weise läßt sich der constitutionelle Factor mit dem ständischen verbinden. Der Landtag, welchem die Vertretung der politischen Gesammt-Interessen, die Controle der Staatsverwaltung zukäme, würde dann nicht das ständische Sonderthum, sondern das gesammte Volk einheitlich darstellen. Dagegen würde in den Provinzialtagen, Kreistagen, Bezirksräthen oder wie man sie sonst nennen mag, und denen die Wahrung der örtlichen, materiellen und socialen Interessen zufiele, das Recht der ständischen Gliederung seinen Ausdruck finden. Eine constitutionelle Vertretung der allgemeinen Staatsinteressen ist recht wohl mit der Monarchie vereinbar; eine Vertretung der socialen Interessen auf dem Grundgedanken des allgemeinen Staatsbürgerthums paßt dagegen nur für die sociale Republik. Eine ständische Vertretung der allgemeinen Staatsinteressen widerspricht dem Begriffe der modernen Stände nicht weniger, als dem Begriffe des modernen Staates. Eine constitutionelle Vertretung der gesellschaftlichen Interessen, ein Aufgehen derselben in den politischen, widerspricht dem Rechte, welches sich die Gesellschaftsidee neben der Staatsidee errungen. Wir wollen, daß sich beide Mächte des öffentlichen Lebens in selbständiger Vertretung kräftiger weiterbilden. Einer muß das letzte Wort haben, und dies gehört in vorliegendem Falle dem Staat, als dem Repräsentanten der Allgemeinheit, aber es sey nicht das letzte Wort des Despoten.

Ich habe die Geschichte reden lassen, indem ich dem Leser die Periode der höchsten Macht des deutschen Adels und die Periode seiner äußersten Machtlosigkeit neben einander stellte. Und damit ist, dünkt mir, deutlich genug ausgesprochen, worin der sociale Beruf der Aristokratie, worin das Recht ihrer Existenz ruhe', und in welcher Art dieselbe ihre Sendung zu erfüllen habe. Wo die Thatsachen Beweise sind, braucht die Lehre nicht beweisführend hinterdrein zu hinken.

Es gilt nicht, die mittelalterige Blüthe des Adels Zug um Zug zu copiren, aber es gilt, die großen Grundgedanken derselben auf die Potenz der neuen Zeit zu erheben. Die Aristokratie muß vor allen andern Ständen sich als Körperschaft reformiren. Das gab der mittelalterigen Aristokratie ein gut Theil ihrer socialen Macht, daß sie in sich selbst ein verkleinertes Abbild der wohlgegliederten Gesellschaft darstellte. Wie diese Ausführung in's Moderne zu übersetzen sey, das läßt sich nicht in Paragraphen fassen, und jede allgemeine Theorie würde bei einer so rein praktischen Frage doch nur auf den Holzweg kommen. Die Genossenschaft selber muß von Innen heraus Hand anlegen, wiederum nicht, um heute oder morgen ein Schema der Organisation aufzustellen und den Stand hineinzuzwängen, sondern indem sie auf der Wache steht und jeden günstigen Augenblick der Zeitgeschichte ergreift, um einen Ansatz zur körperschaftlichen Gliederung wieder zu erobern. Die Kirche hat uns am anschaulichsten gelehrt, wie dergleichen auszuführen sey. Ihre kluge Benützung des günstigen Augenblickes im Jahre 1848, um zu einer größeren genossenschaftlichen Selbständigkeit und einer freieren inneren Organisirung der eigenen Körperschaft zu kommen, ist ein wahres Meister- und Musterstück gewesen.

Der feste Grundbesitz ist der Eckstein der Gediegenheit der Aristokratie. An ihm haftet die aristokratische Selbständigkeit. Durch diese ist wiederum der aristokratische Beruf großentheils bedingt. Durch den Grundbesitz wird der Adel der nächste Bundesgenosse, der natürliche Schirmherr des kleinen Grundbesitzers, des Bauern. Dem Landadel ist ein gar weites Feld eröffnet, fördernd auf die Blüthe des Bauernstandes einzuwirken, denselben in seiner alten Gediegenheit, in der historischen Zucht seiner Sitte, gegenüber den ausebnenden Einflüssen der Zeit, bewahren zu helfen. Die Seßhaftigkeit hat den Adel des Mittelalters national gemacht, sie hat ihn eng mit den andern Ständen verknüpft. Sie wird ihn allezeit am meisten vor kastenmäßiger Absperrung bewahren.

Der grundbesitzende Adel soll den Vorsprung, welchen ihm in landwirthschaftlichem Betracht sein geschlossenes Gut vor den immer mehr zurückgehenden kleinen Bauern mit ihren zersplitterten Aeckerchen gewährt, nicht dahin ausbeuten, daß er in übermächtigem Wettkampf den Wohlstand des kleinen Bauern vollends todtschlägt. Das ist nicht edelmännisch gehandelt. Durch seine Landwirthschaft im Großen soll er vielmehr darauf bedacht seyn, die umwohnenden Bauern, vielleicht vor Zeiten seine Hintersaßen, aus ihrer Hülflosigkeit, aus ihrem technischen Ungeschick herauszuziehen. Ein Rittergut muß für die umliegende Gegend einen ganzen landwirthschaftlichen Hülfsverein ersetzen. Dieses Privileg des Vortrittes in der ökonomischen und socialen Reform sollte sich die Aristokratie durchaus nicht rauben lassen. Sie kann dann um so leichteren Herzens auf nutzlose politische Privilegien verzichten. Der Landadel soll den Bauern zeigen, was die Macht der Intelligenz im Ackerbau auf sich hat, er soll auch für sie experimentiren mit der Einführung wirthschaftlicher Verbesserungen. Der kleine Bauer läßt dergleichen bei Seite liegen, weil er das Wagniß des Versuches nicht auf sich nehmen kann. Edelmännisch dagegen ist es, den Geldbeutel zu ziehen und das Opfer des Versuches nicht anzusehen, damit das Allgemeine gewinne. Auf dem Rittergut sehen Fruchtvorräthe gespeichert, damit der Edelmann einzelnen Bedürftigen zur Nothzeit unter die Arme greifen könne, wie es die Städte mit ihren Magazinen im Großen thun sollten. Auch dies heischt Opfer, allein dieselben sind von der socialen Würde der Aristokratie gefordert. Bei der Gründung gemeinnütziger Anstalten sollte der Name des Edelmannes immer obenanstehen, und als ein kostbares Standesvorrecht sollte er darauf halten, sich in den zu solchen Zwecken gezeichneten Summen von keinem bürgerlichen Gutsbesitzer übertreffen zu lassen.

Zu dem Grundbesitz gesellt sich in neuerer Zeit die große Industrie. Sie öffnet dem begüterten Adel ein neues Feld des unabhängigen Besitzes, der beneidenswerthesten socialen Wirksamkeit. Und wie das Ackergut ihn dem Bauern nahe bringen sollte, so sollte er hier durch gemeinsame Interesse der natürliche Patron des kleinen Gewerbsmannes werden und des tagelöhnernden Arbeiters im Kittel, des Mannes vom vierten Stande. Man hat sich vielfach gewöhnt, in den Reichthümern des Bürgerstandes mehr das flüssige Capital, in denen des Adels mehr das ruhende zu sehen; dort die Thätigkeit des Erwerbes als das Charakteristische zu erfassen, hier die Wahrung des Erworbenen, des festen Grundstockes. Die Sache hat bedingungsweise eine tiefe Wahrheit. Auf jedem größeren Besitz haftet gleichsam die moralische Pflicht, einen Theil desselben neben dem egoistischen eigenen Genusse zum Besten der Gesammtheit, der Gesellschaft in Umlauf zu setzen. Kein Gesetz zwingt den Reichen dazu, wohl aber eine sittliche Forderung. Wenn der Kaufmann, der Gewerbetreibende im Wetten und Jagen von Gewinn und Verlust den zeitweiligen Ueberschuß egoistisch zurückhält, so hat er doch schon in dem steten Proceß des Capitalumschlages seinen Tribut an die Gesammtheit abgetragen, und jener Eigennutz ist damit wirthschaftlich wenigstens entschuldigt. Wenn aber der Aristokrat als

Wahrer des ererbten festen Besitzes nur in der Weise auftritt, daß er seine Rente lediglich im Interesse persönlicher Genußsucht verzehrt, so ist das durchaus nicht edelmännisch gehandelt. Mit Recht fordert die Sitte vom Edelmann, daß er über den Privatgenuß hinaus zum gemeinen Besten in gewissem Grade depensire. Es liegt dieser Sitte mehr als die Verschwenderlaune der Hoffart zu Grunde, es steckt der würdige Gedanke darin, daß es sich nicht zieme, einen festen Besitz todt liegen zu lassen, ohne zum Frommen der Gesammtheit einen steten Zins abzutragen. Der Adel des achtzehnten Jahrhunderts, so entartet er großentheils gewesen, hat doch hierin vielfach den modernen Adel übertroffen. Diese im guten Sinne „noble" Verschwendung, welche damals mehr denn jetzt als ein Ehrenpunkt der Aristokratie galt, sicherte sogar manchem Kunstzweig, manchem Gewerbe des Luxus sein Gedeihen. Beispielsweise führe ich nur die Cabinetsmalerei, die Kammermusik des siebenzehnten und achtzehnten Jahrhunderts an, welche ihre materielle Basis wesentlich dem Prunksinne der höheren Aristokratie dankten. Dadurch wird der natürliche Neid, wie ihn immer der mühselig Erwerbende dem bereits im Behagen des ruhigen Besitzes Gebetteten nachträgt, versöhnt und entkräftet. Es ist durchaus nicht aristokratisch, wenn so mancher deutsche Baron sich in Leihbibliotheken abonnirt, statt den Luxus einer recht reichen Privatbibliothek als eine standesmäßige Ehrensache aufzufassen. Der englischen Aristokratie rühmt man durchschnittlich feineren Takt in diesem Punkte nach. Wenn knickerige Oekonomie wohl gar als ein Mittel angeführt wird, um dem Ansehen des Adels wieder aufzuhelfen, so zeugt dies für ein gänzliches Verkennen des aristokratischen socialen Berufes. Im Jahre 1848 kam es oft vor, daß der begüterte Adel sich mit Ostentation der äußersten Sparsamkeit befleißigte, aus Furcht vor dem Neide des Proletariats. Das war höchst verkehrt. Die rechte Politik des Standes hätte es gefordert, daß die Aristokratie damals trotz so mancher materieller Einbußen erst recht jeden Ueberschuß flüssig gemacht hätte, erst recht mit einer würdigen Verschwendung hervorgetreten wäre, um dem Arbeitervolk zu zeigen, daß sie sich ihrer socialen Verpflichtung wohl bewußt sey, dem gemeinen Besten jenen Tribut des festen Besitzes reichlich und freiwillig und in wahrhaft edelmännischem Style abzutragen.

Uebrigens hat der Adel des achtzehnten Jahrhunderts in der Art, wie er „depensirte," oft auch eine Schuld auf den Stand geladen, welche der Adel des neunzehnten Jahrhunderts wieder wett machen muß. Die Aristokratie war es vorzugsweise, welche es vordem als ein Zeichen des „guten Tones" eingeführt hat, das Produkt des inländischen Gewerbfleißes geringzuschätzen, und nur mit ausländischem Geräth, mit ausländischem Schmuck, mit ausländischem Kleide zu prunken. Für die Aristokratie der Gegenwart ist es darum eine förmliche Gewissenspflicht geworden, diese Scharte auszuwetzen, um im Gegentheil jetzt als den besten Ton einzuführen, daß das kostbarste und vornehmste Gewerbserzeugniß immer dasjenige sey, welches von der Hand der vaterländischen Arbeit geweiht ist.

Aus demselben Grunde sollte es auch der Adel, als durchaus nicht aristokratisch, den Börsenjuden überlassen, massenhafte Capitalien in Papierspeculationen anzulegen, und seine verfügbaren Gelder schon aus socialen Gründen der nationalen Industrie und Kunst zuwenden. Vielleicht fallen dabei die Zinsen für den Einzelnen nicht immer so reichlich aus, als sie bei einer Anlage anderer Art ausgefallen wären, aber die Zinsen, welche ein solches Verfahren der Ehre, der Macht und dem Gedeihen des ganzen Standes abwirft, werden wahre Apothekerzinsen seyn.

Das Ringen nach politischer Macht liegt dem Adel näher als irgend einem andern Stande, denn er sucht nach neuen Berufen und war als Stand durch so viele Jahrhunderte die ausgeprägteste politische Körperschaft. Aber er möge stets eingedenk bleiben, daß selbst einzelne Landesversammlungen des Mittelalters nur darum so mächtig gewesen sind, weil der Adel nicht lediglich auf das Seine sah, sondern vielmehr die Vermittlerrolle zwischen dem Fürsten und dem Bürger durchführte, weil in der Volksvertretung, ob sie schon auf das Einzelleben der Stände gebaut war, dennoch die Absperrung der Stände sich ausglich.

Die Aristokratie wird zerfallen, sowie der Austritt aus diesem empfindlichsten Stand unmäßig erschwert, der Eintritt in denselben unmäßig erleichtert wird. Das Herkommen beim englischen Adel ist hier so oft auch für den deutschen als Musterbild aufgestellt worden. Die Sitte, daß der Adelstitel auf alle Söhne forterbt, hat nicht wenig dazu beigetragen, das adelige Proletariat zu erzeugen; denn sie wehrt solchen Seitensprößlingen, denen jede materielle Grundlage des aristokratischen Berufes fehlt, den Uebergang zu einem bürgerlichen Berufe. Eine Sitte läßt sich aber nicht wegschulmeistern, sie muß sich selber ableben.

Der Staat kann wohl das Recht der Majorate und Fideicommisse überwachen; wollte er es dem Adel aber ganz abschneiden, so würde er damit die Axt an den socialen und politischen Beruf der Aristokratie überhaupt legen. Denn ohne die erbrechtliche Bindung des Familiengutes ist kein Adelsgeschlecht im Stande, sich diejenige Basis der Unabhängigkeit und Selbstständigkeit zu erhalten, mit welcher der ganze Stand steht und fällt.

Macht und Unabhängigkeit ist heutzutage aber nicht allein im materiellen Besitz gegeben. Sie liegt gleicherweise in der Geistesbildung. Im Mittelalter bezeichnet man eine ganze Literaturperiode als die der ritterlichen Dichtung. In Frankreich hat sich selbst im siebenzehnten Jahrhundert noch die Nationalliteratur unter dem Schutz und der Mitarbeit der so entarteten Aristokratie entwickelt. In Deutschland hat dagegen die neuere Nationalliteratur im achtzehnten Jahrhundert ohne die Förderung durch die Aristokratie, ja theilweise trotz der Aristokratie, ihren ersten stürmischen Aufschwung nehmen müssen. Es bezeichnet die nach der ersten französischen Revolution und in Folge derselben eingetretene Reform der deutschen Aristokratie, daß sie von da an wieder ein Herz gewann für die höhere Nationalbildung, und in hervorragenden Gliedern ihres Standes jetzt wieder bedeutend, thatkräftig auf dieselbe einwirken half. Wie das Mittelalter von dem Adel nicht nur den festen Besitz, sondern auch die Kraft des Armes im Turnier und in der Fehde forderte, so fordert die moderne Zeit neben dem festen Besitze auch starke Arme und Kräfte in dem großen geistigen Turnier.

Als die Summe aber von alle dem steht obenan, daß die Aristokratie an der wiedergefundenen Erkenntniß ihres socialen Berufes festhalte, der ihr aufgibt, die Entwickelung der Gesellschaft in ihrer historischen Gliederung als eigenste Angelegenheit in's Auge zu fassen. Ein starker, wohlorganisirter Bürgerstand, ein kräftiges, naturwüchsiges Bauernthum macht eine tüchtige Aristokratie ebensowohl erst möglich, als beide dieselbe voraussetzen. Wer den Adel abschaffen will, der muß damit anfangen, daß er das Bürgerthum auflöst; wer aber das Bürgerthum auflösen wollte, der müßte vorerst den Adel abschaffen. Die Gebilde der modernen Stände beruhen nicht auf politischen Vorrechten, wie im Mittelalter, noch viel weniger auf einem naturgeschichtlichen Racenunterschied des edlen oder unedlen Blutes. Der letztere Gedanke schleicht sich manchmal immer noch in die Auffassung des Geburtsadels ein, eine richtige Würdigung des Instituts nach beiden Seiten beeinträchtigend. Gäbe es einen naturgeschichtlichen Vorzug der Reinheit des Blutes in diesem roh materialistischen Sinne, dann wäre auch der adelige Proletarier immer noch etwas besseres, als der mittellose, zum bürgerlichen Erwerb und Namen zurückkehrende nachgeborene Sohn des Edelmannes. Die Brücke zwischen Adel und Bürgerthum wäre geradezu abgebrochen, der Adel kein Stand mehr, sondern eine Kaste. Es ist aber diese dem Adel selbst am meisten verderbliche Auffassung eines gleichsam naturgeschichtlichen Vorzugs des Adels vor dem Bürgerlichen, wenn auch nur dunkel und halbbewußt, doch noch in gar manchen Köpfen vorhanden. Der Volkswitz hat dieselbe seit alter Zeit mit sehr derber Satire in Sprichwörtern und Redebildern gegeißelt. Die modernen Stände unterscheiden sich unmittelbar lediglich durch ihren socialen Beruf, durch Arbeit und Sitte, mittelbar auch durch ihren politischen. Sie bezeichnen die **Theilung der Arbeit**, wie solche bei den unermeßlichen Aufgaben der gesammten Gesellschaft nach geschichtlichen Vorbedingungen den einzelnen Gruppen zugefallen ist und die aus jener Theilung hervorwachsenden Unterschiede der ideellen Cultur. So ist mit dem Unterscheidungspunkt zugleich auch der Einigungspunkt aller Stände gegeben.

Die Socialisten sind noch nicht gestorben, aber doch haben sie uns bereits dieses köstliche Erbtheil hinterlassen, uns durch ihre Gegnerschaft zu der Erkenntniß zu zwingen, daß die Stände **solidarisch haftbar** sind, und daß ein Stand neidlos die selbständige Entwickelung des andern fördern solle, weil so nur alle mächtig werden und alle gleich gut gewappnet wider den gemeinsamen Feind, der jegliche Gliederung der Gesellschaft zertrümmern, der dem „historischen Recht" ein „Recht des Geistes" gegenüber setzen will, nicht erkennend, daß aller Geist doch immer wieder nur ein historischer ist, und sogar der Socialismus nur eine historische Erscheinungsform jenes ewig historisch bedingten Menschengeistes; eine historische Erscheinungsform nämlich, die in ihrer eigentlichen Wurzel hervorgerufen ist durch die Erschlaffung und Entnervung **aller ständischen Individualität** in der traurigsten Zeit, in der **Zopfzeit**.

Zweites Buch.

Die Mächte der Bewegung.

I. Das Bürgerthum.

Erstes Kapitel.

Der Bürger von guter Art.

Der Bürgerstand ist seit alten Tagen der oberste Träger der berechtigten socialen Bewegung gewesen, der socialen Reform. Er ist darum — namentlich in seiner modernen Erscheinung — das Gegentheil des Bauern. Das Bürgerthum strebt dem Allgemeinen, das Bauernthum dem Besondern zu. Die Besonderungen sind aber in der Gesellschaft das alte Vorhandene, die Allgemeinheit wird erst geschaffen. Dem Bauern sieht man's gleich am Rock und an der Nase an, aus welchem Winkel des Landes er stammt, das Bürgerthum hat eine gleichmäßige äußere Physiognomie der „gebildeten Gesellschaft" bereits über ganz Europa ausgebreitet. Aber indem es die schroffen Unterschiede der historischen Gesellschaft zu überbrücken trachtet, will es dieselben doch andererseits nicht auflösen und von Grund aus zerstören, wie der vierte Stand.

Das Bürgerthum ist unstreitig in unsern Tagen im Besitze der überwiegenden materiellen und moralischen Macht. Unsere ganze Zeit trägt einen bürgerlichen Charakter. Die politische Mündigsprechung des Bürgerthums durch die erste französische Revolution hat die Pforten der Gegenwart erschlossen. Man nannte darum in jener Krise jedes Glied der Gesellschaft bedeutungsvoll „Bürger." Seitdem drückt das Bürgerthum den Universalismus des modernen gesellschaftlichen Lebens am entschiedensten aus. Viele nehmen Bürgerthum und moderne

Gesellschaft für gleichbedeutend. Sie betrachten den Bürgerstand als die Regel, die andern Stände nur noch als Ausnahmen, als Trümmer der alten Gesellschaft, die noch so beiläufig an der modernen hängen geblieben sind. Wir selber folgen einem auf diese Gedanken zurückgehenden Sprachgebrauch, der in unserer vorwiegend bürgerlichen Zeit mindestens das Recht des Charakteristischen hat, indem wir von einer „bürgerlichen Gesellschaft" reden im Gegensatz zu einer „politischen," ohne darum die anderen Stände von der Gesellschaft ausschließen oder ihnen ein gleiches Recht der Existenz mit dem Bürgerstand abstreiten zu wollen. Hundertfältig klingt das Bewußtseyn der Universalität des Bürgerthums bereits aus dem Sprachgebrauche hervor. Man nennt den obersten Gemeindebeamten des Dorfes heutzutage vielfach schon Bürgermeister, obgleich er doch lediglich über Bauern Meister ist. Die frühere Zeit, welche unsern Universalismus des Bürgerthums noch nicht kannte, schied dagegen bei Stadt und Land strenge zwischen dem Bürgermeister und dem Schultheißen. Man spricht von bürgerlicher Ehre, bürgerlichem Tod, wo man doch weit allgemeiner von gesellschaftlicher Ehre, gesellschaftlichem und politischem Tode sprechen sollte. Statt von Staatsgenossen zu reden, nimmt der Sprachgebrauch den bedeutsamsten Theil für das Ganze und redet von Staatsbürgern.

Wie die Aristokratie im Mittelalter der Mikrokosmus der Gesellschaft war, so ist es das Bürgerthum in der Gegenwart. Das moderne Bürgerthum ließe sich weit bequemer als irgend ein anderer Stand wiederum gliedern in ein aristokratisches, ein specifisch bürgerliches, ein bäuerliches und ein proletarisches Bürgerthum. Wichtiger aber erscheint, daß bei allen Ständen der universalistische, ausebnende Geist des Bürgerthums jetzt eben so entschieden seine Spuren zeigt, wie im Mittelalter der körperschaftlich abschließende Geist der Aristokratie sich bei allen anderen Ständen im Kleinen wiederholt hat. Und wie damals die Aristokratie überall in ihrem engen Kreise jene Reformen vorbildete, welche später Reformen für die ganze Gesellschaft geworden sind, so geschah das Gleiche namentlich seit dem sechzehnten Jahrhundert im Schooße des Bürgerthums.

Wo unsere socialen Kämpfe jetzt zu blutigem Entscheid führen, da geschieht dies fast immer auf den Straßen der Städte, nicht in Dörfern und Feldern, nicht mehr vor ritterlichen Burgen. Die Stadt ist weit mehr als irgendwann zuvor der Ausgangs- und Mittelpunkt aller großen socialen und politischen Lebensregungen geworden. Das Städteleben des Mittelalters stand origineller da in dem Bildungsproceß der damaligen Zustände, das moderne Städteleben wirkt aber weit massenhafter entscheidend, ja fast ausschließlich entscheidend auf den Gang der modernen Gesittung. Der große Gegensatz von Mächten des socialen Beharrens und der socialen Bewegung stellt sich zugleich dar als ein Gegensatz von Land und Stadt, dort die großen und kleinen Gutsbesitzer, hier die wohlhabenden und die verhungernden Leute des bürgerlichen Erwerbes. Der Bauer und der Adel bürgt uns dafür, daß das Gute des früheren Ständewesens nicht ganz verloren gehe, der Bürger und der Proletarier, daß das Erstarrte und Abgestorbene daran nicht künstlich wieder in's Leben zurückgeführt werde.

Der deutsche Bürgerstand hat heutzutage keine feste, durchgreifende Standessitte mehr, wie der Bauer. Im Gegentheil nennt man häufig farbloses, allgemeines, mittelschlägiges Herkommen „bürgerlich." Entsprechend bezeichnet der Sprachgebrauch den Bürgerstand als den „Mittelstand." Dieser Ausdruck ist in mehrfachem Betracht trefflich, und wir möchten ihn namentlich auch in dem höheren und stolzeren Sinne fassen, daß das Bürgerthum den Mittelpunkt, den eigentlichen Herzpunkt der modernen Gesellschaft bildet. Die Bauernsitte trägt in starken Farben auf, sie haut wohl auch gerne über die Schnur. Unter bürgerlicher Sitte denkt man sich im Gegentheil das Gemäßigte, Knappe, Hausbackene. Der Sprachgebrauch nimmt „bürgerlich" und „schlicht" häufig als gleichbedeutend. Bei einem ächten Bauernschmaus müssen die Tische brechen unter der Wucht der Speisen, ein „bürgerliches Mahl" bezeichnet ein einfaches, bescheidenes Mahl, Hausmannskost. Die Polizei hat sich's seit mehreren Jahrhunderten — ob mit Recht oder Unrecht ist hier nicht zu erörtern — saure Mühe kosten lassen, den Geist des Uebermaßes in der Bauernsitte einzudämmen, sie erließ Verordnungen zur Steuer des Aufwandes bei Kirmessen, Leichenschmäusen, Hochzeiten, Kindtaufen ꝛc. Bei dem Bürgerstand hat wenigstens seit dem dreißigjährigen Kriege solcherlei Uebermaß der Polizei nicht viel Sorge gemacht. In dem Punkte der „standesmäßigen Depense" steht der moderne Bauer, wie in so vielen anderen Stücken, der Aristokratie weit näher als der Bürgersmann.

Nur karge Bruchstücke und Ruinen der mittelalterlichen originellen Bürgersitte existiren noch. Sie sind in Deutschland die Ausnahmen geworden, während beim Bauernstande derlei Eigenart die Regel geblieben ist. In oberdeutschen Landstrichen ist seit mehreren Menschenaltern bei bürgerlichen Frauen zuletzt noch das schwer mit Silber ausgezierte Mieder in Abnahme gekommen, diese letzte Nachbildung desselben wird nur noch von geringeren Leuten getragen, während in den reicheren Familien das silberne Mieder der Großmutter allenfalls noch als Curiosität aufbewahrt wird. Die Münchener Riegelhauben sind ein ähnlicher kümmerlicher Rest bürgerlicher Originaltracht.

Merkwürdig genug ist im achtzehnten Jahrhundert die bürgerliche Tracht allmählig aus der Hoftracht hervorgewachsen. Darin liegt eine bittere Ironie auf den falschen Universalismus des modernen Bürgerthums. In der neueren Zeit dagegen wirkt umgekehrt die nivellirte bürgerliche Mode auf die Hoftracht zurück. Die langen Hosen mit Stiefeln haben selbst an den Höfen die kurzen Hosen mit Schnallenschuhen und Strümpfen zu verdrängen begonnen, und Ludwig Philipp kokettirte mit dem bürgerlichen Oberrock und dem unvermeidlichen Regenschirme, damit bei seinem „Bürgerkönigthume" auch das Tüpfelchen auf dem J nicht fehle. Ludwig Napoleon dagegen, dessen Politik sich gewiß nicht auf das Bürgerthum stützt, führte kurze Hosen und seidene Strümpfe wieder in den Hofsaal zurück. Die Gleichheit beginnt der Freiheit über den Kopf zu wachsen, also ist es ganz naturgemäß, daß die Bürger nicht mehr die kurzen Hosen vom Hofe borgen, sondern umgekehrt der Hof die langen Hosen von den Bürgern. Im Mittelalter bestand die bürgerliche Tracht vielfach aus einem Mittelding der höfischen und der bäuerlichen, dem socialen Charakter des „Mittelstandes" treffend entsprechend.

Auch die örtliche Vielfarbigkeit der Mundarten ist beim Bürgerstande mehr und mehr verwischt worden. Während die Volkssprache bei den Bauern überall noch kräftig blühet, sind nur noch karge Ueberbleibsel original bürgerlicher, städtischer Dialekte vorhanden. Augsburg z. B. hatte früher einen eigenen Stadtdialekt, der jetzt nur noch in vereinzelten Trümmern fortlebt. Ja es gab sogar in dieser durch ihr zähes Corporationswesen ausgezeichneten Stadt wieder scharf geschiedene Stufen des Dialekts für die einzelnen Stadtquartiere. Das Alles ist fast ganz erloschen. Die Frankfurter dagegen haben den Ruhm, in ihrer „borjerlichen" Sprechweise ein Stück alten Bürgerdialektes lebendig erhalten zu haben, welches lediglich der Stadt als ursprüngliches Eigenthum gehört und wohl zu unterscheiden ist von der Localfarbe, die anderwärts aus dem Urquell des umgebenden ländlichen Idioms auch in die städtische Rede einfließt. Im Gegensatz zu original bürgerlichen Sonderdialekten ist es vielmehr nur durch den universalistischen Geist des deutschen Bürgerthumes möglich geworden, daß sich ein allgemeines sogenanntes reines Deutsch als die möglichst dialektfreie Aussprache aller Gebildeten niedergeschlagen hat. In den größeren deutschen Städten hat sich eine eigene Art poetischer Localliteratur an den städtischen Dialekt geheftet. Aber diese bürgerliche Dialektpoesie, welche von Nante Strumpf, Hampelmann und Genossen singt, trägt so sehr den Stempel des Gemachten, dichterisch Nichtigen, daß sie, dem poesiegetränkten, recht aus dem Genius der eigenthümlichen Sprachbildung herausgewachsenen Volkslied der Bauern gegenüber, die Geringfügigkeit der städtischen Dialekttrümmer erst vollauf in's klarste Licht setzt. Das Dialektlied des Landvolkes schlägt neben den Tönen der Freude auch die des Schmerzes und der Wehmuth an, es steigt in die Tiefen des Gemüthes hinab, es spiegelt uns den Mann des Volkes in seiner gesunden, kräftigen Natur; die nach der Aepfelwein- oder Weißbierschenke duftenden Volksdichtungen der städtischen Dialekte bewegen sich fast immer in dem Kreise der Posse, der schlechten Satyre, sie malen uns den entarteten Bürger, die Jammergestalt des Philisters. Die Wiener Volksposse, welche sich an culturgeschichtlicher und kunstgeschichtlicher Bedeutung weit über Nante, Hampelmann und die andern erhebt, tritt nicht in Widerspruch zu unsern Behauptungen. Wie die Musik derselben den steyerischen und tiroler Volksweisen abgelauscht ist, so ist weder der Hanswurst, noch Wastel, noch der Kasperl der Wiener Vorstadtbühne eine geborenes Wiener Stadtkind, sondern alle diese Gesellen sind historisch nachweisbar aus den steyerischen und tiroler Gebirgen in die Kaiserstadt eingewandert.

Was die Bewahrung eigenthümlich bürgerlicher Sitten betrifft, so ist allerdings immer noch ein großer Unterschied zwischen den Städten, deren reichste Blüthe wesentlich in eine frühere Vergangenheit fiel, und jenen, deren eigentlicher Aufschwung erst der neueren Zeit angehört. In den ersteren, namentlich in den ehemaligen Reichsstädten, tönen uns freilich auch heute Nachklänge jenes alten Bürgerthumes entgegen, welches an seiner individuell charakteristischen Standessitte nicht minder treu festhielt, als der moderne Bauer. Aber diese Erscheinungen haben eben immer nur ein wesentlich antiquarisches Interesse. Die Selbstherrlichkeit des alten Innungsgeistes spricht sich da oft kaum noch in etwas anderem aus, als daß etwa die Metzger und Bäcker durch allerlei überlieferte Bequemlichkeit im Gewerbebetrieb das kaufende Publikum molestiren u. dgl. m. Sie verhält sich zu der Selbstherrlichkeit der Innungen von ehedem, wie ungefähr die Macht einer modernen städtischen Schützengilde zur Kriegsmacht des alten Hansabundes. Der Bürger einer solchen Stadt schlägt freilich sein Bürgerrecht immer noch unendlich höher an, als der Bürger eines rein modernen Gemeinwesens. Er fühlt seine persönliche Existenz gesicherter durch den Fortbestand von trefflichen alten Bürgerpfründen und Stiftungen, und es ist noch nicht langeher, daß in Frankfurt der Bankerott eines Bürgers im Grunde nichts anders war, als die Vertauschung des mühseligen und gewagten Handelserwerbs mit irgend einem ruhigen städtischen Amtspöstchen.

Diese Sicherheit und Abgeschlossenheit der bürgerlichen Existenz kann aber, wie gesagt, nur noch als ganz vereinzelte Thatsache gelten. Das Bürgerthum „von ächtem Schrot und Korn" ist nicht, wie man wohl meint, von ausschließlich conservativem Geist durchdrungen, gleichsam ein verfeinertes Bauernthum. Es ist von Grund aus von letzterem unterschieden. In der mittelalterlichen Gesellschaft, wo ein Bauernstand im modernen Sinne noch nicht vorhanden war, spielte das Bürgerthum als eine Macht des socialen Beharrens wohl theilweise eine Rolle, wie sie jetzt dem Bauernthume zugefallen ist. Und doch gilt auch dies nur mit großen Einschränkungen. In den Kämpfen zwischen den Zünften und Geschlechtern, die das mittelalterliche Städteleben so lebendig charakterisiren, sind alle Elemente der großen modernen Kämpfe zwischen den verschiedenen Schichten der Gesammtgesellschaft bereits im engeren Raume auf einander gestoßen. Nur die Namen wurden gewechselt. Was damals Geschlechter und Zünfte hieß, das heißt jetzt historisch gegliederte und ausgeebnete Gesellschaft. Dergleichen Bewegungen im Innern des Bauernthumes sind bis jetzt noch unerhört.

Die Geschichte keines anderen Standes ist so reich an innerem Leben, an kräftigen Gegensätzen und deren unverholenem Widerstreit als die Geschichte des Bürgerthumes. Da gilt es nicht, wie bei den Bauern, einfache ruhende Zustände zu beobachten, sondern ein bewegtes Handeln, ein stetes Schaffen und Zerstören. Die ächt dramatischen socialen Conflicte sind das Wichtigste in der Städtegeschichte des Mittelalters. Darum schüttelt sich unser historisches Gefühl vor der Unnatur, mit welcher ein schwächlicher Seitenzweig der romantischen Schule vor einiger Zeit in Dichtung und Bildwerk das alte Bürgerthum als ein mattherziges Stillleben von zahmen biderben Handwerksmeistern und blondhaarigen Goldschmiedstöchterlein darzustellen sich befliß. Die derben thatkräftigen Männer und unruhigen Köpfe der alten streitbaren Städte haben sicherlich ganz anders drein geschaut. Und doch gibt auch diese Auffassung des massiven Bürgers kein volles und getreues Bild. Der Bürger — um es vorweg zu sagen — ist ein Charakter von doppelseitiger Natur. Diese streitsüchtigen alten Zünfte, die sich wohl das ganze Jahr hindurch in den Haaren lagen, diese kriegsgewaltigen Bürger, die, wie weiland die Kölner gegen ihren Erzbischof Konrad von Hochstetten, sich oft auf's tapferste mit Rittern und Knechten im Felde schlugen, waren doch nebenbei auch wieder Spießbürger, die ihre Ruhe liebten und denen man oft viel bieten mußte, bis ihnen der Geduldsfaden riß, und bis sie dann aber auch um so ingrimmiger ihre Schläge austheilten. Darum ist jener Wahlspruch, welcher „Ruhe" als die „erste Bürgerpflicht" bezeichnet, ganz aus der Seele des Bürgerthumes gesprochen, und ist doch dasselbe Bürgerthum die Seele aller großartigen Bewegung, des mächtigsten socialen und politischen Fortschrittes in Staat und Gesellschaft gewesen. Beiläufig bemerkt, der Kölner Reimchronist vom Jahre 1490, welcher die eben erwähnten blutigen Kämpfe zwischen den Kölner Bürgern und Konrad von Hochstetten beschreibt, nennt — ob er selber gleich unter den Augen des erzbischöflichen Stuhles schrieb — die Schöffen, welche jener frühere Erzbischof den Kölnern aufgedrungen, in bürgerlich bündigem Deutsch kurzweg Esel, welche, ob man sie auch in eines Löwen Haut stecke, dennoch, sowie sie nur das Maul aufthäten, sich sofort als Esel ausweisen würden. In diesem einzigen Zuge malt sich mehr ächte Charakteristik mittelalterlichen Bürgerthumes als in ganzen Dutzenden von romantisch lackirten Poesien und Gemälden aus der Zeit der älteren Düsseldorfer Schule.

Friedrich List stellt in seinem „System der politischen Oekonomie" den „Manufacturisten" und den „Agriculturisten" in schneidend scharfen Gegensätzen neben einander. Er sagt: „Beim rohen Ackerbau herrscht Geistesträgheit, körperliche Unbeholfenheit, Festhalten an alten Begriffen, Gewohnheiten, Gebräuchen und Verfahrungsweisen, Mangel an Bildung, Wohlstand und Freiheit. Der Geist des Strebens nach steter Vermehrung der geistigen und materiellen Güter, des Wetteifers und der Freiheit charakterisirt dagegen den Manufactur- und Handelsstaat."

In diesem harten Ausspruch, den List weiterhin freilich noch auf's geistvollste ausgeführt und begründet hat, liegt alsdann volle Wahrheit, wenn wir den rohen Kleinbauern dem höheren Industriellen gegenüber stellen; diese Wahrheit wird aber zunehmend bedingter und eingeschränkter, je mehr wir bei den Agriculturisten zu dem größeren Gutsbesitzer aufsteigen, bei den Manufacturisten zu dem eigentlichen Kleingewerb zurückgehen. Wir stoßen hier wieder auf die bereits angedeutete zwiespältige Natur des Bürgerthums. Der kleine Handwerker, namentlich in Landstädten, ist fast ebenso beharrend in Begriff und Rede, in Arbeit und Sitte, wie der Bauersmann. Er spielt auch in socialem und politischem Betracht eine ganz ähnliche duldende und schweigende Rolle. Nur mit dem großen Unterschied, daß er mehrentheils darum duldet und schweigt, weil er so gedrückt und verkommen ist, weil er stumm entsagen muß, während das stille Beharren des Bauern sich als das Produkt eines naiven Naturlebens darstellt. Der stabile Bauer ist gesund, der stabile Bürger ist krank. Der einsichtsvolle Staatsmann wird daher auf den duldenden, nothgedrungenen Conservatismus des Kleinbürgers durchaus nicht das Gewicht legen, welches er dem natürlichen, angestammten Conservatismus des Bauern beimessen muß.

Die idealere Natur des Bürgerthumes weiß nichts von solcher Entsagung. Ihr rechtes Lebenselement ist das Wetten und Jagen nach Erfindung, Vervollkommnung, Verbesserung. Die

„Concurrenz" ist ein ächt bürgerlicher Begriff; dem Stockbauer liegt er sehr fern. Der Bürgerstand alter und neuer Zeit in seiner großartigeren Erscheinung ist der zur Thatsache gewordene Beweis des Satzes, daß „die Kraft Reichthümer zu schaffen unendlich wichtiger sey als der Reichthum selbst." (List.) Darum liegt die Gründung von Majoraten und Fideicommissen nicht im Geiste des Bürgerthumes, so sehr sie im Geiste der Aristokratie und des Bauernthumes liegen mag. Das beste bürgerliche Erbe ist die Kraft und gegebene äußere Möglichkeit Reichthum zu erwerben, nicht der feste Besitz. Jener höchste Stolz starker Geister, alles durch sich selbst geworden zu seyn, ist ein ächt bürgerlicher, im Gegensatz zu dem aristokratischen Stolz auf historischen Ruhm und ererbtes Gut. In Altbayern kann man Bauern sehen, die von ihrer Confirmation bis zum Tode ein Baarcapital von acht Gulden auf ihrer Sonntagsweste tragen. Die Weste hat nämlich normalmäßig zwanzig Knöpfe und jeder Knopf wird durch einen vollwichtigen Sechsbätzner gebildet. Der schweizer Bauer sagt entsprechend von einer bodenlosen Weingurgel: sie säuft sich alle Knöpfe vom Rock ab. Diese Sitte, ein Baarcapital auf Rock oder Weste ruhen zu lassen, ist nur bei Bauern möglich, die überhaupt an dem Besitz des todten Capitals eine seltsam kindische Freude haben. Ein ächter Bürger würde die zwanzig Sechsbätzner umschlagen, bis mit der Zeit zwanzig Louisd'or daraus geworden wären, und dann würde er sich doch noch lange keine goldenen Knöpfe auf die Weste setzen lassen.

Von den Heroen der neueren deutschen Nationalliteratur hat wohl keiner den gesunden, praktischen Mutterwitz, das scharfe Urtheil und die glühende Reformbegeisterung des deutschen Bürgerthumes in großartigerem Verein persönlich dargestellt als Lessing. Und gerade Lessing war es, der den bekannten Ausspruch gethan, daß er, wo ihm Gott die Wahl ließe zwischen der Wahrheit selber und dem Streben nach Wahrheit, nach dem letzteren greifen würde. Das ist ein Wort voll stolzer, wahrhaft bürgerlicher Gesinnung! Nebenbei gesagt, Doctor Faust, der alte

Schwarzkünstler sowohl als der Goethe'sche, ist auch ein Bürgersmann gewesen. Der oben citirte Ausspruch List's, daß die Kraft Reichthümer zu schaffen unendlich wichtiger sey als der Reichthum selbst, ist die Uebertragung des allgemeinen Lessing'schen Satzes auf das besondere ökonomische Gebiet. Und in den beiden Aussprüchen liegt das Geheimniß, durch welches das Bürgerthum die oberste Macht der socialen Bewegung wird. Das Bürgerthum setzt die Zauberkraft dieser beiden Sätze als Hebel an, hier in dem Reiche des Geistes, dort in dem Reiche des materiellen Erwerbens, und so hat es sich mit diesen Sätzen die Uebermacht in der modernen Gesellschaft erobert.

Eine Grundursache des steten Drängens und Bewegens im Innern des Bürgerstandes ist schon darin gegeben, daß derselbe die verschiedensten Berufsarten umschließt, während die Bauern wie der Grundadel wesentlich auf einen einzigen Beruf angewiesen sind. Bei den Mächten der socialen Bewegung, dem Bürgerthum wie dem vierten Stand, fällt der Beruf nicht mit dem Stand zusammen, bei den Mächten des socialen Beharrens deckt der Beruf den Stand. Darum sind die letzteren auch viel bestimmter abgegrenzt, viel leichter begrifflich zu bestimmen. Es gibt keine größeren Gegensätze des Berufes, wie zwischen dem Kleingewerb und jener höchsten Geistesarbeit des wissenschaftlichen und künstlerischen Schaffens, und doch umschließt beide das Bürgerthum. Aehnliche Gegensätze wiederholen sich in andern bürgerlichen Kreisen: der Kleinstädter, der Residenzstädter, der Reichsstädter, der Bürger einer großen Welthandelsstadt sind grundverschiedene Charaktere, und dennoch fühlen und wissen sie sich einig im Geiste des Bürgerthumes. Das geht dem Bauern ab. Gleich unterschiedlich in Gruppen gesondert, hat er sich zu dem Gesammtbewußtseyn eines allgemeinen deutschen Bauernthumes noch nicht aufschwingen können.

Jene gleichzeitige Ausprägung des Sondergeistes und des Einigungstriebes, welche ich in der Einleitung als ein wesentliches Merkmal unseres gesammten modernen Gesellschaftslebens nachwies, erscheint nirgends so auffällig bei einem einzelnen Stande im Kleinen nachgebildet, als gerade beim Bürgerstand. Der Corporationsgeist ist bei unsern Gewerben immer noch am meisten rege, und seine Wiederbelebung im höhern Sinne wird nur vom Bürgerthume ausgehen. Und doch ist dasselbe Bürgerthum zugleich die Mutter jener constitutionellen Staatsidee, welche die Macht der Corporationen auf's kleinste Maß zurückführen will. Die ersten Vorzeichen der werdenden Selbständigkeit des mittelalterigen Städtewesens kündigten sich darin an, daß die Bürger die Verwaltung des Gemeindeguts, die Handwerks- und Marktpolizei in ihre Hände nahmen. Und wie sonderthümlich hat sich diese Selbständigkeit in der Verwaltung des städtischen Gemeindewesens dann weiter entwickelt! Und dennoch ist es wieder dasselbe Bürgerthum, durch dessen nicht minder dem Allgemeinen zustrebenden Geist nachgehends die Centralisirung des Gemeindelebens durch den Polizeistaat erst möglich wurde. Also auch in dieser zwiespältigen Natur zeigt sich das moderne Bürgerthum wieder recht als der Mikrokosmus unserer gegenwärtigen Gesellschaft.

Bauernstand und Aristokratie, die Mächte des socialen Beharrens, sind einfache Gebilde; Bürgerthum und Proletariat, die Mächte der socialen Bewegung, aus mannichfachen Gegensätzen in Eins geschmolzene. Auch um dieser im Bürgerstande vermittelten Gegensätze willen mag man ihn den „Mittelstand" nennen.

Namentlich ist es der deutsche Mittelstand, bei welchem der Trieb vorwärts zu bringen und die Lust am ruhigen Beharren sich fortwährend befehden. So schreitet das Genie des deutschen Gewerbfleißes rastlos zu neuen Erfindungen vor, überläßt es aber dann, in träge Ruhe wieder zurücksinkend, andern Völkern, das Gefundene auszubeuten. Es ist ein idealistischer Zug im Charakterkopfe des deutschen Bürgers, daß er sich zur Ehre, aber andern zum Nutzen schafft, verwandt jenem ächt bürgerlichen Selbstbekenntniß, welches die Kraft zum Erwerben höher anschlägt, als den Erwerb selber.

Die geschilderte Doppelart des Bürgerthumes bewirkt, daß jede der beiden äußersten politischen Parteien einen Groll auf dasselbe hat. Den Revolutionären ist das Bürgerthum die Wurzel alles Stillstandes und Rückschrittes, den Absolutisten der Urquell aller Empörung und Ueberstürzung. Aber merkwürdig genug ist dabei die Scheu, welche beide Parteien zeigen, bei dieser Feindschaft das Bürgerthum direkt beim Namen zu nennen. Die Demokratie hat es nicht gewagt, den ehrwürdigen deutschen Namen des Bürgers zu entweihen als Partei-Schimpfwort, weil sie gar wohl weiß, wie volksthümlich der Klang desselben ist. Und wie man so oft die französische Sprache gebraucht, um wenigstens den Gedanken zu geben, wo man sich vor dem Worte fürchtet, hat sie sich das Bürgerthum als „Bourgeoisie" erst in's Französische übersetzt, um dann, ohne zu erröthen, den Kampf gegen dasselbe beginnen zu können. Ebensowenig will es der Absolutismus Wort haben, daß er dem „eigentlichen" Bürgerthum zu nahe trete. Er schiebt darum das erdichtete Phantom eines „ächten" Bürgerthumes unter, welches als eine Art städtisches Bauernthum lediglich Ruhe und Beharren im politischen und socialen Leben darstellen soll, in der That aber gar nicht existirt. Diesem sogenannten „ächten" Bürgerthum wollen die Männer der politischen Erstarrung um so geflissentlicher befreundet seyn, als sie damit das Gehässige einer Polemik gegen das wirkliche Bürgerthum als die entscheidende Macht der berechtigten socialen Bewegung von sich abzuwenden wähnen. Daraus erkennen wir aber erst vollauf, wie groß die bürgerliche Herrschergewalt in der modernen Welt seyn muß, da alle wenigstens vermeiden möchten, sich an dem Namen des Bürgerthumes zu vergreifen!

Der Grund zu der gegenwärtigen imposanten Stellung des Bürgerthumes wurde merkwürdiger Weise in der Zeit gelegt, wo der Wohlstand des mittelalterigen Städtewesens, die alte Blüthe von Gewerb und Handel bereits zu sinken begann. Ich meine die Reformationszeit. Diese ungeheure kirchlich-sociale Krisis hat für das geistige Uebergewicht des deutschen Bürgerthums auf Jahrhunderte dieselbe Bedeutung gehabt, wie sie die nicht minder riesige industrielle Krisis der modernen Maschinenerfindungen für das materielle Uebergewicht desselben haben wird. In diesen beiden Thatsachen, die für uns durchaus nicht so grundverschieden sind als es Manchem bedünken mag, zeigt sich auf's wunderbarste die Kraft der socialen Bewegung im Bürgerthume. In den Reformationskämpfen rang sich der bürgerliche Geist zur Selbstherrlichkeit auf im kirchlichen und wissenschaftlichen Leben. Dieses einseitige spiritualistische Vorwärtsbringen erzeugte einen Gegenschlag, der auf die materielle Existenz zurückfiel: der dreißigjährige Krieg vernichtete den bürgerlichen Wohlstand, und die arme und armselige Zeit nach demselben schuf aus dem stolzen mittelalterigen Handwerker und Kaufmann — den demüthigen deutschen Philister. Aber die große Reformation der modernen Industrie wird auch dem bürgerlichen Gewerb die verlorene Autonomie wieder gewinnen, sie wird ein neues sociales Gebilde des Bürgerthumes nicht minder erzeugen, wie die kirchliche Reformation vor dreihundert Jahren ein solches erzeugt hat.

Nur bei den germanischen Völkerfamilien im europäischen Nordwesten existirt noch ein vollwichtiger, geschlossener Bürgerstand, und nur diese germanischen Völker haben die kirchlichen Reformationskämpfe nach ihrer ganzen Tiefe durchgefochten.

Schon bei den Vorspielen der Reformation war es das deutsche Bürgerthum, welches die Kraft der geistigen Bewegung für sich erprobte. Der Historiker Heinrich Rückert sagt in seinen „Annalen der deutschen Geschichte": „Es war etwas **Bürgerliches in all den deutschen Mystikern** seit der Mitte des dreizehnten Jahrhunderts, aber der von allen Schlacken gereinigte, tiefste Gehalt dieses bürgerlichen Geistes. Nichts mehr von dem phantastischen Schwunge der ritterlichen geistlichen Poesie, dafür aber desto mehr Zurückgehen auf die Wirklichkeit in den innerlichsten Zuständen des Menschen, über welche dort eine Art von religiösem Rausche hinweggeführt hatte, und das Bemühen, sich nicht bloß augenblicklich über sich selbst zu erheben, sondern das Christenthum als ein stets wirkendes Lebensprincip eins mit ihnen zu machen, und eine Gesinnungserneuerung hervorzubringen, aus welcher dann die Bethätigung dieses neuen Geistes im Leben von selbst folgte. Dieses große, ächt praktische Element war der Grund, warum die Richtung in der Nation fortwährend größeren Anklang fand . . . . . ."

Das Eindringen der classischen Literaturstudien, welches der Reformation die Wege ebnete, fand seine obersten Vertreter im Bürgerstande. Die satyrischen Vorboten der großen Bewegung, Sebastian Brandt, Heinrich von Alkmar, Thomas Murner u. a., stellen eine ganz entschieden sociale Agitation aus dem Schooße des Bürgerthumes dar.

Deutsche Reichsstädte waren es, welche die Reformation unter den Ersten in bürgerlicher Kühnheit und mit bürgerlichem Trotz in Schutz nahmen.

Luther selber in seiner zwiespältigen Natur ist ein wahres Urbild eines deutschen Bürgers. Der Drang, eine verrottete Welt aus ihren Angeln zu heben und zugleich das Bewußtseyn, daß nur in dem Anklammern an das Beharrende und Bestehende die wilden Schwarmgeister gebannt werden könnten, kämpfte unabläßig in seiner Brust. Daher so manche Widersprüche in seinem Leben, die nicht aus mattherzigem Verzagen, sondern aus der Tiefe des Kampfes selber quollen. Es sind die Widersprüche des deutschen Bürgerthumes.

„Warum thut man nicht, wie im Volke Israel geschah, da nur Einer König blieb? Seinen Brüdern gab man etwas, und ließ sie den andern im Volke gleich seyn. Müssen's denn alle Fürsten und Edle bleiben, die fürstlich und edel geboren sind? Was schadet es, ein Fürst nehme eine Bürgerin und ließe ihm begnügen an eines Bürgers Gut? Wiederum eine edle Magd nehme auch einen Bürger? Es wird doch die Länge nicht tragen, daß eitel Adel mit Adel heirathe. Ob wir vor der Welt ungleich sind, so sind wir doch vor Gott alle gleich, Adams Kinder,

Gottes Creatur, und ist je ein Mensch des andern werth." Spricht aus diesen Worten Luthers nicht bereits jener Gleichheitsgedanke, mit welchem das moderne Bürgerthum die letzten Bollwerke des mittelalterigen Ständewesens in die Luft sprengte, um aus ihren Trümmern der politischen Freiheit eine neue sociale Basis zu bauen? Man hat in unsern Tagen in einem deutschen protestantischen Staate eine Zusammenstellung social und politisch radicaler Stellen aus Luthers Schriften polizeilich confiscirt. Eben so gut könnte aber auch eine demokratische Regierung eine Blumenlese von Aussprüchen aus des Reformators Werken confisciren, weil sie zu „reactionär" seyen. Das ist nicht bloß Luthers, sondern des ganzen deutschen Bürgerthumes zwiespältige Natur.

Neuere Schriftsteller haben mit Recht hervorgehoben, wie die erschütternden Erfolge Luthers auf's engste damit zusammenhingen, daß er seine Predigt an das deutsche Volk gerichtet habe. Allein ein Volksthum im modernen Sinne bestand damals noch nicht. Durch seine Stellung inmitten des Bürgerthums ist Luther erst in zweiter Linie volksthümlich geworden. Die damaligen Bauern wußten bekanntlich dem socialen Demagogen und Wühler Karlstadt viel mehr Geschmack abzugewinnen, als dem bürgerlichen Reformator Luther. Karlstadt und Luther verhalten sich in socialem Betracht zu einander wie die Ausgleichungswuth des vierten Standes zu den versöhnenden und vermittelnden gesellschaftlichen Tendenzen des Bürgerthumes.

Jener oberste sittliche Grundsatz des Protestantismus, der den Kampf um die Gottseligkeit von dem Felde der äußeren Werke in die Tiefen des inwendigen Menschen zurückversetzt, entspricht dem Geiste des Bürgerthumes, welchem das Ringen nach Erwerb höhere Kraft und mächtigeren Reiz birgt als der Besitz des Erworbenen selber. Die katholische Kirche besitzt — aristokratisch — ein liegendes, in seinem Grundstock unveräußerliches Capital von Gnadenmitteln, der Protestantismus kennt — bürgerlich — nur das Ringen nach dem Erwerb der Gnade durch den

Glauben, und seine Dogmatik gibt der Kirche nirgends einen rechtlichen Besitztitel für das feste, ruhende Capital eines eigentlichen Gnadenschatzes.

Gerade dieser bürgerlichen Richtung im Protestantismus konnte sich auch der Katholicismus auf die Dauer nicht entziehen, er ist in Messe und Predigt und allerlei andern Cultusformen, in der Zugänglichkeit der verdeutschten heiligen Schrift für die ganze Gemeinde und in vielen weiteren Stücken bürgerlicher geworden, während hier früher der priesterlich aristokratische Charakter vorwaltete. Darin zeigt sich eine der entscheidenden socialen Folgen der Reformation.

Der protestantische Cultus, der Kirchenbau und was damit zusammenhängt, ist bis zum Uebermaß bürgerlich, d. h. schlicht, nüchtern, verständig, praktisch, aber auch ungemüthlich und poesielos. Ganz ebenso zeichnete ich oben die neuere Bürgersitte. Der Prunk der katholischen Kirchengebräuche läßt sich bald als aristokratisch, bald als volksthümlich bäuerisch bezeichnen. Die Bauern katholischer Landstriche schmücken ihre Kirchen und Heiligenhäuschen in der Regel weit lebhafter als selbst die reichsten städtischen Gemeinden. Das ist eine ganz natürliche Consequenz ihrer bunten Röcke und ihrer riesenmäßigen Hochzeitsschmäuse.

Der protestantische Choral in schwerem Gleichschritt, ernst, schmucklos, in den einfachsten Urformen der Melodie und Harmonie sich bewegend, dabei aber von der ganzen Gemeinde gesungen, ist bürgerlichen Gepräges. Die katholischen Kirchengesänge sind dagegen entweder vorwiegend contrapunktisch-aristokratisch, oder bei den allgemeinen Chorgesängen an das bewegliche Volkslied, an den sinnig gemüthlichen Bauerngesang anschließend. Es ist eine merkwürdige sociale Thatsache, daß der Protestantismus das eigentliche neuere Volkslied, das Bauernlied, welches die Einfalt des religiösen Gefühles oft so ergreifend ausspricht, von seinem Cultus streng fern gehalten hat.

Ohne Luthers deutsche Bibel, ohne die durch dieses Werk festgestellte allgemein deutsche Sprechart und Schreibart wäre der moderne Universalismus des Bürgerthums gar nicht möglich gewesen. Denn seine oberste Voraussetzung ist, daß die Scheidungen der Stände gekreuzt werden durch die große Querlinie, welche lediglich eine gebildete und eine ungebildete Gesellschaft abtheilt. Diese „gebildete Gesellschaft" ist aber im Gegensatz zur gelehrten Welt nur möglich geworden durch Luthers Centralisirung der deutschen Schriftsprache.

Man hat aber die Reformation in neuerer Zeit häufig genug, ganz im Gegensatze zum eben durchgeführten Gedankengang, als den wahren Ruin des deutschen Bürgerthumes hingestellt. Es wird niemand läugnen, daß in Folge des religiösen Zwiespaltes und der daraus erwachsenen Bürgerkriege der Wohlstand der deutschen Städte fast gänzlich zerstört worden ist, daß nach dem dreißigjährigen Kriege auch aller geistige Aufschwung gebrochen erscheint, und der lederne deutsche Philister neben dem ächten Bürger Platz gewinnt. Und dennoch ist seit der Reformation die ideelle Macht des Bürgerthumes gegenüber den andern Ständen stätig gewachsen, in dem Maaße gewachsen, daß Viele heutzutage mit einem Scheine von Recht der Ansicht sind, es gäbe gar keinen berechtigten Stand mehr als den Bürgerstand. Dergleichen zu behaupten, wäre im Mittelalter, wo das Bürgerthum angeblich in höherer Blüthe gestanden haben soll, barer Wahnsinn gewesen. Das Bürgerthum mußte freilich auch seinen Theil von der allgemeinen socialen Erschlaffung des siebenzehnten und achtzehnten Jahrhunderts hinnehmen, allein auch diese allgemeine Erschlaffung darf vom weltgeschichtlichen Standpunkte nur als ein rasch vorübergegangenes Zwischenspiel angesehen werden. In der Reformation, als in der eigensten That des deutschen Bürgergeistes, ist demselben erst recht seine neue Sendung in der gesellschaftlichen Welt aufgegangen, nämlich die entscheidende Macht der socialen Bewegung zu seyn. Und in der Erkenntniß und Erfassung dieses Berufes war der Keim einer neuen vorher nicht geahnten socialen Machtvollkommenheit des Bürgerthumes gegeben.

Der Bürgerstand der Perrücken- und Zopfzeit erscheint freilich in keinem besonders vortheilhaften Lichte, wenn man ihn für sich allein betrachtet. Er hebt sich aber um so glänzender ab, so wie wir ihn mit der gleichzeitigen Gesunkenheit der höheren Stände zusammenhalten. Gerade in diesen trübseligen Tagen bewährte sich das conservative Element, welches namentlich dem kleineren Gewerbstande einwohnt. Er blieb wenigstens sittlich sich selber treu, während die Aristokratie in sittlicher Auflösung unterzugehen drohte. In entsagender stiller Arbeit, im ehrenfesten frommen Familienleben war und blieb der deutsche Handwerker damals national, ob ihm gleich das klare nationale Bewußtseyn erloschen war. Politisch war er eben nicht mehr und nicht minder auf dem Hund wie alle andern Stände. Aber social war er, aus dessen Schooße eben erst die gewaltigste Bewegung hervorgegangen, in selbiger Zeit fast die einzige erhaltende Macht im Staate, welche verhütete, daß die Gesellschaft nicht in sittlicher Fäulniß auseinanderfiel. Der Bauer war noch fast eine sociale Null. Die unverdrossene zähe Arbeit des kleinen Gewerbes in einer Zeit, wo das große in Deutschland beinahe zerstört war, bildet die Brücke zu der modernen industriellen Herrlichkeit. Ohne die kummervolle Ausdauer jener Kleinbürger würde die rasche Blüthe des modernen Industrialismus nicht möglich gewesen seyn, ohne ihre Pietät für die Reste des alten Innungswesens, in welche erst der Polizeistaat des neunzehnten Jahrhunderts mit harter Hand eingriff, würde das deutsche Bürgerthum sich heute bereits in ein bürgerliches Proletariat aufgelöst haben.

Das siebzehnte und achtzehnte Jahrhundert zeigte den Sondergeist des deutschen Bürgerstandes inmitten trostloser Gesammtzustände in seiner größten Glorie. Daß uns heute noch die Begriffe des „bürgerlichen" und des „ehrbaren" als sehr nahe verwandt, wohl gar als gleichbedeutend gelten, datirt von daher. In Frankreich, wo gerade in jenen Jahrhunderten das große Werk der Centralisation vollzogen wurde, wo der Kleinbürger nicht die Kraft hatte, sich angesichts der nivellirenden Sittenverderbniß in sein Sonderthum einzuspinnen, wo das Städtewesen gleichbedeutend wurde mit dem Wesen der einen großen Hauptstadt, nahm der Bürger auch viel mehr Gutes und Böses der höheren Stände zu sich herüber. In Deutschland braucht man einen Schuster oder Schneider auch nur von hinten zu sehen, so steht es ihm doch schon auf dem Rücken geschrieben, daß er ein Schuster oder Schneider ist. In Paris soll das nicht der Fall seyn. Aber wir beneiden den französischen Bürger nicht um diese allgemeine Glätte der äußern Haltung und Manier. Denn diesem deutschen Schuster, dem seine Schusterschaft sogar auf dem Rücken lesbar geschrieben steht, stehet auch das gute Vorurtheil daneben geschrieben, daß er ein ehrbarer, ganzer Schuster sey, und kein Windbeutel.

Ein französischer Schriftsteller, Charles Nodier, zeichnet für die sociale Verderbniß von Paris, wo der bürgerliche Sondergeist keine rettende Macht mehr ist, wo die politische Centralisation die guten Grundstoffe so innig mit den schlechten zusammengeschmolzen hat, daß auch das ursprüngliche Gute vergiftet werden muß, eine furchtbar ernste Parallele:

„Sobald eine ungeheure Stadt alle Verirrungen des Menschengeistes, alle Thorheiten der falschen Politik, die Verachtung der heiligen Wahrheiten, die Wuth schimmernder Neuerungen, den nackten Egoismus und mehr Sophisten, Dichter und Seiltänzer vereinigt, als für zehn verdorbene Generationen hinreiche, dann wird sie nothwendig die unbedingte Königin der Städte. Rom hatte bei den häufigen Einbrüchen des Nordens seine Consuln, seinen Senat, seine Redner, seine Krieger nicht mehr, es stellte den Barbaren nur noch Schauspieler, Freudenmädchen und Gladiatoren entgegen, die schmachvollen Reste einer übertriebenen und entsittlichten Civilisation, die aus allen Mistpfützen hervortrat, und Rom blieb die Hauptstadt der Welt!"

So viele studirte Leute, die, von ihrer eigenen Abstraction geblendet, in der Wirklichkeit nur noch eine flach ausgeebnete Gesellschaft vorhanden finden, dagegen keinen nennenswerthen Rest mehr von all dem Corporationstrieb, dem Sondergeist, dessen Spuren wir so emsig aufsuchen, möchten wir doch nur ganz einfach an ihre Studentenjahre erinnern. Die deutschen Universitäten sind eines der merkwürdigsten Denkmale historischer „Gliederung der Gesellschaft." In ihnen webt der alte Geist des deutschen Bürgerthumes, welches sich in dem engeren Banne der Corporation erst recht stark und frei weiß. Der Student, wenn er zur Hochschule kommt, hat nichts eiligeres zu thun, als sich nach streng geschiedenen Gruppen, in Burschenschaften, Landsmannschaften 2c. zu sondern. Er thut dies nicht um irgend einer Reaction willen, sondern kraft seiner akademischen Freiheit und zur vollsten Ausbeutung derselben. Die Naivetät des jugendlichen Geistes sucht die sociale Gliederung auf, das abgelebte Alter zerfließt in der Allgemeinheit. Den Studenten, der keiner besonderen Körperschaft angehören, der nur als Student in abstracto leben will, nennt die sinnreiche deutsche Burschensprache ein „Kameel." Sie verbindet mit diesem nicht schmeichelhaften Titel vorab den Begriff des altklugen, ledernen Egoismus, der eine kahle Allgemeinheit nur darum ausschließlich gelten lassen möchte, damit er sich recht ungestört in seine persönlichen Launen und Grillen einpuppen kann. Solche sociale Kameele sind nun auch jene „allgemeinen Staatsbürger," welche bei sich fertig geworden sind mit allen geschichtlichen Gliederungen und berechtigten Einzelgruppen der Gesellschaft.

Der unschätzbare Gesammtbau des deutschen Universitätswesens ist überhaupt nichts anderes als ein Ausfluß des bürgerlichen Corporationsgeistes im Mittelalter. Es lebt in den Universitäten noch die genossenschaftlich gebundene Freiheit alten Styles; Zunftgeist und ständischer Sondertrieb lugt aus allen Fenstern und doch weht auf der Zinne dieser alten Burgen das Banner der freien Wissenschaft!

In Deutschland, wo jedem Schuster seine Schusterschaft auf dem Rücken geschrieben steht, wurde Jakob Böhme geboren, der Fürst aller Schuster, der philosophus teutonicus, Hans Sachs,

„Schuhmacher und Poet dazu," Winckelmann, des armen Schusters von Stendal Sohn. Und Goethe, das Frankfurter Bürgerkind, achtete es seiner Dichterherrlichkeit nicht zu gering, den Reimen des alten Nürnberger Poeten und Schuhmachers, sie nachbildend, erneuten Glanz zu schaffen. Nur Völker, bei denen das Bürgerthum sich so ständisch ausgeprägt erhielt, wie bei den Deutschen und Engländern, haben in der Uebergangsperiode vom Mittelalter zur modernen Zeit drei so wunderbare Genies als wildwüchsige Natursöhne dieses Bürgerthumes besitzen können, wie das Kleeblatt: Luther, Shakespeare und Jakob Böhme.

Der ganze Aufschwung der deutschen Nationalliteratur im achtzehnten Jahrhundert ist durchdrungen und getragen von bürgerlichem Geiste. Es ist die bewegende, vorwärts treibende, nivellirende Charakterseite des deutschen Bürgers, die hier in einseitig ursprünglicher Gewalt zu Tage bricht. Die Franzosen haben sich die Anerkennung des dritten Standes mit dem Schwerte des Bürgerkrieges und der Revolution erfochten, wir haben uns dieselbe erdacht, erschrieben und erfungen. Und unmittelbar an den socialen Sieg des deutschen Bürgerthums, das man bereits versunken und todt gesagt, an seinen Sieg durch die Reformation der Kirche, der Kunst und der Wissenschaft, knüpft sich der neue Anlauf des modernen Industrialismus, dessen sociale Folgen noch Keiner absehen kann.

Jene Zweiglinie der streng katholisch-conservativen Richtung, welche für den wieder aufgefrischten alten Glanz ihrer Kirche auch die Restauration des mittelalterlichen Ständewesens fordert, durchschaute am frühesten die sociale Folgereihe der bezeichneten Geisteskämpfe. Sie verdammte die ganze Entwickelungsgeschichte des Bürgerthums seit dem sechzehnten Jahrhundert als eine Thatsache des Protestantismus. Unsere ganze neuere Nationalliteratur, Lessing, Klopstock, Herder, Goethe, Schiller, war ihr zu „protestantisch," und sie faßte dieses Wort nicht bloß in seinem religiösen, sondern auch in seinem socialen Sinne. Der Cultus des Genius, welcher sich an jene großen Namen heftete, mußte dieser Partei ein Gräuel seyn, denn sie fühlte wohl heraus, daß die neuere Nationalliteratur der Zertrümmerung der alten Stände eben so gut in die Hände gearbeitet hatte, als dies die Revolution gethan. Es ist oft genug hervorgehoben und bis in's Einzelste durchgeführt worden, wie gerade die Helden unsers classischen Schriftthums sich nicht frei machen konnten von weltbürgerlicher Schwärmerei, und ob sie gleich ihre Nation warm im Herzen trugen, doch das Nationalitätsbewußtseyn vorwiegend als hemmende Fessel und Schranke ansahen auf dem Pfade der allgemeinen Humanität. Man legte mit philologischer Pedanterie den modern nationalen Maßstab an die Worte Lessings, Herders, Goethe's, und die alten Meister bestanden schlecht in diesem Examen. Hätte aber die gleiche Pedanterie obendrein unsern Standpunkt einer geschichtlichen Organisation der Gesellschaft zum Maßstabe des Urtheils über jene Literaturfürsten genommen, so würden dieselben vollends gar nicht bestanden haben. Die streng katholische Seite fühlt recht gut, daß Schiller und Goethe weit gefährlichere Träger und Verbreiter des protestantisch-bürgerlichen Geistes waren als ganze Dutzende berühmter Theologen. Denn der Vollgehalt des modernen Geistes, insofern er in Gegensatz zu dem Mittelalter tritt, ist ihr gleichbedeutend mit dem protestantischen Geiste. Sie fühlt, daß Schillers und Goethe's weltbürgerliche Philanthropie, der alle gesellschaftliche Unterschiede überbrückende, dichterische und philosophische Universalismus dieser Poeten, der gebildeten Schicht des Bürgerthums erst recht das Bewußtseyn geweckt hat, daß der Bürger die Macht der socialen Bewegung sey. Täuschen wir uns nicht: diese Dichterfürsten waren die Apostel des in seinem Bewegungs- und Ausgleichungsdrange mächtigen Bürgerthumes, ja wohl noch mehr: die Propheten des vierten Standes?

Der deutsche Bürger ist einer politischen und socialen Schwärmerei, die sich ihm als System und Lehre aufdrängt, unzugänglich, aber in Versen mag er gerne mitschwärmen für Weltbürgerthum und Sturz aller Standesunterschiede, für den nackten

Menschen; und der stockreactionäre Philister, der in der That alle Freiheit und Gleichheit zum Teufel wünscht, klatscht sich die Hände wund, wenn Don Juan singt: „hier gilt kein Stand, kein Name" und dann das Tutti in hell schmetternden Trompetentönen aufjubelt: „Hoch soll die Freiheit leben!"

Sind aber die edelsten Geister der Nation wirklich Apostel des Bürgerthumes als des Standes der reformatorischen socialen Bewegung, ja wohl gar Propheten des vierten Standes gewesen, dann ist uns dies eben nur eine Bürgschaft mehr für das innere Recht dieser bewegenden Mächte neben denen des Beharrens, und wenn etwa der vierte Stand dermalen noch im Schlamm der Zerfahrenheit und Nichtsnutzigkeit steckt, so sind wir darum so wenig befugt ihm seine Zukunft abzusprechen, als wir's dem Bürgerthume werden absprechen können, daß ihm die Gegenwart gehört.

Zweites Kapitel.

Der sociale Philister.

Eine eigenthümliche sociale Krankheitsform ist in dem modernen Bürgerstande zum Ausbruch und zu wahrhaft epidemischer Verbreitung gekommen. Es ist der Stumpfsinn gegen jegliches sociale Interesse, die gewissenlose Gleichgültigkeit gegen alles öffentliche Leben überhaupt. Ein großer Theil des modernen Bürgerstandes ist förmlich ausgeschieden aus der Gesellschaft, der Einzelne zieht sich in die vier Wände seines Privatlebens zurück. Die Schicksale des Staates und der Gesellschaft wecken nur noch insoweit seine Theilnahme, als ihm ein persönlicher Vortheil dabei in's Auge springt, als sie ihm Stoff zur Unterhaltung oder wohl gar Anlaß zu gelegentlicher Prahlerei bieten. Man faßt diese ganze große Sippe unter dem Namen der Philister zusammen.

Der politische Philister fällt keinem einzelnen Stande besonders zu, er stellt sich dar als eine Entartung des Staatsbürgers, nicht des Gesellschaftsbürgers: der sociale Philister dagegen gehört wesentlich dem Bürgerstande an. Wenn das gesunde Bürgerthum gerade durch die in ihm stets flüssigen Gegensätze des Sondergeistes und Einigungstriebes, eines aristokratischen und demokratischen Princips, erst recht sein originelles Gepräge erhält und zur Macht der socialen Bewegung wird, dann heben sich diese Gegensätze im Philister zur Indifferenz auf, und er vertritt uns die sociale Stagnation. Auch im Philisterthum freilich ist Leben und Bewegung, aber es ist jenes schauerliche Leben, welches in dem verwesenden Leichnam gährt und wühlt.

Der Philister erkennt wohl auch gleich uns in dem Bürgerstande den „Mittelstand," aber nicht, weil er in ihm den bewegenden Mittelpunkt gefunden, darin alle Radien des gesellschaftlichen Lebens zusammenlaufen, sondern weil sein Bürgerthum der Ausbund socialer Mittelschlächtigkeit ist, ein nichtsnutziges, lauwarmes triste-milieu.

Nicht der ökonomisch zerrüttete Bürger wird am leichtesten zum Philister; das Philisterthum setzt eher ein gewisses Wohlbefinden, und sey es auch nur ein ganz erbärmliches, kleinliches voraus; es ist ein in's Kraut geschossenes Bürgerthum, von seiner Idee abgefallen, aber äußerlich um so üppiger fort vegetirend;

„Zum Teufel ist der Spiritus,
Das Phlegma ist geblieben."

Hier zeigt sich sogleich ein merkwürdiger Gegensatz zwischen Bauernthum, Aristokratie und Bürgerthum. Der in der Selbstgenügsamkeit seines äußerlichen Standesbewußtseyns entartete Baron verjunkert, der Bauer verhärtet zu einem knorrigen Stockbauern, d. h. beide bleiben in dem Extrem ständischer Abgeschlossenheit stecken. Der zum Philister verkrüppelte Bürger dagegen verliert alles ständische Gemeinbewußtseyn, und die völlige sociale Gleichgültigkeit ist es gerade, die ihn zumeist charakterisirt. Dem verjunkerten Edelmann würde nicht der Philister, sondern der Spießbürger entsprechen, welcher sich als der in ständischer Einseitigkeit eingeschrumpfte Bürger darstellt. Und dies ist wiederum ein bemerkenswerther Unterschied der alten und neuen Zeit, daß vordem der Spießbürger vorherrschend der entartete Bürger gewesen ist, während jetzt der Philister den Spießbürger großentheils verdrängt hat. Der socialistisch-communistische Proletarier und der Philister arbeiten gleicherweise an der Auflösung der gegliederten Gesellschaft: der eine indem er angreifend verfährt, der andere indem er stumpf und theilnahmlos diese Angriffe geschehen läßt; jener demonstrirt uns die geschichtliche Gesellschaft theoretisch weg, dieser steckt wie der Vogel Strauß den Kopf in die Ecke, und glaubt dann, es gebe keine historische Gesellschaft mehr.

Der Philister ist ein betrogener Bürger, der Gefoppte und Geprellte aller Parteien, ohne daß er selber dies merkt. Ein sociales Glaubensbekenntniß besitzt er so wenig als ein politisches, er hält es immer mit derjenigen Partei, welche das für den Augenblick bequemste Bekenntniß formulirt hat. Darum verfälscht er allen Maßstab für die wirkliche Bedeutung der Parteien. Seit der Philister eine förmliche sociale Gruppe bildet, ist der Begriff der „öffentlichen Meinung" ein leerer Schall geworden. Denn wo der Philister den Ansatz zur Bildung einer Mehrheit wahrnimmt, da tritt er sofort gedankenlos hinzu und erweckt, da er sich überall den Massen nachdrängt, vorweg den Verdacht, daß die Stimme der Massen die Stimme der Unvernunft sey. So hat der Philister auch in künstlerischen und literarischen Dingen den Gedanken eines urtheilenden und richtenden „Publikums" zu einem gefährlichen Wahnbild werden lassen. Es brauchen nur ein paar vorwitzige Bursche recht lauten Beifall zu spenden, gleich läuft ein ganzes Rudel von Philistern als hundertfältiges Echo hintendrein.

Einzelne Philister hat es gegeben seit es einen Staat und eine Gesellschaft gibt, aber das Philisterthum als eigene umfassende sociale Gruppe ist eine durchaus moderne Erscheinung. Dem Geiste des classischen Alterthums würde es entsprochen haben, den Philister mit Verbannung und bürgerlichem Tode zu bestrafen. Es ist ein trauriges Zeichen von der innern Hohlheit des modernen Polizei- und Beamtenstaates, daß derselbe die Gesellschafts- und Staatsgefährlichkeit des Philisters gar nicht erkennt, oder, wo dies geschehen sollte, demselben durchaus nicht beizukommen weiß. Der Grundgedanke des Philisterthums ist eine tiefe politische Unsittlichkeit, welche Staat und Gesellschaft langsam vergiftet, und doch kann zugleich der Philister nach polizeistaatlicher Auffassung der politisch, d. h. polizeilich, loyalste

Bürger seyn. Welch erschreckender Widerspruch! Politisch und social nichts zu thun und nichts zu seyn ist kein Verbrechen, sondern eine Tugend im modernen Staate! Aber man übersehe doch auch nicht: dieser Zug im Gesichte des modernen Staates ist der wahrhaft hippokratische, der todtverkündende. Wir haben schon bei den Bauern wahrgenommen,- wie unsere Regierungen fast nur verneinend und austilgend einzugreifen wissen in das sociale Leben, nicht aber positiv aus dem Individuellen entwickelnd und weiterbildend. Dem socialen Philister, welcher der Gesellschaft gefährlicher ist als der communistische Proletarier, kann man nicht mit Haussuchungen, Ausweisungen und Arretirungen zu Leibe gehen, man kann nur mittelbar durch Schutz und Pflege eines kräftigen und gesunden Gemeingeistes im Bürgerthume das Aussterben dieser Gruppe des entarteten Bürgerthumes anbahnen. Hier aber stoßen wir zum andernmal auf einen Widerspruch; der Polizei- und Beamtenstaat möchte recht gern einen Rückhalt in den socialen Mächten gewinnen, und dennoch fürchtet er sich zugleich vor denselben! Er will durchaus nur schwache Bundesgenossen, aber ein schwacher Bundesgenosse ist hier nichts anderes als — ein Gegner.

Die prächtige sprachliche Bezeichnung des „Philisters" haben wir dem Burschenleben zu danken. Was dem Burschen das „Kameel" im engeren Kreise des Studententhums, das ist ihm der Philister in dem weiteren Bereich der ganzen Gesellschaft. Im Uebermuth des Corporationsgeistes erkennt der Student gleichsam nur die Hochschule und was dazu gehört, als die berechtigte Gesellschaft an. Alles, was draußen steht, ist Philister. So sollen der bürgerlichen Gesellschaft selber alle die, welche draußen stehen, weil sie in dem Eigennutz ihres Privatlebens keinen Raum mehr übrig haben für das sociale Leben, Philister heißen. Nach dieser Herkunft trifft das Wort im Doppelsinne, es trifft wie eine Peitsche; denn es zeichnet den Philister als den wirklichen und verdienten Paria der Gesellschaft. Keines socialen Gebildes hat sich gegenwärtig der Humor so eifrig bemächtigt als des Philisters. Die in dem Sonderthum ihres Standes versteiften Edelleute, Bürger und Bauern, die zopfigen Bürgermeister sammt Baron Pappendeckel und Pachter Feldkümmel sind längst verbrauchte Carricaturen. Die Carricaturen des Philisterthums dagegen, die Hampelmänner, Staatshämorrhoidarier und Piepmeyer gehören recht eigentlich der modernen Zeit an. Das in Nichtsnutzigkeit entartete Proletariat sämmtlicher Stände ist zu erschreckend ernst für die Satyre. Der Philister ist unsere einzige ausgiebige sociale Originalcarricatur. Aber man müßte ihn nicht zu kleinlichem Spaß ausbeuten, sondern zu aristophanischem Spott mit großartigem sittlichem Hintergrunde. Hampelmann, der auch die höchsten Interessen des öffentlichen Lebens mit der Elle des „baumwollenen und wollenen Waarenhändlers" mißt, dessen ganze sociale Politik im Geldsacke sitzt, der sich über alle Parteien erhaben dünkt, weil alle ihm gleicherweise eine Nase drehen, als das Urbild des bornirten, stumpfsinnigen Egoismus in der philisterhaften Entartung des Bürgerthumes; Piepmeyer, der seine Fühlhörner ausstreckt, um zu beschließen ob er wieder etwas weiter nach rechts oder links rücken solle, als der Ahnherr jener stark verzweigten Linie der Philister, die in regster Theilnahme an allem Außenwerk des öffentlichen Lebens nur Stoff für das Bramarbasiren mit ihrer winzigen Person suchen: — das sind lustige Bilder und doch zugleich die schwärzesten Nachtstücke aus unseren socialen Zuständen.

Der verdorbene, proletarische Bauer hat seinen Hauptsitz nicht auf den Hofgütern und Weilern, sondern in den großen, stadtähnlichen Dörfern. Der Fundort des zum socialen Philister entarteten Bürgers ist umgekehrt weit weniger in den größeren, vollgültigen, als in den kleinen, dorfähnlichen Städten. Die Kraft des Bürgerthums hat sich allezeit mehr im umfassenderen Zusammenleben und Zusammenwirken, die Kraft des Bauernthumes mehr in der Vereinzelung geltend gemacht. Der Sprachgebrauch nimmt wohl gar einen „Kleinstädter" für gleichbedeutend mit einem Philister. Als die Ständebündnisse des Mittelalters sich aufgelöst hatten, und die selbständigen Städte Provinzialstädte wurden, war dem Philister eigentlich erst das Land geöffnet. Die vielen halbwüchsigen, zwitterhaften Städte, an denen wir eben so sehr Ueberfluß haben wie an überwüchsigen Dörfern, sind allmählig wahre Brütöfen des Philisterthums geworden. Es ist darum erfreulich wahrzunehmen, daß seit der Auflösung des alten deutschen Reiches die Centralisirung des deutschen Städtewesens so mächtig vorschreitet. Von Jahr zu Jahr verwandeln sich die kleinen in den Ecken gelegenen Landstädte mehr und mehr in wirkliche Dörfer, sie verbauern, sie werden mit der Zeit auch wieder Dörfer heißen. Die berechtigten Städte dagegen nehmen in demselben Maße zu und gewinnen an selbständiger Physiognomie. Wir haben aus dem vielgliederigen, individualisirten Mittelalter eine Unzahl kleiner Städte geerbt, welche bei den damaligen Zuständen des Bürgerthums sich ganz gut selbständig hatten behaupten können, aber unser Bürgerthum ist ein ganz anderes geworden und viele dieser kleinen Städte sind trotzdem geblieben. Nun entstanden aber auch noch obendrein in den beiden letzten Jahrhunderten eine Menge künstlicher, durch Fürstenlaune und andere zufällige Motive hervorgerufene Städte, namentlich kleine Residenzen, die den berechtigten größeren Städten viele Lebenselemente eines gesunden Bürgerthumes abführten, ohne doch selber bedeutend genug zu seyn, ein solches neu aus sich zu schaffen. Dieses Unmaß von zersplitternder Individualisirung des Städtewesens hatte im vorigen Jahrhundert in Deutschland seinen Höhepunkt erreicht. Die kleinen Residenzen haben sich seitdem von etlichen Hunderten wieder auf etliche Dutzend verringert. In den Jahren von 1803—1817 wurde eine große Zahl von Städtegerechtsamen, die in früherer Zeit wahrhaft gewissenlos verliehen worden waren, wieder aufgehoben, und die Duodez-Städtchen, welche oft genug keine 500 Einwohner zählten, wieder in Dörfer verwandelt. Der Verfasser kennt viele solcher erst zu jener Zeit begrabirte Städte, und hat die Umwandlung in Bauerndörfer bereits überall wieder so

gründlich durchgeführt gefunden, daß auch fast nirgends mehr
die Physiognomie des Ortes, Sitte und Beruf der Bewohner
die ehemalige Stadt errathen läßt. Ein Beweis wie heilsam
und gerechtfertigt die Umwandlung war. Dagegen kann man
auch in Gegenden, wo bei den kleinsten Nestern der alte Städte=
charakter aufrecht erhalten wurde — wie z. B. in Kurhessen —
sich anschaulich genug von der socialen Gefährlichkeit einer solchen
Zwitterexistenz überzeugen.

Die deutschen Kleinstaaten sind es vorzugsweise, welche sich
durch den Ueberfluß an allzu kleinen und durch den Mangel an
größeren Städten auszeichnen. Darum kennt man in vielen
dieser Ländchen kaum ein Bürgerthum im vollen, stolzen Sinne
des Wortes, desto besser aber das Philisterthum. Namentlich
war es hier eine der verkehrtesten Maßregeln, durch Gründung
recht zahlreicher Sitze von Staatsbehörden in den bauernmäßigen
kleinen Städten diesen einen gewissen politischen Charakter und
dadurch eine erkünstelte Bedeutung zu schaffen. Nirgends wächst
der Zopf des Philisterthums länger als in solchen Beamtenstädt=
chen, nirgends ist der Bureaukratie, der geschworenen Gegnerin
eines freien, großen und selbständigen Bürgerthumes, eine wär=
mere Hegungsstätte bereitet worden. Dieser kunstreich durchgebil=
deten Kleinstädterei in kleinen Ländern mag wohl oft die Eitelkeit
zu Grunde gelegen haben, durch die möglichst große Zahl selb=
ständig individualisirter Städte dem Lande den Schein eines
größeren Staates zu geben, wie etwa, wenn man die Quadrat=
meilen immer kleiner annahm, damit allmählich in friedlicher
Eroberung der Flächenraum des Landes zu immer größerer
Quadratmeilenzahl sich ausrecken möge. Aber solche Eitelkeit
strafte sich hart, denn in der Stunde der Gefahr zeigte es sich,
daß nur noch die auseinanderfallenden äußersten Stände vorhan=
den waren, und nicht mehr der verbindende Mittelstand.

Eine eigene Geschichte der Kinder= und Flegeljahre des
socialen Philisterthums in den letzten drei Jahrhunderten würde
äußerst lehrreich seyn. Die Staatsgewalt wußte alle diejenigen

bürgerlichen Corporationsrechte illusorisch zu machen, welche eine selbständigere Lebensregung des Standes voraussetzten. Dagegen ließ man wohlweislich all den äußerlichen Schnack des Corporationswesens bestehen, der nur dienen konnte dasselbe lächerlich und lästig zu machen. Der Zopf an den Zünften z. B. hat noch lange ungestört sein Recht behauptet, während der tüchtige selbständige Geist der Innungen längst von staatswegen ausgetrieben worden war. An manchen Orten dauerten die lüderlichen Zunftschmäuse länger als die Zünfte selber. Die centralisirende Staatsgewalt glaubte abstracte Unterthanen schaffen zu können, und schuf doch lediglich höchst concrete Philister. Der sociale Beruf des guten Staatsbürgers sollte darin bestehen, die Gesellschaft zu vergessen. Indem die Behörden bald alle freie sociale Bewegung niederschlugen, bald wieder, wo es zweckdienlich erschien, auf einen kurzen Augenblick zu derselben kitzelten und anspornten, lockten sie recht wie mit künstlichen Reizmitteln den socialen Philister hervor. Er ist in seiner halbschlächtigen Gleichgültigkeit, in seinem heimtückisch charakterlosen Wesen augenfällig aus der Dressur jener Politik hervorgegangen, die gleichzeitig mit den Füßen spornt und mit den Händen die Zügel zurückzieht. Der Adel, so tief er in dieser Periode der Knabenjahre des Philisterthums gesunken war, wurde im schlimmsten Falle doch zusammengehalten durch den äußern Kitt von Standesrechten und Standesvorurtheilen. Der Bauer stand als sociale Gruppe der Staatsgewalt ganz indifferent gegenüber. Er hatte nur erst einen socialen Instinct, kein sociales Selbstbewußtseyn und der Träger dieses Bewußtseyns war und ist seine Sitte. Bei dem Bürger quillt umgekehrt erst aus dem socialen Bewußtseyn, eine eigenthümliche Standessitte hervor. Der aus dem Bürgerthum herausgetriebene Philister konnte sich also noch nicht einmal gleich dem Bauern hinter seine Standessitte verschanzen, denn diese liegt bei ihm weit seitab. Der Bürger war von allen Ständen am schutzlosesten der nivellirenden Staatsgewalt preisgegeben. Erwägen wir dies alles, dann wird es uns nicht mehr Wunder nehmen, daß ein so großer Theil des Bürgerstandes zum socialen Philisterthum entartet ist. Erstaunen müssen wir vielmehr, daß überhaupt noch ein ächtes, gesundes Bürgerthum neben den Philistern übriggeblieben, und die hiedurch bewährte sittliche Kraft im Bürgerstande anerkennen.

Es ist eine der bemerkenswertheſten Lebenszeichen des socialen Philiſterthums, daß viele Handwerksleute sich ihres Berufes als Arbeiter schämen, daß sie Fabrikanten, Kaufleute u. dgl. seyn wollen, daß sie die Würde ihres Berufes nicht mehr messen nach dem Talente und der Arbeitskraft, sondern nach der Größe des im Geschäft steckenden Capitales. Darin bekundet sich der Abfall des Bürgerthumes von sich selbst. Ihr schimpft den Schneider, wenn ihr ihn einen Schneider nennt. Der sociale Philister in ihm fühlt sich dadurch gekränkt. Er ist ein Kleidermacher, ein Kleiderfabrikant. Er weiß gar nicht mehr, daß das Wort „Schneider" schon seiner Abstammung nach etwas weit höheres bezeichnet als einen Kleidermacher. Der „Schneider" ist der Mann von Genie, der Meister, der den Plan zum Rock entwirft und mit der Scheere zurecht „schneidet," die Gesellen und Lehrjungen dagegen, die das Vorgeschnittene zusammen nähen, sie sind die eigentlichen „Kleidermacher." Aber in aufsteigender Linie schimpft ihr den großstädtischen Schneider selbst dann noch, wenn ihr ihn einen „Kleidermacher" nennt: — er ist Kaufmann, er hält ein „Magazin von Kleidern." So ganz und gar ist hier der alte Stolz auf die Kunstfertigkeit als den höchsten Ruhm des Bürgerthums verloren gegangen, und der Philister schätzt nur noch das Capital im Geschäft, nicht den Beruf als solchen! Als ob nicht ein ganz anderer Mann dazu gehörte, einen Rock eigenhändig zu machen, als gefertigte Röcke zum Verkaufe auszubieten, was doch der letzte Tröbeljude gemeiniglich am allerbesten versteht! Spottnamen für die einzelnen Gewerbe gab es wohl, so lange es Gewerbe gibt, und Meister Geisbock und Pechdraht sind viel älter als der sociale Philister. Aber daß der ächte ehrenhafte Name eines Gewerbes als solcher, wie jetzt z. B. Schneider und Schuster, schier als ein Spottname gilt, dies ist eines der bedenklichsten Symptome bei der Seuche des socialen Philisterthums.

Doch noch mehr. Der Philister bleibt nicht bloß dabei stehen, den Namen des Berufes zu fälschen, auch in jeglichen Geschäftsbetrieb selber bringt er fälschend und verderbend ein. Ich will ein Exempel für hunderte hervorheben: den Bürger Kaufmann und den Philister Krämer. Es ist noch gar nicht lange her, daß der höher Gebildete, wenn er von „kaufmännischem Geiste" sprach, an einen Geist der Barbarei dachte, der Talent und Bildung nach Thalern und Groschen abschätzt, und dessen ganze Genialität darin besteht, Waare in Centnern einzukaufen, um sie nach Pfunden wieder auszuwägen. Welch ein Contrast gegen die bürgerlichen Ehren des Kaufmannsberufes in frühern Jahrhunderten! Es ist aber der Philister gewesen, welcher mittlerweile in den deutschen Kaufmann gefahren war, und ihn in der That großentheils zu einem solchen Krämer gemacht, der nichts weiteres nöthig hatte als etwas gesunden Menschenverstand, die vier Species und ein Betriebscapital. Wer viele Tausende im Handel jährlich umsetzt, den nennt man gewöhnlich einen Kaufmann, und wer es nur mit wenigen Hunderten kann, einen Krämer. Das ist eine geistlose Unterscheidung. Es gibt Krämer die einen umfassenden Großhandel treiben, und Kaufleute die nur einen kleinen Kram besitzen. Es kommt lediglich darauf an, ob der sociale Philister in den Kaufmann gefahren ist oder nicht. Der Krämer kauft und verkauft für seinen Vortheil, der Kaufmann thut das nicht minder, aber er sucht seinen Vortheil nur da, wo dieser zugleich ein Vortheil der Corporation, des Standes, der Nation wird. Er hat ein sociales Interesse sogar am Geschäft. Die nationalökonomisch ganz richtigen Grundsätze der Freihändler, daß der Kaufmann immer da einkaufen müsse wo er den billigsten Markt finde, daß bei Geldsachen die Gemüthlichkeit aufhöre ꝛc. sind, wenn man sie so ganz nackt hinstellt, in sittlichem Betracht Grundsätze der Krämer, nicht der Kaufleute. Es wird dem ächten Kaufmanne gegen das Gewissen laufen aus Privateigennutz den Gewerbfleiß des Auslandes zum Nachtheil der heimischen industriellen Arbeit zu fördern, wie es einem rechtschaffenen Staatsmanne gegen das Gewissen läuft das Interesse des eigenen Landes an ein fremdes Cabinet zu verrathen. Darum fühlt sich aber auch der ächte Kaufmann als Glied einer nationalökonomischen, einer politischen Macht. Gibt es doch Krämer, ich meine Krämer, welche viele Tausende jährlich umsetzen — die ihre Standesehre, ihren kaufmännischen Adel dadurch gekitzelt fühlen, daß sie nur ausländische Artikel feil bieten. Ich kenne ein Haus, welches in einer großen deutschen Handelsstadt zu den ersten zählt. Dasselbe würde sich schwer beleidigt fühlen, wenn man es mit andern Häusern, die gleich ihm Geschäfte in Luxusartikeln und gewiß von gleichem Belang machen, auf eine Rangstufe stellte. Warum? Jenes Haus führt bloß englische Waaren, die andern aber haben sich herab gelassen, auch einige deutsche Industrieartikel dazu zu nehmen, und der deutsche Philister bleibt mit dem Staunen der Ehrfurcht vor einem Geschäfte stehen, in welchem alles original englisch ist.

Unsere Proletarier sind bekanntlich nicht gut zu sprechen auf die Kaufleute; reden sie von einseitig unverhältnißmäßiger Anhäufung des Besitzes, dann meinen sie zuerst den Handelsstand. Der Reichthum des großen Kaufmannes, namentlich des Bankiers, däucht ihnen aber nur darum der ungerechteste, weil sie sich den Kaufmann als den socialen Philister als solchen denken, als den Krämer, der Großhandel treibt, bei dem also der Aufwand von geistiger Kraft und Thätigkeit in gar keinem Verhältniß zu dem reichen Erwerb steht, noch der Nutzen, der dem Gemeinwohl, der Gesellschaft, dem Staate, der Nation aus dieser nur für den Eigennutz gesegneten Thätigkeit zufließt. Ich habe wahrlich niemals den garstigen Neid der Proletarier gegen die „Geldsäcke" gebilligt, aber man möge doch auch nicht vergessen, daß der Scharfblick der hungernden Armuth hier den Egoismus des socialen Philisters erschaut hat, und daß jener verwerfliche Haß mindestens von den Krämern, welche sich den Großhandel anmaßen, laut herbeigerufen ist.

Vergleicht man die socialen und nationalen Verdienste der meisten unserer sogenannten „ersten Häuser" mit dem Wirken jener alten Handelsfürsten in den italienischen, deutschen und niederländischen Handelsstädten, dann merkt man erst wie tief sich in der Zopfzeit der sociale Philister in unsern Kaufmannsstand eingewühlt hat. Die Gunst jener alten Kaufleute, wo sie sich der Kunst und Wissenschaft zuwandte, ward zu einem Ehrenzeichen für dieselbe; wenn dagegen der moderne reiche Krämer Talent und Bildung „protegirt," beleidigt er durch seine Gönnerschaft.

In alten Zeiten war in den meisten deutschen Städten eine strenge Scheidelinie festgehalten zwischen den Kaufleuten und den Krämern. Ein Krämer konnte jeder seyn; die Kaufmannschaft forderte „gelernte Leute." Diese Scheidung war aber schon im vorigen Jahrhundert kaum mehr durchzuführen. Die Begriffe des Kaufmannes und des Krämers waren ja ganz andere geworden. Aus rein geschäftlichen Abstufungen begannen sie in sociale überzugehen. Der erläuternde Name des „Philisters," welcher Gold werth ist, war noch gar nicht entdeckt. Vor siebenzig Jahren hat Justus Möser darauf gedrungen, daß man den Unterschied des Kaufmannes von dem Krämer nach Art der alten Gewerbeordnungen wieder in's Leben führen solle. Er fühlte wohl heraus, wie sehr durch die Verkennung und Mißachtung dieses Gegensatzes der Credit des ganzen Kaufmannstandes gefährdet sey, aber er faßte den Gegensatz als einen vorwiegend gewerblichen, nicht als einen socialen. Die Kaiserin Maria Theresia wurde dadurch veranlaßt, den Versuch einer streng gewerblichen Scheidung des Kaufmannes und Krämers in ihren Erblanden zu wagen. Ich weiß nicht mit welchem Erfolg. Könnte man freilich den socialen Philister in den Zaun einer besonderen Zunft einfangen, dann brauchte sich niemand mehr vor ihm zu fürchten! Denn das Furchtbare an ihm besteht, wie bei dem Proletariate, gerade darin, daß er ein wahrer Ueberall und Nirgends ist, den man nur im Begriff, nicht in der leibhaften Wirklichkeit beim Kragen fassen kann.

Das deutsche Philisterthum hat sich sogar einen eigenen Literaturzweig geschaffen, einer großen literar-historischen Gruppe seinen Stempel aufgeprägt. Diese Literatur des Philisterthums blühte in der Zeit von der ersten französischen Revolution bis zu den Befreiungskriegen, also gerade damals wo alles öffentliche Leben in Deutschland so elend darniederlag. Ein Nachfrühling stellte sich in der Restaurationsepoche der zwanziger Jahre ein. Die Kotzebue-Iffland-Lafontaine'sche Schriftstellerei zeigt uns überall den modernen Menschen losgelöst von seinen socialen und politischen Banden, sie gibt uns langweilige allgemeine Menschen, die nur in ihren erbärmlichen Privatinteressen leben, unbekümmert um die gewaltigen Mächte des Staates und der Gesellschaft. Es ist der deutsche Philister, der aus diesen Werken spricht, und das Philisterthum hat sein Bild jubelnd in ihnen wieder erkannt. Die Rührtragödien, welche der Deutsche den Franzosen abgelernt, aber zu eigenthümlichster Philisterhaftigkeit weiter gebildet hatte, nannte man mit vorahnendem Scharfblick „bürgerliche" Tragödien. Weil die darin auftretenden Personen nichts sind, als nackte private Menschen, galten sie für „bürgerliche" Personen. Was in der Stube spielte statt auf dem Markt, den Schlafrock trug statt der Toga, hieß „bürgerlich." Ich meine, darin lag wenigstens die Ahnung, daß der sociale Urphilister dem Bürgerthum angehöre. Es war der zuerst im Aesthetischen zum Bewußtseyn gekommene sociale Instinct, welcher den heißen Streit zwischen der ächt bürgerthümlichen Schiller-Goethe'schen und jener philistrigen Richtung entzündete. Als Goethe am Abend seines Lebens zugab, daß man ihm gleich Blücher ein Denkmal setzen möge, machte er den gerade für unsere Anschauung so beziehungsreichen Vers darauf:

„Ihr mögt mir immer ungescheut
Gleich Blüchern Denkmal setzen;
Von Franzosen hat er euch befreit,
Ich von Philisternetzen.

Man muß aber nicht glauben, daß die Literatur des Philisterthums mit ihren oben genannten Chorführern abgestorben sey. Sie wuchert auch heute noch, nur nicht mehr als eine so festgeschlossene Gruppe. Und den Boden, welchen der Philister auf der Bühne, in Romanen und Almanachen verlor, hat er in der Journalistik reichlich wieder gewonnen. Es ist ein bemerkenswerthes Zusammentreffen, daß just in der Zeit, wo Kotzebue die deutsche Bühne beherrschte, auch der Begriff des „Publikums," nicht mehr als eines genießenden und lernenden, sondern als eines urtheilenden und belehrenden in Umlauf kam. Ich erwähnte schon oben wie eng der Begriff eines kritischen „Publikums" mit dem philisterhaften Geiste der Massen zusammenhängt. Der Philister weiß alles, entscheidet über alles, denn da ihm die sociale Selbstbeschränkung gebricht, so geht ihm auch gemeiniglich die Kraft ab, sich in den engen Grenzen eigenster Berufstüchtigkeit zu bescheiden. Der Dilettant und der Philister sind Geschwisterkinder. Darum kannte das Mittelalter in seinen körperschaftlichen Schranken weder den kritischen Dilettantismus des Einzelnen noch des Publikums. Der politische Dilettantismus, den man neuerdings öfters als Volksbildung und als die oberste Voraussetzung der Volkssouveränetät bezeichnet hat, ist gar nichts weiter als ein Ausfluß des socialen Priesterthums. Namentlich bricht dieser philisterhafte Geist des Dilettantismus, dieser Fluch eines allweisen „Publikums" immer da recht grell hervor, wo ganze Massen urtheilend und entscheidend auftreten. Man hat es in den letzten Jahren oft genug erfahren müssen, daß hundert gescheidte Leute, wo sie sich im öffentlichen Leben als kritisches Publikum zusammenthaten, recht als ein einziger Esel urtheilten und handelten, während jeder von ihnen einzeln vielleicht ein ganz vortreffliches Votum abgegeben hätte. Will man diesen Fluch des „Publikums" von den Massen nehmen, dann schaffe man wieder berufstüchtige und social gerechtfertigte Gruppen und Genossenschaften, zunächst wider den Dilettantismus der Massen und in oberster Instanz wider den socialen Philister.

Drittes Kapitel.

Die unächten Stände.

Neben den gewordenen, natürlichen Ständen gibt es auch gemachte, künstliche, unächte. Wenn man jetzt vielfach die vier natürlichen Hauptgruppen der Gesellschaft nicht einmal mehr als Stände gelten lassen will, dann machte man früher alles zu „Ständen." Die Begriffe von Beruf und Stand wurden ganz willkürlich mit einander verwechselt. Man sprach von einem geistlichen Stand, Gelehrtenstand, Beamtenstand, Richterstand, Soldatenstand, Officierstand, Handwerkerstand 2c. Folgerecht hätte man dann auch ins Unendliche weiter fort von einem Schneiderstand, Bürstenbinderstand, Steinklopferstand, Holzspalterstand 2c. reden müssen. Der Sprachgebrauch wurde in diesem Betracht ganz confus, und wir behandeln die Worte „Stand" und „Beruf" noch immer als Synonyma. Das ist dann weiter ein Beweis von der Confusion des ständischen und überhaupt des socialen Bewußtseyns selber in dieser Uebergangszeit.

Diese Verwechselung und Fälschung der Begriffe würde wenig zu sagen gehabt haben, wenn sie bloß theoretisch geblieben wäre. Aber einzelne dieser fälschlich sogenannten Stände wurden auch im Leben mit socialen Vorrechten ausgestattet, die lediglich den natürlichen großen Gruppen der Gesellschaft hätten zukommen dürfen. Ja noch mehr, die Regierungsweisheit der Zopfzeit benützte diese gemachten Stände um sie gleich Keilen zwischen die natürlichen Stände einzuschieben, und deren unbequeme Autonomie dadurch zu zersprengen. So wurde namentlich der Militärstand, der Gelehrtenstand, der geistliche und der Beamtenstand in die Fugen des Bürgerstandes eingetrieben. Mit dieser Verwirrung der ständischen Begriffe ging die Macht, welche dieselben noch in den Gemüthern besaßen, verloren. Es war ein schlauer Kriegsplan, durch die Hegung und Bevorzugung der unächten Stände die ächten unschädlich zu machen. Wenig gehässiges haftet gegenwärtig auf dem Ständewesen, was nicht durch die unächten Stände demselben auf den Hals geladen worden wäre. Sie gaben den Gegnern jeder socialen Gliederung die besten Waffen in die Hand, sie ließen die gesellschaftlichen Mächte gegenüber der Staatsgewalt so verdächtig werden, daß sie recht eigentlich als die Bahnbrecher des ausebnenden Polizeistaates zu betrachten sind, der dann nachgehends auch ihre Privilegien möglichst schonte, während er das Recht der natürlichen Ständegruppen so wenig als möglich gelten ließ.

Der Stoff zur Bildung der unächten Stände ist ausschließlich aus dem Bürgerstande genommen worden. Die bezeichnete Begriffsverwirrung konnte nur hier eintreten, weil sich bei diesem Stande die Begriffe von Stand und Beruf nicht decken, wie anderwärts, sondern der Stand eine Menge der verschiedenartigsten Berufe in sich schließt.

Wir wollen die vier wichtigsten der unächten Stände einzeln näher in's Auge fassen: geistlicher Stand, Gelehrtenstand, Beamtenstand, Soldatenstand.

Einen geistlichen Stand hat es vor Alters wohl in Deutschland gegeben, er war sogar schulgerecht der „erste Stand" des späteren Mittelalters und besteht auch noch in katholischen Ländern des romanischen Südens. Bei uns aber ist gegenwärtig kein eigener geistlicher Stand mehr vorhanden, und bei der modernen Auffassung des Ständebegriffes auch gar nicht mehr möglich. Wir haben nur noch einen geistlichen Beruf. Im früheren Mittelalter, wo der Klerus bei weit schrofferer socialer Abgeschlossenheit zugleich ausschließlich die gebildete Schicht der Gesellschaft vertrat, war das etwas anderes. Schon beim Ausgange des Mittelalters ist diese Absonderung geschwunden; der niedere Klerus gehörte in Abstammung, Denkart und Sitte wesentlich dem Bürger- und Bauernstande an, der höhere wesentlich der Aristokratie. Die kirchlichen Vorrechte des katholischen Klerus vor dem Laien haben aufgehört zugleich auch bürgerliche zu seyn. Jeder der vier natürlichen Stände hat einzelne Gruppen der Geistlichkeit, die ihm besonders angehören: die Aristokratie: Prälaten und Kirchenfürsten; das Bürgerthum: die Hauptmasse des niederen Klerus; das Bauernthum: Klausner und colonisirende Mönchsorden, das Proletariat: die geistlichen Bruderschaften mit dem Bettelsack. Im Großen und Ganzen zählt aber die Geistlichkeit zum Bürgerthum. Die geistlichen Würden stehen jedem Stande offen. Gerade in der Zopfzeit, wo die Aristokratie die höheren geistlichen Stellen als eine Standespfründe in Anspruch nahm, es dagegen keineswegs für angemessen hielt, daß ihre Söhne zu dem Ende die Stufenreihe der Kirchenämter von unten herauf durchmachten, gerade in dieser Zeit faßte man den Klerus mit Vorliebe als einen eigenen socialen Stand auf. Welch seltsame Verwirrung der Begriffe, welche Trübung des socialen Bewußtseyns ist darin ausgesprochen, daß diese beiden schnurstracks einander widersprechenden Ansichten gleichzeitig bei denselben Leuten in Geltung standen! Man rühmt es im Gegensatz hierzu dem bekanntlich hochtoristischen westphälischen Adel nach, daß er gegenwärtig seine nachgeborenen Söhne wieder häufig dem geistlichen Berufe zuführe, und zwar in der Art, daß sich diese jungen Männer, um zu den höheren Würden aufsteigen zu können, den Anfang mit einer bescheidenen Landpfarrei nicht verdrießen lassen. Der dermalige Bischof von Mainz, Freiherr von Ketteler, hat in dieser Weise seine geistliche Laufbahn begonnen.

Der Klerus sollte schon um seiner kirchlichen Stellung willen, als einer über die socialen Besonderheiten hinausgehenden, den Gedanken zurückweisen, daß er einen eigenen gesellschaftlichen Stand bilde.

Wahrhaft wunderbar fügt es sich, daß der katholische Klerus mit seiner festen, selbst über die Schranken der Nationalität hinwegspringenden körperschaftlichen Organisation, mit seinem abgeschlossenen Ordenswesen ꝛc., wo also alle Grundlagen eines sehr fest begränzten Standes gegeben zu seyn scheinen, dennoch in dieser Organisation selber wieder ein Element birgt, welches ihn niemals zum vollen Abschluß eines eigenen Standes kommen läßt. Ich meine den Cölibat. Denkt man sich bei dem merkwürdigen Organismus des katholischen Priesterthums den Cölibat hinweg, so würde aus jenem längst eine geschlossene erbliche Priesterkaste geworden seyn. Der Cölibat entrückt den einzelnen Priester beinahe ganz der bürgerlichen Gesellschaft, damit das Priesterthum nicht ganz derselben entrückt werde. Die bürgerliche Familie ist eine der obersten Voraussetzungen des socialen Standes. Eine gesellschaftliche Gruppe ohne dieses Familienleben kann ihr Corporationsbewußtseyn niemals zu dem eines selbständigen Standes steigern. Vielleicht fehlt dem katholischen Klerus keine weitere Voraussetzung zu einem besonderen Stande als die Familie.

Bei der protestantischen Geistlichkeit ist hingegen diese Voraussetzung im reichsten Maße vorhanden. Namentlich bei den Landpfarrern erbt fast in der Regel der geistliche Beruf vom Vater auf den Sohn fort. Man spricht da wohl gar von „geistlichem Blute." Aber hier fehlt wieder die feste und ausschließende priesterliche Organisation der Genossenschaft, Papst und Ordenswesen. So ist von beiden Seiten bestens dafür gesorgt, daß die Bäume nicht in den Himmel wachsen und die Pfarrer im Bürgerthume bleiben.

Der „Gelehrtenstand" hat für unsere Zwecke nur ein historisches Interesse. Denn den Beweis, daß ein solcher „Stand" ein socialer Unsinn sey, wird uns nach dem bisher Gesagten wohl jeder Leser erlassen. Und dennoch haben sich in unseren Staaten bis auf die neueste Zeit Bestimmungen heraufgeerbt, welche gelehrten Corporationen (z. B. den Universitäten) social-politische Rechte sichern. Wenn der Klerus fast alle Vorbedingungen zu einem Stande bis auf eine einzige in sich trägt, so fehlen dem sogenannten Gelehrtenstand geradezu alle diese Bedingungen bis auf die einzige, daß er einen Beruf darstellt. Im siebenzehnten und achtzehnten Jahrhundert bildeten sich noch eigene gelehrte Standessitten heraus. Aber während die natürliche Standessitte überall das belebende, kräftigende, zusammenhaltende Element der socialen Gruppen ist, war diese Standessitte das austrocknende, abzehrende, erschlaffende. Das war schon die sicherste Probe, daß man sich mit dem Gelehrtenstande verrechnet hatte. Die künstlich gemachte Gelehrtenzunft hat weit mehr zu dem Mißcredit des Zunftwesens beigetragen als die historisch gewordenen Gewerbeinnungen selbst in ihrem äußersten Verfall. Die Gelehrtensitte der Zopfzeit war das Zerrbild einer ächten Standessitte. Selbst die einzelnen Berufszweige der Gelehrsamkeit schlossen sich von einander wieder standesmäßig ab, setzten sich oft genug in Neid und Mißgunst gegenseitig herunter. Der „Klassenhaß," von dem uns die modernen Gleichmacher so schreckliches zu prophezeien wissen, war allerdings zeitweilig im „Gelehrtenstande" vollauf verwirklicht. Der Klassenhaß ist die alte Roccocokomödie vom Doctor und Apotheker, nicht das moderne Drama von dem Ankämpfen der natürlichen socialen Gruppen wider die unnatürliche Ausgleichung der individuellen gesellschaftlichen Lebensformen. Die natürlichen Stände sind wahre Blitzableiter für den Klassenhaß. Wo man die bürgerlichen Berufsarten, auch die Gewerbe widernatürlich zu Ständen gestempelt, wo man unächte Gesellschaftsgruppen aufgezwungen hat, da hat das Donnerwetter des Klassenhasses auch immer am ärgsten eingeschlagen.

Eine höchst beachtenswerthe Thatsache der socialen Selbsterkenntniß sind für unsern Standpunkt die Gelehrtencongresse gewesen, welche in den vierziger Jahren eine so große Rolle spielten. Da geschah es, daß wenigstens die bessere Mehrheit der deutschen Gelehrten die freie Genossenschaft des wissenschaftlichen

Berufes an die Stelle einer falschen Standesabgeschlossenheit zu setzen wußte.

Was war es denn, was z. B. damals die Germanisten vereinigte, die doch Leute von allerlei gelehrter Zunft, Geschichtsforscher, Sprachforscher, Rechtsgelehrte und Fachphilosophen unter sich zählten? Vor fünfzig Jahren, wo der praktische Jurist ein Ding wie etwa „germanistische Sprachwissenschaft" für eine unnütze, brodlose Kunst ansehen mochte, und der Sprachforscher die Juristerei als ein Handwerk der Erfahrung und Ueberlieferung, als ein Gemisch von römischem Recht und Mutterwitz wohl gar nicht zu den „rechten" Wissenschaften gezählt hätte, vor fünfzig Jahren würden diese Elemente wie Wasser und Oel mit einander geschwommen seyn. Und nun einigten sich Sprachforscher, Geschichtschreiber und Rechtsgelehrte, des Klassenhasses und des falschen Standesgeistes vergessend, in dem Gedanken, daß sie allesammt unser nationales Leben mit erforschen helfen, und nannten sich Germanisten! Diese Versammlungen waren eingegeben von dem vorwärtsstrebenden universalistischen Geiste des Bürgerthumes im Gegensatz zu dem alten Sonderwesen des usurpirten Gelehrtenstandes. Man hat die Germanistenversammlungen mit Recht als Vorboten jenes berechtigten ebleren Kernes der Bewegung von 1848 aufgefaßt, welcher hauptsächlich von dem deutschen Bürgerstande gehegt wurde. Ein bloß wissenschaftlicher Congreß würde solche Bedeutung nicht gehabt haben, wenn derselbe nicht zugleich Form und Ausdruck für eine entscheidende social-politische Thatsache gewesen wäre.

Es war nicht erst seit gestern, daß die germanistischen Wissenschaften theoretisch zusammenwirkten, um den geschichtlichen Gang unseres Volkslebens zu ergründen und auf dieser sicheren Grundlage die nationale Zukunft erbauen zu helfen; aber daß sich die eifrigsten Förderer dieser Arbeit zu einer freien Genossenschaft zusammenthaten, sey es auch nur, um sich einmal im Jahr ein Stückchen der schönen Heimath gemeinsam anzusehen, gemeinsam zu berathen, gemeinsam zu tafeln und zu zechen, das war etwas ganz neues und entscheidendes.

In einem deutschen Kleinstaate wurde es selbst der harmlosesten dieser gelehrten Genossenschaften, den deutschen Land- und Forstwirthen, verwehrt, ihre Versammlungen abzuhalten. Der Polizeistaat hatte den socialen Gehalt dieser Congresse gewittert. Aber die Vergeltung blieb nicht aus. Beiläufig fünf Jahre später veranstalteten Raveaux und Genossen in demselben Saale einen Congreß ganz anderer Art, wo das Polizeiregiment den friedlichen Land- und Forstwirthen zu reden und zu zechen verwehrt hatte.

Die Naturforscher, als der modernste Zweig des gelehrten Berufes, hatten den Reigen der großen Versammlungen eröffnet. Während es heute noch Zunftgelehrte gibt, die einen Denker und Forscher ersten Ranges wie Liebig doch nur für einen geschickt laborirenden Apotheker ansehen, rühmte man gerade den Naturforschern nach, daß ihre Zusammenkünfte die am freiesten gemischten gewesen und die scheinbar widerstrebendsten Richtungen in guter Geselligkeit vereinigt hätten. Der Philolog, im vorigen Jahrhundert noch die eigentliche Charakterfigur des standesmäßigen Gelehrten in Holzschnittmanier, brachte schon einen kleinen Zopf zu der collegialischen Versammlung mit, indem er sie den Congreß der „Philologen und Orientalisten" nannte. Denn dieses Und ist das letzte Zunftzeichen des „classischen" Philologen, der den Mann des unclassischen orientalischen Sprachstudiums doch gerne nur als einen Hintersassen ansehen möchte. Die Feindschaft der classischen Philologen und der Realisten wurde auf den Versammlungen sofort durchgefochten. Das sind solche Ansätze von „Klassenhaß" däucht mir, einem Haß, der wohl über den Neid des Bürgers auf den Baron gehen mag, ja wohl gar über Doctor und Apotheker.

Am unglücklichsten erging es den Philosophen. Sie konnten über den engen Kreis der Schule hinaus gar nicht zum Zusammentritt der Genossenschaft kommen. Das sociale Interesse fiel weg, höchstens stand wie weiland bei den Scholastikern ein wissenschaftliches Turnier in Aussicht. So ist es denn auch geschehen, daß sich deutsche Philosophen aller Farben regelmäßig bei der Versammlung der Naturforscher, oder der Germanisten, oder der Philologen, oder der Aerzte einfanden, nur auf ihre eigene sind sie nicht gekommen.

Wir gelangen zu dem Luftgebilde eines eigenen Beamtenstandes. Es liegt in der Natur der Sache, daß Männer jedes bürgerlichen Standes berufen und befähigt seyn können, ein öffentliches Amt zu bekleiden. Man spricht von der Gefährlichkeit eines Staates im Staate. Wohl. Der „Beamtenstand" ist ein Stand in den Ständen, und darin liegt wohl noch eine weit größere Gefahr.

Bei den natürlichen Ständen schließt ein Stand den andern aus. Es kann niemand Edelmann, Bürger, Bauer und Proletarier zu gleicher Zeit seyn. Bei den gemachten, unächten Ständen ist das keineswegs der Fall. Der Gelehrte, Beamte, Geistliche, Soldat ꝛc. läßt sich recht gut gleichzeitig in derselben Person vereinigt denken. Ja manche dieser Berufsarten setzt wohl gar ausdrücklich das Vorhandenseyn einer andern voraus.

So lange der Eintritt in ganze Klassen von Staatsämtern gewissen bürgerlichen Ständen ausschließend vorbehalten war, erschien hierin wenigstens ein Ansatz zur Bildung eines besonderen Beamtenstandes gegeben, so lange überhaupt die Gesellschaft das Höhere war und der Staat das Untergeordnetere. Mit unserm modernen Begriff von der Stellung der Gesellschaft zum Staate verträgt es sich aber durchaus nicht, daß der Beruf des Staatsdienstes zugleich eine sociale Besonderung darstelle. Daß aus jedem wirklichen Stand Leute in den sogenannten Beamtenstand treten, ist die Regel. Daß das Glied eines wirklichen Standes in einen andern wirklichen Stand übertrete, ist eine sehr seltene Ausnahme. Ein Bürger kann sich abeln lassen, aber ein Edelmann im socialen Sinne wird er darum noch lange nicht. Ein Bauer, der das große Loos gewinnt und in die Stadt zieht, um von seinen Renten zu leben, mag wohl den ganzen Rest seines Lebens aufwenden, um den Bauernstand vollends von sich abzustreifen, und wird doch damit nicht fertig. Erst dem Sohne gelingt es in der Regel, den Uebergang von einem Stande zum andern, worin der Vater stecken geblieben ist, zu vollenden. Noch schwieriger ist es aber für den Edelmann, ein Bürger zu werden, oder gar für beide, zu dem naiven Stande des Bauern zurückzukehren. Ackerbau treiben können beide wohl, verbauern können sie auch nicht unschwer, aber wirkliche, vollwichtige Bauern zu werden, wird ihnen in Europa niemals gelingen. Nur in den Urwäldern Amerika's ist es möglich, daß Edelmann und Bürger wieder ganze Bauern werden. Aber dort müssen sie auch vorerst Lesen und Schreiben, wohl gar ihre Muttersprache verlernt, sie müssen ihre ganze alte Gesittung untergeackert haben, ehe der neue Bauer aufkeimt. So tief sitzt der wirkliche Standesunterschied in des Menschen innerster Natur! Nur zu einem Stande ist der Uebergang allen andern Ständen gleich leicht gemacht, und sie brauchen deßhalb nicht nach Amerika zu gehen: zum Proletariat! Proletarier kann jeder werden, noch leichter als Beamter. Aber das Proletariat ist auch noch kein fertiger, es ist erst ein werdender Stand: die Verneinung und Auflösung der Stände als positive sociale Thatsache. Der Uebergang von einer Form der gesellschaftlichen Gesittung zur andern ist erstaunlich schwer, der Uebergang zur Vernichtung aller socialen Cultur erstaunlich leicht. Weitab liegt ein Stand dem andern, nur der Stand des Elendes liegt allen gleich nahe.

Durch die sociale Fiction eines eigenen Beamtenstandes war das politische Phänomen der Büreaukratie erst möglich gemacht. „Büreaukratie" ist ein über die Maßen bezeichnendes Wort. Aus Französisch und Griechisch zu sprachlicher Krüppelbildung malerisch zusammengekuppelt, bedeutet es nicht einmal Schreiberherrschaft, sondern „Schreibstubenherrschaft". Darin ist ihr ödes mechanischen Wesen vortrefflich erfaßt. Die politischen Thaten der Büreaukratie darzustellen ist ein um des Pikanten willen äußerst verführerisches Thema. Wir haben hier die Büreaukratie bloß als sociale Erscheinung in's Auge zu fassen.

Wenn die Regierungen seit dem Anbruch der neueren Zeit ein zäh beharrliches Streben aufgeboten haben, um einen eigenen Beamtenstand und daneben einen eigenen Soldatenstand herauszubilden, so lag dieser Politik principiell eine ganz richtige Voraussetzung zu Grunde, sie griff nur fehl in der Wahl des Gegenstandes und der Mittel. Richtig war der leitende Gedanke, daß jede Regierungspolitik eine bestimmte sociale Macht herausgreifen müsse, um in derselben ihren besondern materiellen Rückhalt zu finden. Verkehrt die Anwendung, daß man nun, statt sich auf die historisch gewordenen, natürlichen socialen Gruppen zu stützen, die freilich unter Umständen etwas eigenwillig und widerspänstig seyn mochten, sociale Gruppen künstlich machte, deren Willfährigkeit die Regierenden unter allen Umständen versichert zu seyn glaubten. Es liegt etwas kühnes in diesem Verfahren, aber eine Kühnheit, die über Naturgesetze hinausstrebt, ist Vermessenheit. So gemahnt der auf höheren Befehl gezeugte Beamten= und Soldatenstand an Wagners Homunculus:

"Der zarte Punkt, aus dem das Leben sprang,
Die holde Kraft, die aus dem Innern drang
Und nahm und gab, bestimmt sich selbst zu zeichnen,
Erst Nächstes, dann sich Fremdes anzueignen:
Die ist von ihrer Würde nun entsetzt."

Der Beamten= und Soldatenstand ist von oben her künstlich gelöst worden vom Gesellschaftsbürgerthum, sorglich eingehegt als Stand in den natürlichen Ständen. Die Rangordnung des Officiers zählt nach ganz anderen Normen als die der natürlichen Rangstufen des übrigen gesellschaftlichen Lebens, und auch der jüngste bürgerliche Unterlieutenant und Fähndrich ist ausnahmsweise hof= und tafelfähig. Bis auf unsere Tage nahm man in die Cabettenschulen hier und da nur die Söhne bestimmter Rangklassen auf. Bürgerlichen Officieren ist die Ehe mit allzubürgerlichen Bräuten geradezu verwehrt worden. Das geht über die „organische" Gliederung der Gesellschaft hinaus. Ausschließende Beamten- und Militärcasinos wurden von oben her aus social-politischen Rücksichten gerne gesehen. Nicht bloß die Officiere, auch die Beamten sollten ihren Dienstrock zugleich als Standestracht tragen. Noch am Vorabend der Märzbewegung hat es der Regierung eines deutschen Kleinstaates großen Kummer gemacht, den sie in einem damals durch alle Blätter gehenden Rescripte niederlegte, daß die Staatsdiener den unmodisch gewordenen dreieckigen Diensthut nicht mehr tragen wollten, noch den Dienstdegen, der doch weder zum Hauen noch zum Stechen gut war.

Die menschliche Natur müßte eine ganz andere seyn, wenn solche Aussaat überall hätte auf steinigen Boden fallen sollen. Der Begriff des Standes löste sich auf in den Begriff des Ranges. Jener rangsüchtige Kastengeist, den man den natürlichen Ständen häufig mit Unrecht vorwirft, trat in diesen künstlichen als die Regel zu Tage. Vornehme, standesstolze Leute und Beamte nimmt der Bauer noch vielfach als gleichbedeutend. Statt der historischen Gruppen zerfiel dem Beamten die ganze Gesellschaft in zwei große Halbscheide: „Dienerschaft" und „Bürgerschaft." Für die „Dienerschaft" ward dann auch die prächtige Bezeichnung der „Honoratioren" erfunden, ein Epigramm in einem einzigen Worte.

In der vormärzlichen Zeit brauchte der Beamte, welcher eine Familie gründen wollte, in vielen deutschen Staaten nicht einmal irgendwo Gemeindebürger zu seyn, er war bloß Staatsbürger in abstracto, er nomadisirte unter dem Zelte des Staates und bedurfte des festen Daches in der Gemeinde nicht, während bei jedem andern das Staatsbürgerrecht erst einen Sinn, erst seine praktische Bedeutung dadurch bekam, daß das Gemeindebürgerrecht hinzutrat. Die Aufhebung dieses Mißverhältnisses ist ein großer socialer Fortschritt gewesen.

Es galt vielfach für staatsklug, gerade die jüngeren, die ärmeren Beamten recht häufig zu versetzen, damit sie sich an keinem Orte recht einbürgerten, damit sie, bürgerlich heimathlos, bloß im Staate schlechthin sich seßhaft dächten. Aus demselben Grunde liebte man es, katholische Beamte in protestantische Landstriche zu schicken und umgekehrt. Aber statt den mittelloseren Beamten loyaler zu machen durch diese kostspielige Heimathlosigkeit, durch dieses unstäte Umherziehen, über welchem nur die dunkle höhere Macht unberechenbarer Ministerialverfügungen ihre regelnde Hand hielt, stempelte man ihn vielmehr zu einem Candidaten des vierten Standes!

Diese Organisirung des Beamtenthums als eines eigenen Standes gemahnt auffallend an das Vorbild der kirchlichen Hierarchie. Aber im Beamtenstande gilt kein Cölibat. Wenn darum der Klerus nur als das unfertige Bruchstück eines besonderen Standes sich darstellt, so mag die Büreaukratie immerhin auch einen ganzen Stand bilden, aber es ist ein Stand, der sich zu den natürlichen Ständen verhält, wie der Homunculus, den Wagner in der Phiole destillirt, zu dem natürlich gezeugten Menschen. Selbst der arme Beamte wendet in der Regel seinen letzten Pfennig auf, um seinen Sohn wieder in den Staatsdienst zu bringen. Das ist an sich nicht zu tadeln, aber zu tadeln ist der dem Kastengeiste entspringende Gedanke, welcher im Staatsdienste lediglich eine privilegirte Versorgungsanstalt sieht. Namentlich sind es die Mütter, die schon frühzeitig den Söhnen den unsittlichen Gedanken einzuimpfen wissen, daß der Staatsdienst ein Mittel zum Zweck — dem Zwecke der mit Pensionen und Wittwengehalten verbrieften Existenz sey. Diese durch das wohlbestandene Examen für alle Zukunft kampflos gesicherte Existenz ist recht eigentlich das goldene Kalb, um welches das büreaukratische Philisterthum anbetend tanzt.

In der römischen Kaiserzeit tauchte das Luftbild eines besonderen Staatsdienerstandes zum erstenmale auf. Unsere Geschichtschreiber finden dort in dieser Thatsache ein Wahrzeichen, daß eine ganze Nationalentwickelung ihrem Bankerott entgegenging. Und in der Gegenwart —?

Die gemachten, unächten Stände und das ungeheure sociale Wirrsaal, welches sich an ihre Scheinexistenz knüpft, haben nicht nur das meiste dazu beigetragen auch jedes Zurückgreifen auf die natürliche Gruppenbildung unpopulär zu machen, sie haben zugleich zu den zahllosen praktischen Verirrungen der socialen Reformversuche geführt. Wie man hier Standesgebilde vor sich sah, bei denen willkürlich von außen das Krumme gerade gereckt, das Ueberwüchsige zugestutzt werden konnte, so glaubte man auch mit dem gleichen Verfahren den natürlichen Ständen sich nähern zu können, während dieselben doch höchstens einen leisen Anstoß zur eigenen Entwickelung von innen heraus dulden.

Um die alte edle Selbstbeschränkung der einzelnen Stände in Bedürfnissen, Sitten und Bräuchen wieder zurückzuführen, brachte im Jahre 1819 ein hochgestellter Redner in der ersten badischen Kammer folgenden historisch merkwürdigen Antrag ein:

„Wenn ich auch die Einführung einer Nationaltracht hier nicht in Vorschlag bringe, indem die hier und da schon angestellten Versuche bis jetzt nicht geglückt sind, und wir auch nicht eine Nation in dem Grade noch bilden, um eine derartige Einrichtung für jetzt wenigstens mit Erfolg für ganz Deutschland hoffen zu können, so dürften doch allgemeine Bestimmungen in jedem einzelnen Bundesstaate darüber nothwendig werden: Welche Art von Kleidung und aus welchen Stoffen bestehend jedem Stande und jedem Geschlechte zu tragen erlaubt sey? Wer berechtigt sey, Wagen und Pferde zu halten und wer nicht, und welcher Gattung von Möbeln sich jede Classe bedienen dürfe, wobei immer eine billige Rücksicht bei der deßhalb zu entwerfenden Classification auf die vermögenderen nicht berechtigten zu nehmen, und bei diesen unter gehöriger Nachweisung ihrer guten Vermögensumstände eine Ausnahme von der Regel zu machen seyn würde."

Hier haben wir den ganzen Spuk der unächten Stände. Was man dem „Beamten-Stand" wohl vorschreiben mag, daß er nämlich einen eigenen Standesfrack trägt, das wollte der Redner nun auch dem „Bürger-Stande" vorschreiben. Warum auch nicht?

War es möglich vor dreißig Jahren eine solche sociale Cur zur Zurückführung der alten Selbstbeschränkung der Stände im Ernste noch vorzuschlagen, dann können wir in der That stolz seyn auf die großartigen Fortschritte, welche die Wissenschaft vom socialen Leben inzwischen gemacht hat.

Viertes Kapitel.

Das Bürgerthum im politischen Leben.

Das politische Gebilde des constitutionellen Staates ist hauptsächlich von dem Bürgerthum herausgearbeitet und verfochten worden. Mag man sich Ursprung und Form des Constitutionalismus noch so verschiedenartig denken, im Wesenhaften wird er immer auf den Gedanken zurücklaufen, daß im Staatsleben der Gesellschaftsbürger im Staatsbürger aufgehen müsse. Dem Bauer ist das sehr gleichgültig, dem Proletarier höchstens eine mißverstandene und mißbrauchte socialistische Wahrheit, dem Aristokraten eine Irrlehre. Der Bürger dagegen, der sich als die zum politischen Bewußtseyn gekommene überwiegende Masse der modernen Gesellschaft weiß, wird bei dem nivellirten Staatsbürgerthum am besten seine Macht erproben. Jede politische Frage ist eine Machtfrage, dieweil wir nicht im tausendjährigen Reiche leben, wo alle Politik nach dem Naturrecht gemacht wird. Der Constitutionalismus ist die Machtfrage des Bürgerthums.

Das Aufleben des Constitutionalismus und des modernen Bürgerthums fällt historisch zusammen am Ausgange des achtzehnten Jahrhunderts. Von da an haben die constitutionellen Ideen im Bürgerstande sich ununterbrochen fortgebildet, gemehrt, gezeitigt. Man mag über ihre Anwendung, mehr noch über ihre Alleinherrschaft verschieden gesinnt seyn, das Recht sich geltend zu machen wird man diesen Ideen nicht mehr wegdisputiren können.

Der Constitutionalismus, als die Lehre der politischen Mitte, der bewegenden Mitte, entspricht dem Bürgerstande als dem Mittelstand. Das gegenseitige Abwägen der Machtvollkommenheit der Staatsgewalten entspricht der Scrupulosität des Bürgers. Ein nie ganz zum Ziele führendes und doch auch nie ganz resultatloses Ringen um den Besitz der Macht liegt den verschiedenen constitutionellen Gewalten gleich nahe; durch die flüssigen Gegensätze erhält sich der Staat lebendig, den ausschließenden Besitz der Macht hat niemand. Das ist bürgerthümlich. Aber verhehlen wir es uns auch nicht, daß der Constitutionalismus dem politischen Philisterthum eben so nahe steht als der Bürger dem socialen Philister.

Ohne das Bürgerthum würden dem großen Bilde der Gesellschaft die Mitteltinten fehlen. Die Maler wissen aber, daß nicht die ungebrochenen Farben, sondern gerade die Mitteltinten, welche immer die vorwiegende Masse bilden werden, zumeist entscheidend sind für den Ton des ganzen Gemäldes.

Rettende Thaten widerstreben dem Geiste des Bürgerthums, namentlich wenn sie statt der Ausnahmen zur Regel werden. Die Art des Erwerbes des politischen Rechtes steht dem ächten Bürger höher als die Thatsachen des Erworbenen selber. Die bürgerlich liberale Partei ist schon oft darum erlegen, weil sie mit dem Verfolgen einer formellen Verfassungs-Politik im entscheidenden Augenblick nicht abzubrechen wußte. Eine nicht unrühmliche Niederlage. Die Politik der Aristokratie ist gleichsam ein überliefertes historisches Besitzthum; zur Bewahrung derselben angesichts der Revolution sind ihr die rettenden Thaten viel näher gelegt. Andererseits ist das demokratische Proletariat lediglich auf die rettenden Thaten angewiesen, denn es hat noch gar kein historisches Recht, und nur was es sich nimmt, gehört ihm.

Die Stände sind nicht gleichbedeutend mit den politischen Parteien, darum ist es nicht gesagt, daß alle Bürger Scheu vor rettenden Thaten hätten oder überhaupt monarchisch-constitutionell gesinnt seyen. Ich spreche nur von der Mehrheit und dem was sie vertritt, nämlich dem Geiste des Standes.

Aus dem Schooße des deutschen Bürgerthums ging der ideelle Anstoß zu der Märzbewegung von 1848 als einer nationalen und constitutionellen Reformbewegung hervor. Es waren die Chorführer der bürgerlich-freisinnigen Partei, welche an der Spitze standen, ja es waren vorzugsweise jene bürgerthümlichen Germanisten, denen wir oben schon einmal begegnet sind. Erst als die aus dem Boden aufwachsenden, auf proletarischen Anhang gestützten Republicaner mit „rettenden Thaten" eingreifen wollten, ward aus der bürgerlichen Reformbewegung ein Stück Revolution. Auf den damaligen classischen Listen der „Volksforderungen" standen an vielen Orten ursprünglich nur die gemäßigten Punkte von den Männern der bürgerlichen Partei bezeichnet; von den Führern des Proletariats wurden erst bei der Debatte die maßlosen hineincorrigirt.

Während die Männer des Vorparlaments in der Paulskirche beriethen, prügelten sich die Parteigänger auf den Gassen Frankfurts um zwei Fahnen, auf der einen stand „Republik," auf der andern „Parlament." So hörte man damals überhaupt häufig die bange Frage aufwerfen, ob sich das Volk für Republik „oder" Parlament entscheiden werde. In dieser drolligen Gegenüberstellung lag ein tieferer Sinn. Unter dem Parlament dachte man sich die verfassungsmäßige Ordnung der öffentlichen Angelegenheiten im Anschluß an die bestehenden Rechtsverhältnisse und im Geiste eines freien Bürgerthums, unter Republik die rettende That der socialen Demokratie. In dem Stichwort des Parlaments zielte der Bürger ganz richtig auf ein constitutionelles Verfassungsleben der Nation als die beste Verbriefung seiner ständischen Hegemonie.

Als das Bürgerthum die Märzbewegung wenige Tage lang noch allein im Zügel hielt, trug dieselbe einen durchweg idealen Charakter; viele Neuerungen waren vortrefflich. Als der vierte Stand das Bürgerthum in der Praxis überrumpelte, herrschte die gemüthliche Anarchie. Weil Bürger, Bauern und Edelleute nicht vereint dem vierten Stande Widerpart hielten, kamen die Regierungen mit den Soldaten dazwischen. Durch das eigene Verschulden der Passivität wurden jene drei socialen Mächte gezwungen zurückzutreten und verloren die Früchte des Sieges. Aber auch erst als das Bürgerthum zurückgetreten war, konnte die Restauration kommen.

Leuchtet da nicht die Bedeutsamkeit einer socialen Politik, oder, um mißliebig zu sprechen, einer Standespolitik eindringlich genug hervor?

Der vielberufene Kammerliberalismus der vormärzlichen Zeit wurzelte im bürgerlichen Geiste, wohl auch etwas im Geiste des Philisterthums. Nicht ohne Grund hat man ihn auch „Bourgeois-Liberalismus" genannt. Er trieb vorwärts, ohne selber von der Stelle zu kommen. Zu reden und zu rathen lag ihm näher als zu thaten. Als parlamentarischer Heißsporn der formellen Verfassungspolitik unterschätzte er die socialen Mächte, ja das Interesse der Partei ging ihm wohl gar über die Interessen der Nation. Trotzdem bekundete dieser phrasenreiche Freisinn, dessen ehemaligen Einfluß auf die Menge man heutzutage, wo das alles anders geworden, leicht vergißt, den Trieb der socialen und politischen Bewegung im Bürgerthum zu einer Zeit, wo alles öffentliche Leben versumpfte. Wenn uns die positiven Ergebnisse, welche diese Richtung erzielte, vielfach nicht behagen, so verkennen wir wenigstens keineswegs, daß sie sich durch das Aufrütteln der fast gänzlich eingeschlummerten socialen Mächte ein großes mittelbares Verdienst erwarb.

In erhöhtem Grade setzte sich dieselbe Richtung mit all ihren Gebrechen und Vorzügen auch in den beiden Revolutionsjahren fort. Dieser constitutionelle bürgerliche Liberalismus charakterisirte gerade in selbiger Zeit zu treffend den inneren Zwiespalt im deutschen Bürgerthum, als daß ich mir versagen könnte, seinen damaligen politischen Ideenkreis in einigen drastischen Zügen anzudeuten.

Der bürgerliche Liberalismus wollte Fürsten — aber nicht von Gottes Gnaden. Constitutionelle Monarchie, aber doch zugleich eine demokratische — „auf breitester demokratischer Grundlage." Einen König, der herrscht aber nicht regiert. Der freisinnige Bürger war froh, daß es nebenbei noch Fürsten gab, er erschrak aber, als der König von Preußen beim Kölner Dombaufeste laut sagte, es gebe noch Fürsten. Er wollte eine Kammer, die den Minister in die Tasche stecken könne, aber darum doch nicht selber regiere. Politische Vertretung der Gesellschaft im allgemeinen — aber nicht im besonderen. Eine Republik in Frankreich, damit die deutschen Fürsten Respect vor dem Constitutionalismus behalten möchten. Deutsche Grundrechte — aber mit Ausnahmen. Religionsfreiheit, aber keine Jesuiten, Klöster und Freigemeindler. Volksbewegung, Volksforderungen, Sieg des Volkes — aber keine Revolution. Bürgerwehr, aber keine allgemeine Volksbewaffnung. Bürgerliche Ministerien. Als dieselben geschaffen waren, wurden sie übrigens von dem bürgerlichen Liberalismus im Stiche gelassen. Der Philister that dies aus Neid, aber viele gute Bürger aus eben so ehrlichen als unpraktischen Zweifeln, aus kritischer Gewissenhaftigkeit. Beamte und Soldaten sollte es geben, aber keinen Beamten- und Soldatenstand. Man wollte, wie der beliebte Kunstausdruck lautete, gleich weit entfernt bleiben „von der Anarchie wie von der Reaction." Dadurch verfiel man zuerst der Anarchie und nachher der Reaction. Durch den Drang nach beiden Seiten gerecht zu seyn, durch die Consequenz der Doctrin, wo doch die gegebenen Thatsachen keineswegs gleich consequent blieben, ging alles Spiel verloren. Wer die Geschichte des deutschen Bürgerthums auch in früheren Jahrhunderten nachschlägt, wird finden, daß es sich unzähligemal aus gleich eblen Motiven gleich tragische Schicksale bereitete. Der bürgerliche Liberalismus forderte die deutsche Einheit aber unbeschadet des bestehenden Sonderthums. Mediatisirungen, über deren Grenzlinien Niemand einig werden konnte. Oder es war auch kleinstaatlicher Individualismus und großstaatliche Centralisation einem und demselben Manne gleich verhaßt. „Patrioten" wünschten die Niederlage der Deutschen auf den Schlachtfeldern in Ungarn, damit die neue Verfassung der Deutschen auf dem Papier keine Niederlage erleide.

Man muß nicht meinen, daß dieser stete Gegensatz von Vorwärtsdrängen und Zurückhalten wie bei einem Divisionsexempel mit gleichen Factoren in Null aufgehe. Im Einzelnen mag die Bewegung resultatlos geblieben seyn, aber die Thatsache, daß die Bewegung überhaupt bestand, ist das wichtigste und unumstößliche Resultat.

Der ächte Bürger blieb sich getreu in seinen Zweifeln, in seiner theoretischen Gewissenhaftigkeit. Der Philister, auf Fallstaff's Katechismus über die Ehre gestützt, konnte viel thatkräftiger erscheinen, denn er lief überall der Macht nach, und schlug los, wo er sich sicher wußte.

Darum trat das Bürgerthum in einer Bewegung, die es doch selber großentheils hervorgerufen, dennoch keineswegs bedeutsam in den Vordergrund. Das ist bei ihm allezeit nicht anders gewesen. Dem Bürgerstande, wo er als eine Macht der socialen und politischen Bewegung auftritt, fällt nicht die glänzende ritterliche Rolle der Aristokratie zu, nicht die abenteuerlich kecke des Proletariers, nicht die gemüthliche des Bauern. Er muß durchfechten und hat nicht Ehre noch Gewinn davon, vielmehr gar häufig Spott und Hohn wegen seiner unpraktischen Gewissenhaftigkeit, seines linkischen, ungeschickten Anstellens. Zu einer künstlerischen Figur taugt der in den Kämpfen des öffentlichen Lebens sich abmühende Bürger fast gar nicht, Proletarier, Bauer und Edelmann sind da dem Dichter und Maler zehnmal ausgiebigere Gestalten. Der Bauer schiert sich in Revolutionszeiten den Teufel um Grundsätze; was ihm für seine Verhältnisse im Kleinen und Großen vortheilhaft scheint, sucht er sich herauszuholen. Der liberale deutsche Bürger ficht so lange für Grundsätze, bis alle anderen sich hinter seinem Rücken in den realen Nutzen getheilt haben. Er kann Staatsumwälzungen anspinnen, aber er kann sie nicht ausbeuten, ganz wie die Männer des bürgerlichen Gewerbes in Deutschland industrielle Erfindungen machen, damit andere Nationen den Vortheil davon ziehen.

Im Mai 1849 trat in Frankfurt ein Congreß der constitutionellen und Bürgervereine Süddeutschlands zusammen, um über das Verhalten dieser zahlreichen Klubbs des liberalen Bürgerthums bei den damaligen „Reichsverfassungskämpfen" Raths zu pflegen. Als der Congreß eben eröffnet werden sollte, platzte die Nachricht von dem Ausbruch der Empörung in Karlsruhe und Rastatt, von der Flucht des Großherzogs von Baden wie eine Bombe in die Versammlung, und die badischen Mitglieder beschlossen sofort wieder nach Hause zu gehen. Das war menschlich, denn die Leute besaßen Haus und Familie. Proletarier dagegen würden nun erst recht auf dem Congreß geblieben seyn. Bauern wären vermuthlich auch abgezogen, hätten aber wohl lieber den ganzen Congreß gleich mit nach Baden genommen, weil sich selb fünfzig jene knurrende Defensive, die oberste Bauerntaktik, sicherer durchführen läßt als selb zwei oder drei. So war also der Congreß von vorn herein gelähmt. Nun berieth man sich über einen Anschluß an die demokratischen Märzvereine „zur Durchführung der Reichsverfassung." Es gedenkt dem Verfasser noch sehr lebhaft, daß ein Redner auftrat, denn er selber war dieser unglückliche Redner, den man auslachte, weil er warnend darauf hinwies, daß bei ihm zu Land die bürgerlich Constitutionellen durch einen ähnlichen „Anschluß" erst kürzlich von der Demokratie in's Bockshorn gejagt worden seyen. Es war sicherlich klug zu lachen, denn warum hatten sich jene auch in's Bockshorn jagen lassen? Die also lachten, wünschten übrigens vielleicht in ihrem stillen Sinn die Reichsverfassung sammt allen Märzvereinen dahin wo der Pfeffer wächst. Sie beschlossen aber doch den „Anschluß an die Märzvereine zur Durchführung der Reichsverfassung." Denn um der Ehren- und Gewissenssache der politischen Consequenz willen mußten sie zu der Reichs-

verfassung halten, und an sich war gegen den Wortlaut der
demokratischen Programme zur „Durchführung" dieser Verfassung
durchaus nichts einzuwenden. Man sah, welchem Abgrund man
zueilte, man wußte recht gut, daß hinterdrein lediglich die Demokraten lachen würden, blieb aber doch „bei den Grundsätzen"
stehen. Das war bürgerlich. Tief bewegt verließen wir diesen Congreß: er hatte im kleinen Raume das ganze Drama dargestellt,
welches der bürgerliche Liberalismus während jener Jahre auf der
großen Bühne der vaterländischen Geschichte abspielen sollte.

Um folgerecht in den Grundsätzen zu seyn, spricht man
auch in neuester Zeit (1851) immer wieder von einem Anschluß
des Restes der constitutionellen Partei an die Demokraten.
Man sieht voraus, daß die constitutionelle Partei ruinirt würde,
falls ein solcher Bund zu Stande käme. Man unterschätzt nicht
die Breite der Kluft, welche die sociale Frage zwischen beiden
Parteien aufgerissen hat. Aber steif stehen bleiben bei schulgerechten Grundsätzen, das ist Bürgertrotz, steif stehen bleiben
bei der Sitte Bauerntrotz, beim geschichtlich überlieferten Rechte
Adelstrotz, und steif stehen bleiben bei der absoluten Majestät
des Elendes, welches Bürger, Bauern und Barone zusammen
auffressen werde, der Trotz des vierten Standes.

Es ist dermalen sehr wohlfeil geworden, auf die „Professoren" zu schelten. Man versteht darunter jene Politiker der
Schule, welche, statt von den Thatsachen des Volkslebens auszugehen, wie es nun einmal historisch geworden vorliegt, und
statt von der jeweils gegebenen politischen Weltlage, von den
allgemeinen Sätzen ihrer meinetwegen vortrefflichen Lehre aus-
gehend das kranke öffentliche Leben curiren wollten. Man vergesse nicht, daß diese Professoren bei dem gebildeteren Bürgerthum
die Autorität ersten Ranges gewesen sind. Man vergesse auch
nicht, daß fast alle die größten reformatorischen Geister des neueren
Bürgerthums von Luther bis auf Lessing und Goethe gar viel
und just nicht das schlechteste von dieser Professorenart an sich
gehabt haben. Nur vergaßen die „Professoren" der letzten Jahre

über dem gebildeten Bürgerthum die Gesammtheit der Gesellschaft; im Besitze so vieler Wissenschaften übersahen sie die „Wissenschaft vom Volke," sie vergaßen, daß es auch noch Proletarier, Bauern und Edelleute gibt, und es war kein König von Preußen da, der sie, wie die Demokraten an die Existenz der Fürsten, an die Existenz dieser Mächte erinnert hätte.

Nicht alle Bürger huldigten dem constitutionellen Fortschritt dieser Schule. Aber ächt bürgerlich ist es, daß keiner dem „Fortschritt" als solchem abhold seyn will, nur denkt sich jeder bei diesem Fortschritt etwas anderes. Es gibt höchst conservative Bürger, nicht vereinzelt, sondern in großen Gruppen, die noch lange nicht bis zum Constitutionalismus gekommen sind. Aber gleich mächtig ist im ganzen Bürgerstande das tiefgewurzelte politische Rechtsbewußtseyn, welches sich weit eher mit einer mißlichen Politik der Verfassungstreue befreundet, als mit einer noch so erfolggekrönten Politik der Gewalt. Wenn der französische Dichter seinen König als einen Bürgerkönig preist, der die Franzosen **gezwungen** habe glücklich zu werden, so wird der deutsche Bürger schwerlich viel bürgerliches an solch sanftem Zwange finden. In der meisterlichen Scene im Egmont, wo der versoffene Schreiber Vansen, so ein Stück von einem literarischen Proletarier alten Styles, die Bürger aufstachelt, geht er von dem „Herkommen, den Rechten des Regenten und der Staaten und Provinzen" aus. Sowie er von den „Landrechten" und ihrer Verletzung spricht, werden die Bürger mißtrauisch, denn „**die alten Fürsten haben's auch schon probirt**," wie Soest der Krämer sagt. Die Exegese der alten gesetzlichen Freiheiten und Privilegien, welche Vansen zum besten gibt, wird mit den Ohren verschlungen von dem lauschenden Volk. Und als er endlich betheuert: „**Ich will's Euch geschrieben zeigen**, von zwei-, dreihundert Jahren her" — da geht der Lärm los und die Bürger rufen: „Und wir leiden die neuen Bischöfe? Und wir lassen uns von der Inquisition in's Bockshorn jagen? Der Adel muß uns schützen, wir fangen Händel an!"

Die ganze Kraft, die ganze Schwäche des Bürgerthums ist in dieser Scene unübertrefflich gezeichnet.

Möchten unsere Staatsmänner nicht vergessen, daß dieses zähe Festhalten des Bürgers am geschriebenen Recht, das vorzügliche Gewicht, welches er der formell exacten Fortbildung der formellen Politik beilegt, ganz derselbe ehrenfeste Charakterzug ist, der als die formellste Gewissenhaftigkeit in Handel und Wandel den Bürgerstand reich und stark gemacht hat. Die „rettende That" läßt sich der friedliebende Bürger in der höchsten Noth, wenn es dem Staate und der Gesellschaft an Hals und Kragen geht, wohl auch einmal gefallen; aber in ruhigeren Zeiten tasten sie an das kaufmännische Rechtlichkeitsgefühl des Bürgers. Wenn man öffentliche Verträge so ohne weiteres einseitig auflösen kann, warum sollte man nicht auch unbequeme Privatverträge einseitig lösen dürfen? Das ist eine ganz einfache bürgerliche Frage.

Es ist dieses kaufmännische Rechtlichkeitsgefühl des Bürgerthums in der Politik dafür gesetzt, daß die Wahrung der politischen Formen als ein Damm gegen allerlei Willkür fest stehen bleibe, und wir sehen mit Freuden, wie diese bürgerliche Richtung mehr und mehr bei allen Ständen Eingang findet. Aber einseitig ist die Auffassung, daß mit diesen Formen nun auch schon irgendeine positive Politik geschaffen sey. Solche Einseitigkeit hängt vielen Constitutionellen an.

Das Bürgerthum sieht sich überall gesammthaftbar verbunden in dem Einstehen für die formelle Rechtlichkeit des Verfassungslebens. Der realistische Bauer weiß nichts von dergleichen einigenden politischen Kerngedanken des Standes. Bürger und Bauer sind überhaupt die entschiedensten socialen Gegensätze. Wenn einmal die Ausdehnung der Gesellschaft wiederum einen großen Ruck vorwärts machen würde, wenn die gegenwärtigen natürlichen Gruppen sich nochmals zusammenzögen, dann würden wohl immer noch zwei Hauptschichten übrig bleiben: Bürger und Bauern.

In dem Festhalten an dem Gedanken des Rechtsstaates mag eben so gut eine conservative als eine liberale Tendenz liegen. Der Doppelnatur des Bürgerthums ist hier wiederum der freieste Spielraum gelassen, und die aus dem Bürgerstande hervorgehende Neuerung wird immer nur mäßigen Schrittes vorwärts schreiten. Was das Bürgerthum erringt, ist meist scheinbar gering, aber es bleibt auch sitzen. Man mag z. B. die Reformen des Gerichtswesens aus den letzten Jahren (1848 und 1849) noch hier und da beschneiden und verkürzen, ganz wegtilgen wird man sie niemals wieder. Darum ist es die größte Kunst des Staates, der social und politisch bewegenden Kraft des Bürgerthums Zugeständnisse zu machen, nämlich die rechten Zugeständnisse und zur rechten Zeit. Je genauer dieser Punkt getroffen wird, um so conservativer wird das Bürgerthum. Dem Philister aber, den bald der Bewegungsschwindel, bald ein Stillstands- oder Rückschrittsgelüsten erfaßt, soll man niemals das mindeste Zugeständniß machen, denn je mehr man ihm zugesteht, desto unverschämter wird er. Hätten die Regierungen im Jahre 1848 in ihrer Herzensangst den Philistern nicht so viele Zugeständnisse gemacht, so würden die Bürger vielleicht die Kraft und den Muth behalten haben, die Bewegung, welche sie heraufbeschworen hatten, auch wieder zu bannen.

Fünftes Kapitel.

Resultate.

Als eine Ruine des alten Bürgerthums ragt der Handwerkerstand in die moderne bürgerliche Welt. Ist der Bürgerstand das verkleinerte Abbild der modernen Gesellschaft, dann fällt dem Handwerker darin die sociale Rolle zu, welche der Bauer in dem großen Originalgemälde spielt. Der Handwerker ist der conservative Mann als solcher unter den Stadtbürgern. Er wird aber nicht conservativ bleiben, wenn er verarmt oder verkommt. Gerade wegen der einflußreichen Stellung der Gewerbe im Bürgerthum ist das materielle Gedeihen des Kleingewerbes eine Lebensfrage für die erhaltende Politik. Reichthum hat noch keinen Bürger zum Demagogen gemacht, desto öfter die Armuth.

Aber für den socialen Politiker hat der Gewerbestand noch ein ungleich tieferes Interesse. Hier sind nicht bloß Trümmer noch des alten Corporationswesens, an denen man studiren mag, sondern auch viele kräftige, lebensfähige Triebe eines gesunden Innungsgeistes, an welchen sich die pädagogische Kunst des Staatsmannes erproben kann.

Wo ist denn noch ein gleiches Genossen-Leben wie bei den Handwerkern? Und doch, wie locker erscheint dasselbe gegen früher? Aber die Innungen schließen sich unläugbar wieder fester zusammen, die Gewerbevereine mehren sich. Es ist in diesen Vereinen in Sachen der Reform des gewerbtreibenden Bürgerthums schon manch ein Wort vom Stuhle des Handwerkers herab gesprochen worden, welches die Weisheit der Katheder zu Schanden machte. Lange Zeit unterschätzte man das sociale Gewicht der Gewerbehallen, bis endlich die Londoner Weltindustrieausstellung mit einemmale den Leuten eine thurmhohe Leuchte darüber aufsteckte. Bemerkenswerth sind auch die jetzt so zahlreichen Versuche von Innungen oder auch nur von ganz losen gewerblichen Privatvereinen, Handwerkserzeugnisse auf gemeinsamen Verkauf zu fertigen. Die Kaufleute haben diesen Vortheil schon längst gekannt; die meisten großen Häuser sind durch gemeinschaftliche Unternehmungen das geworden, was sie sind. Die Handwerksmeister werden bald einen Schritt weiter thun, sie werden genossenschaftlich je für den gewerblichen Bestand des Einzelnen einstehen müssen, wo jetzt Einer des Andern Verderben ist. In Westphalen sollen die großen ritterschaftlichen Grundbesitzer bereits hier und da begonnen haben, sich solidarisch zusammenzuthun, um ihre verschuldeten Standesgenossen von dem völligen Ruin und dem proletarischen Aufgeben des Grundbesitzes zu erretten. Kann das der Adel, dann kann es auch der Bürger. Dem Standesgeist des Adels hält er am sichersten die Wage, indem er ihn nachahmt. Wo aber die gewerbliche Genossenschaft des einzelnen Meisters Sicherheit geworden wäre, da würde auch bald wieder Gewerb und Stand seine Ehre werden. Und dies ist kein Communismus, sondern nur die alte goldene Wahrheit, daß sechs mäßig bemittelte Leute zusammen einen reichen machen, aus dem mit der Zeit leicht sechs reiche Männer werden können.

Man beachte doch nur, daß der vormärzliche Polizeistaat, der gar keine Freiheit und am wenigsten eine absolute, gelten lassen wollte, die absolute Fessellosigkeit des Gewerbes ganz allein in seinen Schutz nahm. Das muß wohl eine bedenkliche Freiheit seyn, die sich solcher Gönnerschaft erfreut. Der Polizei- und Beamtenstand fürchtete sich vor einem selbständigen und kräftigen Gewerbestande, und er wußte wohl, daß eine recht allgemeine Pfuscherwirthschaft der sicherste Zügel ist für bürgerliche

Gewerb, einer von den Zügeln nämlich mit scharfem, in's Fleisch schneidenden Gebiß, mit denen man selbst das feurigste Roß zum lendenlahmen Klepper zügelt. Zunftmeister, die im Kreise der Gewerbsgenossen ihre Tüchtigkeit erprobt, sollte es keine mehr geben, sondern nur noch „Patentmeister", deren jeder, auch ungelernt ein beliebiges Gewerbe treiben kann, wenn er sich nur für ein paar Gulden ein Patent löst und einen Gesellen hält, und ist er ein spekulativer Kopf, so kann er's auch mit einem halben Dutzend verschiedenartiger Gewerbe zu gleicher Zeit probiren. Das hieß eine Staatsprämie auf die Pfuscherei und Schwindelei setzen. Der Staat versteigerte seine Bauten und öffentlichen Unternehmungen an die Wenigstfordernden. Das war abermals eine Prämie auf die Schwindelei. Er ließ — und läßt — gewöhnliche bürgerliche Handwerke von Züchtlingen betreiben, und drückt durch solche Concurrenz, die ihm kaum Arbeitslöhne kostet, den Verdienst des Bürgers herunter. Indem er den Verbrecher züchtigt, züchtigt er zugleich den redlichen Handwerksmann. Man muß in Ländern gelebt haben, wo man unter dem Aushängeschild der Gewerbefreiheit solche Politik trieb, um den Haß zu begreifen, der dort allgemein gegen diese Freiheit entbrannte. In solchen Ländern war es dann auch, wo die Handwerksmeister beim ersten Aufzucken der achtundvierziger Bewegung keine drängendere Frage kannten; als die Errettung von solch mörderischer Freiheit.

Es gibt alte, gewerbreiche Städte, in denen das alte Zunftwesen nicht untergegangen ist, wohl aber sich weiter gebildet hat zum Segen des Handwerks. Es gibt auch herabgekommene alte Reichsstädte, wo man heute noch an allem Zopf des alten Zunftwesens hängt und dasselbe in all seinen erstarrten Formen festhält. Dort ist gemeiniglich der Handwerker durch den veräußerlichten Innungsgeist ebenso träge, stümperhaft, verknöchert und mißvergnügt geworden, als er in den Ländern der absoluten Gewerbefreiheit träg, stümperhaft, verknöchert und mißvergnügt ist. Beide Extreme verderben den Gewerbestand.

Die Frage der Gewerbefreiheit ist keineswegs eine bloß nationalökonomische. Sie hat ebenso entschieden ihre sociale und politische Seite, und so gewiß der Volkswirth befugt ist, hier ein Wort mitzureden, so wenig steht ihm allein das letzte Wort zu. Man wähne doch ja nicht, als ob die Parteistimmen, wie sie heute für, morgen gegen die Gewerbefreiheit ungestüm erschallen, aus purem Eifer für Arbeit und Erwerb des Volkes redeten. Ueberall lauert der social-politische Hintergedanke. Der conservative Mann, welcher das Volk still und friedlich fortschreitend in poesiegeweihten alten Sitten erblicken möchte, den Bürger selbständig und eigenartig in seinen Genossenschaften, Gesellen und Lehrlinge sittlich gefestigt durch das Band der engeren Familie des Meisters und der weiteren Familie der Innung, wird für eine Reform der alten Gewerbegesetze reden, nicht aber für fessellose Gewerbefreiheit. Der Liberale dagegen, welcher die Zertrümmerung altbürgerlicher Sitte, die Ausgleichung politischer, örtlicher und Standesunterschiede als eine Bürgschaft nationaler Freiheit erkennt, die proletarische Schaar selbständiger Mieth- und Lohnarbeiter als die Hechte im Karpfenteiche des alten feisten Städtebürgerthums, der Liberale, welcher überall nur nach möglichst raschem Umlauf der Ideen und Kapitalien fragt, wird für die Gewerbefreiheit schwärmen. Beide werden auch die volkswirthschaftliche Lichtseite ihres Glaubensbekenntnisses darzulegen wissen. Das letzte Motiv bleibt aber doch ein social-politisches. Und der Bureaukrat, welcher hinter seinem Schreibtische sieht, wie dem Mann im Monde der Bart wächst, folgt bald dieser, bald jener Ansicht, je nachdem die politischen Stürme mächtiger von der Rechten oder von der Linken blasen; er kann überdieß aus seinen statistischen Tafeln heute beweisen, daß die Gewerbefreiheit, und morgen, daß die Bindung des Handwerks das Volkswohl am augenscheinlichsten fördere. Vorgefaßte Meinungen der Stämme und Städte und die gekreuzten eigennützigen Interessen einzelner Kreise der Gewerbe und des Publikums thun dann noch weiter das ihrige, um die Sachlage recht gründlich zu verwirren.

Doch erkennt man wenigstens immer allgemeiner, daß die Gesammtheit der Gewerbtreibenden selber über die Bedürfnisse ihrer Genossenschaft am besten Bescheid weiß. Wo die Behörden in Gewerbesachen urtheilen und handeln müssen, da sollte ihnen immer ein technischer Beirath von Handwerkern begutachtend zur Seite stehen. Es ist in diesem Betracht in den letzten Jahren in vielen deutschen Ländern vieles gebessert worden. Der Beamte meint zwar gemeiniglich, der Schuster solle bei seinem Leisten bleiben, für seine Person glaubt er aber, nicht bloß mit dem Aktenleisten, sondern im Nothfall auch mit dem Schusterleisten fertig zu werden.

Aus socialem Conservatismus sollten Gemeinden und Innungen bei dem Meisterwerden und der Niederlassung wenigstens zusehen, daß das nothdürftige Kapital zum Gewerbebetrieb vorhanden sey. Neumodische Sentimentalität und Hoffart sieht in dem Gesellenstande nur das drückende Abhängigkeitsverhältniß, und nennt diese Forderung in ihrer Strenge inhuman. Der „Geselle" heißt aber so viel als der „Genosse" des Meisters; lächerlicher Weise wollen dagegen jetzt die Gesellen statt dieses viel ehrenwertheren und bedeutsameren Titels den der „Gehülfen" führen! Sonst gab es auch noch einen „Gesellenstolz," jetzt gibt es nur noch „Meisterstolz." Eines rechtschaffenen Meisters Gesell all sein Lebtage zu seyn ist lange so kein Unglück, als eines jämmerlichen Geschäftes Meister. Die Leute im Staatsdienste oder sonstwo sind oft froh, wenn sie nur Gesellen seyn dürfen. Kann übrigens ein junger Handwerker Lohnersparnisse statt ererbten Vermögens nachweisen, so sollen sie ihm, wenn er um das Recht der Niederlassung anhält, bis zu doppeltem Betrage anzurechnen seyn, weil nämlich Fleiß und Sparsamkeit auch ein schönes Kapital im Geschäfte ist. Das wäre zugleich ächt „bürgerlich" gehandelt, nach dem Grundsatze unseres Standes, daß die Kraft, Reichthümer zu erwerben, ein größerer Besitz sey als der Reichthum selbst.

Wenn einer Meister werden will, so soll er auch eine

ordentliche Probe seiner Tüchtigkeit ablegen. Zum Meister gehört auch ein Meisterstück. Auch auf die besten Zeugnisse hin, daß der Meisterschaftscandidat so und so viele Jahre Lehrling und Gesell gewesen, soll ihm das Meisterstück nicht geschenkt werden. Aber auch die Meister selber soll man auf ihre Tüchtigkeit ansehen, und nur den tüchtigsten fremden Meistern sollten die Gemeinden die Einbürgerung frei geben.

In der Gründung von Gewerbschulen und Vereinen hat die neuere Zeit bereits Großes gewirkt. Wenn der Staat hierin den Gewerbecorporationen nur nicht hemmend entgegen tritt, so ist schon das Beste gewonnen. Der Bauersmann wird niemals so gescheidt seyn, ganz aus eigenem Antrieb sich genossenschaftlich zusammenzuthun, um dergleichen Institute zur Förderung seiner ökonomischen Verhältnisse zu gründen. Dagegen hat er in anderen Dingen wieder vor den übrigen Ständen seinen aparten Verstand. Das sind eben die Gegensätze der socialen Bewegung und des socialen Beharrens. Zur Zeit der alten Innungen hatte man Zunftversammlungen, wo die gemeinsamen Angelegenheiten des Gewerbes zu gegenseitiger Lehre und Förderung besprochen wurden; man hatte Schaustellungen der Meisterstücke, wo die Meister den Lehrlingen und Gesellen oft einen kritischen Unterricht gaben; selbst das Haus des Meisters war, in höherem Sinne als es jetzt seyn kann, eine Schule für seine Leute. Wie viel von diesen trefflichen Bräuchen war verloren gegangen, und wie viel ist in der neueren Zeit durch die Gewerbe bereits wieder erobert worden! An solchen Thatsachen mag man zumeist die Macht des Fortschrittes im Bürgerthum erkennen und ehren.

Ueber das Wandern der Handwerksgesellen ist bereits eine kleine Bibliothek zusammengeschrieben worden. Uns kümmert hier bloß der sociale Gesichtspunkt. Die Wanderjahre sind die Universitätsjahre des Handwerkers. Es ist die dringendste Gefahr vorhanden, daß der Geselle, welcher immer zu Hause bleibt, zum Spießbürger vertrockne, wohl gar zum socialen Philister entarte. Frische Luft ist das beste Heilmittel wider beides.

Viele, die wandern könnten, bleiben jetzt hinter dem Ofen sitzen; das würde vor fünfzig Jahren noch als eine Schmach angesehen worden seyn. Darum frißt die Seuche des Philisterthums auch im Gewerbstande von Tag zu Tag drohender um sich. Es war eine der äußersten Anmaßungen und zugleich eine der ärgsten social-politischen Verkehrtheiten des Polizeistaates, daß er den Handwerksburschen das Wandern ganz und gar verbieten wollte.

Solche und andere Hauptstücke zu einer aus dem Materiellen herausgearbeiteten socialen Festigung des Gewerbstandes sind just nichts Neues; sie sind aber auch nichts Veraltetes; denn sie sind großentheils noch immer — fromme Wünsche.

Die Partei der altständischen Restauration war dem Schutze der einheimischen Industrie vor der Ueberfluthung durch die ausländische Concurrenz nicht hold. Wiederum vorwiegend aus social-politischen Gründen. Die Industrie ist der gerabeste sociale Gegensatz zum Grundbesitz. Insofern die altständische Partei ihre stärkste Spitze bei den adeligen Gutsbesitzern sucht, kann sie freilich keine sonderliche Freude haben an dem großen socialen Vorsprung, den die Uebermacht des modernen Industrialismus dem Bürgerstande gewonnen hat. Das zahlt dann wohl der Industrielle wieder heim, indem er gar keine ständische Gliederung gelten lassen will, und am allerwenigsten den Regierungen gestatten möchte, daß sie dem geschlossenen großen Grundbesitz ähnlich Schutz und Gunst zuwenden, wie er sie doch für sich und seine Industrie fordert. Beide verfahren gleich einseitig, und das rechte Maß liegt in der Mitte. Der Staat muß jede berechtigte gesellschaftliche Macht und jeden Beruf zu stützen und zu fördern wissen. Es liegt so wenig im conservativen Interesse, durch unmäßige Schutzzölle den Handel und den Grundbesitz zu ruiniren, als es in diesem Interesse liegt, aus purer Besorgtheit um das Gedeihen der Gutsbesitzer der Industrie den nothwendigen Beistand zu entziehen, der ihr mit mäßigem Schutze geleistet werden könnte.

Das ist der Fluch, welcher ebenso wohl auf den Männern des abstrakt constitutionellen wie des altständischen Staatsideales lastet und jede Verständigung unmöglich macht, daß beide nur je eine Hälfte der gesellschaftlichen Mächte als berechtigt und vorhanden anerkennen wollen; für jene gibt es nur noch Bürgerthum und Proletariat, für diese nur noch Bauern und Aristokratie.

Eine einseitig in's Uebermaß gesteigerte industrielle Entwickelung kann allerdings social gefährlich werden. Denn im Gleichgewicht aller wirthschaftlichen und socialen Mächte ruhet die nachhaltigste Lebenskraft der Nationen. Ich bin nicht der Ansicht, daß man lediglich das materielle Wohlbefinden der Nation auf seine äußerste Spitze zu treiben brauche, um dieselbe nach Außen mächtig, im Innern kraftvoll und gesund zu machen. Die Industrie gleicht die Gegensätze in der Gesellschaft weit gründlicher aus, als es alle socialen Theorien vermögen, und die einseitige und übermäßige Pflege des Industrialismus würde alle Individualität der Gruppen des socialen Lebens zerstören, was nur Erschlaffung und Verfall der Nation zur Folge haben könnte. Das stelle ich jenem rohen Materialismus entgegen, der die Blüthe der Völker ausschließlich nach den Produktionsziffern mißt, und kein weiteres Heilmittel der socialen Gebrechen kennt als Zölle, Handelsverträge, Fabrik- und Eisenbahnanlagen. Ich bin aber keineswegs der Ansicht, als ob sich die Industrie in Deutschland jetzt schon zu so verderblichem Ueberfluß gesteigert habe. Der Staat soll das Gefährliche im Industrialismus aufzuheben, das Segensreiche aber sich zu gewinnen wissen, und dies geschieht, indem er der Industrie jenen mäßigen Schutz gewährt, der ihr natürliches Gedeihen fördert, die übrigen Faktoren der materiellen und socialen Existenz aber nicht gefährdet.

In alten Zeiten drohten die Manufakturen und bürgerlichen Gewerbe dem Adel und den Fürsten nicht weniger als der Industrialismus dem modernen Staat. Die offene Feindseligkeit zwischen beiden war auch leider häufig genug vorhanden. Aber mitunter finden wir auch, daß die Fürsten den Bürger in ihr Interesse zogen, indem sie durch klugen Gewerbeschutz als seine Freunde, nicht als seine Gegner auftraten.

Jener Gewerbeschutz hat die alten Bürger so conservativ machen helfen; und gab ihnen kein kaiserliches oder fürstliches Privilegium solchen Schutz, dann wußten sie ihn schon selber sich zu schaffen. Man muß nur die alten Chroniken, dazu auch manche spätere Gesetzbücher und Landordnungen nachschlagen, da steht nicht nur von altmodischen Rechten und Freiheiten, sondern auch von einem Schutz der Arbeit alten Styles zu lesen, der niemand beeinträchtigte. Die einschlagenden Maßregeln waren freilich für einen kleinen Haushalt berechnet und passen nicht mehr für unsere Verhältnisse. Aber der Grundgedanke paßt für uns, das Princip, durch einen, gleichviel ob materiellen oder ideellen Schutz von Gewerb und Industrie den Bürger stark und wohlgesinnt zu erhalten. Und wenn wir durch so manches ehemals reiche, jetzt verkommene alte Städtchen wandern, wo ehedem etwa viele reiche Gerber gewohnt, die ihr Leder auf hundert und mehr Stunden weit verführt, oder reiche Leineweber, oder Tuchmacher, oder Strumpfwirker, die mit ihren Waarenballen auf keiner großen Messe gefehlt und jetzt lauter proletarische Spießbürger sind: dann mögen wir die Frage nicht vergessen, ob der Verfall, neben anderen Ursachen, nicht vielleicht gleichzeitig gekommen sey mit der Aufhebung des alten Gewerbeschutzes.

Ich will ein lehrreiches Exempel jenes altmodischen Verfahrens hierhersetzen. Der Nationalökonom darf darüber lächeln; der Socialpolitiker dagegen wird sich mittelbar manche Lehre daraus ziehen.

Vor ein paar hundert Jahren herrschte in den weiland nassau-oranischen Städten Siegen und Herborn ein großartiger Gewerbfleiß. Nah und fern auf den deutschen Handelswegen gingen die wollenen Tücher dieser zwei Städte. Wenn ein räuberischer Ritter einen rechten Fang thun wollte, dann paßte er den Herborner Tuchmachern auf, die zur Frankfurter Messe zogen. Nun muß man aber auch zusehen, wie die alten oranischen Grafen ihre heimische Wollenindustrie geschützt und dadurch den tüchtigen Bürgerstand sich bewahrt haben.

Die auswärtigen Manufakturen drohten im sechzehnten Jahrhundert das Land mit ihren Erzeugnissen zu überschwemmen; Lundisches Tuch, Kirsai und Sammet that den Stoffen der Siegener und Herborner Tuchmacher großen Abbruch. Da führte Graf Wilhelm von Nassau-Oranien eine ganz eigene Art von Schutzzoll ein, der freilich gerade so naiv erscheint, wie es die damaligen Zustände mit sich brachten. Er verordnete nämlich, daß fremdes Tuch zwar nach wie vor in's Land gebracht werden dürfe, allein — nur die einheimischen Tuchmacher sollten das Recht haben, es feilzuhalten, während die eigentlichen Kaufleute und Zwischenhändler nur inländisches Erzeugniß ausbieten durften. Das wäre gerade, wie wenn man jetzt keinen anderen als den deutschen Eisenproducenten erlauben wollte, englisches Roheisen direkt zu beziehen. Sie würden sich wohl nicht allzu eifrig ihres Vorrechtes bedienen, und gerade so haben es die Herborner Wollenweber auch gemacht. So kam bald der Putz von fremdem Zeug stark aus der Mode, und die Leute trugen wieder, was dem Bürger am besten steht, ein Kleid, das zu Hause gewoben war. Dann wurden aber auch die Tuchmacher immer geschickter. Denn anfangs mußten sie zwar noch die feinen Tücher aus der Fremde verschreiben, weil sie nie solche gefertigt hatten. Aber mit jedem Ballen, der herüber kam, sahen sie ihren Nebenbuhlern tiefer in den Profit, und nun ging ihnen erst recht ein Licht auf, wie viel besser es sey, wenn sie es selber versuchten, auch die feinen Stoffe zu weben. Die Verordnung wirkte wie ein Prohibitivzoll, ohne doch die schlimmste Wirkung eines solchen auszuüben, nämlich die Förderung der einheimischen Faulheit. Die Wollenmanufakturen nahmen lustig zu, und der Erfolg zeigte, wie brauchbar jene Verordnung gewesen. Denn sie hat nicht bloß ein paar Jahre gegolten, um dann unter die alten Akten zu kommen, sondern sie blieb Jahrhunderte lang in Kraft und ist zu drei verschiedenen Malen erneuert worden.

Neben der ausländischen Concurrenz hatten aber die oranischen Tuchmacher noch mit einer andern Gefahr zu kämpfen. Die ausgezeichnete Wolle, welche man an der Sieg und Dill erzielte, führte fremde Käufer in's Land, die den Heerdenbesitzern diesen Rohstoff für ausländische Manufakturen abkauften. Dadurch konnten die Siegener und Herborner Meister kaum mehr das nöthige Material im Lande auftreiben. Ja manche gewissenlose Meister ließen sich sogar verleiten, die weit geringere Wolle der angrenzenden Gegenden zu verarbeiten und dies als ächtes Herborner Fabrikat auszubieten. Dadurch war der Credit beider Städte bedroht. Da erließ der obengenannte Graf eine andere Verordnung, welche die Tuchmacher schützen und doch den Wollproducenten den Preis nicht verderben sollte. Um Pfingsten, hieß es, ist ein großer Wollmarkt abzuhalten, auf dem sich kein auswärtiger Käufer einfinden darf, bis die eingebürgerten Tuchmacher ihren nöthigen Jahresbedarf gekauft haben. Damit aber die Bauern nicht in Geldnoth kommen, weil sie auf diesen Markt warten müssen, sollen ihnen die gräflichen Rentmeister oder die Zunft der Tuchmacher schon vorher Vorschüsse auf ihre Wolle zahlen, wenn sie es verlangen. Ist der Markt überreich befahren, dann sollen die Rentmeister oder die Zunft auch über Bedarf Wolle aufkaufen, nur damit der Rohstoff im Lande verarbeitet und die Ehre des inländischen Tuches gewahrt werde. Und andererseits, damit nicht etwa ein Tuchmacher in Nachtheil komme, weil er auf den Tag des Marktes vielleicht noch nicht so viel baares Geld zusammenbringen kann, um seinen Jahresbedarf zu bestreiten, hat die Zunft ihm das nöthige Geld vorzustrecken. So waren die Heerdenbesitzer gut gestellt, weil ihnen die Verwerthung alle Zeit gesichert, ja durch die Berechtigung zu Vorschüssen gleichsam eine Prämie auf den Verkauf im Lande gesetzt war; die Tuchmacher aber doppelt gut, sowohl wegen des billigen Preises als auch, weil eine plötzliche Geldverlegenheit ihr Geschäft nicht sofort in's Stocken bringen konnte.

Ich bin wahrhaftig nicht der Ansicht, daß es angehe, auch heute noch durch solche Maßregeln den Markt zu beherrschen, aber man kann sich an denselben wenigstens abmerken, daß der Gewerbfleiß ehedem oft ganz anders nach innen und außen geschützt und gefördert war als jetzt; daß die Regierung wie die Gewerbegenossenschaft selber sich weit mehr zur solidarischen Haftbarkeit für das gewerbliche Gedeihen des einzelnen Bürgers verpflichtet fühlte. Aus diesem Bilde eines höchst patriarchalischen Kleinlebens heimelt uns wenigstens jener Hauch der Zufriedenheit und des Behagens in den Grenzen des gesicherten Berufes und Standes an, welcher dem bürgerlichen Leben der Gegenwart fast ganz verloren gegangen ist.

Mit diesem Behagen im Stande ist der eigentliche Zauber des deutschen Bürgerthums geschwunden. Sich stolz zu fühlen in der nothwendigen Beschränkung seiner socialen Existenz ist eine wahre Bürgertugend. Wer besitzt sie noch? Von den Schranken nach oben will der moderne Bürger in der Regel nichts mehr wissen, die Schranken nach unten hält man dagegen in der That um so fester, je weniger man es vielleicht in der Rede Wort haben will. Darin liegt ein hoffärtiger Egoismus, sittliche Verderbniß. Der Mann des vierten Standes ist wenigstens so folgerecht, überhaupt keine sociale Schranke mehr gelten zu lassen. Das ist eine Phantasterei, aber sie kann ganz wohl einmal die Frucht einer idealen sittlichen Weltanschauung seyn.

Der Staatsmann soll alles anregen und fördern, was den Bürger dazu bringen kann, sich wieder stolz und behaglich in den Grenzen seiner gesellschaftlichen Stellung zu fühlen. Obenan steht hier ein möglichst reiches Maß socialen Selfgovernments. Steins preußische Städteordnung hat in diesem Betracht herrliche sociale Lichtpunkte. Die Städte erhielten das Recht zurück, ihre Magistrate wieder aus sich herauszuwählen. Die Stadtverordneten, gleichfalls aus der Wahl der Bürgerschaft hervorgegangen, standen als überwachende sachverständige Behörde neben dem Magistrat. Als höhere Corporation über den Städten stehen die Landschaften mit einer auf das ständische Princip gegründeten Selbstverwaltung. Dann erst kommt als Spitze des Ganzen die Nationalvertretung.

Die zahlreichen Trümmer des früheren Corporationswesens im Bürgerthum sollte man verjüngen, man sollte sie stützen, indem man sie weiterbildet. Das gelehrte Corporationswesen und die Selbstverwaltung der Hochschulen betrachtet der Deutsche mit Recht als ein Heiligthum der Nation; wer es angreift, vergreift sich an dem Bürgerthum.

Die kargen Reste alter Bürgersitte vor gänzlichem Untergang zu retten, müßte eine noch viel angelegentlichere Aufgabe der Social-Politik seyn, als den Sitten des Bauernstandes besondere Aufmerksamkeit zuzuwenden. Denn der Bauer erhält seine Sitte von selber; man braucht ihn nur einfach gewähren zu lassen. Der Bürger wird täglich mehr geneigt, jeden Schimmer früheren Herkommens wegzutilgen.

„Da wir noch sangen unsern Sang,
Da wir noch tranken unsern Trank,
Da wir noch trugen unser Gewand,
Stund es gut im deutschen Land."

Dieser alte Spruch drückt das Behagen des Bürgers in seiner Sitte, in seinem Stande aus, er wurde von Menschen gemacht und gesungen, die sich wohl in ihrer Haut fühlten. Er hat jetzt beim deutschen Bürgerstande kaum einen Sinn mehr. Als es in unsern protestantischen Städten noch Sitte war, daß jede Bürgerfamilie sich ihren Platz in der Kirche kaufte, ihren Namen auf dem Sitz anschlagen ließ, und nun für lange Generationen an diesem Platz als einem kostbaren Besitzthum festhielt, gingen die reichen Bürger auch regelmäßig in die Kirche. Ein solches Verpachten der Plätze im Hause Gottes widerstrebt gewiß unsern modernen Ansichten, und es wird niemand zur Wiedereinführung dieses meist erloschenen Brauches rathen. Aber ich bin überzeugt, das Bewußtseyn, an einem bestimmten Platze in der Kirche gleichsam zu Hause zu seyn, ein ganz bestimmtes Miteigenthum an diesem Tempel der Gemeinde zu besitzen, führte die Leute hundertmal zur Kirche, wo sie sonst nicht hingegangen wären, und weil sie sich auf diesem mit dem Namenszuge gezeichneten Stuhle heimisch fühlten, fühlten sie sich auch heimisch in der Gottesverehrung. So half eine ganz äußerliche Sitte eine weit tiefer gehende Sitte des inneren Menschen stützen. Als die Bürger keine eigenen Stühle mehr in der Kirche hatten, wurden die Kirchen auch viel leerer. Ich führe dieses Exempel an gerade um seiner scheinbaren Geringfügigkeit willen. Der Mensch ist abhängiger von äußeren Einflüssen als man gemeinhin glaubt, und eben diese äußeren Einflüsse sind im socialen Gebiete der größten Beachtung werth. Sie sind die kleinen Hebel, mit denen der Social-Politiker die schwersten Lasten bewegt.

Ehrt man im Bauern die Kraft des Beharrens und zähen Festhaltens an dem Ueberlieferten, dann ehre man im Bürger die Macht der Reform. Der Staatsmann, welcher jenem strengen Rechtsbewußtseyn des Bürgers in Sachen der formellen Politik frivol in's Gesicht schlägt, der verletzt im Bürgerthum zugleich die öffentliche Moral. Und wer jenem Universalismus des Bürgerthums, der die Geistesbildung zum Gemeingut aller Stände gemacht hat, mit Fesseln und Schranken entgegentritt, der verübt in einem Angriff auf das Bürgerthum zugleich einen Angriff auf die ganze gebildete Gesellschaft. In der Anwartschaft jedes Gesellschaftsgliedes auf die höchsten Ehren und Würden der Kunst, der Wissenschaft und des Dienstes an Kirche und Staat ist dem Einigungstrieb im deutschen Volke, wie er sich am entschiedensten beim Bürgerthum ausgebildet hat, der rechte Weg gewiesen. Wer diesen Weg versperrt, der wird diese berechtigte sociale Nivellirung in jene krankhafte und verkehrte verwandeln, welche alle natürlichen Gegensätze des Gesellschaftslebens in den großen Urbrei des allgemeinen Menschenthums auflöst.

Ich sprach vorwiegend von den „Bauern", als ganz bestimmten

socialen Persönlichkeiten, weniger von dem allgemeinen Begriff des „**Bauernthums**." Dagegen habe ich weit seltener von „den Edelleuten" und „den Bürgern" geredet als von „der Aristokratie" und dem „Bürgerthum." Die gleiche absichtliche Inconsequenz ließ ich in den Ueberschriften der Abschnitte walten. Denn bei den Bauern ist die Persönlichkeit, die Charakterfigur des Standes das social Entscheidende, bei Aristokratie und Bürgerthum der Standesgeist, der gemeinsame gesellschaftbürgerliche Beruf. Der aristokratische und der bürgerliche Geist hat sich längst auch über die Schranken des Standes hinaus verbreitet, der bäuerliche Geist kaum. Es erscheint uns schon sprachlich fremdartig, von einem „bäuerlichen Geiste" zu sprechen. Der bürgerliche Geist aber findet seit dem Mittelalter seine Ausgangspunkte in dem Voranschreiten des Bürgerthumes in Gewerbe und Industrie, in Kunst und Wissenschaft, und in den religiösen Kämpfen.

Man übersehe nicht, welche tiefe Bedeutung das religiöse Moment noch für den Bürger hat. Das deutsche Nationalgefühl war dem protestantischen Bürgerthum durch Jahrhunderte nur noch lebendig in dem Drang nach kirchlicher Unabhängigkeit vom Auslande, nach religiöser Entwickelung von innen heraus. Bei einem großen Theil des Bauernstandes hat die Kirche wesentlich das Amt eines Zuchtmeisters zu verwalten, zur Abwehr gänzlicher äußerer Verwilderung. Wo sie ihm nicht mit strenger Autorität gegenübertritt, wird ein solcher Bauer wenig Respekt vor der Kirche haben. Bei dem Bürgerthum schafft umgekehrt die eigene Theilnahme des Standes an den religiösen, der Gemeinde an den engeren kirchlichen Entwickelungen erst den rechten Eifer für das kirchliche Leben. Es lugt auch hier etwas constitutioneller Geist hervor. Die Einrichtung der Pfarrgemeinderäthe und ähnlicher Körperschaften zur Mitberathung in Sachen der örtlichen Kirchenverwaltung ist eine ächt bürgerliche, die, wenn sie recht ausgeführt und gehandhabt wird, das religiöse Leben in der Gemeinde wohl segensreich erhöhen kann.

In dem Maße als der sociale Philister ausgerottet wird,

muß auch das Behagen in den Grenzen des Standes bei dem Bürger wieder wachsen. In dem Maße als der Staat aufhört die unächten Stände künstlich zu hegen, wird er auch eine kräftigere Stütze an den natürlichen Ständen finden, namentlich an dem Bürgerthum, welches von den unächten Ständen zumeist unterwühlt worden ist.

Der Staatsmann soll nicht bloß auf ein Bruchstück der Gesellschaft, er soll auf die ganze Gesellschaft schauen, dazu mahnt ihn besonders der Bürgerstand als der universellste. Jedes bestimmte politische Programm wird freilich auch in einer bestimmten socialen Gruppe seinen hauptsächlichsten Rückhalt suchen müssen. Aber es wird keinen langen Bestand haben, wenn es diese einzelne Gruppe darum für die ganze Gesellschaft nimmt. Die vorwiegend ständischen Bauern und Aristokraten haben uns gezeigt, daß es noch eine Macht der Gesellschaft neben dem Staate gibt; das Bürgerthum, welches in seinen so vielfach abgestumpften constitutionellen Tendenzen den Gesellschaftsbürger mit dem Staatsbürger verschmelzt, zeigt uns, daß die Gesellschaft sich nicht trennen soll vom Staate, nicht den Staat bekämpfen soll. Der höhere Standpunkt über beiden wird darin liegen, daß die Gesellschaft ihre Interessen in den Interessen des Staates geltend mache, der Staat dagegen seine Entwickelung niemals absperre von der breiten Unterlage der Gesellschaft in ihrer natürlichen, historischen Gliederung.

Die Gegensätze, deren Ausgleichung ich angedeutet, sind erst möglich geworden, indem sich das Bürgerthum an den Mächten des socialen Beharrens rieb und ihr Princip bekämpfte. Die Kämpfe über das ständische oder constitutionelle Staatsideal oder ein drittes, in welchem beide Gegensätze versöhnt werden, sind kein Unheil, sie sind ein Segen, denn sie haben erst Leben in die moderne Gesellschaft gebracht, individuellere Gestaltung; ja man kann sagen, in diesen Kämpfen ist die Gesellschaft aus ihrem bisherigen Traumleben erst wieder zum hellen Selbstbewußtseyn erwacht. So erwies sich auch hier das Bürgerthum, indem es diese Kämpfe angeregt, recht eigentlich als die „Macht der socialen Bewegung."

II. Der vierte Stand.

Erstes Kapitel.

Wesen und Entwicklung.

Eine Art von physikalisch-chemischem Proceß in der neuesten Culturgeschichte liegt unserer Untersuchung vor. Die organischen Gebilde der alten Gesellschaftsgruppen beginnen hier und da zu verwesen, von den uralten Gesteinschichten der Stände, die so lange als die ehernen Säulen der Civilisation festgestanden, wittert aller Orten die Rinde ab, und die künstlich gebundenen Stoffe, welche das sociale Leben in Blut und Mark und Nerven warm und lebendig erhielten, zersetzen sich, lösen sich in ihre Grundbestandtheile auf; aber in diesem Processe der Zersetzung selber einigen sie sich wieder zu neuen Stoffen, und aus den verwitterten Gesteinen und den verwesten Organismen sprießt ein neues, fremdartiges Leben auf.

Dies ist der Bildungsproceß des vierten Standes. In den aufgelösten Bestandtheilen, die, seit mehr als dreihundert Jahren mürbe gemacht, nun endlich von der Aristokratie, dem Bürger- und Bauernthum abgefallen sind, treibt er seine Keime. Die Fahnenflüchtigen, die Marodeurs der alten Gesellschaft sammelt er unter sein Banner zu einer neuen furchtbaren Armee. Freilich ist diese zur Zeit noch ein wild einherbrausender Schwarm, der des bändigenden Führers harrt, ein Schwarm, der sich selber noch nicht recht kennt, noch nicht recht hat, dem jetzt erst allmählich die Ahnung seiner zermalmenden Gesammtmacht aufzugehen beginnt. Und mit dieser Ahnung fängt auch erst die Geschichte des vierten Standes an. Bewußtlos bestand er, seit die Menschheit besteht, aber daß er zum Selbstbewußtseyn zu kommen, daß er seine zerstreuten Glieder zu sammeln beginnt, dies ist erst ein Akt der neuesten Geschichte.

Gewöhnlich verbindet man einen ganz andern Begriff mit dem „vierten Stande" als den hier entwickelten. Man begreift unter demselben die Lohnarbeiter, die Männer, welche bloß eine Arbeitskraft zu entfalten haben, nicht aber ein Capital, die Tagelöhner der Fabriken, des Handwerks, des Ackerbaues, zu denen sich allenfalls auch noch die Tagelöhner der Geistesarbeit gesellen könnten. Dieser Eintheilungsgrund ist ein vollkommen stichhaltiger, wenn man die Gesellschaft überhaupt nach rein volkswirthschaftlichen Gesichtspunkten gliedert. Man wird dann auch nicht von Bürgern, Bauern, Aristokraten ec. zu reden haben, sondern von den Kreisen der Urproduktion, des Handwerkes, der Industrie, der Geistesarbeit u. s. w. Eine solche volkswirthschaftliche Gliederung der Gesellschaft ist für sich ganz berechtigt; sie hat aber gar nicht die Aufgabe, sociale Stände zu zeichnen, sondern die Berufskreise. Stand und Beruf ist etwas wesentlich verschiedenes.

Unter den natürlichen Ständen denke ich mir die wenigen großen Gruppen der Gesellschaft, welche nicht nur durch den Beruf, sondern durch die aus der Arbeit erwachsene Sitte und Lebensart, durch ihre ganze naturgeschichtliche Erscheinung, durch das Princip, welches sie in der geschichtlichen Fortbildung der Gesellschaft vertreten, unterschieden sind. Wollte ich den vierten Stand bloß nach dem wirthschaftlichen Gesichtspunkt als den Stand der Lohnarbeiter bestimmen, so hätte ich z. B. auch gar kein Recht gehabt, den bürgerlichen Rittergutsbesitzer von dem adeligen zu unterscheiden. Dem Nationalökonomen sind beide ganz gleich geartete Gestalten. Mir ist dagegen der bürgerliche Rittergutsbesitzer weder ein Aristokrat noch ein Bauer, sondern nach seiner ganzen socialen Erscheinung ein Bürger.

Ganz unzweifelhaft bildet sich aber neben den drei Ständen, die durch bestimmte Standessitten und einen festen historischen Beruf zusammengehalten sind, ein vierter heraus, dessen Trachten gerade dahin geht, jene Standessitte zu zerstören, jene gesonderten historischen Berufe in einen allgemeinen der ganzen Gesellschaft aufzulösen, überhaupt die einzelnen Charaktergestalten der Stände auszugleichen. Wo dieses Streben bloß als theoretische Ueberzeugung waltet, da erscheint es freilich nicht als der Grundgedanke eines Standes, sondern einer **Partei**. Es ist die Partei der Social-Demokraten. Allein durch den theilweisen Verfall der alten Gesellschaftsgruppen ist jene Tendenz nicht mehr bloß eine theoretische geblieben, sie hat sich bereits einen socialen Körper angebildet, der zwar noch nicht als ein fertiger, wohl aber als ein werdender Organismus besteht. Dies ist der **sociale vierte Stand**. Er ist der Stand der Standeslosen, der aufhören würde, ein Stand zu seyn, sobald er seine Gegensätze, die übrigen Stände, zertrümmert hätte und dann selber die völlig uniforme Gesellschaft als solche geworden wäre. Die Lohnarbeiter, welche der Volkswirth den vierten Stand nennt, fallen für den Social-Politiker zum großen Theil gar nicht hierher. Sie gehören in ihrem Kern theils zum Bauernstande, theils zum Bürgerthume.

Man hat mir nun eingewandt, wenn dieser sociale vierte Stand eigentlich nur die Summe der Entartung aller übrigen Stände bezeichne, dann sey es noch weit logischer, diese entarteten Bauern, Bürger und Aristokraten in den Abschnitten von den Bauern, Bürgern ꝛc. abzuhandeln. Und indem ich selber bereits der entarteten Elemente jener Stände im Einzelnen besonders gedacht, sey das Kapitel vom vierten Stande eigentlich nur eine summarische Wiederholung und erweiterte Ausführung der Abschnitte vom entarteten Bauern, Bürger und Aristokraten. Ich glaube, dem ist nicht also. Das entartete Glied jener Stände gehört an sich durchaus noch nicht zum vierten Stande. Der sociale Philister z. B. ist himmelweit entfernt von der Tendenz des vierten Standes, alle gesellschaftlichen Unterschiede auszugleichen. Er kann ökonomisch der reichste Bürger seyn, politisch der conservativste, er kann eben diesen vierten Stand verabscheuen wie die Pest und ist doch ein entarteter Bürger. Der verjunkerte Baron, der in veräußerlichtem Standesdünkel abfällt von dem wahren Geiste der Aristokratie, ist nichts weniger als ein Glied oder ein Candidat des vierten Standes, und dennoch ist er ein entarteter Aristokrat. Der Edelmann aber, welcher die feste Grundlage des Lebens und Wirkens in seinem Stande verloren hat und dadurch zur Verneinung seines Standes wie der Stände überhaupt kommt, der nicht bloß aus theoretischer Ueberzeugung, sondern auch gezwungen durch die innere Nothwendigkeit seiner ganzen verschobenen socialen Existenz, mit Sitte und Beruf seines eigenthümlichen Lebenskreises bricht: dieser ist der wahre Candidat des vierten Standes. Es handelt sich daher hier nicht um bereits erörterte, sondern um ganz neue gesellschaftliche Elemente.

Vorwerfen könnte man mir nur mit Recht, daß ich den Namen des „vierten Standes" in einer ungebräuchlichen Weise angewendet habe. Ueber den Grund, warum es mir besonders passend dünkte, diese unfertige Gesellschaftsgruppe nur zu numeriren, nicht eigentlich zu benennen, werde ich mich weiter unten aussprechen. Mag man ihn den Stand der Standeslosen, die Negation der Stände nennen, so habe ich nichts dagegen. Die Bezeichnung der Lohnarbeiter als vierter Stand ist eben auch noch keineswegs allgemein gebräuchlich geworden, und ich verwahre mich nur wiederholt dagegen, als ob ich diese höchst ehrenwerthe Classe der um ihr tägliches Brod ringenden Arbeiter als solche zu dem socialen vierten Stande, dem Stande des Abfalles und der Standeslosigkeit hätte zählen wollen.

Am Ausgang des Mittelalters nannte man die Bauern den vierten Stand. Durch den Wegfall des Klerus, der dazumal an der Spitze der ganzen deutschen Gesellschaft stand, sind die Bauern inzwischen avancirt. Großentheils unfrei und nur halbgültig in Recht und Sitte waren auch sie, freilich in anderem Sinne, ein Stand der Standeslosen, so lange sie den Namen des vierten Standes führten.

Also nicht Proletarier als solche bilden den vierten Stand, nicht bloß Besitzlose, die von der Hand zum Mund leben, Heloten des Capitals, beseelte Werkzeuge, welche als Rad, Walze, Kurbel von Fleisch und Blut neben den eisernen Rädern, Walzen und Kurbeln unlösbar und unerlösbar in den Mechanismus unserer märchenhaften Maschinenwelt eingekeilt sind: sie alle machen nur Ein Glied und gerade das bewußtlosere des vierten Standes aus. Der vierte Stand umfaßt nicht bloß „Arbeiter", sondern auch Faullenzer, nicht bloß Arme, sondern auch Reiche, nicht bloß Niedere, auch Hohe; er ist uns der Inbegriff aller derjenigen, die sich losgelöst haben oder ausgestoßen sind aus dem bisherigen Gruppen- und Schichtensysteme der Gesellschaft, die es für einen Frevel an der Menschheit halten, zu reden von Herren, Bürgern und Bauern, die sich selber für das „eigentliche Volk" erklären, und die da wollen, daß alle Naturgruppen der Stände sich auflösen in den großen Urbrei des eigentlichen Volkes. Wenn die sociale Demokratie vom eigentlichen Volke redet, so ist sie nicht so einfältig, wie man ihr das wohl angedichtet hat, darunter bloß die Gesammtsumme aller armen Teufel zu verstehen, sie meint vielmehr alle diejenigen, welche sich frei gemacht haben von dem historischen Begriff der Gesellschaft, welche nicht erst Bürger, erst Bauern, erst Herren und dann als solche Volk seyn wollen, sondern von vornherein Volk, „Volk sans phrase," pures Volk, das Volk an und für sich — den Inbegriff des vierten Standes. Darum ist mit dem Begriffe des vierten Standes der Gedanke der Polemik gegen alle übrigen Stände untrennbar verknüpft. Darum wird er es auch für eine Verleumdung erklären, wenn man ihn überhaupt einen Stand nennt, allein ich komme in der Borniertheit meiner corporativen Auffassung der Gesellschaft leider nicht darüber hinaus.

Der vierte Stand will also kein Stand seyn, er will ja

vielmehr alle Stände verneinen und die allgemeine und untheilbare Gesellschaft einheitlich darstellen; aber die eherne Faust der Nothwendigkeit, die Gesetze der Logik haben ihn bereits in die Schranken eines Standes zurückgetrieben. Denn dadurch, daß er gegen die übrigen Stände Opposition macht, hat er diese bereits gezwungen, sich wieder fester in ihre Eigenart zusammenzuziehen, und statt sich zur Allgemeinheit zu erweitern, muß er sich um so mehr zu einem Besondern beschränken, je treuer er seinem Grundsatze des Kampfes wider jedwede Standesgliederung bleibt. So ist überall dafür gesorgt, daß die Bäume nicht in den Himmel wachsen.

Jeder Stand hat das geheime Gelüsten, alle übrigen zu beherrschen, jeder Stand hat seine Epoche, in welcher er despotisch auftritt; aber weder den Aristokraten, noch den Bürger, noch die Bauern gelüstete es jemals, die ganze Gesellschaft in den Kreis ihres Standes zu ziehen, weil sie ja dadurch diesen selber, der nur durch den Gegensatz und die Beschränkung existirt, vernichten würden. Der vierte Stand stellt dagegen in der Theorie den Anspruch, die ganze Gesellschaft gleichsam mit Haut und Haaren aufzuspeisen. Das ist aber eine sehr unfruchtbare Theorie, die bloß verneinend und aufzehrend verfährt. Es ist ein ganz neuer Zug, daß ein Stand sich wesentlich durch den allen Gliedern gemeinsamen Drang charakterisirt, daß sie das nicht seyn wollen, was sie sind. Während in jedem andern Stande der Trieb, bei sich selber zu bleiben, das Ganze zusammenhält, wird hier die Gemeinschaft bestimmt durch den Trieb, über sich hinauszugehen. Die übrigen Stände stellen das gesellschaftlich organisirte Behagen dar, der vierte Stand das gesellschaftlich organisirte Mißbehagen. Die ersteren wollen die historische Gesellschaft erhalten, der vierte Stand will sie zerstören. Seine Philosophie ist die jenes Mannes, der sein Haus in Brand steckte, um das darin nistende Ungeziefer gründlich zu vertilgen, die Philosophie des Communismus. Nicht als ob alle Glieder des vierten Standes Communisten seyen, allein die Gedanken eines vollkommenen Abbruches und Neubaues der Gesellschaft, von den unschuldigsten philanthropischen Phantasien aufsteigend bis zum äußersten Wahnsinne der Gleichmacherei, zündeten zumeist bei dem vierten Stande; er fand in denselben sein corporatives Bewußtseyn ausgesprochen, die Formel, in welcher seine tausendfältigen Glaubensbekenntnisse einig sind. Die Wortführer des theoretischen Socialismus und Communismus schufen den vierten Stand nicht, aber sie weckten ihn aus dem Schlafe.

Was ein Bauer ist, was ein Bürger, was ein Edelmann, ist leicht zu sagen, was der vierte Stand ist, unendlich schwer. Ich sage unendlich, denn die Fassung seines Begriffes ist vergleichbar dem Ausdruck einer Zahlengröße in genäherten Brüchen, wobei man dem wahren Werth bis auf eine unendlich kleine Differenz immer näher kommt, ohne ihn jemals ganz aussprechen zu können. Dies schreibt sich daher, daß der vierte Stand noch keine abgeschlossene, sondern eine erst im Werden begriffene Größe ist. In der Staatskunst läßt sich vollends noch gar keine Norm, keine Handhabe für den vierten Stand finden. Und doch ist er da, pocht an die Thüre und fordert, daß man Notiz von ihm nehme. Der Statistiker kann dir sagen, wie viele Menschen im Staate zum Bauernstande, wie viele zum Bürgerstande zählen; für die Männer des vierten Standes wird er keine runde Summe finden, die rund genug wäre. Denn derselbe ist zur Zeit noch überall und nirgends, er steckt unter Bürgern, Bauern und Herren, vielleicht gar unter Fürsten und Prinzen als unsichtbare Loge. Er hat kein Zunftzeichen, keine eigene Rubrik in den Classensteuerverzeichnissen, denn sein Gemeinsames ist nicht ein Beruf, nicht das Eigenthümliche des Besitzes, sondern ein sociales Princip, welches die Bürgermeisterei und das Steueramt zur Zeit noch nicht einzuregistriren versteht. Und doch muß das Gemeinsame wieder mehr als ein bloßes Princip seyn, denn sonst würde es sich ja nur um die Partei handeln, nicht um einen Stand. Frage den kesselflickenden Zigeuner, der heimathlos im Lande umherzieht und am Mittag noch nicht weiß, ob er am

Abend eine Stätte findet, wohin er sein Haupt lege, allen äußeren Wahrzeichen nach ein Glied des vierten Standes, nach seinen socialen Grundsätzen. Er wird dich auslachen über die Frage, die ihm sinnlos erscheinen muß. Die „Gesellschaft" ist ihm höchst gleichgültig, denn der einfache Begriff derselben geht schon über seinen Horizont. Auch die Stände der Gesellschaft scheren ihn blutwenig; er fühlt sich vielleicht in seinem Vagabundenleben ganz behaglich. Und dennoch schlummert der Neid gegen die Glücklicheren in ihm, der Drang in ihre Rolle mit einzutreten: es fehlt nur einer, der ihn wach rufe. Erlebt er das nicht, dann erleben's seine Kinder, seine Enkel. Nennt ihn wenigstens einen Candidaten des vierten Standes, wenn ihr ihn kein Glied nennen wollt. Die Theologen würden sagen, er gehört potentia zu demselben, wenn auch nicht actu.

Das sind eben die unbestimmbaren, widerspruchsvollen Elemente eines noch trüb aufgährenden Neubildungsprocesses. Wäre der vierte Stand in sich selber klar und abgerundet, er würde vielleicht schon als eine sociale Völkerwanderung die alte Gesellschaft überfluthet und von Grund aus umgewurzelt haben. Allein er sucht sich selber noch, wie er auch vom wissenschaftlichen und staatsmännischen Standpunkte aus noch gesucht wird. Er ist für beide Theile das unbekannte X in dem großen socialen Regeldetri-Exempel, und keiner hat noch den richtigen Ansatz finden können, um dieses X vollkommen herauszurechnen.

Man eifert vielfach gegen die Bezeichnung „vierter Stand." In der That ist das ein sehr ungefügiger und anscheinend nichtssagender Titel. Es ist nur ein Nothbehelf, und wird über kurz oder lang einem anschaulicheren Worte weichen. Aber zugleich ein höchst charakteristischer und darum ganz vortrefflicher Nothbehelf! Man weiß diesen Stand noch nicht weiter zu bezeichnen, als indem man ihm eine Nummer gibt. Er hat noch gar keinen Namen, als ein ungetauftes Kind liegt er noch in der Wiege. Unpersönliche Dinge unterscheidet man nach Nummern. Und der vierte Stand ist auch noch keine fertige sociale

Persönlichkeit. Mit dem dürftigen Worte „vierter Stand" ist gerade dies gesagt, daß er das noch nicht zu findende X in der Gesellschaft sey. Darum behalten wir diesen Namen bei, der scheinbar nichtssagend, in der That aber höchst charakteristisch ist und ein Triumph richtigen Sprachgefühls.

Anfänglich hatten die Social-Demokraten ihre besondere Liebhaberei an der Bezeichnung des „vierten Standes" und brachten dieses Fachwort recht eifrig in Schwung. Die „Emancipirung des dritten Standes" durch die erste französische Revolution war sprüchwörtlich geworden, und es fügte sich zu einem bequemen Parallelismus der banalen Phrase, daß man nun von einer Emancipirung des vierten Standes als der Hauptaufgabe der gegenwärtigen Revolutionszeit redete. Jene äußerste Partei, welche in Paris im ersten Taumel der Februarrevolution den Grundsatz, daß alle Arbeit heilig sey, so weit ausdehnte, daß sie auch die Arbeit der Freudenmädchen heilig sprechen wollte, hatte dann noch nicht einmal genug an einem vierten Stand, und sprach in zarter Rücksicht auf die Insassen der Bordelle, Diebshöhlen und Zuchthäuser bereits von einem fünften, dem die nächste Revolution gehören solle!

Als aber auch die Gegner der Demokratie den „vierten Stand" als Schlagwort häufiger gebrauchten, merkten erst die Demokraten, welch ein reactionäres, die verhaßte „ständische Gliederung" voraussetzendes Wort sie selber bevorzugt hatten, und wollen nun ihre eigene frühere Ausdrucksweise durchaus nicht mehr gelten lassen. Uns aber wird das Wort darum nur um so viel werther, denn es legt das Zeugniß ab, daß selbst die Demokratie im unbewachten Augenblicke dem Gedanken der Standesgruppen ihre Huldigung darbringen mußte.

Wir unterscheiden zwei große Gruppen des vierten Standes: er besteht aus solchen, die noch nichts sind und noch nichts haben, und solchen, die nichts mehr sind und nichts mehr haben; solchen, die erst eintreten wollen in die vollgültige Gesellschaft, und solchen, die von derselben ausgestoßen wurden. Diese beiden Gruppen stehen einander gegenüber wie Idealismus und Realismus, wie die socialistische Partei der communistischen, wie der verneinende Trieb einer tollen phantastischen Jugend dem verneinenden Trieb eines teuflich verbitterten Alters. Auf der einen Seite steht ein Theil der Arbeiter, der Handwerksgesellen, der Dienenden, der literarischen Jugend, des Beamtenproletariats; auf der andern bankerotte Kleinbürger, verdorbene Bauern, heruntergekommene Barone, Industrieritter, Strolche, Tagediebe und Vagabunden aller Farbe. Diese Elemente können nicht einträchtig Hand in Hand gehen; nur die Stunde des Kampfes gegen den gemeinsamen Feind, gegen die historische Gesellschaft, macht sie jezuweilen zu Verbündeten.

So ist denn der vierte Stand auch in sich selber zerfahren, wie er hervorgegangen ist aus der Zerfahrenheit der Gesellschaft. Alle bindenden Elemente der andern Stände fehlen ihm. Das Gemeinsame des geschichtlichen Bestandes, der überlieferten Sitte fesselt seine Glieder nicht, denn gerade in dem Verfall der überlieferten Sitte keimte der vierte Stand erst auf, und die volle Zerstörung derselben ist sein eifriges Ziel. Der vierte Stand ist Weltbürger, wo die andern Stände national, ja particularistisch sind. Der Bürger und Bauer trägt in jedem Lande sein besonderes Gepräge; der Mann des vierten Standes ist sich überall gleich. Cultur und Elend nivelliren bekanntlich am gründlichsten, und beide Kräfte sind es ja, die im Verein den vierten Stand zumeist ans Licht gezogen und zum Bewußtseyn gebracht haben. Das gebildete Glied des vierten Standes schwärmt in Deutschland für die Polen, die Ungarn, die Italiener, die Franzosen, nur für die Deutschen nicht. Die Nationalität ist ihm eine widernatürliche Schranke, vom selbstsüchtigen Kastengeist gehegt; wie es das Standesbewußtseyn vertilgen will, so auch das Nationalitätsbewußtseyn. Und betrachten wir alle diese über ganz Europa zerstreuten Glieder des vierten Standes, die sich einig wissen im Kampfe wider die Standes- und Nationalitätsschranken, dann erhalten wir eine gewaltige unbekannte Nation neben den bekannten, ein X auch im Völkersysteme, ein Volk, welches sich nicht auf der Landkarte unterbringen läßt und doch existirt, dessen Nationalität darin besteht, keine zu haben und dessen Patriotismus die Zerstörung des eigenen Volksthumes ist. Jene Geschichtslosigkeit und Vaterlandslosigkeit, welche man sonst bloß als das Ergebniß einer verschrobenen Schulstubenweisheit betrachtete, hat sich im vierten Stand in einer großen Volksschicht leibhaftig verkörpert. Es gibt daher keine größeren Gegensätze als den vierten Stand und die Bauern: jener ist der unhistorische Stand als solcher, wie dieser der historische. Daher rekrutirt sich auch der vierte Stand in der Regel weit weniger aus den Reihen des Landvolkes als der Bürgerschaft und Aristokratie.

Tiberius Gracchus, einer der großen Propheten des vierten Standes, sprach, als er seine Vorschläge einer neuen Ackervertheilung vor das versammelte römische Volk brachte, von den Proletariern jener Tage: „Die wilden Thiere Italiens haben ihre Höhlen und ein Lager, auf welchem sie ruhen; die Männer aber, die für Italiens Herrschaft auf Tod und Leben kämpfen, besitzen nichts als den Genuß der Luft und des Tageslichts, weil man diese ihnen nicht rauben kann. Ohne Hütte und Obdach irren sie mit Weib und Kind im Lande umher. Es ist ein Hohn, wenn die Feldherren in der Schlacht sie auffordern, für ihre Hausgötter und die Gräber ihrer Väter zu kämpfen, denn unter allen ist kaum ein einziger, der eine Grabstätte der Seinen und einen eigenen Hausaltar besitzt. — — Sie haben die Welt besiegt und werden Herren derselben genannt, ihnen selbst aber gehört auch nicht eine einzige Scholle Land." Der römische Demagog wollte dem Proletarier Hausgötter, eine Scholle Landes und eine Grabstätte wieder erwerben. Die moderne Demagogie dagegen trachtet den Mann des vierten Standes noch vollends zu befreien von der Fessel der Hausgötter und des heimischen Bodens. Familie und Vaterland sind auch so ein Stück alten Zunftzwanges, dessen man quitt werden muß; Patriotismus ist

Rückschritt, Nationalstolz gehört zum Aristokratenthum. So furchtbare Fortschritte hat die Idee des vierten Standes, der alle andern verschlingen soll, seit Gracchus Zeiten gemacht! Wir sahen im Jahre 1848 jene Schaaren der Sturmvögel, welche überall da heranzogen, wo ein Kampf gegen die bestehende Ordnung des Staates und der Gesellschaft begann; wir sahen jene bunte Reihe von Streitern aus aller Herren Ländern, die auf allen Revolutionsschlachtfeldern Europa's und im Solde aller Nationen kämpften, die nirgends zu Hause waren, außer in dem Getümmel des Umsturzes; sie stellten uns die leibhaftig gewordene Vaterlandslosigkeit des vierten Standes dar. Diese Thatsache ist eine ganz neue. Wenn der Landsknecht des Mittelalters dem Banner folgte, darunter am meisten Geld und Ehre zu gewinnen war, so gab er damit sein Vaterland nicht auf, er stritt ja nur, um zu streiten, er trieb sein Handwerk daheim oder in der Fremde und wanderte mit dem Schwert zu fremden Meistern in die Lehre, wie unsere Handwerksburschen mit friedlichem Werkzeug. Aber der gewappnete Proletarier des neunzehnten Jahrhunderts stellte sich mit bewußtem Grimm gegen die Fesseln des Vaterlandes unter Italiens und Ungarns Fahnen, er sah keinen Frevel darin, die rothen Hosen über den Rhein zu rufen, wenn sie nur auch die rothen Mützen hätten mitbringen können; die Heiligkeit seiner fixen Idee, die Gesellschaft, die ganze Menschheit ausebnen und gleich machen zu wollen, ließ ihm alles andere, was sonst uns heilig dünkt, profan werden. Die Kette der organischen Gliederung läßt sich nirgends durchbrechen, ohne daß sie ganz auseinander springt; wer diese Gliederung bei der Familie, den Ständen, dem Staate aufgibt, der gibt sie auch bei den Nationen auf, und wer seine Standesehre darein setzt, keinem Stande anzugehören, der muß folgerecht auch seinen Nationalstolz darein setzen, kein Vaterland zu haben. Weder das classische Alterthum noch das Mittelalter hat von dieser Verläugnung aller natürlichen Stufenreihen der Menschheit etwas gewußt, sie gehört lediglich der neuesten Zeit an.

Man muß aber nicht meinen, es sey nun in dem vierten Stande nichts weiter als Abfall und Verneinung, Fäulniß und Zerfall dargestellt. Ein Hauptzug des modernen Geistes hat sich in ihm verkörpert, nur ist er vorerst höchst einseitig und schief zu Tage gekommen, wie das bei dem Durchbruch jeder neuen Idee zu geschehen pflegt. Seit dem Ausgange des Mittelalters dreht sich der eigentliche Kern aller socialen Kämpfe um die Grundfrage, ob die Stände körperschaftlich gegliedert bleiben sollen, oder ob der Fortschritt von der antiken und mittelalterlichen Gesellschaft zur modernen nicht vielmehr darin bestehe, daß die großen historischen Gruppen und Schichten derselben in ein gleichartiges Ganze verschmolzen werden. Der vierte Stand ist das praktisch handgreifliche Resultat dieses Gedankenkampfes, er ist in seinem dunklen und chaotischen Daseyn das Siegeszeichen, welches die Idee der allgemeinen Gleichmacherei bei ihrem dreihundertjährigen Weltgang gewonnen hat. Erst stritt man nur für die freie Befähigung jedes Menschen zu jeglichem Beruf, für das Recht der Theilnahme jedes Standes an Staatsangelegenheiten. Aber im Geiste des vierten Standes fragt es sich nicht mehr, ob ein Stand vor dem andern politisch bevorzugt seyn solle oder nicht, ob einer den andern beherrschen, ausbeuten solle oder nicht, sondern ganz allgemein, ob nicht in der körperschaftlichen Gliederung der Gesellschaft an sich zugleich die Zwingherrschaft der Gesellschaft liege, ob eine solche Gliederung von Natur nothwendig sey oder ein ungeheurer Betrug, den durch Jahrtausende der Mensch an dem Menschen verübt.

Alle Schichten der Gesellschaft, vom König bis zum Bettelmann, und alle politischen Parteien haben seit dreihundert Jahren nach einander — oft unbewußt — wider die körperschaftliche Gliederung und zu Gunsten unterschiedloser Gleichheit gefochten, und doch vermochten sie die Thatsache der historischen Gruppen niemals ganz umzustoßen. Alle wollten die Gesellschaft gleich machen und brachten doch nichts weiter zuwege, als daß sie den vierten Stand schaffen halfen.

Die Fürsten brachen die selbständige Macht des großen

Abels, sie verwischten die vielverschlungene sociale Gliederung des Mittelalters, sie hoben die ständischen Vorrechte auf und ließen die Ständevertretung allmälig einschlafen, die ganze Gesellschaft sollte sich in dem neuen Begriff der Unterthanen auflösen. Sie nivellirten also freilich nur in ihre eigene Tasche, und dachten keineswegs daran, sich selber zu nivelliren, allein dies thaten auch alle Nachfolger bis zu den modernsten Communisten. Denn wo einer nicht zu gewinnen hofft, denkt er auch nicht an's Gleichmachen. Richelieu, indem er die Selbständigkeit der französischen Aristokratie vernichtete, warb dem vierten Stande zahllose Rekruten. Wenn deutsche Fürsten in's Maßlose Titel ohne Mittel verliehen, um dadurch den erblichen Würdeträgern die Spitze zu bieten, so gründeten sie, ohne es zu ahnen, förmliche Pflanzschulen des vierten Standes, welcher dereinst gerade dem auf solchem Wege gefestigten Unterthanenbegriff am schärfsten zu Leibe gehen sollte.

Der bureaukratische Staat faßte die Gesellschaft nur unter den Begriff der mechanischen Verwaltung. Alle Stände schmolzen ihm, wie schon bemerkt, in zwei große, unförmliche Gruppen zusammen: die „Dienerschaft" und die „Bürgerschaft," d. h. Staatsdiener und Nichtstaatsdiener. Der Hochmuth, welcher in dieser Unterscheidung steckt, brachte namentlich in kleinen Städten und Städtchen das fröhliche Selbstbewußtseyn des Bürgers auf eine niederträchtige Weise herunter. Schaaren Verblendeter, die an der Hobelbank oder beim Schusterleisten höchst brauchbare und ehrenwerthe Menschen geworden wären, strömten dem gleißenden Elend des Schreibstubenproletariats zu. Der Handwerksmann verlor den Respect vor sich selber, wenn er sah, wie erhaben sich jeder Angestellte über ihn dünkte, der nur einen Dintenklecks auf einen Stempelbogen machen konnte.

Als ein erkünstelter Stand schob sich das Beamtenthum zersprengend und auflösend in die natürlichen Stände. Aus dem natürlichen, gesunden Genossengeiste ward ein verschrobener, widernatürlicher. Der rechtschaffene Stolz auf die Herrlichkeit des Berufes und die Würde des Standes ward zum ärgerlichen Hochmuth gegenüber dem bürgerlichen Standesgenossen, der, statt Uniformsknöpfen auf dem Amtsfrack, nur das Schurzfell trug. Der bureaukratische Staat suchte aber auch aus politischem Grundsatz die körperschaftliche Gliederung der Gesellschaft auszuglätten, weil sich das Einförmige leichter administriren und registriren läßt, als das Mannichfaltige, weil die centralisirte Staatsverwaltung nothwendig auch die centralisirte Gesellschaft nach sich ziehen muß, weil ihm der Staat eine todte Maschine ist, während die geschichtliche Gliederung der Gesellschaft ein organisches Leben zu entfalten sucht, und allerdings rasch in Widerspruch treten wird zu dem todten Tabellenregiment der Bureaukratie. Da diese den Wohlstand des Volkes nicht nach dessen innerer Gesundheit und Kraft, sondern nach seiner äußeren Corpulenz bemißt, so bot sie alles auf, die Zahl der Köpfe zu steigern, unbekümmert, ob die anschwellende neue Volksmasse nachgehends das gemeine Gut vermehren oder nur von demselben zehren werde. Absolute Freizügigkeit, schrankenlose Gewerbefreiheit, Patentmeisterschaft waren die Zaubermittel, durch welche die Bureaukratie den öffentlichen Wohlstand erhöhen wollte. Und als nun plötzlich ganze Schaaren von Proletariern den deutschen Staatshämorrhoidarius in gar entsetzliche Verlegenheit setzten, konnte er gar nicht begreifen, wo diese Leute mit einemmale herkämen, da er doch selber die Brütöfen gebaut hatte, um so viel hunderttausend Küchlein des vierten Standes höchst kunstreich auszubrüten.

Ich könnte mich hier überhaupt ganz kurz fassen und brauchte eigentlich nur das Summarium aller der socialen Sünden zusammenzustellen, die ich in den vorhergegangenen Abschnitten als von den einzelnen Ständen und gegen dieselben verübt, aufgezeichnet habe, um die Mitarbeit aller Factoren des öffentlichen Lebens zum Aufziehen des vierten Standes anschaulich zu machen.

Jener bürgerliche Altliberalismus, der die Bureaukratie in Kleinigkeiten befehdete, in der Hauptsache aber, ohne es zu merken, Hand in Hand mit derselben ging, wollte von der geschichtlichen Gliederung der Gesellschaft nichts wissen. Geschichtlos seyn, hieß ihm freidenkend seyn, und die Gesellschaft vergaß er überhaupt über dem Staat. Er erkannte nur Staatsbürger an. Der leere Begriff eines freien Staates war der moralische Kopfabschneider, welcher jede culturgeschichtliche Besonderheit im Völkerleben wegrasiren sollte. Nur die Freiheit war das Recht, die Freiheiten das Unrecht. Der Staat sollte nicht um des Volkes willen daseyn, sondern das Volk um des Staates willen. Diesen Begriff einer schulgerechten Staatsfreiheit, welcher von den leibhaften Mächten des Volkslebens gar nichts weiß, hat aber das Volk niemals verbauen können; als es ihm endlich vergönnt wurde, frei zu seyn, führte es zwar „die Freiheit" in Liedern und Reden im Mund, griff aber mit der Hand wieder nach „den Freiheiten." Die Altliberalen hobelten die Gesellschaft gleich im Namen der officiellen Bevormundung. Sie waren die Advocaten des vierten Standes, weil sie in jeder ständischen Gliederung Mittelalter und Rückschritt witterten. Als freilich der vierte Stand endlich als eine thatsächliche Macht auf die Bühne trat und mit der Staatsidee des Altliberalismus keineswegs sehr säuberlich umsprang, verläugnete und bekämpfte ihn der letztere, wie der Mensch dann immer Consequenz und Logik abschwört, sobald ihm die eigenen Gedanken über den Kopf wachsen. Der Altliberalismus ging endlich wenigstens negativ auf das sociale Leben ein, er hielt den Socialisten und Communisten den Widerpart, da er doch selber ihren Lehren die Steige in's praktische Leben geebnet hatte, aber eine eigene positive Mitarbeit am Fortbau der Gesellschaft vermochte er nicht zu liefern. Es läßt sich überhaupt insofern ein merkwürdiger Fortschritt in der Entwickelung des Altliberalismus wahrnehmen, als er von seiner Abstraction des alles verschlingenden Staatsbegriffes mehr und mehr zurückkam, je mehr es seinen Stimmführern vergönnt wurde, an praktischer staatsmännischer Thätigkeit Theil zu nehmen. So war er ursprünglich Kosmopolit, später leuchtete ihm die Nothwendigkeit einer geschichtlich organischen Gliederung der Nationalitäten ein. Aber nun noch einen Schritt weiter zu gehen, und diese selbe Nothwendigkeit auch bei der Gesellschaft einzusehen, vermochte er nicht. So befürwortete er das allgemeine Stimmrecht, indeß er den Communismus und Socialismus bekämpfte, als ob nicht die revolutionäre Macht dieser Lehren ein Kinderspiel wäre, gegen die Macht der Thatsache des allgemeinen Stimmrechtes gehalten. Es erging ihm wie den Frauen, welche die Logik immer nur bis zu einem gewissen Punkte gelten lassen, indem sie die ganze Kette der Vordersätze zugestehen, aber, wenn dann endlich der Schlußsatz daraus hervorgehen soll und muß, wieder abspringen und sagen, sie meinten, es sey doch anders.

Wie der constitutionelle Altliberale den Menschen nur unter den Gesichtspunkt des Staatsbürgers fassen wollte, so wollten die aufgeklärten Pastoren nur von allgemeinen Christen etwas wissen, aber ja von recht allgemeinen, denn specifisch christliche Christen würden eben doch wieder eine körperschaftliche Gliederung ausgesprochen haben. Die Philosophen wollten nur Menschen, reine Menschen passiren lassen, die Demokratie nur die Allgemeinheit des „eigentlichen Volks," bei welch wunderlichem Ausdruck freilich sogleich der Verdacht hervorspringt, als erkenne man das unvermeidliche Fortbestehen einer zweiten Gruppe, des „uneigentlichen Volkes" neben dem eigentlichen an. Alle diese Abstraktionen halfen den vierten Stand hervorbilden. Die erste französische Revolution gedachte zunächst den dritten Stand zu befreien; bald aber ward sie inne, daß die volle republikanische Freiheit nur bei der Vernichtung aller Stände bestehen kann, doch indem sie alle Stände zerstören wollte, schuf sie in den Schreckenstagen die Herrschaft eines neuen Standes, des vierten. Diese aber führte im Ring zum Wiederermannen des dritten Standes und weiter zum Emporsteigen einer neuen Aristokratie.

Darin liegt eben ein ungeheurer Humor, daß so viele, so verschiedenartige und sonst in allen Stücken feindselige Mächte des öffentlichen Lebens als so treue Bundesgenossen gegen die Thatsache der körperschaftlichen Gliederung der Gesellschaft gekämpft, und doch nichts weiter zuwege gebracht haben, als ein

neues Glied — den vierten Stand. Diese großartige Allianz
konnte die bestehenden Corporationen verschlechtern und ein
babylonisches Wirrsal in den Grundbegriffen der gesellschaftlichen
Mächte hervorrufen, aber die Corporationen selbst niederreißen,
den Glauben an ihre Nothwendigkeit aus dem Bewußtseyn des
„eigentlichen Volkes" tilgen, das vermochten diese Souveräne,
Bureaukraten, Liberale, Pastoren, Philosophen, Communisten
und Demokraten doch nicht. Indem sie die bestehenden Stände
vernichten wollten und statt derselben einen weiteren zu den be=
stehenden erschufen, erging es ihnen just wie einem kleinen Land=
tage des achtundvierziger Jahres, welcher so lange über Erspar=
nisse im Budget berieth, bis die Berathungskosten selber zu einem
neuen Posten desselben angelaufen waren, der alle Ersparnisse
wenigstens um das Dreifache überstieg.

Drei folgenreiche Revolutionen in jenem Frankreich, welches
doch seinen Nacken am tiefsten unter das Joch einheitlicher
Staatsallmacht beugt, brachten es nicht einmal fertig, die Ni=
vellirung auch nur der gesellschaftlichen Sitte im Sprachgebrauch
durchzuführen. Und Frankreich ist das gelobte Land des vierten
Standes. Selbst eifrig social=demokratische Franzosen lächelten
bereits im ersten Jahre der neuen Republik wieder, wenn sie
sich noch je zuweilen mit „citoyen" anredeten. Und gerade
das „eigentliche Volk," nämlich die unteren Classen, hat sich
am allerwenigsten in diese sprachliche Vernichtung der Standes=
unterschiede finden können. Sein Instinkt ließ es nicht los=
kommen vom alten Sprachgebrauch, der ja nicht willkürlich ge=
macht, sondern zusammt seinen Lächerlichkeiten aus der innersten
Natur des Menschen erwachsen war. Jedem Menschen ist sein
Zopf angeboren, warum soll denn der sociale Sprachgebrauch
nicht auch seinen Zopf haben? Wo man dem Volke den „Bür=
ger" und das brüderliche „Du" durch Decrete aufbrängte, da
wurde es sofort confus im Handhaben der neumodischen Rede=
weise. So las man in Paris kurz nach der Februarrevolution
an der Thüre eines Clubblokals, dessen Besucher sich, wie die

Studenten sagen würden, den „Du-Comment" zur Pflicht gemacht hatten, die Aufschrift: „Ici tout le monde se tutoie; — fermez la porte, s'il vous plait!" Die unausrottbare Sitte kann wohl keinen größern Triumph über ein äußeres Machtgebot feiern als in diesen drei Worten. Als in den neunziger Jahren die Stadt Mainz von den Truppen der französischen Republik besetzt und von den Clubbisten terrorisirt war, erging an die Nachtwächter der Befehl, fürder nicht mehr zu singen: „Hört, ihr Herren, und laßt euch sagen" 2c., sondern: „Hört, ihr Bürger" 2c., mit der ausdrücklichen Motivirung, daß es keine Herren mehr gebe, sondern jedermann bloß Bürger sey. Die Nachtwächter merkten sich das, sangen aber ganz folgerecht von nun an auch am Schluße statt: „Lobet Gott den Herrn" — „Lobet Gott den „Bürger." Und es mußte ein neues Dekret erscheinen, welches ihnen befahl, den lieben Gott einstweilen noch im Genuße seiner alten Titulatur zu lassen.

Und doch waren jene Clubbisten in ihrem ersten Decret nur demselben Drange gefolgt, dem unsere ganze geistige Entwickelung seit der Reformation sich hingegeben hatte, und die Nachtwächter, indem sie unbewußt eine Satyre auf diesen weltgeschichtlichen Zug des modernen Geistes sangen, setzten das naive Volksbewußtseyn dagegen, welches nicht einsieht, warum man unsern Herrgott noch in seinem überlieferten Recht lassen müße, wenn man einmal mit dem überlieferten Recht der Gesellschaft gebrochen habe.

Der Organismus der Gesellschaft war am Ausgang des Mittelalters erstarrrt und veräußerlicht. Er mußte reformirt, neu belebt werden. Das Widerspiel zu den corporativen Schranken der mittelalterlichen Gesellschaft entfaltete sich darum jetzt in seiner ganzen Breite und Tiefe. Aber gerade die Geburt des vierten Standes, welche das Resultat einer dreihundertjährigen Arbeit der Nivellirung war, bürgt uns dafür, daß wir bereits über ein bloßes Verneinen des corporativen Lebens hinausgekommen sind und der Versöhnung beider Gegensätze entgegengehen.

Der vierte Stand ist nun einmal da. Die entfesselnden Fort=

schritte in allen Reichen der Geistesarbeit wie der industriellen mußten ihn naturnothwendig schaffen. Alle Sünden an der Gesellschaft helfen dem vierten Stand die Stätte bereiten, aber man hüte sich vor der frevelhaften Ansicht, als ob diese Gruppe darum in Sünden gezeugt, als ob sie an sich das böse Princip in der Gesellschaft sey! Der vierte Stand hat ebenso gut sein historisches Recht, als irgend ein anderer Stand. Ein Theil des Bürgerthums drängt gegenwärtig darauf hin, die ganze Gesellschaft als aufgegangen im Bürgerthume zu betrachten. Der vierte Stand führt diese Ansicht zur äußersten Consequenz. Insofern er bloße Negation ist, Abfall der Stände von sich selbst, kann er nie und nimmer ein festes organisches Gebilde werden. Die sociale Gefahr des verneinenden vierten Standes beruht aber zum großen Theile darin, daß er nur erst ein werdendes, schwankendes Gebilde ist, welches sich erst einen festen Bestand erringen könnte, indem es die ganze Gesellschaft verschlänge. Es gibt aber im Gegensatz hierzu beweglichere Elemente des Bürgerthumes — die täglich wachsende Schaar eben jener Lohnarbeiter aller Art — die bis jetzt nur eine volkswirthschaftliche Gruppe bilden, aus denen sich jedoch ein neuer, ein ächter vierter Stand auch social entwickeln könnte. Diese Elemente müßte man zu einem corporativen Ganzen zusammenzuführen suchen. Man müßte den vierten Stand bekämpfen und auflösen durch — die Arbeiter. Denn gerade in den gediegenen Elementen dieser Arbeiter, als den beweglichsten Theilen des Bürgerthums, liegt ein Recht zur selbständigen socialen Existenz, welches man mit den Forderungen des hier geschilderten vierten Standes, als der Gruppe der socialen Verneinung, zu vermengen liebt, wodurch eine wirklich gefährliche Verwirrung in die Sache gekommen ist. Denn der „Arbeiter" hat eine Zukunft, ein Recht als Gesellschaftsgruppe, er bildet nur noch keinen Stand aus dem Gesichtspunkte der „Naturgeschichte des Volkes," er deutet erst einen künftigen, idealen vierten Stand vor; der gegenwärtige vierte Stand dagegen hat neben ihm nur ein Recht der Existenz, wie Mephisto neben Faust.

Zweites Kapitel.

Das aristokratische Proletariat.

Der Schwerpunkt des vierten Standes liegt in Deutschland nicht bei den Tagelöhnern oder Fabrikarbeitern, wie in Frankreich und England, noch weniger bei den verdorbenen Bauern. Denn nicht die untern Schichten der Gesellschaft sind bei uns am meisten zerbröckelt und verwittert, sondern die höheren. In der Aristokratie, im gebildeten Mittelstande Deutschlands ist die Existenz des Einzelnen durchschnittlich weit mehr gefährdet, ein zermalmender Wettkampf weit übermächtiger als bei den Handwerkern und im Bauernstande. Die Proletarier des Geistes sind für Deutschland dasselbe Schreckgespenst, was für Frankreich die brodlosen Handarbeiter, für England die Fabrikleute. Die gebildeten Proletarier sind bei uns der Sauerteig, der das gesammte übrige Proletariat immer erst in Gährung versetzt. Das eigentlich gefährliche Proletariat unseres Vaterlandes geht nicht in der Blouse, sondern in Oberrock und Frack, es fängt bei apanagirten Prinzen und mediatisirten Reichsfürsten an und geht bis zum letzten hungrigen Literaten abwärts.

Der verarmte und zurückgekommene Adel hat sich in Deutschland erstaunlich breit ausgewachsen. Die Ursachen sind von mir oben in dem Kapitel von dem Adel bereits angedeutet worden Der seit Jahrhunderten so widernatürlich erschwerte Uebergang des Edelmannes, der seinen aristokratischen socialen Beruf zu erfüllen nicht mehr im Stande ist, zum Bürger- und Bauernthum erzeugte zuletzt das Vorurtheil, daß es nobler sey, als aristokratischer Proletarier zu vegetiren, denn als tüchtiger Bürger einem ehrenwerthen Erwerb sich hinzugeben. Ein proletarischer Baron aber ist ein Widerspruch in sich selber, er glaubt einem Stande anzugehören, dessen socialen Beruf er doch keineswegs mehr üben kann, und fällt durch diesen Gegensatz seiner scheinbaren und seiner wirklichen Existenz nothwendig dem vierten Stande anheim.

Denn wer ist in materiellem Betracht ein Proletarier? Dessen möglicher Erwerb ihm keine annähernde Gewähr für die dauernde Deckung seiner Bedürfnisse gibt. Aber diese Bedürfnisse sind höchst relativ. Vielleicht hat sich irgend ein Social-Demokrat durch einen Physiologen ausrechnen lassen, wie viel Centner Kartoffeln, Brod, Fleisch der Mensch zum mindesten jährlich braucht, um seinen Verdauungswerkzeugen zu genügen und also sein Daseyn fristen zu können, und setzt nun eine Normalsumme von so und so viel Centnern Kartoffeln jährlich fest, bei deren Nichterwerb das Proletariat beginnt. Allein der Bettler, wenn er nur diese Portion Kartoffeln hat, ist ein Fürst, der Fürst aber, wenn er bloß eine solche Portion Kartoffeln hätte, wäre weit ärmer als der ärmste Bettler. Denn nicht da beginnt das sociale Elend, wo der Hunger in den Eingeweiden zu brennen beginnt, sondern wo die Kraft des Einzelnen nicht mehr ausreicht, die körperlichen und geistigen Güter zu erwerben, welche ihm durch seine gegebene Stellung in der Gesellschaft — über die einmal keiner hinauskommt — als das geringste Maß des Bedürfnisses bezeichnet werden. Der Vornehme hat unter dieser Tyrannei seiner eigenen Geschichte weit mehr zu leiden als der Geringe. Je höher er steht, um so näher ist ihm die Grenzlinie gerückt, wo er aus seinem Stand herausgestoßen wird, ohne in eine andere Gesellschaftsgruppe eintreten zu können, wo er dem Chaos des vierten Standes verfällt. Ihr sprecht, indem das geringste Maß des Bedürfnisses des Menschen sich nicht nach so und so viel Centnern Kartoffeln bestimme, sondern bedingt sey durch seine gesellschaftliche Stellung, durch die Sitte, in welcher er aufgewachsen, sey es eben bedingt durch ein Vorurtheil. Ja wohl, alle gesellschaftliche Sitte ist ein Vorurtheil, und doch würde der Mensch zur Bestie werden, wenn ihr dieses Vorurtheil glatt wegrasiren könntet.

Es gedenkt mir aus meinen Kinderjahren eines armen Mannes. Ob er schon keinen Beruf hatte und nichts that und in abgetragenem Rocke umherging, hatten doch die Leute einen gewissen Respekt vor ihm; denn der arme Mann war ein Reichsgraf und dazu der letzte unmittelbare Nachkomme eines großen Kriegshelden und gewaltigen Geistes, dessen Name unter den Besten in der deutschen Geschichte genannt wird. Das Besitzthum dieses Grafen war zerronnen bis auf einen kleinen Rest, auf dem nur noch ein einziger Pächter saß, und dieser kleine Rest so überschuldet, daß der Graf weit ärmer war als sein eigener Pächter. So ward dieses Gut zuletzt auch noch Eigenthum des Pächters. Und der vordem reichsunmittelbare Graf wanderte eines Tages zu Fuß auf jenes, einst sein kleinstes, Gut, um sich bei der Wohlthätigkeit seines frühern Pächters, der unlängst noch sein Unterthan gewesen, ein Unterkommen zu suchen. Dieser nahm ihn auf und gab ihm das Gnadenbrod von dem Acker, den er einst von ihm zu Lehen getragen; allein der Acker hätte den Grafen auch nicht mehr standesmäßig nähern können. Und ob der Graf auch nichts mehr hatte, begleitete ihn doch noch — sein Privatsekretär! Er lebte von treuer ehemaliger Dienstleute Barmherzigkeit und lebte dennoch wie ein Graf; niemand konnte sagen, daß der Kostgänger des Hofbauern, der kein Gefolge mehr besaß als einen Privatsekretär, zur Aristokratie gehöre, und doch war er auch kein Bürger, kein Bauersmann. Die Bauern sagen heute noch, er sey so eigentlich kein Graf mehr gewesen, aber wenn man ihn dann schlechtweg bei seinem Namen nannte, fielen sie einem doch gleich berichtigend in's Wort und sagten: der Herr Graf! Und in diesem Widerspruche deckten's die Bauern auf, weß Standes Glied der Graf eigentlich gewesen: er war ein Glied des Standes der Widersprüche, des vierten Standes.

Eines Tages bewegte sich ein Karren, davor zwei Kühe gespannt waren, von dem Hofe gegen das Dorf; des Hofbauern Junge führte das Fuhrwerk, auf dem Karren lag ein Sarg, und hinter demselben gingen der alte Hofbauer und der Privatsekretär als Leichengefolge. Der Sarg umschloß die Hülle des letzten Reichsgrafen aus einem der berühmtesten deutschen Geschlechter. So begruben sie ihn auf dem kleinen armen Kirchhofe zwischen versunkenen Bauerngräbern. Und auf den Kirchhof schaut die stolze Burg herab mit ihrer geborstenen Warte, es war die letzte Burg, die der Reichsgraf da unten besessen, freilich nur, da sie schon halb in Trümmern lag. Das Grab stand längere Zeit ohne Zeichen und Schmuck, und ward vergessen, wie die versunkenen Bauerngräber zur Rechten und Linken. Da kamen eines Morgens Steinmetzen in das stille Thal, brachten einen Grabstein, setzten ihn auf des Reichsgrafen Grab, und keiner weiß bis auf diesen Tag, wer den Stein hat setzen lassen.

Auf der Vorderseite des Steines ist in goldenen Lettern des Verstorbenen berühmter Name zu lesen. Darüber das Wappen des stolzen Geschlechtes. Auf der Rückseite aber steht in schwarzen Lettern: „Er starb im Elend." Und am Sockel sind die Worte eingegraben: „Von einem Freunde vaterländischer Geschichte."

Das ist die Mähr vom aristokratischen Proletariat. Der Reichsgraf, welcher zuletzt auf der Welt nichts mehr besaß, war an seiner Geburt gestorben, seines Geschlechtes große Geschichte hatte ihn nicht erhalten, nicht ernähren können. Und ein Unbekannter, ein Freund eben jener zermalmenden Geschichte, nicht ein Freund des Hauses oder des Verstorbenen, erweist ihm die letzte Ehre, weil die Tragödie dieses hochgeborenen Proletariers, den er vielleicht nie mit Augen gesehen, ihn erschüttert hat. Er starb im Elend? Zu dieser Lapidarschrift wollte ich den Social=Demokraten führen, dem das Elend da anfängt, wo das geringste Maß der Kartoffeln aufhört, welches zur Beschwichtigung der Verdauungswerkzeuge erforderlich ist. Dieser Reichsgraf, dem noch ein Privatsekretär folgte, hatte lange Zeit ein schönes Besitzthum, und als er nichts mehr hatte, hatte er doch noch einen Freund, und wenn es auch nur ein geringer Bauersmann, ein ehemaliger Dienstmann war, der ihn pflegte, der ihm die Augen zudrückte, und doch war er unendlich ärmer gewesen als der arme Arbeiter, den oft genug der wirkliche Hunger beißt, den man ohne Hemd begräbt, und dem man trotzdem nur auf sein Grab schreiben würde: er entschlief im Herrn — und nicht: er starb im Elend!

Nicht bloß der Kampf der Arbeit mit dem Kapital bedingt das Proletariat, sondern auch der Schicksalskampf mit der Geburt, mit dem Stande, mit der historisch gegebenen Stellung in der Gesellschaft. Die Geburt ist nichts zufälliges, nichts willkürliches, so wenig als Körperstärke und Geistesgaben; sie ist vielmehr die ehernste Nothwendigkeit, sie ist die erste und festeste historische Schranke, welche das Einzelwesen gefangen hält, damit ihm für's ganze Leben die Lehre im Gedächtniß bleibe, daß das menschliche Streben an geschichtlichen Vorbedingungen hängt, über die keiner hinaus kann und auf welche er, als auf etwas gegebenes, weiterbauen muß. Wollt ihr, daß der Mensch, aller historischen Voraussetzungen bar, bloß nach den todten, allgemeinen Grundsätzen des abstrakten Rechtes und der Billigkeit zum Erringen seiner Ziele Vollmacht habe, dann zertrümmert erst die historische Fessel der Geburt — wenn ihr könnt. Der Arbeiter kämpft nicht gegen die Herrschaft des Kapitals, er kämpft gegen die Herrschaft des Erbrechts, also abermals gegen die eherne Schranke der Geburt. „Vom Rechte, das mit uns geboren ist," will der Despot des historischen Rechtes nichts wissen, vom Elend, das mit uns geboren ist, weiß der Despot des philosophischen Rechtes nichts. Dieses Elend kann uns vielleicht im Kittel des Arbeiters, es kann uns aber ebenso gut unter einer Grafenkrone mitgegeben seyn.

Der vierte Stand steigt in Deutschland hoch hinauf. Es gibt deutsche Prinzen und Prinzessinnen, welche ein Jahreseinkommen von ein paar tausend Gulden besitzen, und die mit ihren meisten Bedürfnissen auf die Gnade und den Beutel ihres regierenden Vaters oder Bruders angewiesen sind, dessen Einkünfte selber vielleicht wiederum bloß in einer knapp zugeschnittenen Civilliste bestehen. Würden solche fürstliche Personen sich unter einander verheirathen und neue, weiter auseinander gehende Familienzweige begründen, so käme zu der bereits vorhandenen Candidatur des vierten Standes im zweiten, dritten Glied bereits der leibhaftige vierte Stand. Denn in den Bürgerstand eintreten und die Rente, vor welche mit jedem neuen Sprößling ein weiterer Divisor gesetzt würde, durch einen bürgerlichen Erwerb wieder steigern, könnten und würden diese armen Leute nicht. Das Bedürfniß würde fürstlich bleiben, das Einkommen immer bürgerlicher werden. Solche Prinzen werden sich mit Fug und Recht nicht einmal verheirathen wollen und sollen. Ein Tagelöhner aber, dem man das Heirathen untersagen möchte, muß schon sehr arm und hülflos seyn. Indem den fürstlichen Familien der große Grundbesitz mehr und mehr abhanden kommt, wird ihnen zugleich das einzige Mittel entzogen, ihr Vermögen zu mehren und für eine ausgebreitetere Nachkommenschaft zusammenzuhalten. Die Domänenfrage, über welche man hier und dort so heftig gestritten, ist nicht bloß eine staatswirthschaftliche, sie schließt zugleich die Frage in sich, ob die weitere Descendenz des Fürsten dem vierten Stande verfallen oder in den Reihen der Aristokratie bleiben solle. Ein kleiner Fürst ohne Privatbesitz wird durch seine Civilliste mit der Zeit zur Abdankung gezwungen werden; eine Civilliste ohne erhebliche landesherrliche Domänen ist das natürliche Gegengift wider den dynastischen Partikularismus. Wer mag seinen Kindern und Kindeskindern ein so unsicheres Brod wie eine moderne Prinzenapanage in Aussicht stellen! Der constitutionelle Staat hat den nachgeborenen Prinzen, namentlich in den kleineren und kleinsten Ländern, nicht nur die Grundlage einer festen aristokratischen Existenz entzogen, sondern ihnen meist auch die Möglichkeit irgend eines Berufes abgeschnitten. Denn rechnen wir den Kriegsdienst ab, so fällt jede andere praktische Thätigkeit, der in alten Zeiten ein Prinz mochte obgelegen haben, jetzt den verantwortlichen Ministern zu. Ein nachgeborener Prinz ist in der Regel gezwungen, berufslos zu bleiben gleich dem bedenklichsten Theile der Proletarier, und wenn auch er noch so eifrig musicirt, malt, dichtet oder den Wissenschaften obliegt, so wird er doch niemals ein rechtschaffener Musikant, Maler, Dichter, Gelehrter, ja nicht einmal ein Literat von Fach; man wird seine Thätigkeit eine „Passion" nennen, keinen „Beruf," und wo er etwas angreift, bleibt er sein Lebtag zum Dilettanten verurtheilt. Die Begeisterung aber für einen festen, praktischen Beruf allein kann den strebenden Menschen in sich befriedigen. Diese Befriedigung erzeugt den ächt conservativen Geist; sie ist den nachgeborenen Prinzen versagt, wie einem großen Theile der Proletarier. So ragt die Candidatur zum vierten Stande überall auch in die höchste Schicht der Gesellschaft. Nicht als ob dort das wirkliche Proletariat schon eingebrochen sey, aber die Vorbedingungen desselben kündigten sich bereits an: der Geist des vierten Standes, der durch die ganze moderne Welt geht, hat auch die Thür zu den Königsschlössern gefunden, auch zu den Fürstensöhnen ist das Mißbehagen im eigenen Stande, die Berufslosigkeit und Zerfahrenheit, der Zwiespalt zwischen der äußeren Existenz und der gesellschaftlichen Stellung durchgedrungen, und wenn just die Prinzen auch nicht den Kampf gegen die historische Gesellschaft beginnen werden, so legen sie doch Zeugniß ab von der Gewalt der alles umstrickenden Idee des vierten Standes.

Die früheren Erwerbsquellen der hohen und niederen Aristokratie sind mehr als zur Hälfte vertrocknet. Die Bedürfnisse haben sich verdoppelt. Der Eintritt in den geistlichen Stand sicherte vordem Tausenden von Adeligen ein standesmäßiges Leben. Sie trachteten nicht bloß, wie das heutzutage in katholischen Ländern freilich auch noch der Fall ist, die obersten Würdenträger der Kirche zu werden, sondern griffen im Mittelalter auch zu der wirklichen geistlichen Arbeit in Klöstern und an kleinen Pfarreien. In dem rheingauischen Dorfe Lorch war noch im sechzehnten Jahrhundert ein Pfalzgraf und Herzog — Georg von Bayern — Pfarrer. Eine solche Dorfpfarre würde jetzt selbst dem neuesten Baron zu gering seyn. Von der ehrenvollen Ausnahme, welche hier immer noch einzelne Adelsgruppen machen, habe ich oben bereits geredet. Das eben ist der Fluch der nobeln Faullenzerei, der sich der Adel im siebenzehnten und achtzehnten Jahrhundert in den zahllosen, damals neu geschaffenen Hofämtern und Sinecuren aller Art hingab, daß fast alle Berufsarbeit, welche früher noch innerhalb der Grenzen der Aristokratie stand, jetzt aus denselben herausgetreten ist. So lange ein Baron des Mittelalters noch ein Brevier lesen oder einen Degen führen konnte, gab es für ihn kein Proletariat. Walther von Habenichts war auch ein armer Teufel, er führte die Proletarier nach dem gelobten Land und ließ sie von den Türken todtschlagen, aber er selber war darum noch lange kein Proletarier. Die Ritter, welche vom Stegreif lebten und wegelagerten, wußten wenigstens, was sie thun und treiben sollten, um zu leben, und das weiß das moderne Adelsproletariat eben nicht. Der Bauer, den jene bestohlen und geschunden, erkannte noch immer das Aristokratische ihres Berufes an, denn in seinem Glauben sausten seine Quälgeister nach ihrem Tode doch wiederum als feurige Ritter durch die Flur, und die Hölle selbst mußte also Respekt vor ihrem Rang und Wappen gehabt haben. Beim Adel des Mittelalters war der adelige Beruf an den Besitz gebunden, und doch hing er andererseits auch wieder bei weitem nicht in dem Grade vom Besitze ab, wie bei der modernen Aristokratie. Der alte Ritter verpfändete Burg und Hof und Wamms und Tressen dazu und blieb doch ein Ritter, wenn dagegen der moderne Baron seinen Mantel auf's Pfandhaus trägt, so ist damit seine aristokratische Stellung jedenfalls sehr zweifelhaft geworden.

Das aristokratische Proletariat ließ sich seit langer Zeit am

besten in den deutschen Kleinstaaten beobachten. Dort drängte
es sich aus aller Welt Enden zusammen, um Hofämter und
Officierstellen zu erhalten. Auch die kleinsten Höfe wollten sich
mit dem Glanze alter Namen umgeben. Ein eigentlicher Landesadel war oft nicht mehr vorhanden, die weiland reichsunmittelbaren Familien blickten mit dem ganzen Groll der Mediatisirten
auf ihre ehemaligen Collegen, die so glücklich waren, ihre Souveränetät zu retten, und würden sich's nie und nimmer verziehen
haben, bei denselben Hof- und Militärdienste anzunehmen. Wie
die Bureaukratie alle Schleußen aufzog, damit das bürgerliche
und bäuerliche Proletariat in's Land einströme, und durch die
Erhöhung der Bevölkerungsziffer den Schein des Staatswohl-
standes erhöhe, so wurde von den Höfen die ganze Fluth des
adeligen Proletariats in diese kleinen Ländchen geleitet. Aber
diese Versorgung eines armen Barons, dessen Güter, wie die
Bauerngüter zu Zeiten des armen Konrad, auf der Fehlhalde
und dem Hungerberg, am Bettelrain und zu Nirgendsheim lagen,
mit einer Lieutenants- oder Kammerjunkersstelle führte eigentlich
nur wieder zu einer neuen Sorte von Proletariat, die auf das
vorhandene gepfropft wurde. Denn das militärische Proletariat,
wie es in den Tagen der Landsknechte Deutschland in Schrecken
setzte, ist von den Gemeinen zu den Officieren avancirt, und
fängt jetzt bei den Cadetten, Fähnbrichs und Lieutenants an,
wie vordem bei den Troßbuben und Stallknechten. Bekanntlich
sind unsere niederen Officiersgagen darauf berechnet, daß der
Inhaber der Stelle etwas eigenes Vermögen mitbringe, aus welchem
er zusetzen könne. Die meisten Militärverfassungen sprachen es
selber aus, daß diese Stellen proletarisch dotirt seyen, indem sie
nur Söhne der vermögenderen Classen in die Cadettenschulen
zuließen, und die niederen Officiere, außer gegen Hinterlegung
einer hohen Caution, zum Cölibat verurtheilen. Ein Bürgerlicher
schlägt sich noch am ersten durch in diesem Officiersproletariat,
da ihm Entsagen und Arbeiten von Haus aus näher liegt.
Statt dessen nun besetzte man in den kleinen Ländchen solche

Stellen fast durchgehends mit den von nah und fern herzugerufenen verkommenen und verdorbenen Adeligen. Diese kamen in einen Beruf und fanden doch keinen. Da sie nicht wegen ihrer Kriegstüchtigkeit, sondern wegen ihres Namens herbeigezogen worden waren, so lag ihnen gemeiniglich die Kriegswissenschaft zu hoch, die Gamaschenknöpferei aber zu niedrig. So recht bequem lag dagegen das Wirthshaus. Sie glaubten eine Existenz gefunden zu haben, und hatten doch keine, da schon der „Standesaufwand" allein, den man von ihnen forderte, die schwindsüchtige Gage überstieg. Proletarier im Besitz, Aristokraten im Genuß, sind diese Officiere bereits wirkliche Mitglieder des vierten Standes. Mit grenzenloser Frivolität nahm man seitens der obersten Militärbehörde in der Regel die Sache hin, wie sie eben war, und stellte wohl gar „halbofficiell" die Behauptung auf, ein Lieutenant, der keine Schulden mache, sey ein schlechter Officier. Dies ist das Widerspiel zu jener würdigen „aristokratischen Depense," von welcher ich oben redete.

Nicht wenige Glieder des Officiersproletariats haben wir wiedergefunden in den Insurgentenheeren der Jahre 1848 und 1849. Der Schritt von dem geheimen Zerfallenseyn mit der Gesellschaft zum offenen Kampf gegen dieselbe war diesen Männern wahrlich weit leichter gemacht als den verführten Handarbeitern und Taglöhnern, die unter ihrem Commando fochten. Der Kasernendienst mit ein paar hundert Gulden Gage ist freilich ebenso gut eine Zufluchtsstätte für den heruntergekommenen Adel, wie es das ritterliche Kriegshandwerk für den in der Erbschaft todtgetheilten Junker des Mittelalters war. Aber es ist dies eine Zufluchtsstätte, die in andern Formen uns allen offen steht — die Zufluchtsstätte des vierten Standes. Viele mittellose adelige Subalternofficiere haben das empfunden und sind in den Friedensjahren nach Amerika gegangen, wo sie das wenigstens ganz seyn können, was sie hier seyn müssen und doch zu seyn nicht scheinen dürfen — Proletarier. Noch mehr, ein heruntergekommener Edelmann kann in Amerika sogar Bürger oder Bauer werden, er kann dort die Last seines Namens, seiner Geburt, seiner Geschichte von sich werfen, und es bleibt ihm noch ein Drittes übrig neben der Wahl, ein vornehmer Herr oder ein Lump zu seyn.

Indem die kleinen Fürsten das aristokratische Proletariat hegten und sein Wachsthum förderten, haben sie zugleich die ganze sociale Stellung der Aristokratie verrückt. Nur durch festes Zusammenziehen des ganzen Standes kann man die conservative Macht der Aristokratie erhöhen. Sie ist nur in ihrer Beschränkung stark und in diesem Betracht das gerade Widerspiel des vierten Standes, der in seinem riesigen Wachsthum nach außen, in seiner Corpulenz so erstaunlich sich kräftigt. Man kann ein Wortspiel daraus machen und sagen, der vierte Stand würde dann erst eigentlich ein „Stand" werden, wenn es aufhört, „Stände" zu geben. Wenn Karl Vogt in der Paulskirche den Antrag stellte, man möge, um den Adel aufzuheben, nur jedwedem freigeben, den Adelstitel anzunehmen, so könnte man glauben er habe den kleinen Höfen das Verfahren abgelauscht, wie man die Aristokratie am besten um den Credit bringt. Die Bevorzugung des aristokratischen Proletariats — nicht der Aristokratie — ist es, was vorzugsweise den Groll aller andern Stände gegen den Adel erzeugt hat. In Marburg hatten die adeligen Studenten bis vor kurzem — vielleicht auch noch — nur ein einziges Vorrecht, nämlich — doppelte Immatrikulationsgebühren bezahlen zu müssen. Ein solches Privileg ist jedenfalls der Aristokratie am förderlichsten. Ich deutete schon in dem Abschnitte von der Aristokratie an, wie oft gerade der gediegene, conservative Bürger, der nichts weniger als Staat und Gesellschaft umstürzen will, einen gründlichen Haß auf den Adel geworfen hat. Diese Stimmung, welche mit dem ganzen übrigen socialen Charakter jener Bürger im Widerspruch steht, ist hervorgerufen durch das aristokratische Proletariat, die Feindseligkeit gegen dieses überträgt sich unbewußt auf die ganze Aristokratie. Es muß den Zorn des ehrenfesten Bürgers herausfordern, wenn er sieht, wie etwa der hergelaufene proletarische Hofcavalier in nobler Verschwendung sich anläßt, als seyen ihm die Thaler in Scheffeln zugemessen, indeß er Brod und Fleisch auf jahrelangen Borg nimmt; es muß sein sittliches Gefühl empören, wenn er bemerkt, wie der proletarische Baron aus dem achtzehnten Jahrhundert nicht bloß die Tradition der abeligen Berufslosigkeit und Sinecurenjägerei überkommen hat, sondern wie er dazu auch an der weitherzigen Moral der höhern Stände aus jener verderbten Zeit mit dem Conservatismus der Lüderlichkeit festhält, und wie der zerfahrene militärische Müssiggänger alten Namens, aber nicht alter Ehrenfestigkeit, den schleichenden Betrug an einem armen Handwerker durch Schuldenmacherei für einen Zug vornehmen Wesens hält. Es reizt den Spott des Bürgers und Bauern, der in seinem reichlichen Erwerb sich behaglich fühlt, wenn er auf den erwerblosen Adeligen blickt, der auf silberner Schüssel täglich Kartoffeln mit Salz ißt.

Der trefflich gezeichnete arme Baron in Immermanns Münchhausen spekulirt auf die Fabrikation von Luftsteinen, indeß die wirklichen Steine seines Rittersitzes an allen Ecken auseinanderbersten. Aber der Leser wird sich erinnern, daß dieser Immermann'sche Baron keineswegs unsere sittliche Entrüstung herausfordert, im Gegentheil, sein harmloses Leben erregt in uns ein Gemisch von Heiterkeit und Mitleid. Dieser Baron ist aber auch kein Proletarier, er ist nur ein armer Teufel, er bleibt dabei ein ächter Aristokrat; in dem Maße, als seine Besitzthümer mehr und mehr dem Reiche der Phantasie anheimfallen, treten auch seine Bedürfnisse und Ansprüche mehr und mehr in das Reich der Phantasie hinüber, in seinen Ueberlieferungen, in seiner Gedankenwelt, in seinen Sitten, in seinen Grillen hat er die genauesten Grenzmarken seines Berufes und Standes gefunden, und er fühlt sich über die Maßen behaglich innerhalb derselben; die Pfeiler seines baufälligen Hauses wanken unter seinen Füßen, aber die Pfeiler seiner socialen Existenz stehen ihm, in seiner Einbildung, fest wie die ewigen Berge.

Dieses Bild bezeichnet uns nicht bloß eine einzelne Figur,

es schildert eine ganze Gattung. Der heruntergekommene grund=
besitzende Adel wird höchst selten dem vierten Stand verfallen,
er wird darbend und entsagend an dem Schattenbilde seiner
gesellschaftlichen Stellung und an der überlieferten Sitte fest=
halten und nicht, wie mehrentheils der proletarische Hof= und
Militäradel, dieselbe in Unsitte verkehren, er wird allenfalls
den Humor herausfordern, gemischt mit einer Rührung des Mit-
leids, aber nicht den Haß und Groll der übrigen Stände. Er
ist dem ordentlichen Bürger und Bauern nur ein verblaßtes
Abbild der vollgültigen Aristokratie, vor deren geschichtlichem
Charakter, vor deren Beruf als der selbständigsten und bewuß=
testen Hüterin des erhaltenden Princips im Staate, als betraut
mit den Interessen des großen Grundbesitzes, der großen In=
dustrie, des massenhaften Kapitals, der Mann des kleinern Ge=
werbs und des kleinern Ackerbaues immer Respekt gehabt hat.
Aber gerade darum ist ihm das aristokratische Proletariat in
tiefster Seele verhaßt, denn hier tritt ihm die Bevorzugung eines
Standes entgegen, der kein Stand, kein Beruf mehr ist, nur noch
eine alte Formel, ohne allen Kern, und weil das aristokratische
Proletariat leider zahlreicher geworden ist als die Aristokratie
selber, so kommt er leicht dazu, beides untereinander zu mengen.

Als die hessischen Bauern im März 1848 die Standesherren
im Vogelsberg so hart bedrängten und ihre Besitzungen plün=
derten, konnten Viele diese Wuth der Bauern nicht begreifen,
welche sich plötzlich gegen Leute richtete, von denen die ganze
Gegend schon lange weit mehr Vortheil gezogen, als die unbe=
deutenden besonderen Lasten der standesherrlichen Bezirke aus=
machten. Die Feindseligkeit der Bauern zielte aber gar nicht
auf die Standesherren als solche, sie zielte auf die Bevorzugung
des aristokratischen Proletariats, welche ihnen gleichbedeutend ge=
worden war mit dem Begriff der Aristokratie überhaupt und
ihren Vorrechten. Die Herren auf dem Lande erhielten den
Streich und den Herren in der Stadt galt er. Man sieht daraus,
daß es ein Akt der Selbsterhaltung für die Aristokratie ist, den

in der rauhen Luft dieser Zeit immer reichlicher abwitternden Theilen ihres Standes den Uebertritt in die Bürgerschaft und das Ergreifen einer bürgerlichen Hantierung zu vermitteln, und nicht durch Ansprüche und Zugeständnisse ohne Sinn und Verstand die verdorbenen Aristokraten für die Reihen des vierten Standes systematisch zu pressen.

Mit Dekreten kann man auch hier nicht einschreiten. Nun es einmal zur Sitte geworden, daß auch der nachgeborene Sohn den Adelstitel führe, läßt sich das nicht flugs auf dem Wege der Gesetzgebung abschaffen, denn die Sitte ist gewaltiger als das Gesetz. Aber der Adel selber muß dazuthun, wie ich schon oben anzeigte, statt verkehrter Sitte rechte Sitte herauszubilden. Und wohl können auch die Höfe und Ministerien dahin wirken, daß die Bevorzugung des aristokratischen Proletariats aufhöre, welche dem Bürger ein Aergerniß ist, dem Adel ein Ruin. Wenn die künstlichen Hegestätten des aristokratischen Proletariats, wie wir sie namentlich in den kleinen Ländchen beobachten, allmählich eingehen, dann wird es auch der verdorbene Baron nachgerade klüger finden, in die neue Welt zu wandern, oder in der alten einer nährenden Thätigkeit sich zu widmen, als berufslos von eines kahlen Namens hungrigen Renten zu zehren. Der Haß des Bürgers gegen den Adel wird mit dem aristokratischen Proletariat von selber schwinden, und die ganze gesellschaftliche Stellung der Aristokratie eine würdigere und einflußreichere werden. Oder sollte dies gerade das dämonische Schicksal des Adels seyn, daß ihm nur die Wahl gelassen bleibe zwischen des Besitzes Fülle und dem Bettelstab?

Drittes Kapitel.

Die Proletarier der Geistesarbeit.

Die Proletarier der Geistesarbeit sind in Deutschland die eigentliche streitende Kirche des vierten Standes. Sie bilden die große Heersäule der Gesellschaftsschicht, welche offen und selbstbewußt mit der bisher überlieferten socialen Gliederung gebrochen hat. Die Beweise liegen jetzt genugsam vor, daß der proletarische deutsche Handarbeiter im Großen und Ganzen noch keineswegs zum hellen Bewußtseyn seines socialen Standpunktes gekommen ist. Er kann im schlimmen Falle ahnen und wittern, daß er ein Vorkämpfer des Umsturzes der Gesellschaft sey, wie der Bauer instinctiv der Kämpe des conservativen Principes ist. Das Geistesproletariat dagegen weiß und fühlt sich als vierten Stand, es will die alte Gesellschaftsordnung in der Praxis wie in der Theorie niederreißen.

Ich fasse auch diese Gruppe des vierten Standes in ihrer ganzen Consequenz, im weitesten Rahmen. Beamtenproletariat, Schulmeisterproletariat, perennirende Predigtamtscandidaten, verhungernde akademische Privatdocenten, Literaten, Journalisten, Künstler aller Art, von den reisenden Virtuosen bis zu den wandernden Komödianten und den Drehorgelleuten und Bänkelsängern abwärts. Ueberschlägt man in Gedanken diese Legion der deutschen Geistesproletarier, dann muß man wohl zu dem Resultate kommen, daß in keinem Lande Europa's die in Rede stehende Gruppe des vierten Standes zahlreicher und mannichfaltiger vertreten sey als bei uns. Es liefert dies den Beweis, daß der Umsatz des materiellen Capitals der Nation unverhältnißmäßig zurücktritt neben dem Groß- und Kleinhandel, Schacher und Wucher, der mit dem geistigen Pfunde getrieben wird. Deutschland erzeugt mehr geistiges Produkt als es brauchen und bezahlen kann. Eine solche Ueberproduktion, die nicht bloß vorübergehend ist, sondern andauernd, ja stets im Wachsen begriffen, zeugt von einem krankhaften Zustande der gesammten Nationalarbeit, von einer widernatürlichen Vertheilung der Arbeitskräfte. Das Geistesproletariat ist eine weit schärfere Satyre auf den Nationalwohlstand als alles Fabrikarbeiter- und Bauernelend.

Wir stehen hier vor einem Zirkel. Die Geistesarbeit schießt ins Kraut, weil ihr der materielle Erwerb nicht hinreichend breite und tiefe Wurzel bietet, und diese Wurzel kann wiederum nicht zur rechten Entfaltung kommen, weil jeder Ueberschuß von Kraft aufwärts in das endlose Blätterwerk treibt. Darin liegt mancherlei Gefahr für Deutschlands sociale Zustände. Wie der vierte Stand in andern Ländern durch den plötzlichen und übergewaltigen Aufschwung der Industrie erzeugt wurde, so ist er in Deutschland wesentlich das Ergebniß einseitig überwuchernder geistiger Erhebung. Wir sahen oben, daß auch der deutsche Bürgerstand seinen überwiegenden Einfluß in der modernen Gesellschaft den zwei großen Thatsachen der geistigen Erhebung durch die Reformation und die classische Periode der neueren Nationalliteratur verdankt, während erst in jüngster Zeit die Industrie ihr Gewicht zu Gunsten des Bürgerthums in die Wagschale zu werfen beginnt. Das Ueberwuchern des Geistesproletariates ist die Kehrseite jenes fröhlichen Aufschwunges im Bürgerthum.

Andere Völker brauchen uns eben nicht zu beneiden um das Uebergewicht des Geistesproletariates über die Proletarier der materiellen Arbeit. Denn der Mensch wird viel leichter überstudirt als er sich mit seinen Händen krank arbeitet, und gerade das Geistesproletariat erzeugt die bösartigeren Krankheitsstoffe. Der Widerstreit des Erwerbs mit dem Bedürfnisse, der eingebildeten gesellschaftlichen Stellung mit der wirklichen ist bei dieser Gruppe des vierten Standes am unversöhnlichsten.

Die Proletarier der Geistesarbeit waren da, seit man überhaupt des Geistes Weben und Schaffen als Arbeit zu betrachten und auf den Markt zu bringen begann, und gar viele Männer, deren Bildsäulen die Geschichte in dem Pantheon des nationalen Ruhmes aufgestellt, waren nichts anderes als solche Proletarier. Aber in den Zeiten, wo das deutsche Nationalbewußtseyn fast nur in der Literatur und Kunst noch lebendig war, mußten die Proletarier der Geistesarbeit eine immer höhere Meinung von ihrer Bedeutsamkeit bekommen, und immer schneidender den Widerspruch empfinden, worin ihre materielle Stellung hierzu stand. Daß der Geist des vierten Standes in diese Proletarier gekommen, ist eine neue Thatsache. Weil das Zeitalter die Intelligenz auf den Thron gehoben, glaubten die großen und kleinen Leute, welche aus der Intelligenz Profession machten, daß sie selbst nun auch wenigstens auf Sammetpolstern sitzen müßten. Was von socialen Bewegungen im Sinne des vierten Standes in neuester Zeit in Deutschland auftauchte, das ist von den Proletariern der Geistesarbeit ausgegangen oder angeregt worden. Es ist eine furchtbare Ironie auf unsere Staatseinrichtungen, wenn man erwägt, wie im Jahre 1848 Subalternbeamte — also die eigensten Pflegekinder des Staates — in Masse für die Zerstörung der historischen Gesellschaft wühlten, während Bürger und Bauern und Taglöhner sich ruhig verhielten; und man könnte kein beißenderes Epigramm auf unsere öffentliche Erziehung schreiben, als wenn man die Durchschnittsziffer der verdorbenen Literaten ermittelte, welche alljährlich durch unsere gelehrten Staatsschulen zum Kriege gegen die Gesellschaft eingeschult werden. Gerade diejenige Gesellschaftsschicht, mit welcher sich der Staat in Deutschland zunächst befaßt und an der er fast ausschließlich seit Jahr und Tag gedoctort hat, das studirte Bürgerthum, ist am gründlichsten social zerfahren. In Frankreich erlebten wir neuerdings auf anderm Gebiet ein Gegenstück hierzu. Je mehr sich zur Zeit der provisorischen Regierung der Staat als solcher mit den broblosen Arbeitern befaßte, um so proletarischer, um so gefährlicher für die Gesellschaft wurden sie.

Die aristokratische Truppenschaar zum vierten Stande erschien uns als der verwitternde Abfall einer längst bestehenden und abgeschlossenen Gruppe der Gesellschaft; in dem Proletariat der Geistesarbeit dagegen erblicken wir eine ganz neue Gruppe, die sich, durch neue Culturströmungen emporgetrieben, erst zum Leben aufringt. Daher konnte ich die aristokratischen Proletarier nur nach dem schildern was sie nicht mehr sind, während ich die vorliegende Gruppe hauptsächlich nach dem schildern muß, was sie werden will. Dort bedingte der Mangel an Lebensthätigkeit den socialen Krankheitszustand, hier die Ueberfülle des widernatürlich auf einen Punkt gehäuften Schaffensdranges. Das aristokratische Proletariat geht zu Grunde, weil es am unrechten Orte in der Vergangenheit lebt, die Geistesproletarier, weil sie über dem Phantasiebild einer socialen Zukunft die Gegenwart vergessen. Während aber bei dem aristokratischen Proletariat, wie bei den schlechtweg sogenannten Arbeitern immer noch Trümmer von gesellschaftlicher Organisation des Standes übrig geblieben sind, indem jene noch an der Tradition der vollgültigen Aristokratie, diese an der Ueberlieferung des Handwerks, dem sie verwandt, in gewissem Grade festhangen, fehlt bei dem Geistesproletariat auch jeder Gedanke einer geschichtlichen Gliederung des Standes und der Arbeit, weil hier überhaupt eine Geschichte erst geschaffen werden soll. Es ist dieses daher in der That der vollendetste Mikrokosmus des ganzen vierten Standes; die Idee desselben ist hier am umfassendsten verwirklicht.

Das Geistesproletariat rekrutirt sich aus allen Ständen; hier herrscht schrankenloseste Gewerbefreiheit, hier gilt keine Zunft, kein Fach, kein Meister, kein Geselle. Nicht bloß verdorbene Schneider, wie Weitling, auch verdorbene Grafen, wie St. Simon, versuchten es, nachdem sie andere Formen des Proletariates bereits durchgemacht, zuletzt noch einmal unter den Literaten.

Und es ist, beiläufig bemerkt, charakteristisch genug, daß diese dunkle, unmeßbare Größe des vierten Standes, in welcher die Gegensätze zertrümmerter und neu aufsprossender Gesellschaftsschichten vereinigt liegen, in neuerer Zeit ihren ersten begeisterten Propheten in eben diesem Grafen St. Simon fand, dem heruntergekommenen Aristokraten, dem phantastischen Schwärmer, zur Hälfte in jugendkühnem idealistischem Aufschwung, und schon halb im Todeskampfe sein letztes Buch, „das neue Christenthum" verfassend.

Es schien mir lehrreich, eine aus dem Kleinen herausgearbeitete Musterung des Künstlerproletariates dem Leser vorzuführen. Nicht als ob dessen sociale Bedeutung so hervorragend wäre. Aber gerade in der Art und Weise wie sich aus den einzelnen Künstlerberufen die Ansätze zum Proletariate entwickelten, däuchte mir so anziehendes Material zur Erkenntniß der Genesis des vierten Standes überhaupt gegeben, wie kaum irgendwo anders.

Es wird uns nämlich die beachtenswerthe Erscheinung begegnen, daß der Künstler, je mehr er sich von seinem alten und natürlichen Zusammenhang mit dem bürgerlichen Handwerk losgerissen, je mehr er sich von der strengen äußerlichen Zucht technischer Lehr= und Gesellenjahre frei gemacht hat, und je mehr die alten künstlerischen Genossenschaften sich auflösten, immer entschiedener dem Proletariat in geistigem und materiellem Betracht verfallen ist.

Die Männer der bildenden Kunst, welche durch die ganze Technik ihres Kunstbetriebes gezwungen sind, auf dem festen Boden des Handwerks zu stehen, haben bis zu dieser Stunde den Geist des vierten Standes am meisten aus ihren Reihen fern gehalten. Die Musiker dagegen und Schauspieler, welche sich von der alten socialen Zucht der Corporation und des Handwerks fast ganz befreiten, haben dadurch eine förmliche eigene Familie des Künstlerproletariates ausgebildet.

Wir werden von den social gebundensten Künstlerberufen zu den social am meisten entfesselten vorschreiten.

Bei den bildenden Künsten kommen vorweg die Jünger der Baukunst hier kaum in Betracht. Der innigste Zusammenhang ihrer Kunstübung mit dem Handwerk und der Wissenschaft hat sie seit dem Mittelalter sehr entschieden in die Reihen des gewerbetreibenden Bürgerstandes eingewiesen. Der zünftige Charakter war bei den Baukünstlern des Mittelalters aufs förmlichste ausgebildet. Die Bauschulen und Bauhütten sorgten dafür, daß nicht Jeder konnte zugelaufen kommen. Je leichter das Lehrgeheimniß einer Kunst zu ergründen scheint, desto mehr wird sie dem Zulauf solcher Leute ausgesetzt seyn, die nachgehends auf halbem Wege stehen bleiben, um sich dann als künstlerische Proletarier der wirklichen Künstlerschaft beizugesellen. Wenn die mittelalterigen Baugewerke ihr Lehrgeheimniß mit größter Eifersucht bewahrten, dann lag wenigstens der einfache Sinn darin, daß keiner sich für einen Eingeweihten der Kunst halten solle, der sich nicht in strenger Zucht zur Künstlerschaft hinaufgearbeitet hatte. Das Mittelalter hatte in seinen Corporationen ein Organ, um das Maß dieser Zucht festzustellen. Uns fehlt ein solches Organ und an dem Mangel desselben klebt das künstlerische Proletariat.

Man wird noch keine Sylbe von einem Proletariat der Baukünstler als einer socialen Gruppe gehört haben, während sich uns ein ganz eigen geprägtes Musikantenproletariat, ein Schauspielerproletariat merklich genug aufdrängt. Man wird auch nirgends von einem besondern Proletariate der Bildhauer hören, obgleich es schier mehr verdorbene als gerathene Bildhauer in Deutschland gibt. Denn auch bei diesem Künstler ruht die Hälfte seiner Meisterschaft im Handwerk. Er hat harte Lehrjahre durchzumachen, er arbeitet mühselig und langsam, während das Proletariat nur da sich einnistet, wo man gleich ernten kann, nachdem man gesäet hat. Sowohl das Studium als die Ausübung der plastischen Kunst setzt einen gewissen Capitalbesitz, eine „Auslage" voraus. Der Volksmund würdigt die Gediegenheit der Berufsgeschäfte mit gutem Mutterwitz nach dem Maße dieser Auslage, und stellt im Sprüchwort das Geschäft der Barbiere und der Musikanten als die leichtesten und lüderlichsten hin, weil beide keine Auslage haben. Der plastische Künstler errichtet eine Werkstätte, wo Lehrling und Geselle unter den Augen des Meisters arbeiten; dadurch ergibt sich schon ein Anflug von natürlicher Organisation in dieser Künstlergenossenschaft. Er kann auch nicht, wie die Musiker und Schauspieler, bei unstätem Vagabundiren seine Kunst ausüben, sondern ist dazu an den bestimmten Ort gefesselt. Durch seinen Bund mit dem Handwerk ist zugleich seiner Existenz ein fester Boden geschaffen. Er meißelt ja nicht bloß griechische Götter, sondern, wenn es etwa augenblicklich mit den reinen Kunstwerken nicht recht gehen will, achtet er es seiner Ehre nicht zu gering, auch im künstlerischen Handwerk sein Heil zu suchen. Und mit einer so realen Grundlage der Kunst geht am sichersten ein gediegenes bürgerliches Leben Hand in Hand.

Man kann es nicht genug preisen, daß die meisten alten Maler, namentlich die deutschen, sich so erstaunlich concentrirten in der Wahl ihrer Stoffe. Es gehört zum Wesen des Geistesproletariates, daß es nicht bloß in allen Ländern umher vagabundirt, sondern auch in allen Zweigen seiner Kunst oder Wissenschaft. Die Literaten, welche alles wissen und auf Verlangen in allem arbeiten, bezeichnen darum den Gipfel dieses Proletariates. Ein Meister, der bloß Madonnen und Heilige, oder bloß nüchterne und betrunkene Bauern, oder bloß Hirsche, bloß Rindvieh, bloß Schafe malt, wie das meist die alten gethan, kann gar nicht von dem auf weitester Peripherie herumtaumelnden Schwindelgeiste des vierten Standes angesteckt werden. Indem er seine Schöpferkraft energisch auf Einen Punkt zusammenfaßt, wird ihm auch im socialen Leben der Gedanke des unstäten Umherfahrens ein Gräuel seyn. Die treffliche künstlerische und sociale Rückwirkung einer strengen technischen Schulzucht zeigt sich leuchtend bei den Meistern der altitalienischen und altdeutschen Malerschulen. Diese Leute wußten ganz bestimmt, was sie lernen und bei wem sie lernen sollten; die Meister einer Kunstschule hielten auch äußerlich als in einer festgeschlossenen Genossenschaft zusammen, sie setzten ihrem Wirkungskreis aufs genaueste Maß und Schranke und standen darum in der Kunst wie im socialen Leben fest auf den Beinen. Bei dem modernen Geistesproletariat wird man niemals von einer bestimmten „Schule" reden können, da stäubt alles auseinander. Es wird z. B. niemand einfallen, von einer Berliner, Leipziger ꝛc. Literatenschule zu sprechen, weil hier zuletzt wohl doch wieder nur die allgemeine Zerfahrenheit das gemeinsam Charakteristische wäre. Es ist sehr bemerkenswerth, daß von dem Augenblicke an, wo man wieder von besondern Schulen der modernen Malerei zu reden begann, nicht bloß der proletarische Geist des Kunstideals schwand, sondern auch ein großer Theil der Maler, die vordem in der wirklichen Vasallenschaft des vierten Standes gestanden, sich wiederum zu größerer bürgerlicher Selbständigkeit aufzuringen begann. In einer langen Zeit künstlerischen Verfalles war der Maler, sofern er nicht in Hofdiensten stand, dem ganzen Jammer des vierten Standes fast rettungslos preisgegeben. Mit den Malerschulen ist wieder Genossenleben und Genossenhilfe erwacht. Der Corporationsgeist bei den Malern hat bereits die Anforderung einer strengen technischen Schulzucht bedeutend gesteigert, damit die engere Genossenschaft rein erhalten bleibe von dem Eindringen meisterloser Schwindler, welche überall die wahren Apostel des Künstlerproletariates sind. Mit Freuden bemerkt man, daß seit dem höheren Aufschwung der modernen Malerei jene Schwärme halbreifer Porträtmaler bedeutend abgenommen haben, die ohne irgend eine feste Existenz gleich Irrlichtern im Lande umherfuhren, namentlich die Provinzialstädtchen und reicheren Dörfer brandschatzten und mit dem leichterworbenen Verdienste von der Hand zum Mund lebten, bis sie allmählich im Elend untergingen. Dagegen lebt jetzt eine verwandte Art des Proletariats unter den zahllosen Daguerreotypisten und Photographen auf. Allein insofern bei ihnen der Erwerb gewisser Handfertigkeiten fast ganz an die Stelle der künstlerischen Begabung tritt, gehören sie mehr dem Proletariate jener Fabrikarbeiter an, deren ganze Existenz von einer einzigen Manipulation abhängt, die nur so lange ihren Werth behält als die Maschine, womit sie arbeiten, in ihrem jeweilig unvollkommenen Zustande bleibt.

Bei den Musikern stoßen wir zuerst auf ein vollständig ausgeprägtes Künstlerproletariat. Die Musiker bildeten bis tief in's achtzehnte Jahrhundert hinein eine ziemlich festgeschlossene Genossenschaft. Wer ein Meister der Tonkunst werden wollte, der mußte als Calicant, als Chorsänger, als Stadtpfeifer oder Zinkenist — also beim Handwerk — seine Künstlerlaufbahn beginnen; dann stand ihm aber auch in den zahlreichen fürstlichen und gräflichen Privatcapellen, die fast sammt und sonders eingegangen sind, und in den gleichfalls bedeutend verminderten Cantoren- und Organistendiensten die Aussicht einer gesicherten bürgerlichen Existenz offen. Man pflegt so selten vom socialen Standpunkte aus einen Blick auf die Kunstentwickelung zu werfen, und doch ist es z. B. unzweifelhaft, daß der Verfall des heiligen römischen Reiches nicht wenig zum Verfall der ächten deutschen Kammermusik beigetragen hat; denn als es nicht mehr so viele Fürsten im Reiche gab, wie Tage im Jahr, gab es auch nicht mehr so viele Hofcapellen; dadurch ward wiederum der Instrumentalmusik recht eigentlich ihr festes Brod entzogen, der alte solide Kammermusikus verwandelte sich in den modernen fahrenden Virtuosen, und mit der socialen Stellung der Künstler ward Weg und Ziel der ganzen instrumentalen Kunst vollständig verrückt. Der musikalische Lehrling des siebzehnten und achtzehnten Jahrhunderts suchte die Meister auf und arbeitete bei ihnen ganz so, wie es bei den Gewerken, wie es bei den alten Malerschulen Sitte war. Der musikalische Dilettantismus war erst im dürftigsten Keime vorhanden, und es fiel keinem Dilettanten ein, der etwa in seiner bürgerlichen Existenz Schiffbruch gelitten, nun flugs unter die Musiker zu gehen und da als Meister sein Brod zu gewinnen, wo er doch niemals als ordentlicher Lehrling gearbeitet hatte. Die musikalischen Körperschaften schlossen sich sehr strenge ab. So hatten

z. B. die sogenannten „gelernten Trompeter," welche durch eine strenge, bis auf's Tüpfelchen geordnete Schulzucht gegangen waren und ihre Zungenstöße als ein heiliges Lehrgeheimniß bewahrten, ihre besonderen bis zu Josephs II. Zeit erneuerten kaiserlichen Privilegien und ließen keinen „ungelernten" mit sich blasen, der nicht zur Zunft, oder wie sie es nannten, zur „Kameradschaft" gehörte. Das mag Zopf gewesen seyn; es steht aber doch kunstgeschichtlich fest, daß es diese Leute bei ihrer strengen Zucht zu einer fabelhaften Kunstfertigkeit brachten, und einem modernen Trompeter müssen sich die Haare sträuben, wenn er liest, mit welch wunderbaren Fanfaren so ein alter gelernter Hoftrompeter die hohen Herren alltäglich zu Tafel blies. Und wenn man erwägt, daß Händel und Bach und die andern ehrwürdigen Altmeister in der Zucht eben solch strenger Schule aufgewachsen sind, und in der Beschränkung eines engen, aber gefesteten bürgerlichen Daseyns gewirkt haben, dann müssen diese zopfigen Verhältnisse doch wohl auch mit der freien künstlerischen Genialität verträglich gewesen seyn.

Gegen all dieses halte man nun einmal die Spitze des modernen musikalischen Proletariats, das fahrende Virtuosenthum. Künstler, die heimathlos durch die alte und neue Welt ziehen, nicht aus ihrer Kunst selber, sondern aus dem äußerlichsten Gaukelspiele mit derselben Profession machend, angespornt durch den Ehrgeiz des augenblicklichen Erfolgs, in das Abenteuerliche ihrer Maske nicht selten den ganzen Zauber ihres Künstlerthums setzend, nach raschem, leicht verdientem Gewinn begierig, in ihrer ganzen Existenz der Grille eines täglich wechselnden Publikums preisgegeben! Die Erntetage des Virtuosenproletariats traten immer da ein, wo die Nation in ihre tiefste Erniedrigung versunken war. So florirte das Proletariat der Gesangvirtuosen, das Kastratenthum, an den Höfen zur Zeit ihrer größten Verderbtheit im achtzehnten Jahrhundert, während sich die gediegene Tonkunst gerade damals in den Schooß des tüchtig gebliebenen Bürgerstandes zurückgezogen hatte. Die Instrumentalvirtuosen hatten ihre besten Tage in den beiden Restaurationsepochen der zwanziger und dreißiger Jahre. Mit dem höhern Aufwallen des nationalen und politischen Lebens in dem eben verstrichenen vierten Jahrzehent nahmen diese Nomadenzüge zusehends ab. In den Tagen des literarischen und musikalischen „jungen Deutschlands" war jenes Virtuosenproletariat, welches in der Buhlerei mit der eigenen kleinen Persönlichkeit die Spitze seiner Kunstleistungen fand, zum letztenmale wie Unkraut an allen Wegen aufgesproßt. Schlägt man in den Geschichtsbüchern der Tonkunst die Lebensläufe der fahrenden Virtuosen nach, dann ist es einem als ob man in ein großes Spital von bürgerlich, sittlich und künstlerisch Kranken träte, in ein Musterhospital, bequem eingerichtet zum Studium der ausgesuchtesten socialen und sittlichen Gebrechen. Es gibt nur eine Gruppe, die in solch pathologischem Betracht vielleicht noch etwas lehrreicher ist, die Gruppe der fahrenden Literaten. Die fahrenden Virtuosen klammern sich an einen Beruf, der nie und nimmer eine volle Manneskraft erfüllen kann, sie sind dabei genöthigt, einen Glanz des äußern Lebens zu erheucheln, der ihnen in Wirklichkeit gar fern liegen mag, und gelangen durch diesen inneren Widerspruch zu jener bürgerlichen und künstlerischen Zerfahrenheit und Blasirtheit, welche heute in der Stimmung eines Opiumrausches auf Welt und Menschen herabblickt, und morgen in der Stimmung eines Opiumkatzenjammers. Der fahrende Virtuose will sich befreien von den bürgerlichen Schranken des Künstlers, er will seine Kunst befreien von der Zucht der Schule wie des Gedankens, er ist das schlagendste Exempel des vierten Standes unter den Künstlern, der über sich selber hinaus, der alle geschichtliche Organisation des Kunstschaffens und Künstlerlebens niederreißen will.

Als ein merkwürdiges Phänomen erscheint es übrigens, daß das fahrende Virtuosenthum bei den Musikern historisch ist, und sich durch die ganzen zwei letzten Jahrhunderte verfolgen läßt. Wir finden im siebzehnten Jahrhundert musikalische Abenteurer in ferne Meere verschlagen, wir lesen im achtzehnten von „Kunst=

reisen" nach der Türkei, nach Armenien. Und in der Regel begegnen wir dabei denselben Charakteren voll innern Zwiespaltes, in bürgerlicher und künstlerischer Zerfahrenheit zu Grunde gehend, wie bei dem modernen Virtuosenproletariat, nur mit dem Unterschiede, daß jene proletarischen Musiker der alten Zeit als Ausnahme, wenn auch in stätiger Reihenfolge auftreten, während sie bei uns zur überwiegenden Masse zu werden drohen. Der alte Neubauer, der, um als freier Künstler zu leben, bettelnd von Kloster zu Kloster zieht, und, mit Schillers Geiger Miller zu reden, „das Concert für was warmes gibt," und für eine Nachtherberge seine Tonsätze verschleudert, die er anfangs im Weinrausche, später branntweintrunken in Kneipen oder auch auf den Hausfluren liegend, abgefaßt hat — dieses denkwürdige Exempel einer tief angelegten, aber verlüberlichten Genialität ist ein rechtes Musterbild des alten fahrenden Musikantenproletariats. Und als hätte dieser wunderliche Mann empfunden, daß es mehr ein socialer als ein künstlicher Zwiespalt sei, der in seiner und seines Gleichen Person in die Künstlerwelt geschleudert werde, forderte er seinen entschiedensten socialen Gegenfüßler zum musikalischen Zweikampfe heraus, den ehrsamen Bückeburger Bach, der so ein schnurgerechter Bürger und Musiker war, daß er sich ein für allemal die Stunden festgesetzt hatte, in welchem an jedem Tage komponirt werden mußte. Hier öffnet sich dem Freunde der Culturgeschichte eine ganz neue Welt voll der schroffsten Gegensätze. Die gemeine Redeweise sagt: jeder Musikant habe einen Sparren zu viel im Kopfe; das heißt in's Schriftdeutsche übersetzt: die Geschichte der Musik ist unendlich reich an socialen Originalstücken — und keiner hat sie noch bis jetzt nach dieser Richtung ausgebeutet.

Das fahrende Virtuosenproletariat zieht sich durch alle Stufen des Ranges abwärts vom feinsten Salonspieler bis zu den wandernden Kirmesmusikanten und den Drehorgelleuten. Man hört bei den Landleuten neuerdings wieder die Klage, daß seit der Revolution „Alles von der Musik leben wolle." Dies zielt auf die eben bezeichnete Hefe des musikalischen Proletariats, welches sich in der That erstaunlich zu mehren beginnt. Der Bauer empfindet das Unheimliche dieser Erscheinung, denn er weiß, daß jeder dieser Jahrmarktsvirtuosen eine gebrochene bürgerliche Existenz darstellt.

Es gibt aber auch eine Klasse fahrender Musiker, die keineswegs zum vierten Stande zählt, ob die Leute gleich nur in Kitteln aufziehen. Dies sind die seßhaften Dorfmusikanten, die in einer außerordentlich großen Zahl über ganz Deutschland verbreitet sind, und entweder im Sommer den Ackerbau treiben und im Winter die Musik, oder im Winter ein Handwerk und die Musik im Sommer. Da selbst in den kleinsten Dörfern in der Regel wenigstens Ein solcher Künstler sitzt, der dann in den statistischen Tabellen als „Musikant" aufgezählt wird, wo er doch viel richtiger unter die Bauern zu zählen wäre, so kommt gewöhnlich bei den Bevölkerungslisten eines Landes eine ganz fabelhafte Zahl von Tonkünstlern heraus. Es liegen mir z. B. solche Listen über das Herzogthum Nassau vor, wornach in diesem ackerbautreibenden, von großen Städten ganz entblößten Land je auf tausend Einwohner — also Weiber und Kinder mitgerechnet — Ein Musikant käme, was ein entsetzliches musikalisches Proletariat erwarten ließe, wenn nicht diese Ueberzahl von Künstlern nebenbei an der Hobelbank, am Webstuhl oder hinter dem Pfluge einer ganz leiblichen bürgerlichen Existenz sich erfreute. So sind die meisten jener böhmischen und fuldischen Musikanten, welche in so großer Zahl die Welt durchziehen, keineswegs vagabundirende Proletarier, sondern meist Leute, die daheim eine Werkstätte oder ein kleines Gütchen wieder finden, wann sie nach jeder Wanderfahrt auf eine Weile nach Hause gehen. Diese vielbesungenen wandernden Musikanten tragen daher auch nichts weniger als das Gepräge der Blasirtheit und socialen Zerrissenheit, vielmehr finden wir bei ihnen meist die gesunde Natur des Bauern oder Handwerksmannes wieder, nur durch die künstlerische Nebenarbeit in eine gemüthlichere und liebenswürdigere Form gegossen.

Ich komme zu den Schauspielern. Sie waren früher das Künstlerproletariat als solches, die von der bürgerlichen Gesellschaft Ausgestoßenen, die Parias der Künstlerwelt, der historische und uranfängliche vierte Stand unter den Künstlern. Das ganze Wesen der dramatischen Kunstübung drängt zur Genossenschaft, und in der That hat sich früher ein ziemlich strenges Zunftwesen bei den Komödiantentruppen, die unter dem eisernen Scepter des „Komödiantenmeisters" standen, durchgebildet. Allein die Zunft auf der Bühne vermochte höchstens für die strenge handwerkliche Zucht der Einzelnen einige gute Früchte zu tragen, sonst sind die alten Schauspieler dabei so proletarisch und armselig gewesen, wie nur irgendwann. Dies ist ganz natürlich. Nicht aus dem Drang, sich in der Genossenschaft einen festeren bürgerlichen Bestand zu gründen, waren die alten Komödiantenbanden zu einer Zunftordnung getrieben worden, sondern einmal durch die gebieterische Nothwendigkeit der Bühnendisciplin, und dann durch den socialen Verruf, welchen ihnen die ganze bürgerliche Gesellschaft entgegengeschleudert hatte. Die Bürgerschaft selbst hatte den Schauspielern den vierten Stand aufgedrungen, indem sie dieselben aus ihrem Kreise ausgeschlossen hatte. Das Genossenleben der Schauspieler übte also vielmehr künstlerische als sociale Einflüsse. Der Komödiant, dem man kein ehrlich Begräbniß gönnte, zählte überhaupt kaum im socialen Leben. Schon das ewige Wandern, zu welchem die ganze Genossenschaft verdammt war, mußte den proletarischen Geist bei derselben einbürgern. Erst allmählig begann durch die Hoftheater und stehenden Stadtbühnen für den Schauspieler die Möglichkeit, sich bürgerlich seßhaft zu machen und aus den proletarischen Verhältnissen herauszutreten. Allein die Wandertruppen haben wohl heute noch wenigstens der Masse, wenn auch gottlob nicht dem künstlerischen Einfluß nach, das Uebergewicht. Und daß die Vorliebe für die Seßhaftigkeit selbst unter den Mitgliedern der stehenden Bühnen noch nicht allzugroß geworden, dafür bürgt wenigstens der Umstand, daß das einzige gemeinsame Band, welches

bis jetzt (1851) die größeren Bühnen Deutschlands umschlingt,
ein Kartellvertrag — wider das Durchgehen der Schauspieler ist!

So arm und elend aber die wandernden Schauspieler in
der Regel sind, so deutlich alle Wahrzeichen des vierten Standes
bei ihnen hervorleuchten, so finden wir hier doch durchschnittlich
keineswegs jenes gefährliche Proletariat, welches aus Neid, Zorn
und Aerger die ganze Gesellschaft über den Haufen werfen will,
oder wenigstens gleich dem nobeln musikalischen Proletarier, heute
abgespannt, morgen überreizt, übernächtigen Blickes dreinsieht,
als habe es, wie die Rheinländer sagen, die Pfalz vergiftet.
Der wandernde Komödiant ergibt sich in sein Elend mit Humor,
er hat es gar nicht besser haben wollen, er ist in dem Bewußt=
seyn zu seiner Truppe gegangen, daß er hiemit jeder Anwart=
schaft auf eine feste bürgerliche Stellung entsage, er hat wohl
gar seinen Familiennamen mit einem Phantasienamen vertauscht,
weil er selbst den Zusammenhang mit seiner Familie im Bühnen=
leben vergessen will. Ob er gleich in der Regel blutwenig Kennt=
niß von der Geschichte seiner Kunst und seines Berufes besitzt,
so weiß er doch das eine mindestens, daß die wandernden Ko=
mödianten seit unvordenklichen Zeiten die vollgültigsten Prole=
tarier gewesen sind. Er stellt sich geflissentlich auf jenen naiven
Standpunkt der guten alten Zeit, wo der Elende sein Elend
hinnahm als etwas Gegebenes, bei welchem man nicht nach dem
Warum fragt, als eine Thatsache der ewigen Weltordnung,
darüber kein Grübeln und kein Protestiren hinaushilft. Obgleich
die fahrenden Schauspieler vielleicht die allergrößte Ursache hätten,
über einen durch Jahrhunderte an ihnen verübten Frevel der
historisch=bevorrechteten Gesellschaft empört zu seyn, so verfallen
sie doch am wenigsten auf diesen modernen Gedanken. Wie der
mittelalterige Proletarier sein Elend hinnahm aus Gottergeben=
heit, so nehmen sie das ihrige hin aus Leichtsinn. Diese wan=
dernden Komödianten, welche nicht einmal über den Jammer
ihres Standes hinaus wollen, sondern gerade in ihrer Paria=
stellung sich ebenso behaglich fühlen, wie der Zigeuner in seinem

Landstreicherleben, sind eine der seltsamsten Ausnahmen in dem modernen socialen Leben und darum der höchsten Beachtung werth. Viele der fahrenden Schauspieldirektoren, namentlich bei den kleinern und wilderen Truppen, welche man in Oesterreich „Schmieren" nennt, machen ihren periodischen Bankerott, der alljährlich im Frühjahr so gewiß eintritt, als etwas später der Wald grün wird. Wenn sich die Mitglieder im Herbste zu einer solchen „Schmiere" anwerben lassen, dann wissen sie recht gut, daß sie trotz ihres Contraktes in den ersten Monaten auf volle, in den spätern auf halbe Gage und in den letzten auf Theilung spielen werden. Sie nehmen das vorweg als eine vollendete Thatsache hin, über welche kein Mensch hinaus kann, und werden durch dieses proletarische Leben mindestens nicht zum Communismus bekehrt, denn sie wissen aus alter Erfahrung, daß bei dem Spielen auf Theilung noch weniger für den Einzelnen herausspringt, als bei dem vorhergegangenen Stadium der halben Gage. Mit dem einbrechenden Lenze, wo ja überhaupt die Wanderlust erwacht, wandert dann die versprengte Truppe in dem großen Collektantenschwarm, der die festangestellten und gutbesoldeten Collegen in den Hauptstädten periodisch heimsucht, in's Weite. Dieses Collektiren der Schauspieler, wobei oft weit erklecklichere Summen herauskommen als wenn man auf Theilung spielt, ist ein höchst interessanter Ueberrest des alten genossenschaftlichen Wesens. Selbst dem geizigsten Mitgliede der Hof- und Stadt-Theater ist es in der Regel Ehrensache, dem collektirenden Bruder in Apollo reichlich zu geben; bei vielen Theatern bestehen nebenbei auch noch eigene Hülfskassen zu diesem Zwecke, und nur wenn man sich einmal überzeugt hat, mit welch schönen Ziffern diese Collektantenlisten meist bedeckt sind, begreift man, wie es zugeht, daß nicht ein bestimmtes Procent der wandernden Komödianten allsommerlich Hungers stirbt. Dem Hofschauspieler erscheinen diese Spenden wie eine Art progressiver Einkommensteuer, die von der gesammten deutschen Bühnengenossenschaft stillschweigend auf seine hohe Gage gelegt ist.

Man sieht also, daß hier in aller Unordnung und Auflösung doch wieder ein Schatten gemüthlichen Genossenlebens übrig bleibt, an welchem manche andere Gruppe des vierten Standes sich immer noch ein Exempel nehmen könnte. Bei diesem Schatten hat es dann freilich sein Bewenden. Die im Großen und Ganzen wenigstens gescheiterten Plane neuester Zeit zur Herstellung umfassender Pensions- und Hülfskassen für den gesammten deutschen Schauspielerstand, und überhaupt zu einem durchgebildeten, die materielle Existenz des Einzelnen festigenden Corporationswesen, haben abermals den Beweis geliefert, daß mit den stehenden Bühnen noch lange nicht der in's Weite schweifende proletarische Geist bei der großen Mehrheit des begünstigteren Schauspielerstandes gebrochen ist. Man kann mit Kreuzern, man kann auch mit Louisd'ors von der Hand zum Mund leben. Wenn ein Hofschauspieler, der sich mit seiner kinderreichen Familie einen vergnügten Neujahrsabend machen will, sechs Flaschen Champagner kommen läßt, dazu aber auch für sechs Kreuzer Scheitholz einzukaufen befiehlt, damit man den Feuerwein im Warmen genießen könne, so ist damit das Proletariat im Schooße des Ueberflusses wohl greifbar genug gezeichnet. Und dieses Beispiel ist nicht erfunden, es ist geschichtliche Thatsache, zu der sich noch viel lustigere fügen ließen. Nirgends sehen wir öfter aus baarem Muthwillen eine festbegründete materielle Existenz aufgeben, als bei den seßhaften Schauspielern, für die das Wanderproletariat noch seine Poesie hat. Männer, die sich von der Pike heraufgearbeitet hatten und bürgerliche und künstlerische Ehren die Fülle besaßen, haben sich noch in alten Tagen zurückgesehnt nach dem Vagabundenleben der Wandertruppe, sie haben die alten Genossen wieder beneidet, welche auf Martini volle Gage beziehen, zu Weihnachten auf halben Sold gesetzt werden, um Lichtmeß auf Theilung spielen und um Johanni betteln gehen.

Wir haben nach alle dem in den wandernden Komödianten Candidaten des vierten Standes vor uns, welche von Alters her wie außerhalb der bürgerlichen Gesellschaft stehend angesehen wurden und dennoch keinen Groll auf dieselbe werfen — Proletarier, welche in Leichtsinn und Humor ihr sociales Elend verwinden, wie die andern in Groll und Rachsucht oder in dem harmloseren Schwindel einer allgemeinen Weltverbesserung: Leute, welche mit der historischen Gesellschaft zerfallen und doch nicht mit ihr verfeindet sind, indem sie die geheime Schmach in ihrer Pariastellung wegspielen, weggaukeln, wegträumen, wegtrinken und den seßhaften Philister verachten, den sie nicht beneiden können. So war es schon vor Jahrhunderten, als Kaiser Heinrich III. seinen Palast zu Ingelheim bei dem Zuströmen einer unendlichen Menge der histriones und joculatores nicht anders rein halten konnte, als indem er befahl, diesen dramatischen Künstlern nichts mehr zu essen und zu trinken zu geben; so ist es heute noch. Weil gegen die lange Leidensgeschichte dieses Standes sein modernes sociales Elend wie eine Spielerei erscheint, so ist es ihm leicht gemacht, spielend die socialen Kämpfe der Gegenwart zu verlachen.

Die Leute, welche auf die Dichtkunst ihren ausschließlichen Erwerb gründeten, sind, wie bekannt, allmählich ausgestorben seit im sechzehnten Jahrhundert die Zunft der Hofpoeten in die Zunft der Hofnarren aufzugehen begann. Das weitgespannte Zelt des Literatenthums herbergt jetzt auch denjenigen, der vordem als poeta laureatus in fürstlichem Brod gestanden haben würde. Wir gehen also zu dem wunderlichen socialen Phänomen der modernen Literaten über.

Man kann sagen, das Literatenthum in Deutschland ist erst beiläufig zwanzig Jahre alt. Denn so lange mag es ungefähr her seyn, daß eine ganze zahlreiche Klasse von Gebildeten die Schriftstellerei als Gegenstand des alleinigen Erwerbes, als Grundlage eines vollen materiellen Bestandes aufzufassen begann. Zu unserer Großväter Zeiten noch war mit Büchern und Zeitungen für den Schriftsteller blutwenig Geld zu verdienen, und wenn sich ja einmal ein armer verunglückter Student ausschließlich in den Tagelohn der Buchhändler begab, so verstand sich bei ihm das obligate Loch im Rockärmel und die Dachstube von Hogarths gequältem Dichter ganz von selber. Die kümmerlichen Honorare, welche die Heroen unserer classischen Literaturepoche für ihre dem Verleger mitunter sehr einträglichen Meisterwerke bezogen, sind vielfach im einzelnen bekannt. Wer sich überzeugen will, daß selbst die geistvollste Tagesschriftstellerei in den hiefür doch am empfänglichsten gestimmten Tagen der ersten französischen Revolution nur einen gar mageren Verdienst gewährte, der mag Georg Forsters kummervolle Briefe nachlesen. Dabei darf man aber auch nicht vergessen, daß zu selbiger Zeit in den zahlreichen Sinecuren von Historiographen, Bibliothekaren, fürstlichen Privatsekretären und besoldeten Titularräthen aller Art dem bekannteren Schriftsteller nicht selten eine sorgenfreie literarische Thätigkeit vergönnt wurde, und daß diese Stellen jetzt in eben dem Maße zusammengeschrumpft sind, wie die ehemaligen Hofcapellisten- und Organistendienste, und, wollte man sie erneuern, gewiß die landständische Censur nicht mehr passiren würden. In etwas späterer Zeit sehen wir wohl eine Reihe publicumsbeliebter Roman- und Schauspielschreiber auftreten, die sich ein ganz hübsches Auskommen zusammengeschrieben haben mögen: allein das waren dazumal eben so rare Ausnahmen, wie heutzutage ein Literat, der durch seine Feder reich wird. Kein Mensch dachte bis gegen die neueste Zeit daran, durch ein Zeitungsunternehmen schriftstellerische Existenzen zu garantiren. Die Originalartikel jener culturgeschichtlich bedeutenden Zeitungen des achtzehnten Jahrhunderts sind wohl größtentheils milde Gaben gewesen, wenn auch aus den Federn der gefeiertsten Schriftsteller. Vollends bei den meisten politischen Tageblättern vertrat bis tief in die Gegenwart herein der Rothstift und die Papierscheere ausschließlich die Stelle des Honorarbudgets. Die Periode des eigentlichen modernen Journalismus hatte sich seit den Befreiungskriegen vorbereitet; sie brach herein als mit der Julirevolution die Geister aufs neue aufgerüttelt wurden. Mit dem Journalismus kamen die eigentlichen Literaten, und ihre Masse wuchs mit der von Jahr zu Jahr mehr anschwellenden Corpulenz desselben. Aber der Journalismus war noch keine selbständige Macht, und doch hatten wir nun schon eine Journalisten=Genossenschaft, welche eine selbständige Macht seyn wollte. Es hätte von Rechtswegen umgekehrt gehen müssen. Der Journalismus war im vormärz= lichen Staate nur geduldet wie weiland die Schutzjuden; die Literaten aber wollten keineswegs Schutzjuden seyn. In dem Seitenblick auf englische und französische Preßverhältnisse schwel= gend, begann das deutsche Literatenthum sich zu fühlen, und doch waren solche Zustände in Deutschland noch gar nicht vor= handen. Die Nation war reicher geworden an politischem Geiste; aber reicher für die Tagesschriftsteller war sie darum durchaus nicht. Nicht die Steigerung der buchhändlerischen Rente, sondern der sehr unangenehme äußere Zwang der gesteigerten Concurrenz hatte die Buchhändler bestimmt, der schriftstellerischen Industrie mindestens einen Bettelpfennig zu gewähren. Das Literaten= thum als Profession, als Stand war in Deutschland eine ver= frühte Erscheinung, ein sociales Siebenmonatskind.

Daraus läßt sich folgern, daß die deutschen Literaten, ob sie schon mit den ersten Anfängen des Journalismus gleichzeitig auftauchten, doch nicht durch denselben ans Licht gerufen worden seyn. Im Gegentheil könnte man vielleicht richtiger sagen, das vor der Zeit zur Welt gekommene Literatenthum habe selber erst im Drang der Noth die gleich ihm halbreife Zangengeburt des modernen Journalismus zu Tage gefördert.

Das deutsche Literatenthum war in seinen Anfängen der Aus= fluß einer socialen Krankheit. Die Ueberschätzung der geistigen Arbeit, die Mißachtung der gewerblichen hatte sich seit dem Aus= gange des achtzehnten Jahrhunderts — von wo die alte kernfeste Tüchtigkeit des Gewerbsmannes allerdings in dem Maaße zu wanken begann, als der gelehrt=literarische Aufschwung der Ge= bildeten seinem Höhepunkte zustrebte — wie ein zehrendes Fieber der ganzen Generation bemeistert. Das ist die Kehrseite des geistigen Aufschwunges im deutschen Bürgerthum. Von oben und unten war diese krankhafte Einseitigkeit unterstützt, in der wir selber wohl zum größten Theile noch in unserer Jugend befangen waren. Der bureaukratische Staat ignorirte möglichst die selbständigen Mächte der Industrie und des Handels, weil seinem Grundsatze gemäß die Gelehrten- und Beamtenwelt den politischen und socialen Ausschlag geben sollte. In der ganzen langen Restaurationszeit seit den Befreiungskriegen waren die jeweiligen Helden des Tags: Beamte (nicht Staatsmänner), Literaten, Virtuosen und Sängerinnen. Wie in den Tagen der Kreuzzüge alles zum Schwerte griff, und wer kein Schwert gewinnen konnte, wenigstens zum Stecken, wie damals Kinder selbst sich zu einem Kreuzesheere zusammenthaten und die Weiber sich in die Reihen der Kämpfer mischten, so stürmte jetzt alles zum wissenschaftlichen Studium; die Weiber strickten und spannen Bücher, und Kinder spielten mit der Geige und mit der Literatur und wurden, vom Scheitel zur Sohle kaum drei Fuß hoch, doch schon Kunst- und Literaturgrößen. Die Donquixoterie der literarischen Ehrsucht ist einer der bedeutsamsten socialen Charakterzüge der neuesten Zeit. Der Handwerksmann, welcher vordem seinen größten Stolz darein gesetzt hatte, daß Kinder und Kindeskinder in seinem eigenen Gewerbe fortarbeiteten, glaubte jetzt seinem Sohne keinen bessern Freibrief durch's Leben mitgeben zu können, als indem er ihn studiren ließ. Arme Wittwen hungerten und bettelten, um nur ihre Kinder studiren zu lassen, sie weinten vor Freude, wenn sie dieselben für das also gewonnene Schmerzensgeld dem Privilegium — des Beamtenproletariats entgegenführen konnten. Es war als ob der einzige menschenwürdige Beruf nur aus dem Besitz der fadenscheinigen Weisheit irgend einer Brodwissenschaft — oder auch einer brodlosen — quellen könne, als ob andererseits der nur ein halber Mensch sey, der nicht acht Jahre lang seinen Bröder und Buttmann gelernt, um ihn im neunten wieder zu vergessen.

  Eines der naturnothwendigen Produkte dieser krankhaften

Zeitstimmung war das vorzeitige Entstehen des deutschen Literatenthums. Bei tausend Unberufenen war der Ehrgeiz zur ausschließlichen Triebkraft der Geistesarbeit geworden, und dieser Ehrgeiz konnte in der Tagesschriftstellerei ein rasch und mühelos errungenes, wenn auch noch so geringfügiges Genügen finden. Wer ernten wollte, ohne gesäet zu haben, wurde Literat. Wie das Literatenthum selber eine vorweggenommene Erscheinung war, so steckte es auch wiederum meistentheils sein Ziel dahin, das Idol des Zeitalters, den Ruhm der Geistesgröße vorwegzunehmen. Und der halbfertige Student z. B. nahm seinerseits als Literat sogar noch einen Beruf vorweg, eine Existenz, die ihm von Rechtswegen erst nach weiterer jahrelanger saurer Arbeit zugestanden hätte. Der gefährliche Vorsatz, durchs Lehren lernen zu wollen, schuf zahllose halbreife Literatenexistenzen. Darum haben die guten Mispeln und die schlechten Literaten das Gemeinsame, daß beide schon zu faulen beginnen, wo sie eben erst halb reif sind. So erschien der Literat in wissenschaftlichem Betracht als ein widerspruchsvolles Zwittergeschöpf, wie er das dann auch gesellschaftlich werden sollte; die Spannkraft zu einem ernsten Studium, zu einem tüchtigen, praktischen Wirken ging rasch verloren, während es doch gerade sein eigenster Beruf hätte seyn müssen, das ernste Studium in die Münze des praktischen Lebens umzusetzen. Der Bauer würde von einem solchen halben Manne sagen, er sey für den Wagen zu kurz und für den Karren zu lang.

Der Ehrgeiz als alleinige Triebkraft der Geistesarbeit erzeugt aber auch jenen luftigen Sybaritismus im bürgerlichen Leben, der einen großen Theil unserer Tagesschriftsteller kennzeichnet. Die Prahlerei mit vornehmem Wesen, mit glänzendem Hausrath, mit goldenen Ketten und Champagner haben sie den französischen Schriftstellern glücklich abgeguckt, da sie ihnen doch den Erwerb der hohen überrheinischen Honorare noch nicht haben abgucken können. Und wo diese Vornehmthuerei nicht in natura ausgeführt werden kann, da sucht sie sich wenigstens überall in der Schreibart vorzubrängen. Es läßt sich kaum eine größere Selbstironie denken, als wie sie in jenem hochgebornen Styl steckt, der namentlich in den Zeiten des jungen Deutschlands bei deutschen Feuilletonisten und Belletristen Mode war. Prüft man diese Schreibart, die möglichst mit Salonsausdrücken um sich wirft, die Anschauungen der vornehmen Welt als die natürlichen, angestammten des Autors heuchelt, und die verzwickte, verschnürte Redeweise der sogenannten „feinen Gesellschaft" als etwas neues, geniales und frisches in unser Schriftthum wieder eingeschmuggelt hat, dann sollte man meinen, unsere Literaten seyen allesammt auf Parquetböden großgewachsen, und müßten stolpern, wenn sie einen Fuß auf die grob gehobelten Dielen in eines Bürgers oder Bauern Stube setzten. Und doch ist der Verfasser in der Regel wohl ein ganz armer Schelm gewesen, dem es sauer genug geworden ist, die lebenswarmen Anschauungen, die derben naturwüchsigen Ausbrücke der Gesellschaftsschicht, in welcher er aufwuchs, wieder abzustudiren und die fremden vornehmen Phrasen dafür einzutauschen. Das ist eben der Fluch der modernen Schriftstellerei, daß sie — im Geiste des vierten Standes — die Gesellschaftsschicht zu verläugnen sucht, in welcher sie von Alters her ihre Wurzeln getrieben hat.

Vom literaturgeschichtlichen Standpunkt hat man diesen Gedanken schon längst dahin ausgesprochen, daß unsere neuere Nationalliteratur ausschließlich eine Literatur der Gebildeten, nicht des ganzen Volkes geworden sey. Es gilt aber auch, die Wahrheit dieses Satzes vom socialen Sandpunkt aus anzuerkennen. Früher war es die Gelehrtenaristokratie, welche sich wissenschaftlich und gesellschaftlich von ihrem natürlichen Boden, dem Bürgerthum, abzulösen suchte, jetzt ist es das Gelehrtenproletariat. So finden wir auch bei den musikalischen Genossen des vierten Standes die Schreibart der sogenannten „Salonsmusik" ausgebildet, in welcher gleichsam der ehrenfeste bürgerliche und volksmäßige Styl der alten Meister zum Baron übergeschnappt ist, da doch die Schöpfer desselben keineswegs Barone geworden, sondern vielmehr durchschnittlich aus dem dritten Stand in den vierten zurückgegangen sind. Die Versöhnung des Schriftthums mit dem Volksthum kann keineswegs auf literarischem Wege (etwa durch das jetzt wieder in Mode kommende Liebäugeln mit volksthümlichen Redewendungen) gestiftet werden, sondern nur auf sozialem. Wenn sich der gelehrte Aristokrat oder Proletarier erst wieder einmal in aufrichtiger Hingabe an das Leben des Bürgerthums erfrischt und gekräftigt hat, dann wird sich auch seine Schreibart verjüngen und kräftigen. Aus der Rede und Anschauung des Bauern leuchtet die alte derbe Naturkraft unserer Sprache, aus der Rede des Bürgersmannes die reiche, breite Fülle ihrer frühlingskräftigen Entfaltung, aus der abstrakten, abgeglätteten, gebürsteten und modisch ausgebügelten Redeweise der Bildungsaristokratie die greisenhafte Abgelebtheit. Dr. Martin Luther, der größte deutsche Volksschriftsteller, war auch ein Literat, und zwar nicht etwa ein populärer Verwässerer, sondern ein ganzer Gelehrter, der aus den Tiefen des Geistes heraus der Wissenschaft und dem Leben neue Bahn gebrochen, und doch hat er es in seiner Schreibart nie verläugnet, daß er des Bergmanns von Eisleben Sohn sey; seine ganze Schriftstellerei beweist, daß er seinen socialen Boden im Bürgerthume sich zu wahren wußte, und er ward ein wahrhaft volksthümlicher Schriftsteller, weil er stets neue Kraft und Fülle des Gedankens und Ausdruckes aus der bürgerlichen Lebenssphäre zog, in welcher er einmal durch Geburt und Erziehung mit allen Mächten seines Daseyns festgewachsen war.

Das Literatenthum hat sich aber nicht bloß zur Gesellschaft, sondern auch zum Staate gar eigen gestellt. Die Vermengung und Verwechselung der politischen mit der socialen Opposition, welche einen Grundzug jeglichen Revolutionstreibens der neuesten Zeit bildet, hat in dem literarischen Proletariat ihre natürlichen und eifrigsten Apostel gefunden, und namentlich wußte dasselbe zur entscheidenden Stunde oft genug dem Arbeiterproletariat begreiflich zu machen, daß aus der Gleichheit des Besitzes erst die Gleichheit des Rechtes aufkeime, und letzteres solchergestalt zum Kampfe gegen die historische Staatsordnung zu entflammen, welche demselben leider außerdem ein ganz gleichgültig Ding war und geblieben wäre.

Der aristokratische Proletarier als solcher kümmert sich wenig genug um die Staatsordnung, die ihn mindestens nicht direct in den vierten Stand hinabgestoßen hat, ja er hätte sogar einige Ursache, dem modernen Staate hold zu seyn, denn eben derselbe ist es ja, der ihm fast allein noch ein Hungerbrod bietet, und der ihm insofern auch eine sociale Genugthuung gibt, der für ihn die Rache der Gesellschaft insofern übernimmt, als er die vollgültige Aristokratie immer mehr herabzudrücken, zu entkräften und dadurch den Unterschied zwischen dem Aristokraten und dem aristokratischen Proletarier immer mehr auszugleichen sich befleißt. Das künstlerische Proletariat war niemals gewohnt, Ansprüche an den Staat zu machen, fühlt sich also auch nicht gekränkt, wenn es von demselben vollständig ignorirt wird. Es hat übrigens genügende Ursache, politisch conservativ zu seyn, da der Künstler wohl weiß, daß jede Staatserschütterung seinen materiellen Bestand zuerst mit erschüttern wird.

Ganz anders ist es bei dem literarischen Proletariat. Hierher flüchten sich die Ausgestoßenen nicht sowohl der Gesellschaft als des Staates, die Schiffbrüchigen, welche in „herrschaftliches Brod" zu kommen vergebens hofften. Aus Racheburst gegen den Staat, der ihm eine Existenz versagt, gegen die Polizei, die ihn für eine verdächtige Person erklärt, wird der literarische Proletarier zur Rache gegen die Gesellschaft getrieben, der Proletarier des Gewerbes, des Tagelohns kommt dagegen umgekehrt erst durch den Groll gegen die Gesellschaft zum Groll gegen den Staat. Nur bei der originellen Gruppe des jüdischen Geistesproletariates finden wir, daß der völlig gleichzeitige, ebenmäßig und gleichbegründete Haß gegen die Gesellschaft wie gegen den Staat den verneinenden Literaten geschaffen hat. Diese jüdischen

Literaten, wie wir sie in den letzten Revolutionsjahren immer da in der Vorderreihe fanden wo es galt die Lichter auszulöschen und die Feuer anzuzünden, sind gleich sehr Ausgestoßene der Gesellschaft wie des Staates. Das ächte Judenthum haben sie verlassen und dem Christenthum haben sie sich nicht zugewandt, vom germanischen Staat wollen sie nichts wissen und von der hebräischen Theokratie auch nichts. Sie sind so plötzlich einer überstrengen Schule des religiösen, politischen und bürgerlichen Zwanges und der Beschränkung entlaufen, daß sie überhaupt keine historische Schranke, keine beschlossene Form weder in staatlichen noch in socialen und kirchlichen Dingen mehr anerkennen mögen. Sie sind daher die ächten Literatenköpfe, in Holzschnittmanier gezeichnet, die wahren Vorbilder der modernen Literatenwirthschaft, sie vertreten das Literatenthum in allen Consequenzen des vierten Standes. Daß es auch unbeschnittene Literaten gibt — aber beschnitten im Geist, wie der Apostel sagt — die sich dieser Gruppe angeschlossen haben, braucht so wenig erwähnt zu werden, als daß nicht jeder jüdische Schriftsteller zu ihrer Sippschaft gehört.

Gleich als ob in der Tagespresse das Schwert oder wenigstens der Wespenstachel für jeden gegeben sey, der irgend einmal von obenher verletzt worden, glaubt ein solcher Gekränkter der herrschenden Staatsgewalt nicht besser auftrumpfen zu können, als indem er unter die Literaten geht. Wer politische Einflüsse auf kürzestem und leichtestem Wege gewinnen will, wird Journalist, gleichwie derjenige Tageskritiker wird, der in der Kunstwelt eine Rolle spielen möchte und doch fühlt, daß er zum Künstler verdorben sey. Darin liegt wiederum eine der faulen und giftigen Seiten des modernen Literatenthums, daß so Viele diesen Beruf ergreifen, nicht in der Absicht etwas tüchtiges, die Menschheit förderndes zu wirken, sondern um persönliche Einflüsse zu üben. Der verworfene Schacherer mit Theaterrecensionen, dessen Standort die großen theatralischen Börsenplätze sind, ist wohl längst aller Ehre baar geworden, nur des

einzigen Ehrgeizes nicht, auf die Bühnenwelt seinen persönlichen
Einfluß üben, und wäre es auch nur jener negative Einfluß,
der jedem allgemein Verabscheuten von selbst zufällt. Er brand-
schatzt die Künstler, nicht bloß um damit sein Leben zu fristen,
sondern auch, weil noch des Bestechens werth zu seyn für ihn
der letzte Beweis persönlichen Einflusses, persönlichen Werthes
überhaupt ist. Und wer gleich diesem unsaubersten Bodensatz
des Literatenthums die Mehrheit einer ganzen Künstlerschaft zu
entsittlichen vermag, der kann sich immerhin eben so gut eines
persönlichen Einflusses rühmen, wie jene Publicisten mit ihrem
herostratischen Ruhme prahlen mögen, denen es gelungen ist,
Zucht und Sitte aus ganzen Volksschichten wegzuätzen. Und
dennoch finden wir bei den armen Sündern, die ihren ganzen
Lebensunterhalt von Schauspielern und Virtuosen erpressen, oft
noch eine Ritterlichkeit in der Schurkerei, welche wir bei jenen
politischen Tagesschreibern, die lediglich auf „Einflüsse" arbeiten,
vergeblich suchen. Das kommt daher, weil die ersteren hauptsächlich durch den Hunger nach Brod, die andern aber durch
den Durst nach Rache unter die Waffen, d. h. unter die Feder
gerufen worden sind. Man findet z. B. bei den theatralischen
Wegelagerern häufig jenes Princip folgerecht durchgebildet, welches
das Haupt des Schinderhannes in einer Glorie volksthümlicher
Romantik strahlen läßt, daß sie nämlich bloß den reichen Künstlern das Pistol auf die Brust setzen, den ärmern aber wohl
gar selber einen Zehrpfennig mitgeben. Ein derartiger „Kunst-
richter," dessen Name in ganz Deutschland bekannt und sprüchwörtlich geworden war, hatte einen vollständigen und wohl
proportionirten Tarif, nach welchem er die Schauspieler brand-
schatzte, und dieser Tarif war — lange vor den Märztagen —
nach den Grundsätzen der progressiven Besteuerung des reinen
Einkommens entworfen. Der Künstler, welcher 3000 fl. Gage
bezog, mußte etwa 30 fl. jährlich für gute Bedienung seitens
des Recensenten steuern, der mit 1000 fl. Besoldete dagegen
für die gleichen Dienste nicht etwa 10, sondern 2½ fl; wer

unter 800 fl. stand, wurde gar nicht mit Geld in Anspruch genommen, und für collectirende Kunstproletarier zahlte der wunderliche Aristarch selber in der Regel einen ganz anständigen Beitrag. Der Mann war also wenigstens doch nobel in seiner Gemeinheit.

Der Literat, welcher Rache zu nehmen hat an den bestehenden Staatseinrichtungen und Staatsgewalten, tritt als die verkörperte, persönlich gewordene soziale Opposition denselben gegenüber. Er macht in Lehre und Leben Profession aus dem glücklich gefundenen Gedanken, den staatlichen Mächten durch die gesellschaftlichen Schach zu bieten. Das radicale literarische Proletariat würde keinen Einfluß auf die verdorbenen, abgewitterten Schichten des Bürgerthums gewonnen haben, wenn es das Geheimniß dieser Taktik nicht besäße. Mit jedem Stück Rückkehr zur genossenschaftlich gefesteten Gesellschaft geht ein Stück von dem politischen Einfluß des literarischen Proletariats verloren. Darum bekämpft ein ächter Staatsmann das Literatenthum, nicht indem er die Literaten ausweist und einsteckt, sondern indem er den Gewerbestand gediegener zu machen, den Arbeiter und Taglöhner zu einer festeren Existenz heraufzuziehen sucht. Das Gedeihen der materiellen Arbeit ist der Todesstoß für das eigentliche Literatenwesen. Jede neue Industrieschule, jedes neue Realgymnasium, der moralische und materielle Erfolg jeder Gewerbeausstellung, die Blüthe jedes Gewerbevereines ist jedesmal ein neues Bollwerk wider das Ueberfluthen des Literatenthums. Durch die langjährige krankhafte Entfremdung der Nation von ihren eigenen materiellen Interessen wurde der Bürgerstand und das Arbeiterproletariat empfänglich für sociale Schwindeleien; der nämliche krankhafte Zustand war zugleich Regen und Sonnenschein für das aufwuchernde Literatenthum, und die geschickte Verschmelzung beider Ergebnisse warb dem radicalen Geistesproletariat seinen tiefgreifenden politischen Einfluß. Dieses Literatenthum sieht das Heil der Welt in dem Evangelium des Socialismus und Communismus, weil darin in der That nur sein eigenes Heil, sein politischer Einfluß auf die Massen gegeben ist. Jene Schriftsteller, welche die großen Fragen der thatsächlichen Volkswirthschaft in den dreißiger und vierziger Jahren mit oft übergewaltigem und einseitigem Eifer in der Tagespresse zur Sprache brachten und dadurch nicht wenig beitrugen, daß auch bei dem in der Stubenluft vegetirenden Theile der Nation Handel und Gewerb wieder für eine des „Gebildeten" würdige Hanthierung angesehen wurde, haben sich dadurch unsterbliche ärztliche Verdienste um das deutsche Volk erworben, indem sie die Empfänglichkeit für den Krankheitsstoff des verderbten Literatenthums allerwege minderten. Die radicalen Proletarier der Geistesarbeit haben darum auch niemals sonderlichen Antheil gezeigt für jene praktischen Disciplinen, welche uns auf dem Wege der Geschichte und der Erfahrung zu Aufschlüssen über das materielle Gedeihen der Gesellschaft führen, denn sie würden sich dadurch den Boden der eigenen Existenz unter den Füßen weg demonstrirt haben. Sie wandten sich lieber der Theologie, der Aesthetik, dem Naturrecht zu, oder der philosophischen Staatswirthschaftslehre und Socialtheorie. Sie wurden um ihrer Existenz, um ihres Einflusses willen die Förderer und Mehrer jenes modernen Wahns, daß man durch die Aesthetik Kunstwerke schaffen, durch das Naturrecht ein öffentliches Leben aufbauen, durch die Religionsphilosophie die Kirche ersetzen müsse; nur zu der natürlichen Consequenz wollten sie sich nicht verstehen, daß man auch, statt den Verdauungsproceß zu vollziehen, sich durch physiologische Studien sättigen und so das materielle Essen und Trinken überflüssig machen könne. Es erging ihnen aber mit den auf philosophischem Wege erzeugten Kunstwerken, Staatsbildungen und Religionsschöpfungen wie einem großen Chemiker der Gegenwart, der nicht nur die Theorie vom „Humus," als gleichsam der gegebenen, historischen und materiell-praktischen Grundlage des Pflanzenlebens, aus der Pflanzenchemie hinausdemonstriren wollte, sondern auch den Versuch unternahm, auf einem wüsten, möglichst humusarmen Sandhügel einen Garten anzulegen, um in demselben die köstlichsten Pflanzen auf dem

Wege des chemischen Processes zu ziehen. Die Pflanzen fielen
aber genau so aus wie jene modernen Kunstwerke, welche lediglich
vermittelst der Kunstphilosophie geschaffen wurden: es war bei
ihnen Herbst, bevor es Frühling gewesen war. Der geniale Che=
miker hatte eben, wie jene Literaten, von dem physiologischen
Moment im Pflanzenleben nichts wissen wollen und mußte doch
zuletzt eingestehen, daß auch er bei seiner Gärtnerei über den
Humus nicht hinauskomme.

Ueberall bei dem vierten Stande drängt sich die verneinende
Bedeutung für die Gesellschaft in den Vordergrund und bildet
das eigentlich charakteristische der einzelnen Gruppen, während
bei der Aristokratie, dem Bürgers= und Bauersmann die positiven
Merkmale die charakteristischen sind. So habe ich auch bei dem
literarischen Proletariat vorwiegend das Verneinende seines Wesens
herausgehoben, womit ich aber keineswegs diese Berufsgruppe als
eine an sich unberechtigte, als ein bloßes bösartiges Geschwür im
gesellschaftlichen Organismus hingestellt haben will. Die Thatsache,
daß allmählich ein unabhängiger, selbständiger Schriftstellerberuf
möglich geworden, ist von größter kulturgeschichtlicher Tragweite.
Die Gelehrten und die Bureaukraten, beide die engherzigsten
aller Zunftleute, würden gar erstarren, wenn tüchtige Literaten
nicht fort und fort das Fachwerk der privilegirten Fakultäts=
und Amtsweisheit durchkreuzten und verschöben.

Der ächte Schriftsteller vom Fach soll ein Bürger im strengsten
Sinne des Wortes seyn, nicht mehr und nicht weniger, wie auch
vor Zeiten die größten Maler und Musiker die einfachsten Bürger
gewesen. Aber noch ist der Schriftstellerberuf ein Beruf der Selbst=
entsagung; der deutsche Schriftsteller soll still und um Gottes=
willen arbeiten wie die alten Künstler gethan, und wofern er sein
Amt faßt als das eines Agitators und nicht als das eines
Künstlers, ist er verloren. Die Verkennung dieser Thatsache ist
der Fluch des Journalismus. Man muß freilich auch die Jour=
nalisten gelten lassen, denn sie sind die wahren Kosaken der
modernen Civilisation; es wird nicht jeder zum Gardegrenadier

geboren. Nur möchte ich, daß sie dann auch tüchtige Rosalen sehen, und nicht solche, die sich kaum im Bügel zu halten vermögen.

Den historischen Beweis für die Nützlichkeit und Nothwendigkeit des literarischen Proletariates haben uns die deutschen Universitäten geliefert. Diese Anstalten, welche, wie wir gesehen, als das rechte Probestück des Segens einer freien, selbständigen und dabei eng in sich begränzten körperschaftlichen Gliederung dastehen, setzen weislich an die Pforten des akademischen Lehramts ein Stück literarischen Proletariats — die unbesoldeten Privatdocenten, diese jungen Männer, welche vielfach, von ein paar Collegienhonoraren und kümmerlicher Schriftstellerei zehrend, unter Hunger und Noth die Gesellenjahre des akademischen Lehramts durchmachen, sind bei ihrer kläglichen materiellen Existenz das festgeschmiedete Bandeisen, welches die akademische Corporation trotz dem Widerspruch und Gegenzug eines ganzen Jahrhunderts zusammengehalten hat. Die Freiheit des wissenschaftlichen Berufes ist in ihnen gewahrt und doch zugleich eine mächtige Schranke gesetzt, denn wem der Privatdocent den Geschmack am Professor nicht versalzt, der mag einer Professur wohl werth seyn. Die gelehrte Genossenschaft kann nicht ein einzelnes Meisterstück einfordern wie die Gewerbezunft, aber sie fordert das Meisterstück, daß Einer jahrelang unter Arbeit und Entsagung zum Lehramt sich tüchtig erweise, und hat das letztere dadurch immer leidlich rein zu erhalten gewußt. Mit dem Geistesproletariat der Privatdocenten würde der ganze Organismus unseres nichts weniger als proletarischen Universitätswesens zusammenstürzen, es würde verschwinden jener wunderbar versöhnte Doppelzug der akademischen Lehrfreiheit und der streng abgemarkten genossenschaftlichen Gliederung. Wir finden aber auch bei dem Privatdocenten in der Regel keineswegs die Schattenseiten des literarischen Proletariats herausgebildet, namentlich nicht jene wissenschaftliche und sociale Zerfahrenheit, jene geistige Halbreife, gemischt mit einbrechender Fäulniß. Dies kommt daher, weil dem Privatdocenten ein festes Berufsziel vorgesteckt ist, weil ihm neben dem freien geistigen

Schaffen auch die Zucht des strengen Studiums, neben dem
genialen Zeugen auch das wissenschaftliche Handwerk steht. Gerade
der edelste Theil der Literaten geht in der Regel an dem Wahn
zu Grunde, daß das bloße genial producirende Weben des Geistes
ein ausschließlicher und ununterbrochener Beruf fürs ganze Leben
seyn könne. Auch der begabteste Schriftsteller, der von seiner
Feder leben will, muß ein Handwerk nebenbei treiben, und wenn
es auch nur darin bestünde, daß er Uebersetzungen liefert oder
Landtags- oder Schwurgerichtsverhandlungen aufzeichnet. Jeder
Künstler und Gelehrte sollte sich's wohl merken, daß Paulus nicht
bloß der eifrigste und begeistertste Apostel, sondern auch ein
Teppichwirker gewesen ist; daß Rousseau, obgleich schon ein halber
moderner Literat, es doch nicht verschmähte, Notenschreiber zu seyn.

Bei dem hochgestiegenen Einfluß des Literatenthums in den
langen Friedensjahren hätte man glauben sollen, dasselbe müßte
in den Jahren allgemeiner Gährung und Erschütterung erst recht
übermächtig werden. Es zeigte sich aber die auffallende Thatsache, daß in der Revolutionszeit der Einfluß des Literatenthums
auf das Arbeiterproletariat zwar zunahm und praktisch wurde,
bei den Gebildeten dagegen, wo er früher Wurzel gefaßt, fast
ganz aufhörte. Das Literatenthum ist nur so lange staatsgefähr-
lich, als die Staatszustände selber in Zerfahrenheit und Fäulniß
dem Literatenwesen wahlverwandt sind. Als der Staat zwei
Jahre lang keine Zeit mehr hatte, sich um die Literaten zu be-
kümmern, hörten sie auf, als solche eine öffentliche Rolle zu
spielen. Die Journalistik schwoll übermäßig an, aber in demselben Maße verminderte sich naturgemäß der unmittelbare Einfluß der Journalisten, und die vielen großen und kleinen Parla-
mente nahmen denselben vollends das Wort vom Munde weg.
Die modernen ausebnenden socialen Lehren und der Polizeistaat
theilen den Grundfehler, daß beide der Staatsgewalt als solcher
zumuthen, stracks in die Gestaltung der socialen Lebensmächte
einzugreifen. Der Staat kann aber die Gesellschaft nur mittelbar dadurch reformiren, daß er sich selbst reformirt und der

materiellen Grundlage des Volkslebens Raum gibt, sich kräftig aus sich selber zu entwickeln. Der Staat kann nur die Hindernisse wegräumen helfen, welche sich der naturwüchsigen Entfaltung der einzelnen Gesellschaftsgruppen in den Weg drängen. Er kann aber noch keinen Bauern direkt in seinem Bauernthume reformiren, geschweige denn einen Literaten. Jeder Versuch der Art führt nur zu neuen socialen Auswüchsen, und wenn das Literatenthum wirklich mit vielen bösartigen Geschwüren behaftet ist, dann hat die quacksalbernde Hand des Staates sicherlich nicht wenige derselben erzeugt.

Eine ganz ähnliche Rolle wie das Literatenthum spielt ein großer Theil des Beamtenproletariates. Diese Accessisten und Referendare, diese studirten Unterbeamten aller Fächer, denen der Staat oft Jahrzehnte lang genau so viel und so wenig Besoldung gibt, als nöthig ist um den sittsamsten Philister in einen verzweifelten Demokraten und Communisten zu verwandeln, haben sich mit den Literaten in die Aufgabe getheilt, den Groll gegen die Staatseinrichtungen in einen Groll gegen die Gesellschaft zu übersetzen. Wir erblickten dieses Beamtenproletariat 1848 oft genug an der Spitze der Kammeropposition, namentlich in den Kleinstaaten. Wie die radicale Partei früher die Staatsdiener als zu servil gerne von den Landtagen verbannt hätte, so würden die Regierungen dieselben damals als großentheils zu radical von der Wählbarkeit gerne ausgeschlossen haben. Diesen proletarischen Unterbeamten ist nur dadurch mittelbar und auf dem langsamsten Wege zu helfen, daß das Uebermaß der geistigen Arbeit überhaupt gemindert und die Ehre der materiellen Arbeit mehr und mehr gesteigert wird. Wie man in Frankreich unlängst im Drange des ersten socialen Sturmes Staatsarbeiterwerkstätten gründete, so wußte man in Deutschlnnd gleichzeitig nichts besseres zu thun, als bedeutende Summen zur Unterstützung des Beamtenproletariats und namentlich der Schullehrer auszuwerfen. Hier wie dort goß man einen Tropfen Wasser auf einen heißen Stein, und mehrte wohl gar nur die Staatsfaullenzer, indem man die

Staatsarbeiter fördern wollte. In Paris wiederholt gegenwärtig (1853) die kaiserliche Regierung dasselbe Experiment, nicht gewitzigt durch die Erfahrung ihrer republikanischen Vorgängerin. In dem Maße, als man die Stellen für die Anfänger reicher dotirt, wird auch der Zudrang zum Staatsdienste wachsen, und was etwa am Beamtenproletariat gemindert würde, das wird dann am Literatenproletariat dreifach gemehrt.

Das Beamtenelend ist nichts neues. In früherer Zeit waren die kleinen Stellen der öffentlichen Diener noch viel schlechter ausgestattet als heutzutage. Die Subalternbeamten lebten dazu in einer persönlichen Abhängigkeit, welche sich mit unsern Begriffen von der Würde des öffentlichen Dienstes durchaus nicht reimen läßt. Weil jetzt das Schullehrerproletariat so häufig als das schwärzeste Nachtstück modernen socialen Jammers hingestellt wird, so dürfte es vielleicht lehrreich seyn, dessen frühere Zustände dagegen zu halten. Zur Zeit der Reformation hatte der Schullehrer in der Hauptstadt des Nassau-Weilburgischen Landes einen Jahresgehalt von achtzehn bis zwanzig Gulden und war dabei nicht von der Gemeinde angestellt (was den modernen Schulmeistern schon wieder als etwas unwürdiges erscheint), geschweige denn vom Staate, sondern vom Scholaster, der den Schulmeister miethete und die Präbende — für sich bezog. Ein solcher Dienst war, wie fast alle Kirchen- und Staatsdieneranstellungen damaliger Zeit, vierteljährig kündbar; also war an das, was wir etwa „ein festes Brod" nennen, gar nicht zu denken. Der Gehalt wurde nicht regelmäßig ausbezahlt, sondern der Lehrer selber mußte ihn eintreiben, wobei er in der Regel abermals zu kurz kam; ein Theil des Gehaltes, der von den Schulkindern in der Form von Schulgeld gesteuert wurde, konnte fast nie ganz beigetrieben werden. An vielen Orten hatte der Schullehrer zugleich die Kost (das Rundessen bei den reicheren Bauern) und einen Sommer- oder Winterrock als Theil seiner Besoldung, wodurch er dem vermögenderen Theil der Gemeinde gegenüber schier auf eine Bank mit dem Gesinde kam.

Die Klage über das Schullehrerelend ist also sehr alt. Im Jahre 1848 gab es Gemeinden, die ganz treuherzig glaubten, die Schullehrer gehörten zu den abgeschafften öffentlichen Lasten, und demgemäß einkamen, daß man ihnen mit den übermäßigen Steuern auch die Lehrer wegnehmen möge. Auch diese Würdigung des öffentlichen Dienstes ist durchaus nichts neues. Sie ist vielmehr nur ein ganz abgeschwächter Nachklang jener abhängigen Stellung, zu welcher früher selbst weit höher gestellte Beamte sich bequemen mußten, und, ohne darum gleich die Gesellschaft zertrümmern zu wollen, sich auch wirklich bequemten. Zur Reformationszeit hegten die Vorfahren der nämlichen Bauern die gleiche Ansicht auch von den Pfarrern. Mit der neuen Glaubensfreiheit, meinten sie, seyen auch alle Arten von Pfarrern abgeschafft, und wollten ihren Beitrag zum Gehalte des Pfarrers nicht mehr zahlen, indem sie behaupteten, „derselbe habe ja nichts mehr zu thun." Die Bauern wollten also damals noch so wenig an die Souveränetät der Pfarrer und höheren Beamten glauben, wie sie jetzt an die Souveränetät der Schulmeister und Subalternbeamten glauben wollen, ja sie konnten beiläufig nicht einmal einsehen, daß die rein geistige Arbeit einer Predigt auch eine Arbeit sey, während sie sagten, wenn früher ein Priester die Messe gelesen, dann habe er doch etwas „gethan," und man habe doch gewußt, wofür der Mann eigentlich sein Geld bekomme.

Ich führe diese historischen Parallelstellen an, nicht etwa als einen Trost für das moderne Beamtenproletariat, wodurch ich in die Logik jenes Philosophen verfallen würde, der in der Voltaireschen Erzählung ein unglückliches Weib damit trösten will, daß er ihr vorhält, wie es vor ein paar tausend Jahren der Hekuba und Niobe noch weit schlechter ergangen sey als ihr. Ich möchte vielmehr durch die geschichtliche Parallele deutlich machen, daß es nicht die Armuth, nicht die abhängige Stellung an sich ist, was so viele Beamte dem vierten Stande und dem Kampf gegen die historische Gesellschaft zuführt. Die modern

bureaukratischen Ideen und Idole mußten erst hinzutreten, um
den Widerspruch der Ansprüche des kleinen Beamten an Staat
und Gesellschaft mit seinen materiellen Mitteln so schneidend
zu machen, wie wir ihn nur immer beim Literatenthum vor-
gefunden.

Was Wunder, wenn der proletarische Beamte die Fehde
gegen seine herrische Stiefmutter, die bestehende Staatsgewalt,
für gleichbedeutend nahm mit der Fehde gegen die Gesellschaft,
und so auf gleichem Boden mit dem radicalen Literatenproletariat
zusammentraf? Vergißt dagegen der Beamte die Ansprüche an
ganz besonderen Standesrang und Standesehre und faßt sich
bescheiden als einen Bürger, der mitarbeitet am Aufbau des
Staates, dann schwindet ihm auch beim kümmerlichsten Leben die
Gefahr, dem vierten Stande zu verfallen.

Es ist ein großer Unterschied zwischen Beamten, die zufällig
Proletarier sind, und dem Beamtenproletariat als solchem. Der
Schulmeister in alter Zeit klagt oft genug, daß all sein Brod
vorgegessen sey, und doch zählt er noch lange nicht zum Beamtenproletariat. Er ist ein Bürgersmann, wenn auch ein armer, er
ist vom Scholaster abhängig, und doch fühlt er sich als Bürger,
und weiß daß und wo er seine feste Stellung in der Gesellschaft
hat, und wenn er nur 20 fl. Gehalt jährlich bezieht, so macht
die Gesellschaft auch nur für 20 fl. Ansprüche an ihn, und er
braucht sich nicht reicher und vornehmer zu heucheln als er wirklich
ist. Der moderne Accessist dagegen, dessen Brod „vorgegessen,"
ist ein hochstudirter Mann, ein Mann der zum allerwenigsten
einmal Minister werden will, ein Mann dem der Traum von
allerlei Rang und Würde auf Stempelpapier decretirt worden
ist, der vielleicht 200 fl. Gehalt bezieht und für 400 fl. „Standesaufwand" machen muß, der im Bürgerstande nicht leben soll,
im Beamtenstande aber weder leben noch sterben kann, der die
Gesellschaft reformiren will, weil er seinen knappen Gehalt nicht
reformiren kann, mit einem Wort ein vollendetes Glied des
vierten Standes. Nach geläufiger bureaukratischer Ansicht erscheint

der „Staat" verpflichtet, jedem Landeskind, welches studirt und sein Examen cum laude bestanden hat, auch eine standesgemäße Existenz zu sichern; der Staat kann dies aber im vorliegenden Falle nicht sofort, folglich kommt ein Unrecht des Staates gegen den Einzelnen zu Tag, welches in gangbarer Begriffsvertauschung zu einem Unrecht der Gesellschaft gegen den Einzelnen umgewandelt wird.

Das geistliche und das Soldatenproletariat des Mittelalters ist ausgestorben, das Literaten- und Beamtenproletariat ist zum reichlichen Ersatze dafür eingerückt. Jene zahllosen fahrenden Anhängsel der Geistlichkeit, die von milden Gaben lebten, und bei denen es allezeit schwer zu entscheiden war, wo der Vagabund aufhörte und wo der (oft nur angebliche) Geistliche anfing, sind sammt den Landsknechten ihrer Zeit eben so gut Kosaken der Civilisation und doch zugleich Landplagen gewesen, wie heutzutage die Literaten und das Beamtenproletariat. Aber sie waren eben auch nur Landplagen, keine Plagen der Gesellschaft; darin liegt der große Fortschritt zum Schlimmern.

Wer die wundersamen Entwickelungen der letzten Jahre aufmerksam durchstudirt hat, der wird mit uns befürchten, daß Deutschland, namentlich in seinen Kleinstaaten, vorderhand viel eher sociale Beamtenrevolutionen zu gewärtigen hat, als eigentliche Arbeiterempörungen. Wenn die proletarischen Beamten loskommen wollen vom vierten Stand, dann bleibt ihnen unter den gegebenen Staatsverhältnissen keine andere Wahl, als die ganze Gesellschaft in den vierten Stand aufzulösen. Das ist der Communismus, den sie in ihrer Anstellungsurkunde officiell vom Ministerium decretirt erhalten haben.

Das Beamtenproletariat ist weit gefahrdrohender als das literarische. Die Schriftstellerei gehört im vorliegenden Betracht in das Capitel von der Industrie und dem Handel. Das Barometer des buchhändlerischen Marktes wird immer mit der Verwerthung auch die Masse der literarischen Production bedingen, und wenn der Literat noch so viel von dem Urrecht des Menschen auf Arbeit phantasirt, so kommt er damit doch nicht über die Rechnungsbücher des Zeitungsunternehmers oder Bücherverlegers hinaus. Die Regierungen brauchen keine Schutzzölle gegen das Einfluthen der Literaten anzulegen, der buchhändlerische Markt wird von selber bewirken, daß die Zahl der proletarischen schriftstellerischen Existenzen nicht über ein gewisses Aeußerstes steige. Dagegen läßt sich dem übermäßigen Anwuchs des Beamtenproletariats nur durch äußere Repressivmaßregeln ein Ziel setzen, die immer höchst bedenklich sind. Die Anwartschaft auf ein Amt ist ein viel praktischeres, viel verlockenderes und darum auch viel gefährlicheres „Urrecht," als das philosophische Urrecht des Menschen auf Arbeit. Das hat sich zu allen Zeiten bewährt. Der alte Michael Ignaz Schmidt sagt in seiner „Geschichte der Deutschen" in seiner trockenen Manier von den Hofnarren: „Da die Narrheit anfing, ein Amt zu werden, vervielfältigte sich diese Classe von Leuten so sehr, daß man endlich gezwungen war, von Reichswegen dem ferneren Anwuchs Einhalt zu thun."

Viertes Kapitel.

Die Proletarier der materiellen Arbeit.

Das Geistesproletariat ist bis jetzt in Deutschland der eigentliche Grundstock des vierten Standes, es ist in socialem Betracht das Stammproletariat, das Arbeiterproletariat hingegen das abgeleitete. Der deutsche Arbeiter, auch der untersten Stufe, hat lange gekämpft und an den letzten Resten ächt bürgerlichen Herkommens festgehalten, bis er dem Geiste des vierten Standes Eingang gab. Die socialen Lehrsätze des vierten Standes sind in Deutschland nicht unter den Arbeitern selber weitergebildet oder gar ausgebrütet worden, sie wurden ihnen von außen her beigebracht, namentlich durch die französischen Leidensgenossen.

Aber merkwürdig genug nahm der deutsche Arbeiter, so wie er sein Vaterland verließ, überaus rasch den socialen Charakter des fremdländischen Proletariers an. Ja er steigerte denselben noch. Die proletarische Entartung unter den eingewanderten deutschen Arbeitern in Paris soll tiefer gefressen haben als bei den eingeborenen Pariser Genossen. Ueberhaupt muß man in's Ausland gehen, um das deutsche Proletariat der materiellen Arbeit von seiner dunkelsten Schattenseite kennen zu lernen. Auch die literarische deutsche Emigration in Paris, London und der Schweiz gestattet oft tiefere Blicke in die schaurigen Mysterien des deutschen Geistesproletariates, als der Originalstamm ihrer Leidensgenossen in Deutschland selber. Die Auswanderung ganzer Massen verkommener Leute nach außerdeutschen europäischen Hauptstädten wirkt gar traurig auf die Heimath zurück. Diese

Verstoßenen sind die Dolmetscher, welche die Irrlehren der auswärtigen Social-Demokraten dem gemeinen Manne in Deutschland erst verdeutscht haben. Nicht bloß aus Paris, London und der Schweiz, auch aus Petersburg und Konstantinopel, aus Polen und den Donaufürstenthümern tönen die Klagen über die sociale Auflösung, welche diese deutschen Emigranten des vierten Standes überall rasch in sich aufnehmen, steigern und fortpflanzen, und wenn der Engländer die Schmach des deutschen Namens bildlich darstellen will, dann zeichnet er ein hessisches Besenmädchen.

Das Geistesproletariat hat, ich wiederhole es, bei uns den ersten Schritt zur Entwicklung des „vierten Standes" gethan, der Arbeiter folgt bloß nach. Eine allgemeine Charakterfigur des deutschen Arbeiters, wie etwa des französischen Ouvriers, existirt nicht, dagegen wohl eine Charakterfigur des deutschen Geistesproletariers. Der deutsche „Arbeiter" ist nur ein übersetzter „Ouvrier." Man hat mit Recht den allgemeinsten Ausdruck — Arbeiter gewählt, denn wir haben noch gar keine fest gezeichnete Persönlichkeit des Proletariers der materiellen Arbeit. Er ist noch in eine unendliche Menge von Sondercharakteren zersplittert; die Zersplitterung unserer Industrie schon in geographischer Hinsicht bringt das mit sich. Man hat vor einigen Jahren Arbeitervereine (z. B. in Köln) zu gründen versucht, zu dem Zwecke, ein sociales Gemeinbewußtseyn des deutschen Arbeiterproletariats herzustellen. Die Sache mußte scheitern, weil alle äußern Vermittelungspunkte eines solchen Gemeinbewußtseyns noch fehlen. Nur bei einzelnen Gruppen des Arbeiterstandes gelang etwas dergleichen, wie bei den Schriftsetzern und Buchdruckergehülfen. Aus dem zähen Widerstande, welchen diese social wie gewerblich durch ganz Deutschland organisirte Genossenschaft den Arbeitgebern in Berlin, Leipzig und anderwärts entgegen setzte, kann man einen Schluß ziehen auf die ungeheure Macht, welche dem gesammten Arbeiterproletariat zufallen würde, sofern es sich in ähnlicher Weise zu einem socialen Gemeinbewußtseyn erheben könnte. Darin beruht eben großentheils die vorwiegende Macht des Geistesproletariats, daß es durch das wunderbare elektrische Telegraphennetz des literarischen Verkehrs ein stetes Gemeinbewußtseyn frisch erhält.

Die Erschütterungen des Jahres 1848 waren in Frankreich von Anbeginn socialer Natur, in Deutschland erhielten sie erst allmählich diesen Charakter. Das Gemeinbewußtseyn des Arbeiterproletariats fehlte, die Arbeiter konnten erst nach und nach im Verlaufe der Revolution reif gemacht werden für den socialen Umsturz. Aber obgleich nun auch aller Orten der Arbeiter nachzudenken begann über das Verhältniß „der Arbeit zum Capital," obgleich der Communismus überall verkommene Leute bestrickte, so konnte doch ein Gemeinbewußtseyn dieser „Errungenschaften" nicht hergestellt werden. Der französische Ouvrier ward sich vollkommen klar darüber, was er wenigstens mit seiner gesellschaftlichen Theorie will, wenn er auch nicht begreift, was diese Theorie selber will; dem deutschen Arbeiter erscheinen die Verheißungen der socialen Reform wie Zauberbilder, die formlos in mystischem Helldunkel schweben. Er opfert dem Idol der gesellschaftlichen Reform, und müßte doch auf den Altar schreiben wie weiland die Männer von Athen: dem unbekannten Gott!

Darum kann man wohl sagen, die deutschen Lohnarbeiter wurden berührt, nicht aber erfüllt vom Geiste des vierten Standes.

Das lehrreichste Uebergangsgebilde von dem gewerbtreibenden Bürger zum Arbeiterproletariat ist uns in den wandernden Handwerksburschen gegeben. Nicht als ob alle wandernden Handwerksburschen Proletarier oder gar Glieder des vierten Standes seyen. Im Gegentheil, es ist einer der größten polizeistaatlichen Schnitzer, wenn man sie vorweg dafür ansieht. Von dem Augenblicke an, wo man ein Recht hätte, die wandernden Handwerksburschen schlechtweg in den vierten Stand zu verweisen, wäre der vollkommene Ruin des deutschen Gewerbestandes besiegelt. Wurde doch im Jahre 1846 von einem norddeutschen Staate ein Antrag auf Paßfreiheit innerhalb des Bundesgebietes gestellt, wobei man unterschieden haben wollte zwischen bescholtenen und unbescholtenen Personen. Zu den „unbescholtenen und sichern," denen das Ehrenrecht eines Generalpasses zu ertheilen sey, sollten die Beamten, die durch Stand und Verhältnisse Ausgezeichneten, die fest Ansässigen, wegen entehrender Verbrechen nicht Bestraften gezählt werden. Dagegen zu den „Unsichern" (also muthmaßlich Bescholtenen!) die Handwerksbursche, das Gesinde, die gemeinen Soldaten! Dieser Urpolizeigedanke, wäre er in solcher Formlosigkeit ausgeführt worden, würde die Handwerksbursche in der That zu dem gemacht haben, was sie bis jetzt nur in der Minderheit sind, zu Gliedern des vierten Standes. Es gemahnt jener Polizeigedanke an eine abscheuliche Redewendung, die im Deutschen trivial geworden ist, und die man häufig am Eingang schlecht geschriebener Biographien findet, wenn es heißt: „Er war von armen, aber ehrlichen Eltern geboren" u. s. w. — als ob die Armuth selbstverständlich auf Spitzbuberei schließen lasse!

Das Handwerkerproletariat findet sich viel mehr bei den kleinen Meistern als bei den Handwerksburschen, und ist von jenen erst auf diese übertragen worden. Und unter den Handwerksburschen sind wiederum nicht diejenigen die eigentlichen Candidaten des vierten Standes, welche barfuß mit dem Ranzen auf dem Rücken durch die Welt laufen, und auf welche jeder Thorschreiber und Polizeidiener ein besonderes Anrecht der Amtsautorität zu haben glaubt, sondern jene vornehmthuerische Classe, welche nicht mehr „auf die Wanderschaft geht," sondern „zu ihrer Ausbildung reist," welche sich schämt, der Genossenschaft der Wanderburschen anzugehören, über ihren Stand hinaus will und daher jedem socialen Agitator eine gefundene Beute ist.

Solange der Handwerksbursche noch nicht vornehm geworden ist, solange er noch „fechten" kann, ist er nicht reif zum modernen Proletarier. Denn gerade dadurch, daß er über seine Armuth nicht ergrimmt, nicht philosophirt, sondern das Betteln selbst in den ritterlichen, burschikosen Begriff des „Fechtens" aufgehen läßt, stellt er sich ganz auf den Standpunkt der armen Leute der ältern Zeit, die auch nicht zähneknirschend bettelten, wie unser Proletariat. Das Almosen erschien als stiftungsmäßige Pflicht der Klöster, als religiöse und moralische Schuldigkeit des begüterten Einzelnen, es war kein erniedrigender Act persönlicher Gnade. Nur der wandernde Komödiant und der Handwerksbursche schmeckt das unaussprechlich Niederdrückende des Bettelns noch nicht, beide betteln allein noch mit Humor. Und selbst der mittelalterliche Gedanke einer gleichsam stiftungsmäßigen Pflicht zum Almosengeben an die Wanderburschen hat sich nicht nur in den Zehrpfennigen erhalten, welche viele Stadtkassen nach hundertjährigem Brauch immer noch auswerfen, nicht bloß in allerlei Unterstützungskassen der Zünfte und Meister, sondern auch in der Sittenregel, welche in dem Bürgerstande vom Vater auf den Sohn forterbt, daß man jedem Straßenbettler die Gabe immerhin versagen möge, nur dem Handwerksburschen nicht. In den Handwerksburschenliedern finden wir tausend humoristische Bezeichnungen für den Zustand des Burschen, dem „das Moos" ausgegangen ist, aber kaum je eine bittere Klage oder gar einen Racheschrei. Wer über sein Elend noch scherzt, der ist kein ächter moderner Proletarier. Wie fürchterlich steht diesem Humor der stille Groll des hungernden Fabrikarbeiters gegenüber!

Der Handwerksbursche dagegen, welcher „zu seiner Ausbildung reist," welcher zu vornehm geworden ist zum „Fechten," wird, wo ihn das Elend trifft, alsbald auch dem wirklichen Proletariat verfallen. Er schämt sich der Sitte seines Standes, er schämt sich seiner Berufsgenossen, also auch insgeheim seines Berufes selber, sein Ehrgeiz zielt dahin, mit einer höhern bürgerlichen Stellung zu prahlen, als ihm gebührt, er fährt in einen Gasthof und ist eben darum ein Candidat des vierten Standes, und der Wanderbursche, welcher vielleicht barfuß in die Gesellenherberge einzieht, ist ein Candidat des soliden Bürgerthums. Diese Gesellenherbergen sind von jeher ganz besonders geeignet gewesen, den Stolz und den Gemeingeist des Gewerbestandes zu heben und die Wanderburschen vor proletarischer Zerfahrenheit zu bewahren. Schon auf dem Schilde prangten die Wahrzeichen des Gewerbes, und von der Decke des Zimmers hing meist ein kunstreiches altes Meisterstück herab, die geschichtliche Erinnerung an frühere Handwerkstüchtigkeit fortpflanzend. Der Wirth war selber ein halber Handwerksmann. Er war mindestens eine eben so gute Quelle für alle ins Fach einschlagenden Nachfragen wie ein modernes Commissionsbureau. Gesellen aus aller Herren Ländern trafen da zusammen und einer hörte vom andern etwas gutes und nützliches. Man zechte auch miteinander und fühlte sich stolz in dieser Genossenschaft. Was würde wohl ein Student dazu sagen, wenn man ihm zumuthete, daß er, statt in die erste beste Burschenkneipe zu gehen, in einem „Gasthofe" kneipen solle!

Vor längeren Jahren kam ein reicher Pariser Schneidergesell „zu seiner Ausbildung" nach Frankfurt a. M., wo, wenigstens damals, noch viele der alten Zunftvorschriften mit Strenge aufrecht erhalten wurden, und stieg in einem der ersten Gasthöfe ab. Als er nachgehends als arbeitsuchender Geselle sich einschreiben ließ, wurde ihm bedeutet, daß er nach der Zunftordnung in der Schneidergesellenherberge seinen Aufenthalt zu nehmen habe. Der feine Mann aber aus dem Heimathlande der souveränen Taglöhner und der socialen Schwindelei war so entrüstet über diese deutsch-mittelalterliche Anmuthung, daß er sofort wieder nach Paris zurückfuhr. Er mag seinen vaterländischen Schneidern ein schönes Bild von der deutschen Barbarei entworfen haben. Solches hätte aber neben dem Franzosen nur dem vornehmen deutschen Handwerksburschen-Proletariat begegnen können, denn ein wirklicher Handwerksbursche wäre viel zu stolz gewesen, an der Herberge vorbeizuziehen, die seines Gewerbes Zeichen trägt, und hätte sich geschämt, mit fremden Leuten zu tafeln, wo er mit seines Berufes Genossen an einem Tische hätte sitzen können.

Ich habe vielfach die Gelegenheit wahrgenommen, die Gesellenherbergen in verschiedenen deutschen Staaten durch eigene

Anschauung kennen zu lernen und das Treiben in denselben zu beobachten. Ich fand, daß z. B. in Oberdeutschland, wo sich noch viele Reste der alten Genossenschaftssitten beim Gewerbe erhalten haben, diese Herbergen nicht selten noch mit all den unschätzbaren Vorzügen ausgestattet sind, die ich oben von jenen der älteren Zeit rühmte, während in den Staaten des mittleren Westdeutschlands, wo oft jede Art von Gewerbeorganisation seit Menschenaltern zertrümmert lag, diese Gesellenherbergen in den kleinen Landstädten vielfach eher Gaunerherbergen genannt zu werden verdienen, und als wahre Hochschulen für das nichtsnutzigste Handwerksburschenproletariat erscheinen. Der am meisten heruntergekommene Wirth im Orte ist immer noch zum Herbergsvater gut genug. In seinem Hause nehmen dann versoffene Orgelleute, lüderliche Harfendirnen und ähnliches fahrendes Gesindel aller Art den Handwerksburschen in Empfang, und daß dieser in solcher Atmosphäre nicht eben gerade zu Zucht und Ehre des Bürgerthums vorgebildet wird, ist wohl einleuchtend. Auch von der Reinlichkeit, Billigkeit, wirthschaftlichen Ordnung und Gediegenheit, welche viele der alten oberdeutschen Gesellenherbergen immer noch auszeichnet, ist da wenig zu verspüren. Wenn es der Polizei ja so sehr auf der Seele brennt, sich der Handwerksburschen ganz besonders anzunehmen, dann kann sie das nicht besser thun, als indem sie diese Schlupfwinkel des Vagabundenthums säubert und wirksame Mittel ergreift zur Wiederherstellung der gediegenen Herbergen des alten Styls. Früher fiel freilich ein solches Geschäft der Polizei nicht zu, sondern die Zünfte sorgten dafür, daß ihre Herbergen gediegen waren. Und so sollte es von Rechtswegen auch heute noch seyn.

Zu dem proletarischen Hochmuth, welcher die Scheidelinie gezogen hat zwischen dem „reisenden Handwerksbeflissenen" und dem Wanderburschen, fügt sich meist der gleich verderbliche Dünkel, daß ein solcher Gesell nicht mehr in der Familie des jeweiligen Meisters leben will. Leider ist freilich das Familienleben vieler unserer kleinen Handwerksmeister oft schon der Art heruntergekommen, daß der Geselle nur noch auf dem Umwege des schlechten Beispiels Zucht und Sitte lernen könnte. Aber darin liegt ja gerade der große Vorzug des Handwerksburschen, der selber noch um seine Existenz ringt, vor dem proletarischen Fabrikarbeiter, der sich äußerlich in ganz gleicher Lage befindet, daß jener von Familie zu Familie wandert und solchergestalt immer das anschaulichste Musterbild eines im Kleinen wohlgegliederten Daseyns vor Augen hat, während der Fabrikproletarier in der Genossenschaft seiner Mitproletarier sich in der Regel vereinsamt fühlt. Und weil ihm das Leben in der naturgemäßen Beschränkung der Familie verwehrt ist, wie es ihm meist auch immer verwehrt bleibt sich selber eine Familie zu gründen, so verfällt er in krankhaftem Drange um so leichter auf das Phantasiegebilde einer communistischen Familie der Menschheit. Das Leben in der Familie ist das beste Schutzmittel vor allen socialen Verirrungen, und wenn diese jetzt so übermächtig allwärts emporwuchern, so ist dies das sicherste Zeichen, daß das Heiligthum des Hauses gar vielfach zertrümmert seyn muß. Wenn Owen in seiner Musterfabrik zu Neu-Lanark die Genossenschaft seiner Fabrikarbeiter auf eine Höhe des Selbstgefühls, der Zufriedenheit und Tüchtigkeit erhob, wie wir das sonst nur im gediegensten Handwerkerstande zu finden gewohnt sind, so erzielte er ein solches Resultat doch hauptsächlich nur dadurch, daß er die ganze Arbeitergenossenschaft in eine große Familie verwandelte, aber nicht in eine communistische, sondern in eine patriarchalische Familie, in welcher der Fabrikherr fast ganz die Rolle der alten Handwerksmeister spielte. Es war ein wohlthätiger Zwang, es war die Macht der Persönlichkeit des Meisters, also das genaue Widerspiel zu dem abstracten Socialismus, wodurch der in seinem gemüthlichen Wesen dem Deutschen verwandte Owen die anfangs widerstrebenden Fabrikarbeiter in die Bindung einer großen Familie einführte. Und bekanntlich wurden nicht nur die Fabrikarbeiter veredelt und ihre materielle Wohlfahrt im Einzelnen erhöht, sondern auch der kaufmännische Gewinn des Unternehmens wies sich in ganz anderen Ergebnissen aus, als wir sie bei den Schauspielertruppen zu Tage kommen sehen, wenn dieselben als communistische Familie auf Theilung spielen. Bedeutende Staatsmänner erkannten zur Zeit der Owen'schen Musterfabrik, wo eben die erste große Angst über den Dämon des Fabrikproletariats das ganze Geschlecht zu schütteln begann, das Praktische in dem Beginnen dieses Mannes an, und es ist ein wahres Unglück, daß derselbe durch die socialistischen Schwärmereien und unpraktischen Versuche seines späteren Lebens die großen Lehren von Neu-Lanark selbst wieder fälschte und zum Argwohn auch gegen dieses merkwürdige Unternehmen herausforderte. Es will mir wenigstens nicht einleuchten, wie das Fabrikproletariat auf irgendeine Weise nachhaltig gefestet und der communistischen Luft entzogen werden könne, außer indem man die Fabrik nach Art der alten Werkstätten zu einer großen patriarchalischen Familie durchbilde, damit der proletarische Arbeiter in dem beschränkten Kreise dieser Familie das finde, was er in dem Phantasiebild der socialistischen Familie der Menschheit vergeblich sucht. Darin liegen die großen Gegensätze zwischen dem armen Handwerker und dem armen Fabrikarbeiter, daß der Handwerker sich immer noch durch die Familie gefesselt hält und beschränkt durch die alte Sitte der Genossenschaft, während der Fabrikarbeiter in der Regel familienlos ist, heimathlos und seine Genossenschaft nicht in der Vergangenheit oder Gegenwart, sondern in den unbegrenzten Weiten der Zukunft sucht. Er hat keine Geschichte, das ganze Wesen der durchaus modernen Maschineninbustrie lenkt seinen Sinn vom Historischen ab. Es gilt also, ihm allmählich eine Geschichte zu schaffen, eine Heimath, eine sociale Schranke, und das alles findet sich von selber, wenn man ihm eine Familie schafft, nicht eine solche Familie, wie er sie wohl öfters leider besitzt, nämlich ein hungerndes Weib und verkümmernde Kinder, sondern ein Familienbewußtseyn, wie es auch der Handwerksbursche besitzt, der darum doch nicht mit Kindergeschleppe durch die Welt zieht.

Es gibt ewige Handwerksburſche, welche niemals Ausſicht haben einen eigenen Herd zu gründen, und doch vermag bei ihnen der Geiſt des vierten Standes den Geiſt des Bürgerthums nicht zu verdrängen, während die meiſten Fabrikarbeiter eben dadurch proletariſch werden, daß ſie an der Hoffnung auf den eigenen Herd zu verzweifeln beginnen. Der ewige Handwerksburſche erſcheint in ſeinen alten Tagen in der Regel weit mehr als ein durch und durch „gepichter Kerl" denn als ein zerfahrener Proletarier. Er wandert freilich heimathlos von Land zu Land, aber überall findet er in der Familie ſeines Meiſters auch für ſich ein Stück Familienleben wieder und in jeder Werkſtatt ein Stück Heimath. Er vergißt darüber doch ſeinen urſprünglichen vaterländiſchen Boden nicht, wie denn die perennirenden Handwerksburſche oft die bedeutſame Sitte haben, ſich nicht durch ihre Namen, ſondern durch ihre Landsmannſchaft gegenſeitig zu bezeichnen. Wenn dieſes genoſſenſchaftliche Leben der Familie auch in jeder Fabrik heimiſch würde, dann könnte der Fabrikarbeiter nicht mehr um deßwillen proletariſch werden weil er keine Familie, kein Vaterland, keine Geſchichte beſitzt. Ganz ähnlich wie mit den ewigen Handwerksburſchen verhielt es ſich mit den ewigen Studenten, die früher häufiger vorkamen, jetzt wohl faſt ganz ausgeſtorben ſind. Eine höchſt lehrreiche Reliquie dieſer Art lebte noch vor wenigen Jahren in Gießen. Es war ein Mann, der gerade ein Vierteljahrhundert ununterbrochen akademiſcher Bürger geweſen war, und als er, ſtark in den Vierzigen, ſein bereits ergrauendes Haupt zur Ruhe legte, ward er — als Student begraben. Mit achtbaren Geiſtesgaben und einem ſeltenen Fleiße ausgerüſtet, hatte er faſt alle Facultäten mehrfach durchſtudirt und einen nicht gewöhnlichen Schatz wiſſenſchaftlicher Kenntniſſe erworben, aber ſo oft er auf den Punkt gekommen war ſich einer Prüfung für den öffentlichen Dienſt zu unterziehen, wurde er durch körperliches Elend und Geldnoth wieder zurückgeſchleudert. Wenn lediglich das Mißverhältniß der Arbeit zum Kapital den Proletarier machen könnte, dann wäre dieser Mann, der sich von Correcturen für Buchhändler, von schlecht bezahlten Privatstunden und den milden Gaben seiner Studiengenossen fünfundzwanzig Jahre lang das Leben fristete, ein Proletarier im vollsten Sinne des Wortes gewesen. Namentlich zum literarischen Proletarier waren gewiß alle Wege aufgeschlossen. Und dennoch verfiel dieser Dulder niemals dem Geiste des vierten Standes, er war und blieb ein ganz gediegener akademischer Bürger, der ewige Student, wenn auch der ärmste. Es erging ihm wie den ewigen Handwerksburschen: die Hochschule war seine Heimath geworden, die Genossenschaft der Studenten, wo er bei jedem einzelnen in den letzten Jahren füglich Vater hätte seyn können, seine Familie. Er stand als die wunderlichste Ausnahme in der bürgerlichen Gesellschaft und gehörte doch nicht zu dem großen Stande der Ausnahmen, zum vierten Stande. Ein subalterner Staatsbeamter in seinem Elend, in seiner Hoffnungslosigkeit würde ein literarischer Proletarier geworden seyn, ein Fabrikarbeiter in seiner Lage ein Communist: der ewige Student war und blieb ein ganz conservativer akademischer Bürger. Das ist der Zauber eines, wenn auch nur geträumten, Familienbewußtseyns, der Zauber des genossenschaftlichen Lebens!

Einen Beleg, wie sogar ein bloß scheinbares Leben in der Familie den Fabrikarbeiter vor dem proletarischen Geist bewahrt, liefern uns die westphälischen Hüttenarbeiter, die als die gesuchtesten Männer ihres harten Berufes ins Rheinland ziehen, um dort an den Hohöfen zu schaffen, und durch Fleiß und Sitte gleich ausgezeichnet sind. Diese Leute sind meist die nachgebornen Söhne westphälischer Bauern, welchen nach Landesbrauch entweder gar nichts von dem väterlichen Gute zufällt oder nur ein so geringer Theil, daß sie keine Familie ausschließlich durch dessen Bewirthschaftung ernähren könnten. Sie bleiben jahraus jahrein auf dem Hüttenwerk und bekommen außer einer kurzen allsommerlichen Ferienzeit (wann der Ofen kalt steht) niemals Urlaub. Diese Ferien von wenigen Wochen sind dem Haus und der

Familie gewidmet, das ganze übrige Jahr gehört dem Beruf. Die Familie aber wohnt daheim in Westphalen, sie sitzt auf dem kleinen Bruchstücke von einem Gütchen, mit welchem der Vater abgefunden worden ist. Der Mann sieht also Weib und Kind eigentlich im ganzen Jahre nur ein einzigesmal. Und dennoch nimmt er von diesem Jahresbesuch das Bewußtseyn des Familienlebens und des gediegenen westphälischen Bürger= und Bauernthums mit in sein Fabrikleben, und erhält sich das ganze Jahr über fest und tüchtig kraft dieses Bewußtseyns. Wenn die Bursche eben erst confirmirt sind, kommen sie oft schon auf das auswärtige Hüttenwerk und sehen für ihr ganzes Leben die Heimath nur in den jährlichen Sommerferien wieder, sie verheirathen sich in diesen Ferien daheim, und es ist schon vorgekommen, daß ein solcher Hüttenmann, der mit seiner Frau — aus der Entfernung — in musterhafter Ehe lebte, die Frau, als sie ihn in einem Anflug von jener ehelichen Sentimentalität der gebildeteren Stände einmal auf der Hütte besuchen wollte, sofort wieder heimschickte, weil ihm ein solcher Besuch weder mit seiner Stellung als Hüttenarbeiter, noch mit der seiner Frau als Bewirthschafterin des kleinen heimathlichen Gütchens vereinbar schien. Bei diesen Hüttenarbeitern sieht man, wie Bauernmajorate nach beiden Seiten hin nützlich sind, und nicht nur den Bauernstand vor dem Ruin bewahren, sondern auch das beste Mittel bieten, das industrielle Proletariat von Grund aus zu reformiren.

Das englische Arbeiterproletariat steht einem an seiner Sitte festhaltenden, im beschränkten Kreise sich begnügenden Bauernthum noch viel näher als das französische, welches sich wohl am meisten „städtisch" emancipirt hat; es ist darum auch trotz seiner Masse noch nicht so gefahrdrohend geworden für die Gesellschaft wie letzteres.

Die Arbeiter in den Bergwerken, welche in neuerer Zeit dem industriellen Proletariat immer näher gerückt sind, haben sich doch im Durchschnitt musterhaft gediegen bewahrt, weil der

Gedanke, die ganze Genossenschaft als eine patriarchalische Familie zu fassen, bei ihnen ein uralt überlieferter ist. Der Bergwerksarbeiter ist nicht nur wie jeder Fabrikarbeiter den Schwankungen des Marktes preisgegeben, auch Krankheit, Verstümmlung oder Tod steht bei seinem Geschäftsbetrieb jeden Augenblick in Gottes Hand. Dieses drohende Unglück faßt er auf als sein Schicksal; das Unglück plötzlicher Brodlosigkeit erscheint so gering daneben, daß es ihm hier leicht gemacht ist zu entsagen. Aber eben weil ihm der Umsturz der Gesellschaft muthmaßlich nur einen sehr geringen Theil von der Gefahr seiner Existenz abnehmen könnte, greift er einstweilen bei dem Praktischen und Erreichbaren zu, um sein Loos zu bessern. Die persönliche Gefahr erzeugt wie auf dem Schlachtfelde die Mannszucht unter diesen Arbeitern, und der gemeine Bergmann will nicht gescheidter seyn als der erfahrene Steiger, weil er diese Vermessenheit mit seinen gesunden Gliedern bezahlen könnte. Er fährt mit Gebet in den Schacht, wo sein Genosse in der Fabrik mit einem Fluch an die Arbeit geht. Darum findet man zwar häufig, daß ganze Knappschaften pietistisch, selten aber socialistisch sind. Die Hülfsvereine der Bergwerksarbeiter, die Knappschafts= und Bruderkassen, wie sie in Belgien, in Schlesien, am Harz, in Nassau, Westphalen und anderwärts bestehen, sind wahre Musteranstalten in ihrer Art. Bei vielen Knappschaftskassen werden nicht nur regelmäßige Geldbeiträge erhoben, sondern auch ein paar Kuxe zum Besten der Kasse gebaut. Dies ist vortrefflich. Indem der Bergmann auch jezuweilen die Haue dafür ergreifen muß, daß er ein Gnadenbrod erhält wenn er schwach, und Arznei, wenn er krank wird, und ein ordentliches Leichenhemd, wenn man ihn in den Sarg legt, wird es ihm mit jedem Schlage, den er gegen das Gestein führt, einleuchtender werden, daß für einen Gulden genossenschaftliche Hülfe, die man selber hat miterarbeiten helfen, mehr werth sey als ein Wechsel von Millionen auf die künftige „Organisation der Arbeit" ausgestellt.

Nicht bloß die Handwerksbursche sind durch das Leben in

der Familie des Meisters lange Zeit vor proletarischer Zerfahrenheit bewahrt worden, auch bei den Dienstboten und selbst bei den ständigen Taglöhnern fand bis fast auf unsere Tage hin das Gleiche statt. Das ist gerade ein glänzender Zug der germanischen Völkerstämme, daß ihnen der Diener des Hauses wenigstens zu unserer Väter Zeiten noch auch als ein Glied des Hauses erschien. Die Dienenden sind erst dadurch eigentlich proletarisch geworden, daß man sie aus dem Hause, aus der Familie schob. Zu welch lüderlichem Proletariat, zu was für unstät von einem Dienst zum andern wandernden Miethlingen sind die meisten Dienstboten herabgesunken! Die Sache hat ein schweres sociales Gewicht. Die Verderbniß der Dienstboten ist für Deutschland, wo der Ruin der kleinen Gewerbe und des kleinen Bauern mit jedem Tag eine Schaar neuer Knechte und Mägde schafft, kaum minder wichtig als der Wachsthum des Fabrikenproletariats. Es wird selten ein schlechter Brauch aus der Stadt auf das Land vertragen, daß dies nicht durch Knechte oder Mägde geschieht. Und es handelt sich hier sogar um die Verdunkelung eines nationalen Ruhmes, denn was man im schönen alten Wortsinn das „Hausgesinde" nennt, dieses ächt patriarchalische Verhältniß des treuen Dienstboten zu der Familie ist, wie gesagt, doch stets ein besonderer Ruhm deutscher Völkerschaften gewesen.

Die deutschen Schriftsteller, welche sich mit der socialen Frage, namentlich in der Tagespresse, befassen, bleiben in der Regel viel zu ausschließlich nach dem Vorgange der Franzosen bei dem industriellen Proletariate stehen. Nicht in dem Verhältniß der Arbeit zum Capital liegt für uns der Kern der socialen Frage, sondern in dem **Verhältniß der Sitte zur bürgerlichen Entfesselung**. Die sociale Frage ist zuerst eine ethische, nachher eine ökonomische. Der Arbeiter bricht zuerst mit seiner Sitte, und nachher fühlt er sich arm, nicht aber umgekehrt bricht er darum mit seiner Sitte, weil er sich jetzt erst arm fühlte, denn arm ist er immer gewesen, meist sogar früher viel ärmer.

Die Dienstboten erhalten in der Regel einen weit höhern Lohn als vordem und ihre Arbeit ist meist kleiner geworden, und dennoch blieben sie früher Glieder des Bürger- und Bauernthums, aus welchem sie hervorgegangen, während sie jetzt in die Reihen des vierten Standes einzurücken beginnen. Nicht das Mißverhältniß der Arbeit zum Capital macht hier den Proletarier, sondern der Umstand, daß der Einzelne bei erhöhtem Lohne familienlos, heimathlos geworden ist. Unser Familienleben ist untergraben, darum verderben unsere Dienstboten. „Der Herr muß vorauf!" sagt ein norddeutsches Sprüchwort. Wo man von der Verderbniß des Gesindes redet, da soll man zuerst Nachfrage halten nach dem Verderbniß der Herrschaft.

Unsern Familien ist der ächte Begriff des „Hausregiments" abhanden gekommen. Sonst wurde kraft dieses Hausregiments in und mit der Familie das Gesinde erzogen. Jetzt halten es die Familienhäupter für nobler, das Gesinde ganz bei Seite liegen zu lassen, als ihm in der That vorzustehen. Es ist eine wahre Ironie auf unser wohlgeschultes und doch so schlecht erzogenes Geschlecht, daß man sich neuerdings hier und da genöthigt sah, eigene „Dienstbotenschulen" zu errichten, welche dem Gesinde den Uebergang aus der Familie des väterlichen Hauses in die Vereinsamung ihres weiteren Lebens vermitteln sollen! Jene alten Prachtexemplare von Mägden und Knechten, die gleichsam als unveräußerliches Stück des Hausinventars durch ganze Geschlechter in der Familie blieben, werden bald ganz ausgestorben seyn. Sie mußten ihr Lebtage fremdes Brod essen wie der ewige Handwerksbursche, wie der ewige Student, und wurden doch so wenig proletarisch wie diese. Wir verlangen moralische Dienstleistungen von dem Gesinde, wir verlangen die Hingabe einer ganzen Persönlichkeit an uns — und was ist es denn für ein moralischer Gegendienst, den wir bieten? Oder welches Musterbild der großen gesellschaftlichen Gliederung der Welt findet das Gesinde in der Regel noch in der Familie, daß es sich daran ein Exempel nehmen könnte? „Der Herr muß vorauf!"

Wir wollen, daß unsere Knechte wahre Spartaner seyen, da dieselben doch täglich sehen, daß die Herrschaft ihr Standquartier keineswegs in Sparta, sondern in Capua aufgeschlagen hat. Und in solchem Widerstreit von Lehre und Beispiel wird dann auch zwar kein Spartaner herausgebildet, wohl aber ein vollwichtiger moderner Proletarier. „Der Herr muß vorauf!"

Dem Leben und Wirken des Arbeiters in und mit der Familie des Herrn steht das maschinenmäßige Gebrauchen und Verbrauchen des Fabrikproletariers von Seiten des Unternehmers am schroffsten entgegen. Jener Fabrikarbeiter, welcher nichts gelernt hat, welcher gar keine persönliche Fertigkeit besitzt, sondern bloß als einfache mechanische Kraft eingereiht ist unter die übrigen mechanischen Kräfte der Maschine, der sich gewärtigen muß, daß man seine Stelle morgen durch ein Kind ersetzt und übermorgen durch einen neu eingefügten Hebel, eine Schraube, dieser Arbeiter, mit dem der Unternehmer im Grunde gar nichts weiteres anfangen kann, als daß er ihn eine Weile abnutzt, um ihn dann als überflüssig bei Seite zu werfen, ist unstreitig äußerst günstig vorbereitet zum Eintritt in den vierten Stand. Es ist ihm aber weder durch höhere Löhne, noch durch kürzere Arbeitszeit zu helfen, sondern allein dadurch, daß er mehr lernt, sich mannichfaltige Handfertigkeiten erwirbt; und dazu kann ihm niemand besser den Weg bahnen, als die Genossenschaft der Fabrikarbeiter selbst, die sich im Sinne der gegenseitigen Erziehung, Unterstützung und Förderung zu einer patriarchalischen Familie, aber nicht im Sinne der Theilung des Gewinnes zu einer communistischen zusammenthäte. Aristoteles sagt in seiner Ethik: „Der Sklave ist ein beseeltes Werkzeug, das Werkzeug ein unbeseelter Sklave." So ist denn jener Fabrikarbeiter oft viel weniger noch als ein Sklave, denn seine Arbeit sinkt häufig genug auf gleichen Rang mit der Verrichtung des seelenlosen Maschinentheiles herab, den man auch herauswirft, sobald man ihn durch einen bessern ersetzen kann.

Wir sahen die Fabrikarbeiter selber ihre eigenen Maschinen

zertrümmern. Es war die Wuth des selbst zum seelenlosen Werkzeug herabgesunkenen Sklaven, der seinen übermächtigen, wenn schon nur aus Holz gehauenen, aus Eisen geschmiedeten Nebenbuhler zerschmettern will. Der Fabrikarbeiter hat häufig ganz dieselbe Furcht vor jeder Verbesserung der Maschine — und wenn ein solcher Fortschritt gleich ihm allein zum Nutzen wäre — als etwas dämonischem, als einer ziellos entfesselten Kraft, wie der Bauer vor dem Lernen. Als in den Spindelschleifereien von Sheffield eine Verbesserung eingeführt werden sollte, lediglich um den verderblichen Einfluß des Eisenstaubes auf die Lungen der Arbeiter zu beseitigen, widersetzten sich diese auf's äußerste. Aehnlich erging es mit der Einführung der Davy'schen Sicherheitslampe. Jacquard wurde fast gesteinigt, weil er den kunstvollen Mechanismus an den Seidenwebstühlen, der seinen Namen trägt, erfunden hatte, und der in erster Linie die beklagenswerthen Arbeiter an den früheren Sridenwebstühlen, die sogenannten tireurs de lacs, welche den ganzen Tag in den unnatürlichsten Gliederverrenkungen verharren mußten, von ihrem qualvollen Geschäft erlöste.

Als im März 1848 ein broblofes Lohnkutscherproletariat die Schienen der Taunuseisenbahn aufriß und gleich daneben hungernde Schiffszieher die Dampfboote des Rheins und Mains beschossen, sah ich einen Maschinenarbeiter, welcher die vollendete Verwüstung höhnisch überschaute, und mit der dämonischen Siegesgewißheit eines Propheten des Proletariats ausrief: durch dieses Land wird keine Maschine mehr fahren. Es lag ein sittlicher Grimm in diesem Ausruf, denn es war vielleicht des Mannes eigene Existenz, die vor ihm mit der Eisenstraße in Trümmern lag, und doch begrüßte er freudig diesen Ruin, weil die unheimliche Nebenbuhlerschaft der Maschine zugleich die tiefste Demüthigung für das Menschenbewußtsehn des Arbeiters ist.

Der proletarische Handarbeiter faßt die stets riesenhafter aufsteigende Maschineninbustrie mit dem Seitenblicke des geheimen Grauens auf als den vermessenen Wettkampf eines riesenhaften

Weltcapitals mit der schwachen Arbeitskraft des Einzelnen. Wie ganz anders der arme Bauer, der oft nicht minder scheuen Blickes zu den räthselhaften Eisenstraßen mit dem schnaubenden Teufelsrappen hinüberschaut! Cholera und Kartoffelkrankheit, verkehrte Witterung, Erdbeben, theure Zeit, Krieg und Aufruhr der letzten Jahrzehnte sind seinem Aberglauben häufig genug als das natürliche Gefolge dieser titanischen Neuerung erschienen. Da ist ihm der Bau der Eisenbahn das letzte Wahrzeichen der himmelstürmenden Vermessenheit, mit welcher der übermüthige Mensch den ewigen Naturgesetzen Gottes eine Wette anbietet. Sie ist ihm der Thurmbau von Babel in's Neumodische übersetzt. Auch der Thurm von Babel, „deß Spitze bis an den Himmel reiche," sollte der Einigungsdom aller Völker der Erde werden. „Und der Herr sprach: — — sie haben das angefangen zu thun; sie werden nicht ablassen von allem, das sie fürgenommen haben zu thun. Wohlauf! lasset uns herniederfahren und ihre Sprache daselbst verwirren, daß keiner des andern Sprache vernehme. Also zerstreute sie der Herr in alle Länder, daß sie mußten aufhören die Stadt zu bauen. Daher heißt ihr Name Babel, daß der Herr daselbst verwirrt hatte aller Länder Sprache und sie zerstreuet von dannen in alle Länder."

Und der einfältige Bauer hat so seine eigenen Gedanken darüber, daß dieser babylonische Ausgang spät oder bald auch die Eisenbahnen treffen werde. Wollt ihr diese Einfalt schelten? Es liegt in ihr der tiefe Gedanke verborgen, daß die Geschichte von der modernen Industrie eigentlich nur die neue Auflage der alten Tragödie vom Doctor Faust sey.

Aber nun halte man gegen einander das Ende, welches hier der religiöse Kindesglaube der Bauern, dort der sociale Kindesglaube des Proletariers diesen Riesenwerken der modernen Cultur prophezeit! Das zeichnet beide Stände.

Jenes äußerste Elend der Fabrikarbeiter, welches häufig doch auch daher rührt, daß sie zu wenig gelernt haben und zu beschränkten Geistes sind, läßt sich nur auf dem Wege der körperschaftlichen Organisirung des ganzen Standes bekämpfen. Indem man die „Arbeiter" selbständiger macht, entreißt man sie dem vierten Stande. Die reichste Unterstützung von außen hilft dem Arbeiter nichts, solange er sich in sich selber hülflos fühlt, und gerade das Bewußtseyn dieser Hülflosigkeit erzeugt den proletarischen Geist. Im Jahre 1848 hat man in manchen deutschen Staaten die Ueberzahl der broblosen Arbeiter dadurch zu beschäftigen und ihr Mißvergnügen zu beschwören gesucht, daß man ihnen völlig nutzlose Wegbauten u. dgl. zuwies; in Paris ließ man gleichzeitig durch eine ganze Heerschaar von Arbeitern Erdarbeiten ohne allen Sinn und Zweck ausführen, man ließ die Leute arbeiten, damit sie überhaupt nur die Hand rührten, wie reiche Leute sich mitunter eine Drehbank oder Schnitzbank anschaffen, um zur Beförderung der Verdauung zwecklos daran zu bosseln; man schuf sich einen Vorwand, um jenen Arbeitern einen Lohn auszahlen zu können, der wenigstens nicht ganz wie ein Almosen aussah. Das war ein höchst gefährliches Spiel. Denn wenn etwas, dann mußte diese sinnlose Arbeit dem Arbeiter das Elend seines Daseyns recht anschaulich vor die Seele führen. Ein unverhülltes Almosen wäre weit weniger bedenklich gewesen. Wo vollends gar der Anblick des vollendeten Tagewerks selber dem Arbeiter zuruft, daß er überzählig sey in der Gesellschaft, da wird selbst der reichste Lohn den Geist der proletarischen Empörung in ihm nicht ersticken können!

Ein musterhaftes neues Institut von hohem socialem Werthe, welches die armen Arbeiter unterstützen will, indem es ihnen einerseits Mittel zur Selbsthülfe gibt, andererseits einen eigenen Herd sichert, ist die Berliner „gemeinnützige Baugesellschaft." Sie baut Häuser für Handwerker, Fabrikarbeiter, Taglöhner 2c., deren Erbauungscapital durch den billigen Miethzins von 6 Procent nicht nur verzinst, sondern auch getilgt wird, so daß der Bewohner nach 30 Jahren das Haus als freies Eigenthum erhält. Bei genossenschaftlicher Miethe in den größeren Häusern der Gesellschaft erhält der Einzelne nach 5, 10 Jahren 2c. eine entsprechende Geldprämie. Die sämmtlichen Insassen eines Hauses treten zu einer Genossenschaft zusammen und wählen einen Hauswirth, der dann wieder unter der Oberaufsicht eines von der Gesellschaft ernannten Hausvorstehers steht. Die materiellen und sittlichen Vortheile einer gemeinsamen Wirthschaft des ganzen Hauses unter strenger Aufsicht von Außen sind einleuchtend. Ebenso werden die von einer einzelnen Familie bewohnten kleineren Gesellschaftshäuser mächtig dazu beitragen, den Familiengeist unter diesen Arbeitern neu zu beleben. Auf solche Weise wird in der That der „Arbeiter" bewahrt vor dem vierten Stande; es wird einer gesunden gesellschaftlichen Organisirung der Lohnarbeiter, einem künftigen wahren und ächten vierten Stande, vorgearbeitet. Das Unternehmen, welches, auf alle größeren Städte Deutschlands ausgedehnt, ein Capital von vielen Millionen zu Gunsten der Armuth flüssig machen würde, setzt darum nicht das mindeste Geldgeschenk des Reichen an den Armen voraus, sondern nur einen auf sicherer Hypothek ruhenden rückzahlbaren Vorschuß. Es entzieht die Unbemittelten den Schlingen des Wohnungswuchers, leitet sie zu erhöhtem Familienleben, zur gefesteten Genossenschaft, und stellt ihnen als Prämie den Erwerb eines freien Grundeigenthums oder eines kleinen Capitals in Aussicht. Es wird mit der Zeit aus abhängigen Lohnarbeitern vielfach wieder selbständige Bürger machen! Ich halte diesen Versuch für einen der glücklichsten zur Besserstellung der arbeitenden Klassen; denn er gibt die Unterstützung nicht als ein Almosen, sondern er ermöglicht dem Bedrängten die rechte Selbsthülfe.

Es haben diese Bauten der Berliner gemeinnützigen Baugesellschaft eine bemerkenswerthe Aehnlichkeit mit der kleinen Stadt der Armen, wie sie einst das reiche Patriciergeschlecht der Fugger mitten in den größeren Ring der Stadt Augsburg hineingebaut hat, mit der Fuggerei. Hier wie dort wird unbescholtenen armen Arbeitern ein billiges Obdach gegeben. Aber im sechzehnten Jahrhundert gründete das einzige Geschlecht eine ewige Stiftung, wo im neunzehnten eine Gesellschaft zu einem Actien-Unternehmen zusammentritt. Und doch ist diese moderne Gesellschaft weiter gegangen als jene alten Patricier, denn sie macht es dem Armen möglich, daß derselbe das dargeliehene Gut zuletzt als Eigenthum erwerbe. Indem sie ihren Plan nicht auf die Erbauung einer gewissen Häusermasse beschränkt, sondern es offen läßt, ihn je nach Bedürfniß zu erweitern, indem sie den Armen nicht im Sinne der Fugger eine stiftungsmäßige Spende gibt, sondern, was höher ist, die Möglichkeit, sich selber die Spende zu erringen, zeigt sie, wie weit wir vorgeschritten sind, das Wesen der Armuth im Zusammenhange mit dem socialen Leben zu erkennen und hiernach auf Mittel zur Abhülfe zu sinnen.

Der geschäftliche Beruf des Fabrikarbeiters trägt fast in allen Stücken noch das Gepräge des Halben, Unfertigen, Werdenden. Daraus entspringen die entscheidendsten socialen Folgen. Der Fabrikarbeiter ist kein Handwerker mehr, auch kein bloßer Taglöhner, er ist eine dritte gesuchte Größe, ein X in der gewerblichen Welt, wie der vierte Stand in der socialen.

Ihr sagt: die Maschine nimmt alle grob mechanische, gedankenlose Handarbeit den Menschen ab — welcher Fortschritt zur Veredelung des gesammten Menschendaseyns! Wo der Handarbeiter früher tagelang fast unausgesetzt den Arm schwingen mußte, daß ihm der Schweiß über den ganzen Körper rann, da sitzt jetzt der Fabrikarbeiter an der Maschine, die jenen Arm darstellt, und regelt nur dieselbe mit Bequemlichkeit, braucht nicht zu schwitzen, auch nicht so unausgesetzt körperlich thätig zu seyn. Wenn der Handarbeiter alten Styles drauf los schlug, daß ihm der Kopf dampfte, so konnte er wenig denken, und mit dem Schweiß der körperlichen Anstrengung gehen nicht bloß allerlei überflüssige Säfte ab, sondern auch die überflüssigen Gedanken.

Während dagegen die Maschine für den Arm des Fabrikarbeiters hämmert, stößt, webt, spinnt, bleibt ihm selber Muße genug, mit seinen Gedanken zu weben und zu spinnen. Ist das nicht ein ungeheurer Fortschritt? Aber gerade dieses Spiel des Denkens, dieses Brüten, Sinnen und Träumen, wie es sich bei dem Bildungsstandpunkte des Fabrikenproletariats in den arbeitslosen Minuten an der Maschine von selbst ergibt, ist das social gefährliche bei dem Fabrikenproletariat im Vergleich zu den Proletariern der Handarbeit. So sind auch diejenigen Handwerker, denen bei einer sitzenden Lebensart und geringem körperlichen Kraftaufwand das Brüten und Sinnen den ganzen Tag über gestattet ist, z. B. die Schuster und Schneider, am öftesten mit communistischen und socialistischen Vapeurs geplagt. Von dergleichen Krankheitsanfällen bei Grobschmieden, Steinmetzen, Holzhauern, kurzum bei Arbeitern, die allezeit im Schweiße ihres Angesichts schaffen müssen, habe ich noch wenig gehört. Ich verkenne wahrhaftig den großartigen Fortschritt der Gesittung nicht, welcher darin liegt, daß die gröbste Arbeit mehr und mehr der Menschenhand abgenommen wird. Aber solange die Fabrikarbeiter noch auf der gegenwärtigen Stufe gewerblicher Halbschlächtigkeit sich befinden, wird dadurch mittelbar ein furchtbar ungesunder Dilettantismus der Bildung bei den Massen des Arbeiterproletariates gehegt. Da man nun den Leuten das Denken nicht verbieten soll noch kann, so wird die einzige Rettung darin liegen, daß man ihrem Geiste gesunde und naturgemäße Bildungsstoffe zuführt. Wir sehen manchmal Barren und Reck für die Erholungsstunden versessener und verkrümmter Fabrikarbeiter neben den riesigen Maschinenschornsteinen aufgebaut. Wohlan, schaffet den in ihrer Gedankenwelt versessenen und verkrümmten Leuten aus den Fabriken nicht minder die gehörigen geistigen Turnplätze! Gerade durch ihre Bildungsarmuth werden die großen Massen der untersten Fabrikarbeiter, die meist aus der Knabenschule unmittelbar an die Maschine kommen, so hülflos, durch die Bildungsarmuth werden sie dann auch weiter nicht selten so verschroben in all ihrem Dichten und Trachten. Weil diese Fabrikarbeiter, die an gewerblicher Ausbildung meist noch tief unter dem gröbsten Handarbeiter stehen, doch so viel mehr Muße zum Nachdenken haben als dieser, muß ihnen auch ein weit umfassenderer Stoff des Nachdenkens gegeben werden. Der Staat, die Gemeinde und die Genossenschaften der Fabrikherren wie der Fabrikarbeiter selbst haben hier das gleiche Interesse, Arbeiterschulen zu gründen, damit diese Proletarier aus so elendem Zwitterwesen herausgerissen werden, welches das materielle Wohl der einzelnen Arbeiter nicht weniger als die Sicherheit der ganzen Gesellschaft bedroht. Wie wenig ist noch geschehen für die geistige und sittliche Erziehung des Fabrikenproletariates! Und hintendrein kommen dann die Leute, fürchten sich vor der socialen und politischen Verschrobenheit der Fabrikarbeiter, und klagen unsere stolze Maschinenindustrie als den allgemeinen Sündenbock an, da sie doch selber keine Hand gerührt haben, den etwaigen verschrobenen Arbeitern die Köpfe zurechtzusetzen! Hier gilt es innere Mission zu üben, nicht bloß des Glaubens, sondern auch einer gesunden volksgemäßen Intelligenz.

Das Proletariat der Fabrikarbeiter ist auf halbem Wege auch in seinem Genossenleben stehen geblieben. Es hat so viel Gemeinbewußtseyn gewonnen, daß es über das Maß seiner Leiden und Gebrechen ziemlich einverstanden ist, aber den zweiten Schritt, sich auch über die Abhülfe derselben aus sich heraus zu verständigen, vermag es nicht zu thun. Es gehört also auch in diesem Betracht in das unendliche Capitel von den modernen Halbheiten. Es gibt eine große Classe des gewerblichen und industriellen Proletariats, welche noch viel elender und hülfloser ist als die Fabrikarbeiter im Ganzen genommen, und doch die Gesellschaft vorderhand durchaus noch nicht gefährdet, weil sie jenen ersten Schritt zur Corporation noch nicht gethan, und also auch wenigstens jenes negative Gemeinbewußtseyn noch nicht gewonnen haben. Die wandernden Scheerenschleifer z. B., die fahrenden Zinngießer, Kesselflicker, Korbflechter ꝛc., welche unter Sonnenbrand und Regenguß an den Straßenecken ihren jämmerlichen Verdienst sich erarbeiten, sind oft weit schlimmer daran als die Fabrikarbeiter, aber sie leben zerstreut, sie sind noch zu keinem Gemeinbewußtseyn gekommen, sie fassen ihre Noth nur vereinzelt, persönlich, sie werden daher auch höchstens nur für sich persönlich rauben oder stehlen, wenn sie auf jener Stufe der Verzweiflung angelangt sind, wo der Fabrikarbeiter als Communist den Raub an der ganzen Gesellschaft vollziehen will.

An das Gewerbeproletariat schließt sich das Handelsproletariat. Hier hat man am frühesten wahrgenommen, welche bürgerliche und geschäftliche Nichtsnutzigkeit das fahrende Leben erzeugt, und schon seit Jahrhunderten eifrig dagegen gearbeitet. Unsere alten Polizeigesetze enthalten meist die schärfsten Verfügungen gegen die wandernden Tröbler, Hausirer u. dgl., welche allezeit den Ruin des Bauern fördern halfen, früher aber noch weit mehr als jetzt. Es ist dies eine Klasse des Proletariats, deren schädliche sociale Einflüsse nicht mehr im Wachsen, sondern im Abnehmen begriffen sind. Mit jeder neuen Eisenbahnanlage wird auch eine neue Landschaft von einem Theil des Krebsschadens der Hausirer befreit. Dagegen können wir uns wohl ein Bild von dem Unheil machen, welches früher diese Leute bei den Bauern stifteten, wenn wir lesen, wie jetzt der einsame Siedler in den Wäldern Amerikas von den Hausirern betrogen und verdorben wird. Noch Justus Möser zeichnet ein Bild von der Landplage der Hausirer, dessen Farben jetzt schon allzu grell erscheinen dürften. Namentlich übten noch in der ersten Hälfte des vorigen Jahrhunderts die wandernden Specereihändler, „ohnbekannte Hausirer, Theriakkrämer, Storger und Landfahrer" einen so verderbenden Einfluß auf das Landvolk, daß wenigstens das Hausiren mit Gewürzwaaren fast überall unterbrückt wurde, „dieweil dies Hausiren nicht allein unsern Hintersaßen, Bürgern und Gewerbsleuten, sondern auch dem gemeinen Hausmann, als welcher zu Zeiten, auch ohnnöthiger Weise, zum Kaufen angereizt und umb das Seine gebracht wird, zu sonderem Schaden und Nachtheil gereicht." Ein gutes Theil des traurigen Umstandes, daß der Bauer da und dort von seiner alten Tracht und Lebensweise gelassen hat, und damit schließlich proletarischer Verlüderlichung und Zerfahrenheit verfallen ist, haben diese „Landfahrer" auf dem Gewissen. Sie sind die rechten Apostel des vierten Standes unter den Bauern gewesen, und haben hier mit ihren schlechten Kattunen, mit ihrem modischen Flitterzeug und früher mit ihren Specereien, namentlich mit ihrem Kaffee, mindestens eben so stark die Gesellschaft unterwühlen helfen, als anderwärts die Geistesproletarier mit ihren Büchern und Zeitungen. Welch schlechten Begriff man früher von diesen Hausirern gehabt, geht daraus hervor, daß die alten Gesetzgeber die Fälschung der Waare und die Ausgabe falscher oder beschnittener Münze fast als Regel bei ihnen vorauszusetzen scheinen, und darnach ihre Maßregeln treffen. Das proletarische Bewußtseyn ist bei diesen Leuten selten zum Durchbruch gekommen, gerade wie bei den wandernden Korbflechtern und Scheerenschleifern, weil sie zerstreut leben; aber desto mehr haben sie mittelbar darauf hingewirkt, das proletarische Bewußtseyn unter dem gemeinen Manne zu verbreiten. Weniger was sie sind, als was sie gethan, verdient die Beachtung des socialen Forschers.

Ganz eigenthümlich stehen die wandernden Schacherjuden inmitten dieses Handelsproletariats. Am buntesten zeigt sich hier die seltsame Mischung des umherschweifenden Lebenswandels der Heimathlosigkeit mit einem gleichsam idealen Nationalitätsbewußtseyn; ein körperschaftliches Zusammenhalten, da sie doch in der Zerstreuung leben, und beiläufig meist trotzdem wieder einer den andern in seinem Geschäft aufs giftigste verdächtigt und anfeindet. Wir finden weiter eine historische Heilighaltung der Familie im Vagabundenleben, die sie von fast allen andern fahrenden Proletariern vortheilhaft unterscheidet und eine tiefere Sittlichkeit erwarten ließe, verschmolzen mit allerlei Nichtsnutzigkeit, wo es den Betrug des Bauern gilt, mit jenem hündischen Wesen, welches sich stoßen und schlagen läßt und dem Zuchtherrn die Hand noch küßt, wenn nur dabei ein Kreuzer verdient wird. Der wandernde Schacherjude fängt mit nichts an, wie der Fabrikarbeiter, er lernt auch nichts, er bringt nur sein angestammtes Rechentalent mit ins Geschäft, er läßt sich aber durch die Kluft zwischen Arbeit und Capital nicht abschrecken, sondern schindet sich frischweg und ohne alle Socialphilosophie, bis er zuletzt selber — Capitalist geworden ist. Die Unverdrossenheit des Schacher= juden, der schwerbepackt von Dorf zu Dorf läuft und an den jämmerlichsten Gewinn die größten Strapatzen setzt, sticht seltsam ab gegen die sonstige Scheu des Juden vor jeder harten Arbeit und körperlichen Anstrengung. Noch mehr, der Schacherjude auf dem Lande, von allen Seiten gefährdet, gehaßt, angespieen, die Ueberlieferung vielhundertjähriger Schmach und Verfolgung im Herzen, empört sich nicht, wird weder Socialist noch Communist. Und doch hätte er ein unendlich größeres Recht zum Kampfe wider die historische Gesellschaft als der Fabrikproletarier. Er läßt sich um Gotteswillen anspeien und hofft auf den künftigen Messias, auf die Freuden Zions, die für einen sonst so realisti= schen und auf gleich baare Zahlung haltenden Mann in ver= zweifelt nebelgrauer Ferne liegen. Der Schacherjude fühlt die Pein nicht, daß er keinen rechten Platz in der Gesellschaft wie im Staate hat, da ihm beide höchst gleichgültig sind und ein solcher Platz durchaus nichts baares abwerfen würde. Der Fa= brikarbeiter fühlt sich als Paria; der Schacherjude aber in seinem Stumpfsinn gegen das ganze abendländische Culturleben ist ein wirklicher Paria, ohne daß er daran denkt. Die innern Widersprüche des vierten Standes sind also für ihn gar nicht vorhanden. Der jüdische Geistesproletarier, den ich oben zeich= nete, ringt nach einer Stellung in dem modernen Staate, in der modernen Gesellschaft; für den fahrenden Schacherjuden hat ein solches Ringen gar keinen Sinn. Der jüdische Geistesprole= tarier hat mehrentheils gebrochen mit seinem alten Volksthum, mit seiner väterlichen Sitte, er sucht eine neue und steht solcher= gestalt zwischen Thür und Angel. Der Schacherjude lebt aber trotz aller äußern Störungen in seiner alten Sitte, er hat in dem Bewußtseyn derselben jenen festen Platz ererbt, den er in der

modernen Gesellschaft nicht erst zu suchen braucht. Er lebt in
dem Traum der Vergangenheit, wie der jüdische Geistesproletarier im Traume der Zukunft. Der Traum der Vergangenheit
ist die Reaction, der Traum der Zukunft die Revolution. Das
corporative Zusammenhalten mit seinen Genossen hat ihn dem
Bauersmann so gefährlich gemacht, der Gesellschaft im Ganzen
wird er durch das nämliche unschädlich. Er ist ein armer Teufel,
ein heimathloser, geschundener, mit Füßen getretener Mensch, er
lebt mit den bevorrechteten Gliedern der Gesellschaft auf dem
Kriegsfuße, aber nicht mit den Vorrechten der Gesellschaft, das
modern proletarische Bewußtseyn der innern Widersprüche seiner
Stellung fehlt ihm, und darum ist er doch immer nur — Candidat des vierten Standes.

Ganz ähnlich wie mit dem wandernden Schacherjuden verhält es sich mit dem Zigeunerproletariat, welches sich in einigen
Gebirgsgegenden Deutschlands noch erhalten hat. Auch hier gibt
der Nachhall der alten Clanverfassung und das Familienleben
dem verkommenen und verdorbenen Wandervolke einen eigenthümlichen socialen Halt. Bei dem Landvolke herrscht in manchen
Gegenden die Ansicht, welche früher wenigstens wohlbegründet
gewesen seyn mag, daß man den Zigeuner ohne Furcht vor
Diebstahl bewirthen dürfe, wofern er auch sein Nachtlager im
Hause nehme, daß er aber allezeit da zu stehlen suche, wo er
bloß Speise und Trank zu sich nehme und dann wieder weiter
ziehe. In dieser Ansicht ist jedenfalls die zwiefältige sociale
Stellung, welche der Zigeuner mit dem Wanderjuden theilt, sehr
gut versinnbildet. Sofern er der Familie, dem Haus, und sey
es auch nur für eine Nacht, angehört, ist er ein Freund der gesellschaftlichen Ordnung; wo er sich's aber bloß gönnt, im Vor-
beigehen seinen Wanderstab hinzustellen, wird er sofort ein Feind
dieser Ordnung, wenn auch nicht der Gesellschaft selber.

In dem Maße als dieses niederste wandernde Handelsproletariat in neuerer Zeit abgenommen hat, beginnen übrigens die vornehmen wandernden Handelsleute zuzunehmen. Die

vagabundirenden Makler und Agenten, die hausirenden Handlungsdiener, die fahrenden Subscribentensammler und Actienschwindler sind für die Städte eine eben so große Plage geworden, wie weiland die „Storger und Theriakkrämer" für das Land, und haben theilweise bereits ganz ähnliche Polizeiverfügungen hervorgerufen, wie ehedem ihre minder eleganten Genossen.

Von dem entarteten Bauer habe ich in dem Abschnitt von den Bauern ausführlich geschrieben. Wir haben noch kein Recht, die entarteten Bauern unter der Rubrik vom „vierten Stande" abzuhandeln. Das Gemeinbewußtseyn eines „Bauernproletariats" haben sie wenigstens in Deutschland noch nicht gefunden. Aus dem Gesichtspunkte des vierten Standes betrachtet, fallen sie daher in eine Klasse mit jenen proletarischen Künstlern und Handwerkern, die zwar zum Ruin der Künstlerschaft und des Gewerbestandes sattsam beitragen, doch ohne darum bereits die Rolle einer bewußt verneinenden Gesammtgruppe gegenüber der Gesellschaft übernommen zu haben. Das Bauernthum erscheint uns hier wohl verwittert, aber das verwitterte Bruchstück hat sich noch nicht zu einer socialen Neubildung abgelöst.

In einer Zeit, wo eine bedeutsame industrielle Erfindung die andere drängt, ist es natürlich, daß dieser Erfindungsgeist seinen Charlatanismus und ebendamit auch sein eigenthümliches Proletariat erzeugt hat. Eine ganze Gruppe großstädtischer Proletarier lebt von diesem Charlatanismus und prellt durch die fortlaufende Schwindelei mit neuen Entdeckungen, Erfindungen und Enthüllungen den arglosen Philister der Art, daß dieser Berufszweig ebenso gut dem Gebiete der Criminalstatistik als der socialen Wissenschaft anheimfällt.

An jeden neuen Anstoß im gewerbenden, wissenschaftlichen und politischen Leben hängt sich sofort ein eigenes Proletariat, welches wenigstens auf ein paar Monate Profession aus der neuen Errungenschaft macht. So hat unsere letzte politische Bewegung ein selbständiges Proletariat geschaffen, welches von der Revolution nicht bloß geistig, sondern auch mit Mund und Magen zehrte. Zu den sieben freien Künsten, die Rhabanus Maurus als bei den Deutschen im Schwange gehend aufzählt, war als achte die Kunst der Wühlerei erfunden, und sie nährte geraume Zeit besser ihren Mann, als manche andere Kunst. Dies gehört eben auch zu dem ewig schwankenden, unfertigen Wesen des vierten Standes, daß in stetem Wechsel neue Gruppen desselben über Nacht wie Pilze aufschießen und am nächsten Abend schon wieder verfault sind, um andern Platz zu machen. Wie der Begriff des vierten Standes sich nur annähernd geben läßt, so wird die Bilderreihe seiner einzelnen Bestandtheile noch viel weniger vollständig seyn können. Wer vermag beispielweise den Umfang jener in sich selbst verschwommenen Gesellschaftsgruppe auszumessen, welche man in der Stadt unter dem Namen der „Bummler," auf dem Land unter dem Namen der „Strohmer" zusammenfaßt!

Fünftes Kapitel.

Das Standesbewußtseyn der Armuth.

Wie bei den Bauern und dem Grundadel der feste liegende Besitz vorwaltet, bei den Bürgern dagegen das Ringen nach dem Erwerb in erste Linie tritt, der feste Besitz in die zweite, so fällt bei dem vierten Stande der feste Besitz fast ganz weg, und ihm ist nichts übrig als die Arbeit. Er ist in diesem Betracht ein zum einseitigen Extrem verflüchtigtes Bürgerthum. Der Proletarier zählt nationalökonomisch nur durch seine eigene Person, durch Kopf oder Arm. Seine Standesehre ist die Ehre der Arbeit. Daraus mag ein stolzes, berechtigtes Selbstgefühl quellen, aber eben so leicht Neid und blinde Selbstüberhebung. Der besitzlose Arbeiter erfährt an sich im günstigen Falle nur die sittlich veredelnde Kraft der Arbeit. Daß auch das Festhalten des ererbten und erworbenen Besitzes sittlich läuternd wirken könne, begreift er nicht. Und doch zeigt uns täglich der Ruin so mancher wohlhabenden Familie, wie das Zurathehalten des Erworbenen oft eine weit härtere Tugendprobe sey, als das Zusammenraffen des Erwerbes. Geld einzunehmen verstehen gar viele, Geld auszugeben nur wenige.

Indem dem vierten Stande lediglich die Arbeit ohne den Besitz geblieben ist, tritt er in Gegensatz zu der ganzen übrigen mehr oder minder besitzenden Gesellschaft. Diese Thatsache hat man mit einem sehr einseitig gewählten Ausdruck als das „Mißverhältniß der Arbeit zum Kapital" bezeichnet. Dieses Mißverhältniß soll ausgeglichen werden durch irgendeine neue

„Organisation der Arbeit." Man spricht dabei von einer „Vertheilung des Besitzes," als ob irgend Jemand denselben willkürlich ausgetheilt hätte, als ob nicht die Mannigfaltigkeit des Besitzes und Nichtbesitzes eben so nothwendig für den Einzelnen wäre, wie Geburt, Talent und dergleichen Dinge, über welche kein Mensch hinauskommen wird, so lange die Welt steht. Nur wer immer bloß den einzelnen Menschen statt der Gesellschaft ins Auge faßt, kann von einer „ungerechten Vertheilung" des Besitzes reden. Der Gedanke, eine systematisch gerechte Vertheilung des Besitzes einzuführen, ist dem vergleichbar, wenn einer systematisch das Wetter machen wollte, so daß jeglicher für jeden Tag und jede Stunde das seinem besonderen Zwecke und Vorhaben erwünschte gute Wetter bekäme. Damit, daß es aber der eine ausschließlich gut erhielte, erhielten's eben tausend andere wieder schlecht und am Ende müßte alles zu Grunde gehen.

Gerade in dem sogenannten Mißverhältnisse der Arbeit zum Kapital, in der ungleichartigen Zusammensetzung der Gesellschaft liegt das persönlich menschliche derselben. Bei der Gesellschaft der Hunde, der Pferde, des Rindviehs u. s. w. herrscht vollständige sociale Gleichheit. Die völlige Ausgleichung der gesellschaftlichen Gegensätze ließe sich nur herstellen durch ein goldenes Zeitalter der allgemeinen Dummheit und des allgemeinen Elendes, nicht' aber der völlig gleichmäßigen Bildung und des völlig gleichmäßigen Besitzes. Dieses Gelüsten nach allgemeiner Gleichmacherei der Gesellschaft ist jedenfalls die maßloseste Reaction, denn sie greift viel weiter zurück als zum Mittelalter, sie greift zurück auf Adam und Eva. Wenn einmal das Feigenblatt wieder das allgemein menschliche Costüm geworden ist, dann erst haben alle Standesunterschiede aufgehört.

Ich möchte die Existenz in den verschiedenen Gruppen der Gesellschaft vergleichen mit dem Leben des Menschengeschlechtes in den verschiedenen Erdzonen. Ist es nicht schreiend ungerecht, daß der Eskimo im Norden, der Feuerländer im Süden stumpfsinnig verkümmert, indeß dem üppigen Orientalen die süßesten

Früchte in den Mund wachsen, und die Bewohner der gemäßigten Himmelsstriche geradezu von der Luft gescheidt werden und weltbeherrschend dazu? Warum gleicht ihr dieses Mißverhältniß nicht aus, warum verpflanzt ihr die Eskimos nicht nach Italien, die Feuerländer nach Griechenland? Und dennoch wird dies gerade wieder als ein Zeugniß von der Majestät des Menschengeschlechtes gepriesen, daß er unter allen Klimaten sich eigenthümlich entwickelt, überall dasselbe und doch überall ein anderes! So quillt auch die Majestät der Gesellschaft als eines lebensvollen Organismus aus der wunderbaren Biegsamkeit, mit welcher der Gesellschaftsbürger in jeder socialen Zone, auch in der Eiszone des untersten Proletariates sich individuell zu entwickeln vermag.

Das Moment der Arbeit ohne die Grundlage des Besitzes ist es aber nur theilweise, was den Proletarier, was das Glied des vierten Standes macht. Der Widerspruch seiner socialen Anforderungen mit seiner wirklichen Existenz, der Bruch mit der geschichtlichen Gliederung der Gesellschaft und die daraus hervorspringende Zerfahrenheit und Vereinzelung sind die eigentlich charakteristischen Kennzeichen. Nun haben aber leider die Arbeiter selbst den falschen Feldruf ergriffen und statt der „Organisation des Arbeiterstandes" die „Organisation der Arbeit" auf ihre Fahne geschrieben. Die socialen Theoretiker, welche die hier zu Grunde liegende Begriffsverwirrung angestiftet, mögen zusehen, wie sie dies verantworten können; sie haben mehr dazu beigetragen, den Arbeiter elend zu machen, als es die „Herrschaft des Kapitals" gethan, denn sie haben ihm den einzig rettenden Gedanken aus der Seele hinaus disputirt, daß der Arbeiterstand sich aus sich selber reformiren und also auch sich aufhelfen könne, ohne daß er vorerst so beiläufig die ganze Welt zu reformiren brauche.

Es ist übrigens höchst bezeichnend, daß der vierte Stand bis zum letzten Fabrikproletarier abwärts sich fort und fort mit der theoretischen Erörterung seiner Stellung in der Gesellschaft quält. Diese Angstfrage der gesellschaftlichen Stellung liegt den ächten Söhnen der übrigen Stände weit ab. Schon der einzige Umstand, daß das Proletariat über sich selber, als über eine sociale Erscheinung philosophirt, reicht hin, um zu beweisen, daß der vierte Stand eine durch und durch moderne Erscheinung ist. Und zwar gehört diese theoretische Selbstschau des vierten Standes wieder wesentlich nur dem alten Europa an. Sobald der Proletarier in die neue Welt kommt, wo noch keine verwitternde Gesellschaft sich abzubröckeln beginnt, läßt er die theoretische Frage der socialen Existenz fallen und versucht einmal wieder ganz ohne Reflexion zu existiren, falls er nicht verhungern will.

Rapp mußte in seiner communistischen Colonie den guten Platz im Himmel von der regelmäßigen Arbeit in der Colonie abhängig machen, er mußte seinen Kindern die Ruthe des Despoten zeigen, damit sie in dem freien Amerika den Geschmack an der socialen Gleichheit nicht verlören. Der Proletarier wühlt in Europa die Pflastersteine auf, um gegen Staatseinrichtungen zu kämpfen, von denen er sich gar selten persönlich belästigt fühlt, und für Verfassungsideale, die über seinem Gesichtskreise liegen, weil er glaubt, daß mit der alten Staatsordnung auch die alte gesellschaftliche falle, weil man ihm gesagt hat, daß, wofern er die Monarchie ausstreiche, auch das Wort der Schrift ausgestrichen sey: „Im Schweiße deines Angesichts sollst du dein Brod essen." Und wenn er nun in die neue Welt kommt, wo die alte Staatsordnung nicht besteht, dann findet er, daß die neue Gesellschaftsordnung, für welche er sich daheim hat blutig schlagen lassen, hier noch immer als eine unerträgliche Sklaverei sich bewährt hat.

Die „Massenarmuth" ist das Gespenst, vor welchem eine Zeit wie die unsrige, die Wohlleben und Reichthum zu einem Selbstzweck des Menschendaseyns gemacht hat, entsetzt zusammenschrickt. Aber die Massenarmuth des gemeinen Mannes wird nur da gefährlich, wo die Massenfaullenzerei der begüterten Leute ihr gegenübertritt. Der hat kein Recht mitzureden über den Empörungsgeist des besitzlosen vierten Standes wider die

Besitzenden, der nicht selber, hoch oder gering, im Schweiße seines Angesichtes sein Brod ißt. Erst seit Nichtsthun auch im Bürgerstande für vornehm gilt, ist die Massenarmuth ein Schreckwort geworden. Die Massenarmuth an sich ist kein Kind der neueren Zeit. Es bedarf nur eines gründlichen Einblickes in die Bücher der Geschichte, um die Ueberzeugung zu gewinnen, daß im Gegentheil die Massenarmuth im Laufe der Jahrhunderte sich ununterbrochen verringert habe. Aber durch die Hoffart, mit welcher der sich selbst vergötternde Reichthum den verarmten Massen entgegentrat, ist in den grollenden Seelen der Armen jenes Selbstbewußtsehn des Pauperismus geweckt worden, welches im Fiebertraum des Hungerwahnsinnes den Besitz für einen privilegirten Diebstahl ansieht. Wie wollt ihr, deren Götze der Reichthum ist, mit dem Armen rechten, weil er mit dem Knüttel und mit Pflastersteinen diesen Götzen zerschmettern will, wie der Jehovah des alten Bundes heischt, daß man die Götzenbilder zerschmettere? Der Verdienst der arbeitenden Classen war in alten Zeiten ein verhältnißmäßig weit geringerer als gegenwärtig, ja das eigentliche Proletariat ist vordem in weit furchtbareren Schaaren vorhanden gewesen, aber die Schreckgestalt des modernen „Pauperismus" hat gerade erst mit der Besserstellung der unteren Classen und mit der gleichzeitig wachsenden Ueberschätzung des Besitzes ihren Anfang genommen.

Werfen wir einige flüchtige Blicke auf dieses merkwürdige Phänomen in der Geschichte des Elendes.

In der nassau-katzenelnbogischen Polizeiordnung von 1616 findet sich ein langer Abschnitt über das fahrende Proletariat, der uns ein trauriges Bild entwirft, wie sehr damals eine arme, ackerbautreibende, von großen Städten entblößte, also für das Vagabundenthum jedenfalls sehr unergiebige Gegend von wandernedem Gesindel und Strohmern aller Art überschwemmt war. Schon die Menge der Arten und Unterarten, nach welchen obige Polizeiordnung diese Proletarier gliedert, zeugt für die Masse derselben. Da ist die Rede von „herrenlosen und gartenden

Knechten, Sonnenkrämern, Knappsäcken, Zigeunern, Mordbrennern, reislaufenden Burschen, Spitz- und Lotterbuben" u. s. w. Es wird verfügt, daß, wo die Heuschreckenplage der Zigeuner in Massen angezogen käme und Gewalt drohete, die Sturmglocken geläutet werden sollen, damit die gesammte Gemeinde die Landstreicher abwehren könne. Was will unser heutiges Vagabundenthum angesichts von Zuständen bedeuten, die solche Verordnungen nöthig machten! Von den Bettlern wird als etwas häufig vorkommendes angeführt, daß sie ihre gesund geborenen Kinder verstümmelten und lähmten, damit dieselben nachgehends als Krüppel ihr Brod sich müheloser erbetteln, denn mit gesunden Gliedern erarbeiten möchten. Dergleichen mag jetzt wohl noch vereinzelt in großen Städten vorkommen, wenn dagegen in einem abgelegenen Bauernlande, wie es heute noch die Grafschaft Katzenelnbogen ist, ein solches Verbrechen so häufig war, daß ein Gesetz dagegen erlassen werden mußte, auf welche Stufe mußte da das Bettelvolk herabgesunken seyn!

Einzelne Formen des Proletariates sind wohl neu erstanden in der modernen Gesellschaft, aber andere sind dafür ausgestorben. Würde sich das militärische Proletariat, wie es am Ausgange des Mittelalters existirte, bis auf unsere Zeit fortgeerbt haben, dann wäre wohl längst kein Stein der gesellschaftlichen Ordnung mehr auf dem andern. Die Gefahr, welche man jetzt in aufgeregten Zeiten von der Hefe der großstädtischen Massen fürchtet, erscheint wie eine Spielerei gegen die frühere Bedrängniß des Einzelnen wie der Gesammtheit durch die brodlosen Schaaren entlassener Kriegsknechte. Als Kaiser Friedrich III. von König Karl von Frankreich 5000 solcher Leute begehrte, schickte ihm derselbe 40,000, um sie nur los zu werden, und nur mit äußerster Mühe und unter Androhung eines Reichskrieges vermochte man diese zügellosen Horden, die sich selber Armagnaken nannten, der Volksmund aber „arme Gecken," wieder nach Frankreich zurück zu spediren. Schwärme ähnlicher, fast nur auf den Raub angewiesener Proletarier zogen fortwährend im Reiche umher.

Wie winzig erscheint neben diesen stehenden Heeren des Elendes und der Verzweiflung die kleine Rotte militärischer Proletarier, wie sie in den letzten zwei Revolutionsjahren von Krawall zu Krawall zog, um endlich in Baden und Ungarn Auflösung und Untergang zu finden! Nur ein kleiner Unterschied machte diese Rotte so viel gefährlicher als jenes stets neu sich rekrutirende Armeecorps: die broblosen Landsknechte der alten Zeit befehdeten den einzelnen Besitzer, die broblosen Landsknechte unserer Tage den Besitz.

Hortleber in seinem Urkundenbuche „von den Ursachen des deutschen Krieges" theilt ein Verzeichniß und höchst interessantes steckbriefliches Signalement von etwa hundert Proletariern mit, die im Jahre 1540 die Lande der Fürsten des Augsburgischen Bekenntnisses durch Brandstiftungen verwüsteten. Diese armen Teufel hatten sich für ein wahres Spottgeld — meist fünf Gulden auf den Mann — zu jener systematischen Mordbrennerei anwerben lassen, obgleich sie wohl vorher wissen konnten, daß der Thurm und der Galgen rasch das Ende vom Lied seyn werde. Wenn man nun aus der so geringen Verwerthung der Arbeitskraft auf die größere Armuth der alten Zeit schließen kann, wie viel einleuchtender wird dann noch der Schluß, wenn man erwägt, daß das gräßlichste Verbrechen um so billigen Preis erkauft werden konnte, ja daß die Hingabe von Leib und Leben so wohlfeil zu haben war! Welch ein armseliges Leben muß es gewesen seyn, das eine ganze Schaar von Menschen für solchen Spottpreis losschlug!

Fast bei jedem kleinen Neste hatte man ja damals einen Galgen aufgebaut, der großentheils dem Schutze des Besitzes gewidmet war, und ein Schluß aus der Statistik des Verbrechens auf die Statistik der Armuth hat immer eine annähernde Richtigkeit. Und dennoch war das große Elend damals lange nicht so furchtbar anzuschauen als jetzt das so viel kleinere. Der Armuth fehlte noch das Bewußtseyn ihrer eigenen Lage. Die Bettler glaubten, daß sie Bettler von Gottes Gnaden seyen, wie die Könige ihren Stuhl auf Gottes Gnade gründeten. Sie erfaßten ihre Armuth als die unerforschliche Fügung des Himmels und waren resignirt in diesem Glauben. Sie grübelten nicht über den Unterschied zwischen Reich und Arm, und fragten nicht murrend an: warum es nun einmal so und nicht anders geordnet sey? Sie nahmen eine Hungersnoth hin wie man Regen und Sturm und böses Wetter hinnimmt, sie sahen Hunderte neben sich verschmachten und verderben, ohne daß dadurch der Gedanke des Aufruhrs gegen die Reichen in ihnen entbrannte. Die Fehde wider den Reichthum war noch nicht zu einem Standesbewußtseyn geworden; es gab Proletarier, aber keinen vierten Stand. Es ist in alten Chroniken erzählt von einer Hungersnoth, die im Jahre 1601 in Liefland ausgebrochen, wo viele Bauern im Hungerwahnsinn ihre Nachbarn und Verwandten erschlugen, um sich an ihrem Fleische zu sättigen. Der Henker kam zuletzt und hielt mit Galgen und Rad Abrechnung über das grauenhafte Mahl und dann — war es wieder still, und es steht nirgends geschrieben, daß hier, auf der letzten Stufe des Elends, die Armen sich zusammengethan und die Faust erhoben hätten wider die Reichen.

Noch am Ende des fünfzehnten Jahrhunderts nannten sich die Bauern in verschiedenen Gegenden Deutschlands selber „arme Leute," und führten diesen Namen als einen ganz ehrbaren Titel, der ihnen in ihrer Ueberzeugung eben so nothwendig und unabänderlich zukam, wie den Glücklicheren das Prädicat von Rittern und Herren. Der Neid des Besitzlosen gegen den Besitzenden mochte bestehen, aber er war nicht organisirt. Das Proletariat fühlte sich trotz seiner furchtbaren Ausdehnung durch keine gemeinsame Idee verknüpft. Dieses Gemeinbewußtseyn des Proletariats als eines vierten Standes ist, ich wiederhole es, erwacht in der Opposition gegen den Müßiggang der Besitzenden, gegen die Selbstüberhebung des Reichthums, gegen den modernen Götzendienst des Mammons. In den Wäldern Nordamerika's mögen auch viele Tausende der elendesten Proletarier umherschweifen, dennoch wird man dort jetzt noch eben so wenig von den Gefahren des Proletariates, von dem Pauperismus, von einem vierten Stande reden können als ehedem in Deutschland. Erst da wo die Armuth sich reibt mit dem Uebermuth des Besitzes, wo der Arme auf engem Raum mit dem Reichen zusammengedrängt sich der socialen Unterschiede klar bewußt wird, erst da erhebt sich das Gespenst des Pauperismus. Erst als das Licht der allgemeinen Bildung auf die Armuth fiel, erkannte sie, wie gar arm sie sey. Der vierte Stand umschließt die zum socialen Selbstbewußtseyn erwachte Armuth, und die Thatsache, daß die Armuth vor hundert Jahren weit größer gewesen ist als in dieser Stunde, wird nie wieder den einmal erwachten Neid des Armen gegen den Reichen wegtilgen können. Wäre der Pauker von Niklashausen, wäre Thomas Münzer mit seiner socialen Predigt bei der Masse des Volkes durchgedrungen, so würden die Begriffe des Pauperismus und des vierten Standes nicht von heute datiren, sondern aus dem sechzehnten Jahrhundert. Der Bauernkrieg zeigte das erste Aufleuchten des Selbstbewußtseyns der Armuth, aber sein trauriger Ausgang bekundet zugleich, daß das Volk eben wegen seines fürchterlichen Elends nur erst eine dämmernde Vorahnung dieses Bewußtseyns gewonnen hatte. Kam doch der gelehrte Hesse Mutianus auf den kuriosen Gedanken, der in unsern Tagen fast bei jedem verunglückten Aufstande von den Unterliegenden geltend gemacht worden ist, daß die reichsstädtischen Kaufleute und Juden (also „Bourgeois" und „Geldsäcke") den ganzen Bauernkrieg künstlich angezettelt hätten, um durch die Bauern die Fürsten zu stürzen, und dann eine Art von venetianischer Kaufmannsrepublik und Geldaristokratie in Deutschland einzuführen.

Als im Jahr 1349 das „große Sterben" gekommen war, und das Elend aufs Aeußerste überhandnahm, erfolgte nicht etwa ein Krawall, wie wir es in den dreißiger Jahren aus Anlaß der Cholera in Italien erlebten, sondern der großartige weltgeschichtliche Bußgang der Geißelfahrer. Dieser Gegensatz dünkt mir weit bezeichnender für die Geschichte des Elends, als die Vergleichung der frühern Arbeitslöhne mit den gegenwärtigen.

Solange der Reichthum auf der einen Seite noch nicht fest geschlossen war, konnte auch auf der andern das Selbstbewußtseyn der Armuth nicht erwachen. Fürsten und Ritter sanken selbst oft genug zeitweilig in höchst proletarische Zustände herab, was bei aller Schroffheit der Standesunterschiede immerhin ein Trost für den armen Mann gewesen seyn mag. Diese Versöhnung der Stände in der Gemeinschaft des Leidens und der Entsagung hat sich das Mittelalter gar herrlich in dem Sagenkreise von der Landgräfin Elisabeth von Thüringen versinnbildlicht. Dagegen traf der Haß des Armen schon früh genug die Klasse, welche das Geld am festesten in Händen hielt, welche in rohem Materialismus den Gelderwerb als Selbstzweck auffaßte und das wahre Apostelthum für den modernen Cultus des Reichthums übernommen hatte, nämlich die Juden. In diese Rolle der mittelalterlichen Juden droht jetzt die ganze besitzende Classe gegenüber den Proletariern zu treten, und jene Wuthausbrüche des durchwühlten Pariser Proletariats, wie sie im Juni 1848 so schaurig aufflammten, ließen sich leicht mit dem Fanatismus des niedern Volks bei den Judenmetzeleien in eine durchgeführte Parallele setzen.

Jener aussätzige Barfüßermönch, der im vierzehnten Jahrhundert in so schönen schwermüthigen Liedern sein eigenes Elend besang, war auch ein literarischer Proletarier, und wohl wenige unserer hungernden Literaten möchten Lust haben mit seinem Loos zu tauschen. So pflanzte sich das literarische Proletariat herauf durch alle Geschlechter, von Cardanus, in dem ich ein rechtes Urbild des modernen Literaten erblicke, der aber seine Zerrissenheit und seinen Kummer mannhaft wegphilosophirte, bis auf die schreibenden armen Schlucker des achtzehnten Jahrhunderts; es erschien oft in weit kläglicherer Gestalt als heutzutage; aber noch vor fünfzig Jahren wurde aus dem armen Poeten ein Lorenz Kindlein, wenn es hoch kam, ein Faustischer Zweifler, der den Himmel stürmte: jetzt geht man weit über den Himmel hinaus: man stürmt die Gesellschaft. Es bringt daher keinen Trost für den gegenwärtigen Zustand der Verarmung, wenn man in Zahlen haarscharf nachrechnet, daß die Armuth in frühern Zeitläuften viel größer gewesen sey. Die Armuth von damals und von heute sind ganz ungleichartige Größen, mit denen sich gar nicht gegeneinander rechnen läßt. Nicht die (täglich abnehmende) Massenverarmung als solche bildet das Gespenst des Pauperismus, sondern das täglich zunehmende Bewußtseyn der Massen von ihrer Armuth. Die Notizen zu einer Geschichte der Armuth fließen in den alten Quellenschriften so sparsam, weil die Armuth zu selbiger Zeit noch gar nicht als eine bewegende und zerstörende Macht im politischen und socialen Leben angesehen wurde, sondern als eine Thatsache der Privatexistenz, die sich ganz von selbst verstehe, die von Gott einmal geordnet sey wie Sommer und Winter, Tag und Nacht. Sonst würden die in allem Einzelwerk so scharfblickenden und gerade die kleinen Züge des öffentlichen Lebens mit der größten Liebe zusammentragenden städtischen Chronisten gewiß ein reichliches Material geliefert haben.

Das Bewußtseyn der Massen von ihrer Armuth, die corporative Erhebung der besitzlosen Arbeiter zur Erkämpfung ihres socialen Rechtes war freilich schon einmal weltgeschichtlich geworden, aber nicht im germanischen Volksleben, sondern im römischen Alterthum. Viel eher müssen wir auf den Sclavenkrieg des Spartacus, auf die Unruhen der Gracchen zurückblicken, als auf das germanische Mittelalter, wenn wir die ersten Ansätze zur Bildung des vierten Standes, als der zum socialen Selbstbewußtseyn erwachten Armuth aufspüren wollen. Diesen Unterschied hat schon Shakespeare aufs feinste herausgefühlt. In überraschend wahren Zügen schildert er das ganze Behaben des sein Recht ahnenden Proletariates im Coriolan. Es zeugt für den göttlichen Seherblick des großen Poeten, für seinen wunderbaren historischen Instinct, daß er in einem römischen Stück dieses Proletariat zeichnet, für welches in den Tragödien aus der englischen Geschichte kein Raum gewesen wäre; denn zu Shakespeare's Zeiten gab es wohl arme Teufel in England, aber kein zum socialen Bewußtseyn sich aufringendes Proletariat.

Ich bemerkte oben, daß alle Stände durch ihre socialen Sünden Geburtshelfer bei dem vierten Stande gewesen seyen. So sind es auch wieder vorzugsweise die Sünden der besitzenden Klassen, welche die Verkehrtheiten der socialistischen und communistischen Lehren bei den Besitzlosen einimpfen und fortpflanzen halfen. Darüber spricht Vilmar, bei dem man gewiß keine zu große Vorliebe für das communistische Proletariat, keine übertriebene Feindschaft gegen die Aristokratie des Besitzes argwöhnen wird, in seinen Schulreden folgendes schlagende Wort:

„In unserer Mitte, in unsern Gesellschaften, in unsern Familien, in unsern Herzen wohnt schon der Communismus. Wir selbst sind Communisten. Ehe wir die Franzosen, ehe wir unsern Landsmann, den Schneider Weitling und seine Helfershelfer, strafen und richten, wollen wir uns selbst richten und strafen. Oder hat nicht die Begierde nach einem behaglichen, mit allen Reizen der modernen Bequemlichkeit ausgeschmückten Leben bei uns in den letzten Jahrzehnten auf eine schreckenerregende Weise zugenommen? Ist nicht die Putzsucht, die Kleiderpracht, der Modehunger bei uns in einer Weise im Schwunge, wie sie seit dem sechzehnten Jahrhundert nicht gewesen sind? Achten wir denn wohl ein Leben, welches nicht mit reichen Möbeln, schwellenden Polstern, sybaritischen Betten, mit goldenen Uhren und Ketten, mit ächten Ringen und Knöpfen, und mit all dem tausendfältigen namenlosen Flimmer und Flitter reichlich ausgestattet ist, noch für ein Leben? Ist nicht der Genuß dieses Comforts und das Prangen mit demselben, ist nicht das von Jahr zu Jahr verschwenderischer gewordene Gesellschaftsleben uns eine völlig unentbehrliche Bedingung unsers Daseyns geworden? Uebernehmen wir denn nicht Geschäft und Amt hauptsächlich, wo nicht einzig, um zu diesen Dingen zu gelangen? Trachten wir denn nicht, es jedem besser Eingerichteten, kostbarer Gekleideten, theuerer Lebenden und glänzender Bewirthenden gleich zu thun, ja ihn zu übertreffen? Sind wir denn — die Hand aufs Herz! — sind wir denn zufrieden, wenn wir in eben diesen Dingen des sinnlichen Genusses nicht alles haben können, was der andere auch hat? Spielen denn nicht, und zwar in ganz eigentlichem Sinne, die goldenen Uhren und die Flaschen Champagner bei uns ganz dieselbe Rolle, die sie in den Augen des communistischen Handwerksgesellen spielen? Und wir wären nicht innerlich Verbündete des Communismus?" Und dann wendet der Redner später folgende Worte über die alle Stände versöhnende Ehre der Arbeit an seine jugendlichen Zuhörer: „Ihr sollt nicht mitdenken den heutigen Gedanken aller Welt: möglichst wenig Arbeit, möglichst reiche Besoldung, sondern ihr sollt arbeiten wollen um zu dienen, ihr sollt arbeiten wollen ohne Entgelt, um der Arbeit willen, um des Nächsten willen, um Gottes willen. Gehet ihr mit diesen Gesinnungen nicht voran, wie wollt ihr denn bereinst verlangen, daß die Stände, welche ihr zu leiten bestimmt seyd, euch folgen sollen, wenn ihr ihnen Beschränkung und Genügsamkeit predigt? Niemals ist es weniger am Orte gewesen als in diesen Zeiten, sich seiner begünstigten Stellung im Leben, seines Reichthums, seiner Bequemlichkeit, seiner Genüsse zu überheben, sich als den privilegirten Herrn, der nur Ansprüche zu machen habe, zu betrachten, alle andern als seine Diener, die nur da seyen, um Ansprüche zu befriedigen. Abgesehen davon, daß dies unter allen Umständen unchristlich ist, so ist es heutzutage nicht einmal klug. Je mehr ihr euch überhebt, desto gewisser wird der Sturm des Communismus noch gegen euch, vielleicht in wenigen Jahrzehnten, ausbrechen!"

Ich habe eine Masse von Einzelzügen über den vierten Stand zusammenstellen müssen, ohne daß dieselben an so bestimmte verbindende Fäden gereiht wären wie bei den übrigen Ständen. Dies liegt in der Natur der Sache. Der vierte Stand fließt in eine unendliche Mannichfaltigkeit selbständiger Gebilde auseinander, weil bei ihm die zerfließenden Bestandtheile der alten Gesellschaft in einem allgemeinen Gährungsproceß begriffen sind. Im System der Gesellschaft findet er seine Stelle als Ganzes, in der Praxis des öffentlichen Lebens wird man stets wieder auf seine verschiedenen Gruppen zurückgreifen und dieselben im einzelnen behandeln müssen. Der vierte Stand läßt sich auch durchaus nicht wie die Aristokratie, das Bürger- und Bauernthum unter einen einzelnen bestimmten staatsmännischen Gesichtspunkt zusammenfassen. Es gibt nichts verderblicheres als nach einem Geheimmittel gegen den verneinenden Geist des vierten Standes im allgemeinen zu spüren und etwa vorauszusetzen, wenn man irgendwie Mittel und Wege auffände, um das Mißverhältniß zwischen Arbeit und Capital auszugleichen, dann sey damit das moderne Proletariat und der proletarische Geist aus der Welt verbannt. Durch dieses Verfahren ist erst die rechte Dunkelheit in die sociale Frage des vierten Standes gebracht worden. Nur indem man in die Fülle des individuellen Lebens hinabsteigt, kann man wieder zu klaren Anschauungen des vierten Standes kommen. Mit dem neuen Begriff des vierten Standes, den man dadurch gewinnt, wird man zu der Einsicht gelangen, daß die Angstfrage des modernen Proletariats weit mehr eine ethische ist als eine bloße Geldfrage, obgleich bei einzelnen Gruppen das ökonomische Moment bedeutungsvoll genug hineinspielt. Dies haben wenigstens jene Theologen erkannt, welche die innere Mission vorwiegend als die werkthätige Liebe des Evangeliums angesichts der Entsittlichung und Zerfahrenheit des vierten Standes betrachten. Aber die Theologen und die liebeseifrigen Christen überhaupt reichen hier allein so wenig aus als die Finanzmänner oder die Nationalökonomen allein. Der vierte Stand hat der ganzen historischen Gesellschaft den Fehdehandschuh hingeworfen, darum muß auch die ganze historische Gesellschaft denselben aufheben, nicht zu einem Kampfe des Hasses, sondern zu einem Kampfe der Liebe. Hierin liegt die bewegende Kraft des vierten Standes in ihrer tiefsten Bedeutung, und sie ist eine riesige Kraft. Wenn die Aristokratie, wenn das Bürgerthum, wenn die Bauernschaft sich selber reformiren, dann reformiren sie damit die verschiedenen aus diesen einzelnen Ständen hervorgegangenen Gruppen des vierten Standes.

In dem großartigen Epigramm, welches der vierte Stand dadurch auf sich selber gemacht hat, daß er durch das Bemühen alle Stände zu zertrümmern, doch nichts weiter zuwege brachte, als schließlich in seiner eigenen Person den alten positiven Ständen einen neuen negativen hinzuzufügen, in diesem tief ironischen Epigramm hat er selber den archimedischen Punkt gezeigt, auf welchem der Hebel zu seiner Reform anzusetzen ist. In dem Maße, als der Trieb zur körperschaftlichen Gliederung beim Adel, bei Bürgern und Bauern wieder genährt wird, muß er auch im Interesse der Selbsterhaltung bei dem vierten Stand erwachen; derselbe wird aber eben dadurch nicht gefestigt werden, sondern in seine Theile auseinandergehen. Als Kern derselben aber mag wohl im Laufe der Zeit eine neue Gesellschaftsgruppe der Lohnarbeiter zurückbleiben, die sich dem alten Bürgerthum anreihen wird, wie die Bauern der Grundaristokratie. Die Gesellschaft hat nur so lange von den Proletariern zu fürchten, als sie selber proletarischen Geistes alle geschichtlichen Thatsachen von Stand und Standessachen ausebnen will. Und der Staat kann weder durch Polizeidiener den Uebergriffen des Proletariates steuern, noch durch Staatsarbeiterwerkstätten und Staatsalmosen die Macht desselben zu seinen Gunsten ausbeuten; er kann im vorliegenden Falle nichts klügeres thun, als daß er der Gesellschaft nicht länger wehrt, sich wieder zu größerer corporativer Selbständigkeit im einzelnen auszuprägen, sich aus sich selber heraus zu reformiren. Wenn er der Industrie und dem Gewerb wieder verstattet, sich wie vordem auf die eigenen Beine zu stellen, dann hat er damit mehr für die ökonomische Wohlfahrt des Volkes gethan, als wenn er ein eigenes Ministerium der Arbeit gründet und dasselbe schon lange nach allen möglichen trefflichen Grundsätzen Versuche auf dem Papier anstellen läßt.

„Selbst ist der Mann!" sage ich oben mit den Bauern. Das gilt bei allen materiellen Fragen. Und da beginnt immer der proletarische Geist, der Geist der Verzweiflung an sich selber einzuziehen, wo der Einzelne, wo die Körperschaft nicht mehr zu sagen wagt: „Selbst ist der Mann!"

Der vierte Stand ist einmal da, und weil auch einmal die Fabriken da sind, weil der Journalismus da ist, weil überhaupt die Welt nicht die alte geblieben, wird auch seine Einwirkung keine bloß vorübergehende bleiben. Aber je mehr die alten Stände sich wieder festigen und dadurch diesen vierten Stand auseinandersprengen werden, desto weniger wird die Demokratie fürder noch sagen können, daß in dem Proletariat das eigentliche Volk liege, weil es vaterlandslos und familienlos, daß in ihm die Macht der Nation, weil es elend, daß ihn ihm der Reichthum der Nation, weil es ohne Besitz ist, daß in ihm der Geist der Nation, weil ihm Bildung und Sitte ein überfirnißter Despotismus heißt. Die „Namenlosen" mögen der „Dünger der Weltgeschichte" seyn, nicht weil sie, wie die moderne Barbarei der Gleichheit behauptet, eben namenlos sind, sondern weil sie kraft des Gesetzes vom Druck und Gegendruck uns alle, und sich selber mit, aus dem dermaligen Zustande der Namenlosigkeit, der drohenden allgemeinen Verwaschenheit herausreißen werden zu den höheren organischen Gebilden individuell geprägter Stände, in welchen die Einzelgruppe erst wieder recht zur Geltung kommt, erst wieder recht ihren Namen erhält und der einzelne Namenlose wieder zehnmal mehr als jetzt aus der Gruppe selber sich aufringt zu der höchsten Menschenwürde eines „Namhaften."

www.ingramcontent.com/pod-product-compliance
Lightning Source LLC
Chambersburg PA
CBHW032147010526
44111CB00035B/1230